中華文化復興運動推行委員會
國立編譯館中華叢書編審委員會 主編

史記今註 第一冊

馬持盈註

臺灣商務印書館發行

編纂古籍今註今譯序

古籍今註今譯，由余歷經嘗試，認爲有其必要，特於中華文化復興運動推行委員會成立伊始，研議工作計劃時，余鄭重建議，幸承採納，經於工作計劃中加入此一項目，並交由學術研究出版促進委員會主辦。茲當會中主編之古籍第一種出版有日，特舉述其要旨。

由於語言文字習俗之演變，古代文字原爲通俗者，在今日頗多不可解。以故，讀古書者，尤以在具有數千年文化之我國中，往往苦其文義之難通。余爲協助現代青年對古書之閱讀，在距今四十餘年前，曾爲商務印書館創編學生國學叢書數十種，其凡例如左：

一、中學以上國文功課，重在課外閱讀，自力攻求；教師則爲之指導焉耳。惟重篇巨帙，釋解紛繁，得失互見，將使學生披沙而得金，貫散以成統，殊非時力所許；是有需乎經過整理之書篇矣。該館鑒此，遂有學生國學叢書之輯。

一、本叢書所收，均重要著作，略舉大凡；經部如詩、禮、春秋；史部如史、漢、五代；子部如莊、孟、荀、韓，並皆列入；文辭則上溯漢、魏，下迄五代；詩歌則陶、謝、李、杜，均有單本；詞則多采五代、兩宋；曲則擷取元、明大家；傳奇、小說，亦選其英。

一、諸書選輯各篇，以足以表見其書、其作家之思想精神，文學技術者爲準；其無關宏旨者，概從刪削。所選之篇類不省節，以免割裂之病。

一、諸書均爲分段落，作句讀，以便省覽。

一、諸書均有註釋；古籍異釋紛如，即采其較長者。

一、諸書較爲罕見之字，均注音切，並附注音字母，以便諷誦。

一、諸書卷首，均有新序，述作者生平，本書概要。凡所以示學生研究門徑者，不厭其詳。

然而此一叢書，僅各選輯全書之若干片段，猶之嘗其一臠，而未窺全豹。及民國五十三年，余謝政後重主該館，適國立編譯館有今註資治通鑑之編纂，甫出版三册，以經費及流通兩方面，均有借助於出版家之必要。商之於余，以其係就全書詳註，足以彌補余四十年前編纂學生國學叢書之闕，遂予接受；甫歲餘，而全書十有五册，千餘萬言，已全部問世矣。

余又以今註資治通鑑，雖較學生國學叢書已進一步；然因若干古籍，文義晦澀，今註以外，能有今譯，則相互爲用；今註可明個別意義，今譯更有助於通達大體，寧非更進一步歟？

幾經考慮，乃於五十六年秋決定爲商務印書館編纂經部今註今譯第一集十種，其凡例如左：

一、經部今註今譯第一集，暫定十種，如左。

㈠詩經、㈡尚書、㈢周易、㈣周禮、㈤禮記、㈥春秋左氏傳、㈦大學、㈧中庸、㈨論語、㈩孟子。

二、今註仿資治通鑑今註體例，除對單字詞語詳加註釋外，地名必註今名，年份兼註公元；衣冠文物莫不詳釋，必要時並附古今比較地圖與衣冠文物圖案。

三、全書白文約五十萬言，今註假定占白文百分之七十，今譯等於白文百分之一百三十，合計白文連註譯約爲一百五十餘萬言。

四、各書按其分量及難易，分別定期於半年內繳清全稿。

五、各書除付稿費外，倘銷數超過二千部者，所有超出之部數，均加送版稅百分之十。

以上經部要籍雖經一一約定專家執筆，惟蹉跎數年，已交稿者僅五種，已出版者僅四種，而每種字數均超過原計劃，有至數倍者，足見所聘專家無不敬恭將事，求備求全，以致遲遲殺青。嗣又加入老子莊子二書，其範圍超出經籍以外，遂易稱古籍今註今譯，老子一種亦經出版。

至於文復會之學術研究出版促進委員會根據工作計劃，更選定第一期應行今註今譯之古籍約三十種，經史子無不在內，除商務書館已先後擔任經部十種及子部二種外，餘則徵求各出版家分別擔任。深盼羣起共鳴，一集告成，二集繼之，則於復興中華文化，定有相當貢獻。

惟是洽商結果，共鳴者鮮。文復會谷秘書長岐山先生對此工作極爲重視，特就會中所籌少數經費，撥出數十萬元，並得國立編譯館劉館長泛池先生贊助，允任稿費之一部分，統由該委員會分約專家，就此三十種古籍中，除商務書館已任十二種外，一一得人擔任，計由文復會與國譯館共同負擔者十有七種，由國譯館獨任者一種。於是第一期之三十種古籍，莫不有人負責矣。嗣又經文復會決定，委由商務印書館統一印行。唯盼執筆諸先生於講學研究之餘，儘先撰述，俾一二年內，全部三十種得以陸續出版，則造福於讀書界者誠不淺矣。

中華民國六十一年四月二十日

文復會副會長兼學術研究出版促進委員會主任委員王雲五謹識

「古籍今註今譯」序

中華民國五十五年十一月十二日，　國父百年誕辰，中山樓落成。　蔣總統發表紀念文，倡導復興中華文化，全國景從。孫科、王雲五、孔德成、于斌諸先生等一千五百人建議，發起我中華文化復興運動，冀使中華文化復興並發揚光大。於是，海內外一致響應。復由政府及各界人士的共同策動，中華文化復興運動推行委員會於民國五十六年七月二十八日，正式成立，恭推　蔣總統任會長，並請孫科、王雲五、陳立夫三先生任副會長，本人擔任秘書長。

文化的內涵極為廣泛，中華文化復興的工作，絕不是中華文化復興運動推行委員會一個機構的努力可以達成的，而是要各機關社團曁海內外每一個國民盡其全力來推動。但中華文化復興運動推行委員會，在整個中華文化復興工作中，負有策劃、協調、鼓勵與倡導的任務。八年多來，中華文化復興運動推行委員會，本着此項原則，在默默中做了許多工作，然而却很少對外宣傳，因為我們所期望的，不是個人的事功，而是中華文化的光輝日益燦爛，普遍地照耀於全世界。

學術是文化中重要的一環，我國古代的學術名著很多，這些學術名著，蘊藏着中國人智慧與理想的精華，象徵着中華文化的精深與博大，也給予今日的中國人以榮譽和自信心。要復興中華文化，就應該讓今日的中國人能讀到而且讀懂這些學術名著，因此，中華文化復興運動推行委員會，在其推行計劃中，卽列有「發動出版家編印今註今譯之古籍」一項，並曾請各出版機構對歷代學術名著，作有計劃的整理註譯。但由於此項工作浩大艱巨，一般出版界因限於人力、財力，難肩此重任，王雲五先生爲中華文化復興運動推行委員會副會長，並兼任學術研究出版促進委員會主任委員，乃以臺灣商務印書館率先倡導，將尚書、詩經、周易等十二種古籍加以今註今譯。（稿費及印刷費用全由商務印書館自行負擔。）然而，歷代學術名著值得令人閱讀者實多，中華文化復興運動推行委員會，遂再與國立編譯館洽商，共同約請學者專家從事更多種古籍的今註今譯，所需經費由中華文化復興運動推行委員會與國立編譯館中華叢書編審委員會共同負責籌措，承蒙國立編譯館慨允合作，經決定將大戴禮記、公羊、穀梁等二十七種古籍，請學者專家進行註譯，國立編譯館並另負責註譯「說文解字」及「世說新語」兩種。於是前後計劃着手今註今譯的古籍，得達到四十一種之多，並已分別約定註譯者。其書目爲：

古籍名稱	註譯者	主編者
尚書	屈萬里	王雲五先生（臺灣商務印書館）
詩經	馬持盈	王雲五先生（臺灣商務印書館）
周易	南懷瑾	王雲五先生（臺灣商務印書館）
周禮	林尹	王雲五先生（臺灣商務印書館）

書名	註譯者	主編
禮記	王夢鷗	王雲五先生（臺灣商務印書館）
春秋左氏傳	李宗侗	王雲五先生（臺灣商務印書館）
大學	楊亮功	王雲五先生（臺灣商務印書館）
中庸	楊亮功	王雲五先生（臺灣商務印書館）
論語	毛子水	王雲五先生（臺灣商務印書館）
孟子	史次耘	王雲五先生（臺灣商務印書館）
老子	陳鼓應	王雲五先生（臺灣商務印書館）
莊子	陳鼓應	王雲五先生（臺灣商務印書館）
大戴禮記	高明	中華文化復興運動推行委員會 國立編譯館中華叢書編審委員會
公羊傳	李宗侗	中華文化復興運動推行委員會 國立編譯館中華叢書編審委員會
穀梁傳	周何	中華文化復興運動推行委員會 國立編譯館中華叢書編審委員會

書名	註譯者	主編
韓詩外傳	賴炎元	中華文化復興運動推行委員會 國立編譯館中華叢書編審委員會
孝經	黃得時	中華文化復興運動推行委員會 國立編譯館中華叢書編審委員會
國語	張以仁	中華文化復興運動推行委員會 國立編譯館中華叢書編審委員會
戰國策	程發軔	中華文化復興運動推行委員會 國立編譯館中華叢書編審委員會
列女傳	張敬	中華文化復興運動推行委員會 國立編譯館中華叢書編審委員會
新序	盧元駿	中華文化復興運動推行委員會 國立編譯館中華叢書編審委員會
說苑	盧元駿	中華文化復興運動推行委員會 國立編譯館中華叢書編審委員會
墨子	李漁叔	中華文化復興運動推行委員會 國立編譯館中華叢書編審委員會
荀子	熊公哲	中華文化復興運動推行委員會 國立編譯館中華叢書編審委員會
韓非子	陳啓天	中華文化復興運動推行委員會 國立編譯館中華叢書編審委員會
管子	李勉	中華文化復興運動推行委員會 國立編譯館中華叢書編審委員會

淮南子	于大成	中華文化復興運動推行委員會 國立編譯館中華叢書編審委員會
孫子	魏汝霖	中華文化復興運動推行委員會 國立編譯館中華叢書編審委員會
論衡	阮廷焯	中華文化復興運動推行委員會 國立編譯館中華叢書編審委員會
史記	馬持盈	中華文化復興運動推行委員會 國立編譯館中華叢書編審委員會
楚辭	楊向時	中華文化復興運動推行委員會 國立編譯館中華叢書編審委員會
商君書	賀凌虛 張英琴	中華文化復興運動推行委員會 國立編譯館中華叢書編審委員會
太公六韜	徐培根	中華文化復興運動推行委員會 國立編譯館中華叢書編審委員會
黃石公三略	魏汝霖	中華文化復興運動推行委員會 國立編譯館中華叢書編審委員會
司馬法	劉仲平	中華文化復興運動推行委員會 國立編譯館中華叢書編審委員會
尉繚子	劉仲平	中華文化復興運動推行委員會 國立編譯館中華叢書編審委員會
吳子	傅紹傑	中華文化復興運動推行委員會 國立編譯館中華叢書編審委員會

唐太宗李衞公問對	曾　振	中華文化復興運動推行委員會 國立編譯館中華叢書編審委員會
文心雕龍	余培林	中華文化復興運動推行委員會 國立編譯館中華叢書編審委員會
說文解字	趙友培	國立編譯館中華叢書編審委員會
世說新語	楊向時	國立編譯館中華叢書編審委員會

以上四十一種今註今譯古籍均由臺灣商務印書館肩負出版發行責任。當然，中國歷代學術名著，有待今註今譯者仍多。只是限於財力，一時難以立即進行，希望在這四十一種完成後，再繼續選擇其他古籍名著加以註譯。

古籍今註今譯的目的，在使國人對艱深難解的古籍能够易讀易懂，因此，註譯均用淺近的語體文，希望國人能藉今註今譯的古籍，而對中國古代學術思想與文化，有正確與深刻的瞭解。

或許有人認爲選擇古籍予以註譯，不過是保存固有文化，對其實用價值存有懷疑。但我們認爲中華文化復興並非復古復舊，而在創新。任何「新」的思想（尤其是人文與社會科學方面）無不緣於「舊」的思想蛻變演進而來。所謂「溫故而知新」，不僅歷史學者要讀歷史文獻，化學家豈能不讀化學史與前人化學文獻？生物學家豈能不讀生物學史與前人生物學文獻？文學家豈能不讀文學史與古典文獻？讀史與讀前人的著作，正是吸取前人文化所遺留的經驗、智慧與思想，如能藉今註今譯的古籍，讓國人對固有文化有充分而正確的瞭解，增加對固有文化的信心，進而對固有文化注入新的精神，使中華文化成爲世界上最受人仰慕的一種文化，那麼，中華文化的復興便可拭目而待，而倡導文化復興運動的目的也就達成了。所以，我們認爲選擇古籍予以今註今譯的工作對復興中華文化而言是正確而有深遠意義的。

今註今譯是一件不容易做的工作，我們所約請的註譯者都是學識豐富而且對其所註譯之書有深入研究的學者，他們從事註譯工作的態度也都相當嚴謹，有時爲一字一句之考證、勘誤，參閱與該註譯之古籍有關書典達數十種之多者。其對中華文化負責之精神如此。我們眞無限地感謝擔任註譯工作的先生們，爲復興文化所作的貢獻。同時我們也感謝王雲五先生的鼎力支持，使這項艱巨的工作得以順利進行。中華文化復興運動推行委員會所屬學術研究出版促進委員會，對於這項工作的策劃、協調、聯繫所竭盡之心力，在整個中華文化復興運動的過程中，也必將留下不可磨滅的紀錄。

谷鳳翔序於臺北市

中華民國六十四年八月十九日

本書註譯說明

中華文化復興委員會爲求普遍的宣揚中華文化，所以對於中國古籍，大量的從事於今註今譯的工作。自從這項工作展開之後，許多深奧艱澀的經典，都成爲大衆可以研讀消化的精神食糧了，其有助於中華文化之復興，眞是一項無可限量之貢獻。

中國的古文，雖然沒有明白的文法程式的教學，但是，隱隱約約是有它的程式格調的，這就必須你對於古文能有幾十篇或者幾百篇的背誦基礎，能夠熟練的背誦吟詠，久而久之，自然會玩索而有得焉。但是，今日的時代，那允許一個青年能有那麼多吟誦玩索的時間呢？所以對於古籍，必須多做今註今譯的工作，使得工作忙碌的青年，能夠一讀而即知，一展卷就能找到他所需要的研究資料，不論他所需要的是有關於哲學思想的，政治思想的，經濟生活的，軍事思想的，農工業生產技術的，醫學技術的，社會組織的，風俗習慣的，天文地理的，中外文化交通的，不論他們需要什麼資料，我們都把古籍之所有者，註譯得清清楚楚，標示得明明白白，有求必應的給他們準備得完完滿滿，這樣，一則節省了青年們的研讀時間，二則滿足了青年們的研讀需要，於是中國文化的復興，就可以確確實實完成一部分的工作要求了。

史記一書，篇幅浩繁，凡五十二萬餘言；所收集之歷史資料，上自黃帝，下至漢武帝，上下三千年間，凡政治經濟，天文地理，無所不談；凡達官貴人，販夫走卒，無所不有，眞是一部包羅萬象的長篇巨製。對此長篇巨製，如欲逐句逐段而一一譯之，恐爲篇幅所不許；但如遇有關於中華文化之重要部分，有關於政治經濟之起伏變化，有關於文句組織之奇突難解，則又非譯不可，因吾人之註解，並不以咬文嚼字爲已足，而以輔導讀者能輕鬆愉快的閱讀史記並進而引起其研究中國文化的興趣加強其宣揚中華文化的能力爲首要。所以本書雖名爲史記今註，而事實上，今譯的工作，亦佔百分之五十以上，蓋爲達成以上所言之重要目標，非如此不可也。譬如禮書、樂書兩篇，在昔時固已視爲重要文獻，而在我們堅決批擊馬列主義唯物史觀之今日，更覺其無比重要，因爲我們中華文化向來主張以禮樂治天下，所謂「大樂與天地同和，大禮與天地同節」，以我們「合敬同愛」之傳統文化，必能消滅使人仇恨鬥爭大殺大斫之共產邪說。所以有關於傳統文化之重要部分，我們必須全篇譯出，以使現代青年均能澈底認識中華文化之高尚性與堅強性。譬如貨殖傳，在昔人視之，或以爲「崇勢利而羞貧賤」，而在我們今日之人視之，則認爲是一篇極有見地的敍述中國古代數千年之經濟發展的大勢，且極富有民生主義歷史觀點之文章。譬如扁鵲倉公傳，在昔人視之，不過是一篇敍述曲技小藝的醫術而已，而在我們今日之人視之，則認爲係中國醫學之創化，且具有許多臨床記錄之寶貴資料。諸如此種場合，必須費一番功夫，全文譯出，使現代青年更易於瞭解；否則一些硬澀難解之字句，將必拒讀者於千里之外，又何能使其欣覽中國文化「宮室之美，百官之富」呢？

歷代的前輩先賢，對於史記音義的註解，曾做過不斷的努力，如唐代司馬貞之史記索引，張守節之史記正義，宋代王應麟之藝文志考證，洪邁之容齋隨筆，清代錢大昕之二十二史考異，王念孫之讀書雜誌，其尤著者也。惟以時代之隔離愈久，而語言文字之瞭解愈難；生活方式之變遷愈大，而研究觀點之差距愈深，昔人所疲精勞神窮極鑽探之問題，在今人視之或認爲已無必要；反之，昔人所認爲無足輕重之曲技小道或販夫走卒，在今人視之，可能被認爲是中國科學發明之先驅，或天才創獲之專家。由於時代不同，生活方式不同，因而史記所給於現代人之研究重點，亦復大異於前人，所以我們必須詳加譯釋，以供青年人研讀之自由選擇。

本來，「註」與「譯」就是一件事情，註解的本身，就是要以現代人所最易於瞭解的語言文字，而講明古籍中所含蓄的意義，使讀者能夠輕鬆愉快的領會瞭解，所以「註」的本身工作，重點還在於「譯」，如果只是單個的咬文嚼字，而不能融會貫通的講解其全句全段全篇的意義，那就是註解工作的整個失敗。我們常常碰到一些句子，每一個字，我們都認識得淸淸楚楚，但是當牠們組成爲一個整句的時候，我們就摸不透其中的含義了，這就是所謂「知人知面不知心」。註解的重要工作，就是要使讀者不僅認識書中字句的「面」，而且要認識書中字句所含蓄之「心」，這就非「譯」不可了。所以本書雖名爲「今註」，而事實上，「今譯」的工作，仍然佔大半的成分，其目的，總以有助於讀者之輕鬆愉快的瞭解爲原則。

史記一書所包羅之專門知識很多，可以說，上自天文，下至地理，中至社會科學，無所不有，以註譯者學識之淺蕪，雖盡置歷代諸賢關於史記之註疏於案前，亦不敢自認爲全部貫通而無遺，因此，本書註譯不全不確之處，必然很多很多。常欲於本書註譯工作告一段落之後，再捧稿以就正於有道，乃竟因故不能實現。今於匆匆交卷之時，猶不勝其惶惶耿耿之感也。

持盈　六十三年國慶日

史記目錄

漢太史令　司馬遷撰

史記今註 第一冊

目錄

史記今註

史記卷一　五帝本紀第一

【註】㈠歷來註史記者，以南北朝時代劉宋之裴駰的史記集解，唐朝司馬貞的史記索隱及張守節的史記正義，爲最有名，故本書多採用之，然亦間有採取他家之說，並不以三家之說爲限也。㈡五帝：關於五帝之名次，傳說不一，太史公依世本、大戴禮、以黃帝、顓頊、帝嚳、唐堯、虞舜，爲五帝；孔子所作易大傳以伏羲、神農、黃帝、堯、舜，爲五帝；孔安國尚書序以伏羲、神農、黃帝，爲三皇，以少昊、顓頊、高辛、唐、虞，爲五帝。傳說不一，互相抵觸。㈢本紀：太史公作史記，其體例分爲五類，記帝王之事者，曰「本紀」；記諸侯之事者，曰「世家」；以表格形式而羅列各種歷史資料者，曰「表」；記歷代禮樂制度文化政經之事者，曰「書」；記歷代重要人物之事者，曰「列傳」。「本」者，繫其本系，故曰「本」，又以帝王爲首出衆物領導人群之本，故亦可曰「本」。「紀」者，「記」也，古人多用假借字，凡音同者，其意義亦常同，故「紀」即「記」也。又有人解釋，謂「紀」者，理也，統理衆事，繫之年月，名之曰「紀」，此亦可通，但不如前一

種解釋之佳。

黃帝者（一），少典之子（二），姓公孫（三），名曰軒轅（四），生而神靈，弱而能言（五），幼而徇齊（六），長而敦敏（七），成而聰明（八）。

【註】（一）黃帝：以土德王，土色黃，故稱黃帝。猶神農以火德王，故稱炎帝。相傳黃帝爲有熊國君，乃少典國君之長子，號曰有熊氏，又曰縉雲氏，又曰帝鴻氏，亦曰帝軒氏。母曰附寶，往大野，見大電繞北斗樞星，有感而懷孕，懷孕二十四月之久而生黃帝於山東之壽丘（在今山東兗州曲阜縣東北六里）。生下來的時候，頭額如太陽，眉宇如龍骨，完全是帝王之相。有熊：在今河南之新鄭縣。（二）少典之子：少典是氏族之名稱，不是人名，當黃帝之時，是氏族部落社會時代，所以遠古史上常見有某氏某氏等名稱。子：並不一定是專作兒子解，也可以當作子嗣或後代的子孫解。 （三）姓：在氏族部落社會時代，「姓」是指氏族組織而言，「姓」比「氏」比「族」所包括的範圍較大，一姓之內可以分爲許多氏或族，如姬姓就包括有許多氏許多族。尙書堯典篇所謂「以親九族，九族既睦，平章百姓」，族，姓，都是指氏族團體而言，「族」是血緣關係較近的氏族團體，「姓」是血緣關係較遠的氏族團體。 國父在民族主義第五講內曾謂：「尙書所載堯的時候，克明峻德，以親九族；九族既睦，平章百姓；百姓昭明，協和萬邦，黎民於變時雍」。他的治平功夫，亦是由家族入手，逐漸擴充到百姓，使到萬邦協和，黎民於變時雍，這豈不是目前團結家族，造成國族，以興邦禦侮的榜樣嗎」？從 國父所講的「由家族入手漸擴充到百姓」這段話，就知道「百姓」是許許多多不同的氏族組織，堯王是從自己血緣相近的氏族組織逐漸擴充到許許多多的血緣相遠的氏族組織。所以我們

研究遠古史，要知道這個「姓」字的眞正意義。在春秋左傳中有許多關於「族」，「氏」，「姓」的字眼，如魯隱公八年（西曆紀元前七一四年），「公問「族」於衆仲，衆仲對曰：「天子建德，因生以賜姓，胙之土而命之氏，諸侯以字爲謚，因以爲族」。如魯襄公二十四年（西曆紀元前五四九年），「保姓受氏，以守宗祊，世不絕祀」。這種資料很多很多，讀之可以幫助我們來瞭解古代的氏族組織。古代之時，同一始祖，共爲一姓，但一姓的子孫蔓衍，卽分爲若干「氏」「若干族」。（四）軒轅：皇甫謐謂：「黃帝生於壽丘，長於姬水，因以爲姓，居軒轅之丘，因以爲名，又以爲號」，是知黃帝本姓公孫，長居姬水，因改姓姬。軒轅：亦卽今之河南新鄭縣。（五）弱而能言：嬰兒初生，大約不滿半歲，曰「弱」，黃帝生下來不滿半歲，卽會說話，這是普通的孩子們所不能及的。（六）幼而徇齊：「徇齊」二字，可以有多種解釋，以假借字來解釋，「徇齊」可讀爲「迅疾」，卽其言語行動都很快當之意，或指其身體發育很快速之意。又可讀爲「迅給」，卽指其口才很鋒利之意，因前一句說他不及半歲便會說話，接着這一句就說他反應靈活對答如流之意。又可讀爲「濬齊」，言其德性智慧通達而嚴肅。這幾種解釋都可以通，比較的說，以解爲「迅給」之意爲佳。（七）長而敦敏：敦：敦厚，實在。敏：敏捷，勤快，積極努力。言其長大了，作事情實實在在，勤快努力，不取巧，不偷懶。（八）成而聰明：成：成年也，古者二十而冠，謂之成年。聰明：聞見明辯。

軒轅之時，神農氏世衰（一），諸侯相侵伐，暴虐百姓（二），而神農氏弗能征。於是軒轅乃習用干戈，以征不享（三），諸侯咸來賓從（四）。而蚩尤最爲暴（五），莫能伐。

【註】（一）神農：神農氏姜姓，母曰任姒，有蟜氏之女，為少典之妃，遊於華陽，見神龍之首，有感應而生炎帝，初都於河南之陳州，又遷徙於山東。其氏族之名，有曰魁隗氏，有曰連山氏，有曰列山氏。易經謂，庖犧氏沒，神農氏作，是為炎帝。班固謂：神農能教民耕種，故號曰神農。神農氏世衰：謂神農氏後世子孫勢力衰弱，不是說神農皇帝本身時代之勢力衰弱。（二）百姓：不是今日所謂普通一般的老百姓，而是指許多勢力微弱之氏族團體而言。當時勢力強大之諸侯，互相侵略，而一般勢力弱小之氏族團體，都受他們的欺侮。（三）以征不享：以征服那些不來朝貢的諸侯。享：供獻也，不享，即不來朝貢之意。（四）諸侯咸來賓從：賓，服從也，友善也，諸侯都來服從。（五）蚩尤：黃帝時之諸侯，好兵喜亂，作刀戟大弩，暴虐天下，黃帝徵諸侯之兵討之，與之戰於涿鹿，蚩尤作大霧，黃帝造指南車破之。蚩尤姜姓，炎帝之後。有謂其為九黎之君長，有謂其為有苗之君長。

炎帝欲侵陵諸侯，諸侯咸歸軒轅。軒轅乃修德振兵（一），治五氣（二），蓺五種（三），撫萬民（四），度四方（五），教熊羆貔貅貙虎（六），以與炎帝戰於阪泉之野（七），三戰，然後得其志（八）。

【註】（一）振兵：整頓軍隊。（二）治五氣：研究各種氣候之所宜。五氣，即雨天、晴天、熱天、冷天，刮風天之五種氣候也。（三）蓺五種：種植五穀。蓺，種植也。五種，五穀也，即黍、稷、菽、麥、稻。（四）撫萬民：安撫萬方的人民。（五）度四方：規劃四方的疆土。

（六）教熊羆貔貅貙虎：熊，音雄。羆，音皮。貔，音皮。貅，音休。貙，音區。六者皆猛獸，可以訓練使之作戰。（七）阪泉：在今河北省涿鹿縣東。涿鹿：故城在今河北省涿鹿縣南。今該縣東南四十里有土城遺址，中有黃帝廟，明志謂之「軒轅城」，卽涿鹿城也。（八）得志：達到目的

蚩尤作亂，不用帝命（一），於是黃帝乃徵師諸侯（二），與蚩尤戰於涿鹿之野（三），遂禽殺蚩尤（四）。而諸侯咸尊軒轅爲天子，代神農氏（五），是爲黃帝。天下有不順者，黃帝從而征之，平者，去之（六）。

【註】（一）不用帝命：卽不順從黃帝的命令。（二）徵師諸侯：徵調諸侯的軍隊。（三）涿鹿：今河北省涿鹿縣南。（四）禽：禽卽擒字，捉獲也。（五）代神農氏：取代了神農氏的政權。（六）平者去之：順服者卽舍棄之而不征。

披山通道，未嘗寧居（一），東至於海，登丸山，及岱宗（二），西至於空桐（三），登雞頭（四），南至於江，登熊湘（五），北逐葷粥（六），合符釜山（七），而邑於涿鹿之阿（八）。

【註】（一）披山通道：開闢山阻以通道路。未嘗寧居：不曾過着一天安生的日子。（二）丸山：在山東瑯琊朱虛縣。岱宗：卽東岳泰山，在山東兗州博城縣西北三十里。（三）空桐：卽崆峒，山名，在甘肅平涼縣西。（四）雞頭：山名，一曰笄頭山，在甘肅平涼縣西。（五）熊湘：熊耳山與湘山，皆在湖南境內。熊耳山在湖南益陽縣西。湘山在湖南岳陽縣西南。（六）葷粥

：匈奴別名，唐虞以上，曰山戎，亦曰薰粥，夏曰淳維，殷曰鬼方，周曰玁狁，漢曰匈奴。葷粥，讀薰育。（七）合符釜山：大會諸侯於釜山，來朝之諸侯，各以其符信爲證件而准予參加。釜山：在河北省懷來縣境內。（八）邑於涿鹿之阿：建都於涿鹿山下之平地。

遷徙往來無常處，以師兵爲營衞（一）。

【註】（一）這兩句話，正說明當時是游牧生活的社會。由軍兵周圍環繞爲營壘以自衞，後世之轅門，卽其遺象。

官名皆以雲名爲雲師（一）。置左右大監，監於萬國（二），萬國和，而鬼神山川封禪，與爲多焉（三）。

【註】（一）黃帝初受命，適有雲瑞之應，故以雲名官，號爲雲師，春官爲青雲，夏官爲縉（赤色）雲，秋官爲白雲，多官爲黑雲，中官爲黃雲。這正是圖騰社會自然物崇拜的寫照。（二）左右大監：左右兩個大的統領，監督各地諸侯，如周公邵公分陝似的，自陝以西，召公主之，自陝以東，周公主之。監於萬國：監督萬國的諸侯。（三）萬國和，而鬼神山川封禪，與爲多焉：因爲萬國和平，天下無事，所以祭祀鬼神山川的事情，也就多起來了。封禪：古代帝王登名山祭天地的典禮。

獲寶鼎，迎日推策（一）。擧風后、力牧、常先、大鴻，以治民（二）。順天地之紀（三），幽明之占（四），死生之說（五），存亡之難（六）。時播百穀草木，淳化鳥獸蟲蛾，旁羅日月星辰水波土石金玉（七）。勞勤心力耳目，節用水火材物（八）。

有土德之瑞，故號黃帝。

【註】（一）獲寶鼎、迎日推策：獲得了寶鼎及迎日推算的神策。迎日：預先推知節氣日辰之將來。推策：推算曆數之神策。策者，蓍也，占卜之物。（二）風后、力牧、常先、大鴻，四人皆黃帝之賢臣，用以治民。（三）順天地之紀：順應天地運行的程序。紀者，程序也。（四）幽明之占：幽者，陰也。明者，陽也。占者，占卜以求預知其吉凶。以占卜而能預知幽明之吉凶。（五）死生之說：言黃帝能瞭解死生的道理。（六）存亡之難：言黃帝能解析存或亡的疑難問題。以上皆言黃帝能明於天地之序，幽明之占，死生之道，存亡之故，而因應得宜。（七）時播百穀草木：依季節時令而播種百穀草木。淳化鳥獸蟲蛾：養育繁殖鳥獸蟲蛾。淳化者，加以人工而使之生育繁殖也。旁羅日月星辰水波土石金玉：旁，廣泛的。羅，觀察，研究。卽廣泛的觀察日月星辰之運行以及水波土石金玉之性能，而使之有利於人生。（八）勞動心力耳目，節用水火材物：言黃帝動員了他所有的心力耳目的智能，以求大自然的水火材物，都能用之於正當的用途。這就說明了黃帝時代所以能有各種創造的原因。他對於大自然廣泛的觀察，不斷的研究，所以纔能有製曆數，定時令，正音律，作衣裳，創器用，立貨幣，種種偉大的成就。

黃帝二十五子，其得姓者十四人（一）。

【註】（一）得姓者十四人，爲十二姓，卽姬、酉、祁、已、滕、蒧、任、荀、僖、姞、儇、衣，另加青陽與蒼林亦爲姬姓。故得姓者十四人，而爲姓則十二也。

黃帝居軒轅之丘，而娶於西陵之女（一），是爲嫘祖（二），嫘祖爲黃帝正妃（三），生二子，其後皆有天下。其一曰玄囂，是爲青陽（四），青陽降居江水（五）；其二曰昌意，降居若水（六）。昌意娶蜀山氏女，曰昌僕，生高陽，高陽有盛德焉（七）。黃帝崩（八），葬橋山（九）。其孫昌意之子高陽立，是爲帝顓頊也。

【註】（一）西陵：氏族部落之名。（二）嫘祖：傳說嫘祖爲中國發明蠶絲以製衣服之創始人。嫘，音累。（三）正妃：元妃也。黃帝有四妃，元妃爲西陵氏之女，曰嫘祖；次妃爲方雷氏之女；三妃爲彤魚氏之女；四妃爲嫫母。（四）玄囂：囂，音枵（ㄒㄧㄠ）。（五）江水：一云在河南安陽，安陽古江國也。一云在四川。（六）若水：有云若水亦在四川。（七）盛德：偉大的德行。（八）黃帝崩：在位百年而死，年百一十一歲。（九）橋山：在今陝西綏德縣

帝顓頊高陽者（一），黃帝之孫，而昌意之子也。靜淵以有謀（二），疏通而知事（三），養材以任地（四），載時以象天（五），依鬼神以制義（六），治氣以敎化（七），絜誠以祭祀（八）。

【註】（一）顓頊，名也。高陽：有天下之號也。（二）靜淵以有謀：寧靜深沉而有謀略。（三）疏通而知事：通達遠見而知時務。（四）養材以任地：隨土地之所宜而生養材物。（五）載時以象天：觀天象之變化而記載時令。（六）依鬼神以制義：依從鬼神的啓示以規範人生的行爲。（上古之人，知識不開，迷信鬼神，以爲鬼神最是聰明正直，故人生之行爲，必須依鬼神之

啓示爲規範，規範者，卽行而宜之之謂義也。）（七）治氣以教化：陶冶人民的氣質，順用教化的力量。卽用教化的方法以陶冶人民的氣質。（八）絜誠以祭祀：絜同「潔」，身心清潔也，卽齋戒沐浴，誠心敬意以祭祀鬼神也。

北至於幽陵（一），南至於交阯（二），西至於流沙（三），東至於蟠木（四），動靜之物（五），大小之神（六），日月所照，莫不砥屬（七）。

【註】（一）幽陵：幽州也，在今河北遼寧之地。（二）交阯：交州也，在雲南西疇縣西南、東與越南爲界。（三）流沙：在甘肅張掖居延縣。（四）蟠木：東海中之山名。（五）動物謂鳥獸之類，靜物謂草木之類。（六）大神謂五嶽四瀆，小神謂丘陵墳衍。（七）莫不砥屬：砥，平也。屬，歸向也。凡是日月所照之處，沒有不平服而來歸屬的。

帝顓頊生子曰窮蟬。顓頊崩（一），而玄囂之孫高辛立是爲帝嚳（二）。

【註】（一）顓頊在位七十八年，年九十八而死。顓頊冢在山東濮陽頓丘城門外廣陽里中。（二）帝嚳：高辛是其所興之地名，嚳，乃其名也。音庫。

帝嚳高辛者，黃帝之曾孫也。高辛父曰蟜極，蟜極父曰玄囂，玄囂父曰黃帝。自玄囂與蟜極皆不得在位，至高辛卽帝位（一），高辛於顓頊爲族子。

【註】（一）高辛卽帝位，都亳，今河南之偃師縣。

高辛生而神靈，自言其名。普施利物，不於其身（一）。聰以知遠，明以察微（二）。順天之義（三），知民之急（四）。仁而威，惠而信，修身而天下服。取地之財而節用之（五），撫教萬民而利誨之（六），曆日月而迎送之（七），明鬼神而敬事之。其色郁郁（八），其德嶷嶷（九），其動也時（一〇），其服也士（一一）。帝嚳溉執中而徧天下（一二），日月所照，風雨所至，莫不從服。

【註】（一）普施利物，不於其身：普遍的推施恩德以利他人，絲毫不爲自身的利益。（二）聰以知遠，明以察微：聰而善聽，故能知遠；明而善察，故能見微。（三）順天之義：順從上天所表現的行爲（天無所不覆，無所不照）。（四）知民之急：知道人民的迫切需要。（五）取地之財而節用之：取地上之財物而節儉使用，決不浪費。（六）撫教萬民而利誨之：撫養並教育萬民，因勢而利導之。（七）曆日月而迎送之：朝迎日而送月，暮送日而迎月，朝迎暮送，以觀察日月之運行歷程，而制定曆數。曆者，歷也，追蹤日月運行之歷程也，作動詞用。（八）其色郁郁：他的容貌很是溫和慈祥。（九）其德嶷嶷：他的德行很是高尚偉大。嶷音移。（一〇）其動也時：他的動作很合乎時，當動則動。（十一）其服也士：他的穿着很是儉樸，不過是士人之服而已。（一二）帝嚳溉執中而偏天下：帝嚳之爲政，大公無私，執其中道而普徧於天下。溉字在此處不知作何解釋，故不敢牽強附會，望文生義，曲作解釋。

帝嚳娶陳鋒氏女，生放勳。娶娵訾氏女，生摯。帝嚳崩（一），而摯代立。帝摯立，不善，而弟放勳立，是爲帝堯。

【註】（一）帝嚳崩：傳說帝在位七十年，享年一百零五歲。

帝堯者，放勳（一），其仁如天，其知如神，就之如日（二），望之如雲（三），富而不驕，貴而不舒（四）。黃收純衣（五），彤車乘白馬（六），能明馴德（七），以親九族；九族既睦，便章百姓（八），百姓昭明，合和萬國。

【註】（一）堯，謚也，放勳，名也。（二）近就之如日之溫和。（三）望之如雲：遠望之如雲之美妙。（四）貴而不舒：雖尊貴而不傲慢。（五）黃收純衣：收，冠也。黃收，黃色的冠。純衣：士人服用之衣，以絲製之。（六）彤車乘白馬：彤，紅色也。（七）能明馴德：尙書堯典爲「克明峻德」，卽言其能修明高尙偉大的德行。（八）便章百姓：尙書爲「平章百姓」。平章，卽仲裁，裁判，平判之意。百姓：卽言許許多多的氏族部落，「姓」乃氏族團體之大者，漢儒解釋爲「百官」，錯誤。因爲漢儒不從氏族組織的社會關係去理解堯典，所以錯把「百姓」解釋爲「百官」，堯時，尙爲民族社會時代。

乃命羲、和（一），敬順昊天（二），數法日月星辰（三），敬授民時（四）。

【註】（一）羲氏，和氏，掌季節時令之官。（二）敬順昊天：恭敬的順從上天的指示。（三）數法日月星辰：不斷的觀察日月星辰運行的歷程，以爲法則。尙書堯典爲「歷象日月星辰」，司馬遷把它譯爲當時所容易了解的文句，故謂之「數法日月星辰」，有時他翻譯的也不一定正確。

（四）敬授民時：愼重的敎導人民以耕作的時間。

分命羲仲，居郁夷（一），曰暘谷（二）。敬道日出（三），便程東作（四）。日中，星鳥（五），以殷中春（六）。其民析（七），鳥獸字微（八）。

【註】（一）分命羲仲，居郁夷：分別的命令羲仲，居住在郁夷。尙書爲「嵎夷」。（二）曰暘谷：那個地方叫暘谷。日出之谷。（三）敬道日出：恭敬的引導太陽出來。（四）便程東作：尙書爲「平秩東作」，卽恰當的分配春天的耕作。秩，分配。東作，春天的耕作。（五）日中，星鳥：日中，春分之日。星鳥，春分之昏，鳥星皆出現。（六）以殷中春：以定準中春的季節。殷，規定，定準。（七）其民析：析，分散在野外。春天到了，人民都分散在田野耕作。（八）鳥獸字微：尙書爲「鳥獸孳尾」，孳，乳化也。尾，交尾也。鳥獸都在生育而交尾。

申命羲叔，居南交（一），便程南爲（二），敬致（三），日永（四），星火（五），以正中夏（六），其民因（七），鳥獸希革（八）。

【註】（一）居南交：居於南方最遠的邊界。有云居於交阯。（二）便程南爲：恰當的分配夏天的工作。（三）敬致：恭敬的祭日而記其影之長短。（四）日永：夏天的白晝長。（五）星火：夏天初昏時，大火在正南方，這是夏至的現象。（六）以正中夏：以定準中夏的時節（夏至）。（七）其民因：夏天氣候熱，人民因就耕作之地而散處。（八）鳥獸希革：鳥獸的羽毛也稀疎了。

申命和仲，居西土（一），曰昧谷（二）。敬道日入（三），便程西成（四），夜中，星虛（五），以正中秋（六），其民夷易（七），鳥獸毛毨（八）。

【註】（一）西土：西方之地。（二）昧谷：西方日入而黑暗，故名其地曰昧谷。東方日出而光明，故名其地曰暘谷。並非實有其谷也。（三）敬導日入：恭敬的引導太陽進去。（四）便程西成：恰當的調配秋天收成的工作。（五）夜中：日夜時間長短相等。星虛：虛，星名，北方七宿之一。星虛，謂初昏時，虛星在正南方，此乃秋分之現象。（六）以正中秋：以定準中秋的時節。（七）其民夷易：這個時候，秋成收了，氣候清涼，生活容易，故其人民輕鬆愉快。夷易者，即輕鬆愉快之意也。（八）鳥獸毛毨：毨，音先，生新毛也。言鳥獸都又生出新毛了。

申命和叔，居北方，曰幽都（一），便在伏物（二）。日短，星昴（三），以正中冬（四）。其民燠（五），鳥獸氄毛（六）。

【註】（一）幽都：幽州，幽暗之都。（二）便在伏物：冬天時候，人畜穀物都要聚藏起來，所以就須恰當的注視各物的儲藏。在者，注視，察考之意。（三）日短：冬至的時候，晝日最短。星昴：昴，星名，白虎之中星。初昏時，昴星在正南方，此冬至之現象。（四）以正中冬：以定準中冬的季節。（五）其民燠：冬天氣候冷了，人民都要聚在家屋之內，生火以取煖。燠音奧。（六）鳥獸氄毛：鳥獸都生出輭毳細毛以自溫體。氄，音絨。

歲三百六十六日，以閏月正四時（一）。信飭百官，眾功皆興（二）。

【註】（一）確定一年爲三百六十六天，再置閏月以安插剩餘零碎的天數，使四時的節候不至於錯誤。（二）信飭百官，衆功皆興：尙書堯典之文，爲「允釐百工，庶績咸熙」，與史記此段之文不同，按堯典的意思，是堯王告訴羲氏和氏說，「假定能依照這種時序來進行各種農事工作，我相信各種事功一定都會能興辦起來的」。這個「允釐百工」的「允」字，是當作假定詞來解，而不可當作形容詞解。司馬遷把「允」字譯爲「信」，「釐」字譯爲「飭」，「百工」解爲「百官」，這就與原意大不同了。原意是堯王告訴羲和二氏要依着這種時序，來進行各種農事工作，那麼，各種事功就一定能夠興辦起來的。如果依着司馬遷的「信飭百官」之句，就根本錯解了原意。所以不一定前人的解說就是完全的對，值得我們用腦筋去硏究的問題，還是很多。

堯曰：「誰可順此事」。（一）放齊曰：「嗣子丹朱開明」（二）。堯曰：「吁！頑凶，不用」（三）。

【註】（一）誰可順此事：誰可以繼續我的工作而完成其事業呢？（二）放齊說：「嗣子丹朱很開明」，可以繼續你的事業。放齊，堯之臣名。（三）吁：怪疑之詞，否定之詞。頑凶，不用：頑固而凶惡，決不可以用。

堯又曰：「誰可者」？讙兜曰：「共工旁聚布功，可用」（一）。堯曰：「共工善言，其用僻，似恭漫天，不可」（二）。

【註】（一）堯又問：「誰可以繼承我的事業呢」？讙兜（堯臣）就說：「共工廣聚衆力，工作很有

表現，可以任用」。共工：堯之臣名。旁：廣泛的，普遍的。布：展開，展布。功：工作。（二）共工善言，其用僻；似恭漫天：堯王說：「共工也不可用，因爲共工平常的時候，能說會道；但是，一旦用着的時候，却又亂七八糟，言行不一致。似恭漫天：共工貌似恭敬，但是實際上，連老天爺他也敢罵」。漫同慢字。怠慢，侮辱。

堯又曰：「嗟，四嶽（一），湯湯洪水滔天（二），浩浩懷山襄陵（三），下民其憂，有能使治者」（四）？皆曰鯀可（五）。堯曰：「鯀，負命毀族（六），不可」。嶽曰：「异哉！試不可用，而已」（七）。堯於是聽嶽用鯀。九歲，功用不成（八）。

【註】（一）四嶽：四方諸侯的首領。（二）湯湯：卽蕩蕩，洪水廣大的樣子。滔天：漫天的高。言洪水之大，漫天的高。（三）浩浩：廣大的樣子。懷山：把山嶺都包圍了。襄陵：把高陵都淹沒了，足見其洪水之高深廣大。懷，抱也。襄：駕乎其上也。下民其憂，人民們都在發愁。（四）有能使治者：誰有能力可以使之治水呢？（五）鯀：禹王之父名。音滾。（六）負命毀族：負命，違背命令。毀族，破壞團體。族，類也，同類之人，團體也。（七）异哉：他是一個傑出的人才呀！异，同異，卓異的。試不可用，而已：先試試看，如果眞是不可用，就停止不用好了。（八）鯀治水九年，而工作失敗。

堯曰：「嗟！四嶽！朕在位七十載，汝能庸命（一），踐朕位（二）。」嶽應曰：「鄙德，忝帝位（三）」。

【註】（一）庸命：聽從命令。庸，用也，從也。（二）踐朕位：升任我的地位，踐履我的地位。（三）鄙德：德行鄙陋。忝帝位：不配擔當皇帝之職位。忝者，辱也，汚也，不配的意思。

堯曰：「悉舉貴戚及疏遠隱匿者」。衆皆言於堯曰：「有矜在民間（一），曰虞舜（二）」。堯曰：「然，朕聞之，其何如」？嶽曰：「盲者子，父頑母嚚（三），弟傲，能和以孝，烝烝治，不至姦（四）」。堯曰：「吾其試哉」（五）。於是堯妻之二女（六），觀其悳於二女（七）。

【註】（一）矜：同鰥字，無妻曰鰥，單身漢。（二）虞舜：虞，舜之氏。舜，名。（三）頑，心不則德義之經，曰頑。頑固愚昧也。嚚，口不道忠信之言，曰嚚，言談荒謬邪惡。嚚音銀。此一母親乃舜之後母。（四）烝烝：和善的樣子。不至姦：不至於作惡。言舜能以孝順和善之道，處理父母兄弟的關係，使他們都受感動，所以雖然是頑固的父親，邪謬的後母，傲慢的異母弟，也都不至於作惡。（五）吾其試哉：我要考驗考驗他。（六）堯以其二女娥皇、女英嫁爲舜之妻。（七）觀其德於二女：從舜對於他兩個女兒的行爲，來觀察舜的德行。

舜飭下二女於嬀汭（一），如婦禮（二）。堯善之。乃使舜愼和五典（三），五典能從（四）。乃徧入百官（五），百官時序（六）。賓於四門（七），四門穆穆（八），諸侯遠方賓客皆敬（九）。堯使舜入山林川澤（一〇），暴風雷雨，舜行不迷（一一）。堯以爲聖（一二）。召舜曰：「女謀事至而言可績（一三），三年矣。汝登帝位」。舜讓於德，不懌（一四）。

【註】（一）舜飭下二女於嬀汭：舜就安排二女住於嬀水之灣。飭，安排。下，住下。嬀水，在今山西永濟縣南。汭，河灣。（二）如婦禮：合乎娶婦之禮。如，合也。（三）愼和五典：謹愼的倡導五典之教以和善人民。五典：五教也，父義，母慈，兄友，弟恭，子孝。（四）五典能從：人民都能服從五典之教。（五）徧入百官：廣泛的進入於許多官府之地去辦公。（六）百官時序：許多官府之地，也都上了規道。時，是也，因而，於是。（七）賓於四門：賓：接待外賓。四門：國都四面之門。在國都四面之門接待外賓。（八）四門穆穆：四門的來賓都非常之親善。穆穆，和睦親善也。（九）諸侯，遠方：諸侯者有政治隸屬關係之部落，遠方者只有邦交而並無政治隸屬關係。（一〇）堯使舜入山林川澤：山林川澤都是困惑難行之地，堯以此來考驗舜。（一一）暴風雷雨，舜行不迷：雖遇暴風雷雨，而舜行動不迷，足證其勇敢鎭定。（一二）聖：才德俱美，無所不通。（一三）謀事至而言可績：謀慮事情非常週到，而發言建議都可以有實際功效。（一四）不懌：不願意承擔帝位。懌：悅也。

正月上日（一），舜受終於文祖，文祖者，堯大祖也（二）。

【註】（一）正月上日：正月上旬之吉日。（二）舜受終於文祖：堯終天子之位而舜受之，受命之典禮，舉行於堯帝始祖之廟。

於是帝堯老，命舜攝行天子之政（一），以觀天命。舜乃在璿璣玉衡（二），以齊七政（三）。遂類於上帝（四），禋於六宗（五），望於山川（六），辯於羣神（七）。揖五瑞（八），擇吉月日，見四嶽諸牧，班瑞（九）。

【註】（一）攝行天子之政：命舜代天子主持國家政治。（二）在璿璣玉衡：觀察渾天儀器。在，觀察也。璿，美玉也。璣，渾天儀器也。璣，音幾。衡：渾天儀器中觀察星宿之橫筩，以玉製之，故曰玉衡。（三）以齊七政：以定準日月五星之動態。齊，定準也，確定也。七政，日月五星也。（四）類於上帝：祭祀上帝。類，祭天的一種禮名。（五）禋於六宗：祭祀日、月、星、寒暑，水旱，時令。又曰祭祀天地四時。禋，置牲於柴上而燒之，使其香味隨煙而上達。（六）望於山川：祭祀山川之神。望，祭祀山川的一種禮名。（七）辯於羣神：普遍的祭祀丘陵墳衍之神。辯，徧也，普遍也。（八）揖五瑞：輯合五種瑞玉，以爲諸侯朝見天子之憑證。揖，同輯，合也。五瑞，五種瑞玉，以階級而別，公執桓圭，侯執信圭，伯執躬圭，子執穀璧，男執蒲璧。（九）班瑞：將五種符瑞頒還於諸侯。由此節可見遠古的人，對於天地山川鬼神的祭祀，是何等的注重，因爲那時大自然對於人生的支配力量是太大了，人沒有能力以克服客觀環境，故不能不向之請命了。

歲二月，東巡狩（一），至於岱宗（二），柴，望秩於山川（三）。遂見東方君長（四）。合時月，正日（五），同律，度，量，衡（六）。修五禮，五玉，三帛，二生，一死，爲摯，如五器（七），卒乃復（八）。

【註】（一）歲之二月，到東方去巡守。（天子巡行天下，以察看各地諸侯（守臣）之政績。）（二）至於岱宗：到了東岳泰山。（三）柴：舉行柴禮。柴者，燔柴以祭天也。望秩於山川：舉行望禮，依次而祭祀泰山以外之各山川。望者，祭祀山川之禮名也。秩者，依次第而舉行也。（四）遂見東方君長：遂而接見東方各地之部落首長。（五）合時、月：互相對照協調四時的季節月份的大小。正日：定準每日的時刻。（六）同律度量衡：統一全國的律度量衡。（律，音律也，有十二律。度，丈尺，所以度長短。量，斗斛，所以量多少。衡，斤兩，所以權輕重）。（七）修五禮：吉禮、凶禮、軍禮、賓禮、嘉禮，修明之以同天下之風俗。五玉：五等諸侯所執之玉，卽五瑞。三帛：三種顏色不同之絲織品，用以藉墊玉器，視爵位之高下而分三色。二生：羔與雁兩種，卿執羔，大夫執雁。一死：士所執之雉。以上各物，皆爲相見時之禮物，故曰贄。（七）如五器：符合於五器的證件。（如，符合也。五器，進見時各以其爵級所執之玉器，以爲證明文件。諸侯臨走之前，先查對其證件是否相符合。（八）卒，乃復：查對手續完畢，證明其符合無誤，乃又退還於他們，以爲下次覲見之用。（卒，完畢也，查對手續完畢也。乃復，乃又交還。）

五月，南巡狩；八月，西巡狩；十一月，北巡狩，皆如初（一）。歸，至于祖禰廟（二），用特牛禮（三）。五歲一巡狩，羣后四朝（四）。徧告以言（五），明試以功（六），車服以庸（七）。

【註】（一）皆如初：南巡，西巡，北巡的禮節，皆如初次東巡的故事。（二）歸，至于祖禰廟：回來了以後，先到祖宗的廟裡去祭祀禱告。（禰：父廟曰禰，生稱父，死稱考，入廟曰禰。禰，音彌。）（三）用特牛禮：用一頭公牛作祭品。（四）五歲一巡狩，羣后四朝：天子每五年到各地巡守一次，諸侯每四年分別來朝見一次。（五）徧告以言：各地諸侯普徧的都要發表他們對於政治的意見。（六）明試以功：天子對於他們要明白的考驗他們的實際工作。（七）車服以庸：如果成績卓著，則天子卽賞之以車、服，以表彰其功能。（庸，功能也。）

肇十有二州，決川（一）。

【註】（一）開始建置了十二個州，疏通河川，以除水患。（十二州：冀、兗、青、徐、荊、揚、豫、梁、雍、幷、幽、營。）

象以典刑（一），流宥五刑（二），鞭作官刑（三），扑作敎刑（四），金作贖刑（五），眚烖過，赦（六），怙終賊刑（七）。欽哉，欽哉，惟刑之靜哉（八）。

【註】（一）象以典刑：用法要以正常的刑律。（象，法也。典，正常的。或解釋「象」字爲象徵性的，如荀子所謂「古之刑法，異其服色，以示恥辱也」。如白虎通所謂「治古無肉刑而有象刑」。）（二）流宥五刑：用流放貶竄的刑法，以寬恕那些犯了五刑之罪的人犯。（五刑：墨，劓、刵、宮，大辟。）（三）鞭作官刑：官府之中有犯刑者，則用鞭打。（四）扑作敎刑：學校之中有犯刑者，則用夏楚。（夏木，楚木，可作戒尺，以打犯規者。）（五）金作贖刑：犯輕微之罪者，

可以用金錢來贖其罪。（金，銅也。）（六）眚裁過赦：由於無心及不幸而陷入於罪過者，則赦免其罪。（眚，音生，無心而犯罪者。烖，不幸。烖同災。）（七）怙終賊刑：屢次犯罪而永遠怙過不知悔改者，則斷然處之以刑。（賊，同「則」）。（八）欽哉，欽哉！惟刑之靜哉：愼重啊！愼重啊！希望你們對於用刑要平心靜氣，萬不可輕舉妄動啊！

讙兜進言共工（一），堯曰「不可」，而試之工師（二）。共工果淫僻（三）。

【註】（一）讙兜進言於堯，舉薦共工。（讙兜，共工，皆堯之臣）。（二）而試之工師：以共工爲工師而試用之。（三）共工果然是淫邪而乖僻。

四嶽舉鯀治鴻水（一），堯以爲不可，嶽彊請試之（二），試之而無功，故百姓不便。

【註】（一）四嶽舉鯀治理洪水。（二）堯以爲不可，而四嶽勉強堯王要請他試用鯀。結果，試用之後，毫無成績，故百姓們都以爲不便。

三苗在江淮荆州（一），數爲亂（二），於是舜歸而言於帝，請流共工於幽陵，以變北狄（三）；放讙兜於崇山，以變南蠻（四）；遷三苗於三危（五），以變西戎（六）；殛鯀於羽山（七），以變東夷（八）。四辠而天下咸服（九）。

【註】（一）三苗在江淮荆州之地。（三苗，氏族部落之名，以今之湖北湖南江西爲根據地。）（二）數爲亂：屢次作亂。（數，讀朔，ㄕㄨㄛˋ）　（三）流共工於幽陵：流放共工於幽州。（流，放逐也。幽州，今河北密雲縣一帶之地。）以變北狄：使他變化北狄。　（四）放逐讙兜於崇山，使他變化南蠻。（崇山，在湖南大庸縣西南。）　（五）把三苗遷移於三危之地。（三危，在甘肅敦煌縣東南）　（六）使他變化西戎。（西戎，西方民族之總名。）　（七）殛鯀於羽山，使他變化東夷。（殛，處罰，放逐也。有人解釋殛字爲誅殺，不對，因爲如果是把鯀殺死了，怎麼還能使他變化東夷呢？羽山，在山東沂州。）　（八）東夷，東方民族之總稱。　（八）四辠而天下咸服：四個壞人都處罪了，於是天下之人都心服了。（辠，音孤ㄍㄨ，罪也。）

堯立七十年得舜，二十年而老。舜攝行天子之政（一），薦之於天，堯辟位凡二十八年而崩（二）。

【註】（一）攝行天子之政：代理執行天子之政令。　（二）辟位：卽避位。（堯帝活了一百一十六歲，死葬於山東之城陽縣。）

百姓悲哀，如喪父母。三年，四方莫舉樂，以思堯（一）。

【註】（一）堯王死了之後，百姓們都是非常之悲哀，如同死了自己的父母一樣，三年之久，四方各地都沒有舉行音樂的，表示內心的悲傷，以紀念堯王。（思，紀念也。）

堯知子丹朱之不肖（一），不足授天下，於是乃權授舜。授舜，則天下得其利，而丹朱病；授丹朱，則天下病，而丹朱得其利。堯曰：「終不以天下之病而利一人」。而卒授舜以天下。

【註】（一）不肖：不似其父之賢。（二）於是乃權授舜：於是就把政權交之於舜。另外一種解釋，就是堯以權宜之道，把天下授之於舜。堯王知道自己的兒子丹朱之不賢，不足以傳授天下於他，於是就把政權交之於舜。堯王的想法，以爲如果把政權交之於舜，則天下之人皆得其利，只有丹朱一個人受其害；反之，如果把政權交之於丹朱，則天下之人皆受其害，只有丹朱一個人獨得其利。所以考慮的結果，堯王就拿定決心的說：「我絕對不使天下之人皆受其害，而只有利於一人」。於是最後以天下交之於舜。

堯崩，三年之喪畢，舜讓，辟丹朱於南河之南（一）。諸侯朝覲者（二），不之丹朱（三），而之舜；獄訟者，不之丹朱，而之舜；謳歌者（四），不謳歌丹朱，而謳歌舜。舜曰：「天也」！夫而後，之中國踐天子位焉（五）。是爲帝舜。

【註】（一）辟：卽避字。南河：河在堯都之南，故曰南河。堯都在濮州鄄城縣東北。（二）朝覲：朝見天子。覲，音謹。（三）不之丹朱：不往丹朱那裡去。之，往也。（四）謳歌：歌詠以頌功德。謳，音歐。（五）之中國踐天子位焉：往都城之中就任天子之位。中國，常作「國中」解釋，卽都城之中是也。

虞舜者（一），名曰重華（二）。重華父曰瞽叟，瞽叟父曰橋牛，橋牛父曰句望，句望父曰敬康，敬康父曰窮蟬，窮蟬父曰帝顓頊，顓頊父名昌意，以至舜，七世矣。自從窮蟬以至帝舜，皆微爲庶人（三）。

【註】（一）虞：國名，在河東大陽縣。（二）重華：目有重瞳子，故曰重華。（三）微爲庶人：地位降低微而與平常一般人相同。

舜父瞽叟盲，而舜母死，瞽叟更娶妻而生象，象傲。瞽叟愛後妻子，常欲殺舜，舜避逃；及有小過，則受罪。順事父及後母與弟，日以篤謹，匪有懈（一）。

【註】（一）日以篤謹，匪有懈：一天比一天的更爲篤實謹慎，沒有一點的懈怠。（篤，實實在在的。匪，同「非」字，不也。）

舜，冀州之人也（一）。舜耕歷山（二），漁雷澤（三），陶河濱（四），作什器於壽丘（五），就時於負夏（六）。舜父瞽叟頑，母嚚，弟象傲，皆欲殺舜。舜順適不失子道，兄弟孝慈。欲殺，不可得；卽求，嘗在側（七）。

【註】（一）蒲州河東縣，本屬冀州。在今山西永濟縣北。（二）歷山，在山西永濟縣東南六十里。（三）漁雷澤：打魚於雷澤。（雷澤，在山東濟陰。）（四）陶河濱：在河濱作過陶器

。（五）作什器於壽丘：在壽丘作過日用傢俱之器物。（壽丘，在山東曲阜縣。）（六）就時於負夏：在負夏作過販賣的生意。（負夏，衞國之地。就時，卽言乘時販賣以圖小利也。（七）欲殺，不可得；卽求，嘗在側：父母想要殺舜的時候，總是得不到機會；但是如果有什麼事情要舜去做的時候，舜却常常在父母的身邊。（卽：如果。嘗：同「常」字。）

舜年二十以孝聞，三十而帝堯問可用者，四嶽咸薦虞舜，曰「可」。於是堯乃以二女妻舜以觀其內，使九男與處以觀其外（一）。

【註】（一）舜年二十歲的時候，以孝行聞名於當世。恰好帝堯問誰可以繼任而爲天子？於是四方諸侯之長都一致推薦虞舜。帝堯說：「可以」，因而帝堯就以他的兩個女兒嫁給於舜，以觀察虞舜在家庭的德行；又使九個男兒和虞舜相處，以觀察虞舜處社會的德行。

舜居嬀汭，內行彌謹，堯二女不敢以貴驕事舜親戚，甚有婦道。堯九男皆益篤（一）。

【註】（一）舜居住於嬀水的河灣，在家內的行爲越發謹嚴，所以帝堯的兩個女兒就不敢因爲她們是皇帝的女兒而驕傲其公婆弟妹，非常之有婦人的道德；而帝堯的九個兒子，也都與舜的感情更爲親厚（篤）了。

舜耕歷山，歷山之人皆讓畔（一）；漁雷澤，雷澤之人皆讓居；陶河濱，河濱器皆不苦窳（二）。一年而所居成聚（三），二年成邑（四），三年成都（五）。

【註】（一）讓畔：互讓田邊之地，彼此不侵犯他人之地。漁雷澤：捕魚於雷澤。（二）陶河濱，河濱器皆不苦窳：在河邊作陶器，河邊的陶器都很精緻耐用，而不粗糙虛脆。苦，粗糙。窳，虛脆易碎，偸工減料。窳，音雨。（三）聚：村落。（四）邑：周禮謂九夫爲井，四井爲邑，四邑爲丘，四丘爲甸，四甸爲縣，四縣爲都」。事實上，並不一定如此呆板區別。可作爲人口較多之市鎭講。（五）都：較市鎭人口爲更多，所佔地區爲更大之政治經濟中心。因爲帝舜之德行好，人緣好，所以人民之向心力都集中於他，而成爲人口密集之區域。

堯乃賜舜絺衣與琴（一），爲築倉廩（二），予牛羊。

【註】（一）絺：音蚩，細的葛布。（二）倉廩：儲藏穀物之處。

瞽叟尚復欲殺之，使舜上塗廩（一），瞽叟從下縱火焚廩。舜乃以兩笠自扞而下，去，得不死（二）。

【註】（一）塗廩：以泥土堵塞倉廩中有漏洞之處。瞽叟還想要殺舜，故意使舜上到房上，用泥土堵塞倉廩中有漏洞之處。（二）舜上去之後，瞽叟就在下面放火燒房，想着把舜燒死在裏面。這個時候，舜就拿着兩個竹笠，衞護着自己的身體，從房上下來，趕快逃走，因而得以不被燒死。

後，瞽叟又使舜穿井（一），舜穿井爲匿空（二），旁出（三）。舜既入深，瞽叟與象共下土實井（四）。舜從匿孔出，去。

【註】（一）穿井：鑿井。（二）匿空：在井的半腰中，從一旁又鑿了一個洞，一則可以藏身，二則從這個洞裏又打個出口，以便危急時之用，這叫做「匿空」。（三）從井腰之旁可以出去。（四）下土實井：投土於井內以填塞井。去，逃走。

瞽叟、象、喜，以舜爲已死。象曰：「本謀者象」。象與其父母分。於是曰：「舜妻堯二女，與琴，象取之。牛羊倉廩予父母」。象乃止舜宮居（一），鼓其琴（二）。

【註】（一）止：停留，住居。（二）鼓：彈。瞽叟與象都高興的了不得，以爲舜已經死在井中了。象說：「主謀這個好辦法者是我」。象就和他的父母分舜的財產。象又說：「舜的兩個太太和他的琴，歸我所取，其餘牛羊倉廩都分給父母好了」。於是象就住在舜的房間裡，彈着舜的琴，樂陶陶的。

舜往見之，象鄂，不懌，曰：「我思舜，正鬱陶」（一）。舜曰：「然！爾其庶矣」（二）！

【註】（一）鄂：音俄，同「愕」意，大吃一驚，驚愕失色。不懌：不愉快的樣子。鬱陶：心有所思而愁苦。（二）爾其庶矣：你總算不錯的了。這個時候，舜回來了，去看見了象，象以爲舜已經死了。見他忽然活着回來，大吃一驚，很難爲情的說：「我正在想你，心中苦痛萬分」！舜就毫無芥蒂的說：「是的！是的！你眞是夠不錯的了」。

舜復事瞽叟，愛弟，彌謹。於是堯乃試舜五典百官，皆治。（一）

【註】（一）舜事奉瞽叟，親愛弟弟，越加謹愼了。於是帝堯乃試用舜去宣揚五典之教，參加百官工作，都非常的有成績。

昔高陽氏有才子八人，世得其利，謂之「八愷」（一）。高辛氏有才子八人，世謂之「八元」（二）。此十六族者（三），世濟其美（四），不隕其名（五）。至於堯，堯未能舉。舜舉八愷，使主后土（六），以揆百事，莫不時序（七）。舉八元，使布五教於四方（八），父義，母慈，兄友，弟恭，子孝，內平外成（九）。

【註】（一）愷：和善。（二）元：善良。（三）八愷八元各有其氏族團體，故十六人亦可稱爲十六族。（四）世濟其美：世世代代都能成就其美德。（五）不隕其名：他們的美名，永遠不曾沒落過。（六）使主后土：使主持水土之事。（七）以揆百事：以計劃並執行各種政事。莫不時序：沒有不條理分明秩然有序的。時，同「是」字。（八）使布五敎於四方：使他宣傳五倫之敎於四方。（九）內平外成：內部平定，外邦親善。

昔帝鴻氏有不才子，掩義隱賊（一），好行凶慝（二），天下謂之渾沌（三）。少皞氏有不才子，毀信惡忠（四），崇飾惡言（五），天下謂之窮奇（六）。顓頊氏有不才子，不可敎訓，不知話言（七），天下謂之檮杌（八）。此三族，世憂之（九）。至於堯，堯未能去。縉雲氏有不才子，貪於飲食，冒於貨賄（一〇），天下謂之饕餮（一二）。天下惡之，比之三凶（一二）。舜賓於四門（一三），乃流四凶族，遷於四裔（一四），以御螭魅（一五）。於是四門辟（一六），言毋凶人也（一七）。

【註】（一）掩義隱賊：滅絕正義，陰毒殘忍。（二）好行凶慝：專意喜歡作那些凶暴邪惡之事。慝，音特。（三）渾沌：野蠻無知，糊塗殘暴。（四）毀信惡忠：毀謗信義，憎惡忠直。（五）崇飾惡言：提導獎勵邪惡的言論。（六）窮奇：窮兇極惡之甚。（七）不知話言：不知道感化他的善言。（話，同「化」字，善言可以感化人者。）（八）檮杌：毫無人性，凶惡如獸。（檮，音桃。杌，音務。）（九）此三族，世憂之：這三個氏族團體，為世人之大患，故世人深以為苦。（一〇）冒於貨賄：貪愛財貨賄賂。（一一）饕餮：貪戀財貨，沉溺酒食。（饕，音滔。餮，音鐵。）（一二）三凶：蚩尤，共工，讙兜。（一三）賓於四門：主持四方賓客之招待事宜。（一四）遷於四裔：強迫遷逐於四方極邊之地。（一五）以禦螭魅：叫這些壞人去抵抗另一些壞人，以毒攻毒。（御，同「禦」字。螭魅：能使人迷惑的怪物。螭，音癡。魅，音妹。）（一六）於是四門辟：因為把壞人都趕淨了，於是大開四方之門。（辟，同闢，開也。）（一七）言毋凶人也：這表示城內已經沒有惡人了。（毋，同「無」字。）

舜入於大麓（一），烈風雷雨不迷（二），堯乃知舜之足授天下。堯老，使舜攝行天子政，巡狩（三）。舜得舉用事二十年（四），而堯使攝政，攝政八年而堯崩。

【註】（一）舜入於大麓：舜走進於大山之邊。（麓，音鹿，山脚也。）（二）烈風雷雨不迷：雖然遇到了強烈之風及大雷大雨，他還是毫不恐懼與迷亂。（三）巡狩：到各地方巡察守臣的政績。（狩，即「守」字。）（四）舜得舉用事二十年：舜得了推薦並且擔任工作二十年。

三年喪畢，讓丹朱。天下歸舜。而禹、皋陶、契、后稷、伯夷、夔、龍、倕、益、彭祖，自堯時而皆舉用，未有分職（一）。於是舜乃至於文祖，謀於四嶽，辟四門，（二）明通四方耳目（三），命十二牧論帝德（四）：「行厚德，遠佞人，則蠻夷率服」（五）。

【註】（一）三年之喪已畢，舜讓位於堯之子丹朱，天下之人心，不歸丹朱，而歸向於舜。當堯之時，一般賢臣如禹，皋陶，契，后稷，伯夷，夔，龍，倕，益，彭祖，雖然都已進用，但並未有分配專門負責的職務。分職：分工，分配專門負責的工作。（二）於是舜乃至於文祖（始祖）之廟，請求神靈之啓示；並且徵詢四方諸侯之首長們的意見；大開國都四方之門，讓人民進來表述意見，（三）明通四方耳目：使他自己對於四方之事，耳可以聽，目可以見，無所不明，無所不通，這樣，民情可以上達，處理政治便不至於偏差了。（四）命十二牧論帝德：又命令十二州的地方首長，討論爲帝王者之德行應當如何？（五）行厚德，遠佞人，則蠻夷率服：大家的結論，認爲「只要能夠實行寬厚的仁德，遠除諂媚的小人，那麼，南蠻西夷自然就相率而歸服了」。

舜謂四嶽曰：「有能奮庸美堯之事者，使居官相事」（一）。皆曰：「伯禹爲司空，可美帝功」（二）。舜曰：「嗟，然！禹，汝平水土，惟是勉哉」（三）。禹拜稽首，讓於稷、契，與臯陶（四）。舜曰：「然！往矣」（五）。

【註】（一）舜對四方諸侯之首長們說：「有誰個能夠奮發用命而光美堯帝的事業者，請他擔任首相的職位。（奮庸：奮發用命。庸，同「用」字。）（二）大家都說：「伯禹擔任司空的職務，可以光美堯帝的功業。」（三）舜說：「啊！對極了！禹呀，你就擔任平治水土的工作，希望你努力而爲之啊」！（惟字的意思，就帶有希望之意。）（四）禹拜，稽首，表示感激之意，但是，他又謙虛的推讓於后稷、契、臯陶。（稽首：跪地叩首，至敬之禮。）（五）舜又說：「你擔任就是了，不必推辭，趕快去辦吧」。

舜曰：「棄！黎民始飢，汝后稷，播時百穀（一）」。

【註】（一）舜說：「棄啊！人民們開始鬧飢荒了，你主持農稷之事，教導人民播種百穀」。（棄，后稷之名。時，同「是」字。）

舜曰：「契！百姓不親，五品不馴，汝爲司徒，而敬敷五敎，在寬」。

【註】（一）舜說：「契啊！百姓不能親愛，五品就不能順和，你擔任司徒之職，要認眞的宣傳五倫之敎，其方法以寬和爲原則」。（契，音謝，商朝的始祖之名。五品：夫婦，父子，兄弟，明友，君臣。馴：順也。五敎：夫婦有別，父子有親，長幼有序，朋友有信，君臣有義。敬：認眞的。敷：宣傳。寬：寬緩，逐漸感化，不採激烈方法。

舜曰：「皋陶！蠻夷猾夏（一），寇賊姦軌（二），汝作士（三），五刑有服（四），五服三就（五）；五流有度（六），五度三居（七）。惟明能信」（八）。

【註】（一）蠻夷猾夏：四邊的野蠻部落侵略中國。（南方的野蠻民族，曰蠻。東西的野蠻民族曰夷，然而亦有稱西南夷者，可見並非固定。猾，音滑，侵略，擾亂。夏，中華民族之稱。這是言外敵的侵略。 （二）寇賊姦軌：刼人曰寇，殺人曰賊，在外作惡曰姦，在內作惡曰軌。軌，同「宄」。 （三）汝作士：你擔任執法的工作。士，理官，掌刑法之官。 （四）五刑有服：犯了五刑之罪的人，在國內有一定執行的地方。（五刑，墨，劓，剕，宮，大辟。服，天子德威所及之地。） （五）五服三就：雖然有五種地方，但是執行起來，却只有三種。（三就，大罪就原野執行，大夫犯罪就朝中執行，士人犯罪就市區執行。） （六）五流有度：五等當宥之刑，有一定流放的區處。（度，流放之居地。） （七）五宅三居：雖然有五種流放之地，但是處置起來，却只有三種居地。（三居：四裔之外，九州之外，中國之外。中國之外：卽國中之外。） （八）惟明能信：惟有判斷明察，纔能使人信服。

舜曰：「誰能馴予工（一）」？皆曰：「垂可」。於是以垂爲共工（二）。

【註】（一）誰能馴予工：誰能夠順利的治理我的百工之事。（馴，順而治之也。工，百工，如金工，木工，石工，草工，陶工等。） （二）共工：掌理百工之官。

舜曰：「誰能馴予上下草木鳥獸」（一）？皆曰：「益可」。於是以益爲朕虞（二）。益拜稽首，讓於諸臣朱虎熊羆（三）。舜曰：「往矣，汝諧」（四）。遂以朱虎熊羆爲佐。

【註】（一）誰能馴予上下草木鳥獸：誰能夠順利的管理我的山林川澤的草木鳥獸？（上，指山林而言，下指川澤而言。）（二）於是以益爲掌理山澤之官。（虞：山澤之官。）（三）朱虎，熊羆：二臣名。（四）往矣，汝諧：你去幹吧，你最合適。（諧，合適。）

舜曰：「嗟，四嶽！有能典朕三禮」（一）？皆曰：「伯夷可」。舜曰：「嗟，伯夷！以汝爲秩宗（二），夙夜惟敬，直哉惟靜絜」（三）。伯夷讓夔龍（四）。

【註】（一）有能典朕三禮：有誰能夠爲我主持三禮？（三禮，祭天，祭地，祭鬼之禮。）（二）以汝爲秩宗：以你爲禮官。（秩宗，禮官也。）（三）夙夜惟敬，直哉惟靜絜：朝朝暮暮都要恭敬，正直，肅靜，而且清潔。（絜同「潔」）（四）夔，龍，二臣名。（夔音魁）

舜曰：「然！以夔爲典樂（一），敎穉子（二），直而溫（三），寬而栗（四），剛而毋虐（五），簡而毋傲（六）。詩言意（七），歌長言（八），聲依永（九），律和聲（一〇），八音能諧（一一），毋相奪倫（一二），神人以和（一三）。夔曰：「於！予擊石拊石，百獸率舞（一四）」。

【註】（一）以夔爲典樂：以夔爲主持音樂之官。（典，主持也。）（二）敎穉子：敎導國子。（

或曰穉子乃天子及卿大夫等之長子。）（三）直而溫：既正直而又溫和。（四）寬而栗：既寬大而又謹嚴。（五）剛而毋虐：能剛強而不失之於暴虐。（六）簡而毋傲：能簡要而不失之於傲慢。（七）詩言意：詩所以表達內心。（八）歌長言：歌所以引長語言。（九）聲依永：樂聲要依照着曼長的歌聲。（一〇）律呂要與歌聲相協調。（一一）八音能諧：八種音聲要能夠和諧。（八音，金、石、絲、竹、匏、土、革、木。金，鐘也；石，磬也；絲，琴瑟也；竹，簫管之類；匏，笙等也；土，壎也；革，鼓也；木，柷圉也。）（一二）毋相奪倫：不要亂了次序。（毋，勿也。奪，侵亂。倫，次序，倫次。）（一三）神人以和：神與人聽到這種優美的音樂，都很愉快。（一四）於！予擊石拊石，百獸率舞：啊！我只要敲敲石頭，拍拍石頭，就能夠叫那些百種百樣的獸類都情不自禁的舞蹈起來。（於，同嗚乎之嗚字，嗟歎詞。率舞，相率而舞，即大家都舞。）

舜曰：「龍！朕畏忌讒說殄僞（一），振驚朕衆（二），命汝爲納言（三），夙夜出入朕命（四），惟信（五）」。

【註】（一）朕畏忌讒說殄僞：我最厭惡那些讒害正人的言語和傷天害理的行爲。（畏忌，憎惡也。讒說，讒害正人的言論。殄僞，傷天害理的行爲。殄，音塡，滅絕人性。僞，同行爲之「爲」字。（二）振驚朕衆：震動驚惑我的人民。（振，同「震」字。（三）命汝爲納言：命你爲傳達命令之官。（納言，官名，掌傳達命令。）（四）夙夜出入朕命：白天夜間佈達我的命令或收進人民的意見。（五）惟信：一定要實實在在，據實報告或據實傳達，不得假傳聖旨或阻塞民情。

舜曰：「嗟！汝二十有二人，敬哉，惟時相天事（一）」。

【註】（一）你們二十二人，要認眞工作啊，希望大家能輔助我完成上天所賦予的事業。（敬，認眞工作。惟，希望之語氣。時，同「是」字。相，輔助。天事，上天所交下之事。）

三歲一考功，三考絀陟（一），遠近衆功咸興。分北三苗（二）。

【註】（一）三年考察工作成績一次，根據三次的考察成績，而判定其優劣，劣者貶降之，優者升遷之。（二）分北三苗：把三苗分別流逐於北方。

此二十二人，咸成厥功，皋陶爲大理，平，民各伏得其實（一）；伯夷主禮，上下咸讓（二）；垂主工師，百工致功（三）；益主虞，山澤辟（四）；弃主稷，百穀時茂（五）；契主司徒，百姓親和（六）；龍主賓客，遠人至（七）；十二牧行而九州辟違（八）。

【註】（一）皋陶爲刑法之官，判斷公平，受刑之民都各自承認是實在情形。（伏，良心承認。）（二）伯夷主持禮官之事，上上下下都能夠彼此相讓。（三）垂主持百工技術指導之事，百工都能表現其功能。（四）益主持山澤之事，山澤能以開發。（辟，同闢，開闢，開發。）（五）弃主持農稷之事，百穀都長得很茂盛。（時，同「是」字。）（六）契主持內政教育之事，百姓們都彼此親善和睦。（七）龍主持外交，接待賓客，於是四方各國的人，都遠道而來。（八）十二個地方首長所到之處，九州之人沒有逃避或違抗命令的。（辟，同「避」字）。

唯禹之功爲大，披九山（一），通九澤（二），決九河（三），定九州（四），各以其職來貢（五），不失厥宜（六）。方五千里，至於荒服（七），南撫交阯、北發（八）。西：戎，析枝，渠廋，氐，羌（九），北：山戎，發，息愼（一〇），東：長，鳥夷（一一），四海之內，咸戴帝舜之功。於是禹乃興九招之樂（一二），致異物，鳳皇來翔（一三）。天下明德，皆自虞帝始（一四）。

【註】（一）披九山：打通了九條山路。（披，分開，打開，開闢。九山，卽岍山，壺口，底柱、太行、西傾、熊耳、嶓冢、內方、岷山。）（二）通九澤：卽大陸、雷夏、大野、彭蠡、震澤、雲夢、榮波、荷澤、孟豬。（三）決九河：弱水、黑水、河、漾、江、沇、淮、渭、洛。（四）定九州：兗、冀、青、徐、豫、荆、揚、雍、梁。（五）各以其職來貢：各以其應盡之職責，來進貢物產。（六）不失厥宜：不失其本州土地所宜產之物。（七）方五千里，至於荒服：由京都至四方，各有五千里，以至於最荒野之處。（八）南撫交阯、北發：南邊安定交阯北發。（九）西：戎、析枝、渠廋、氐、羌：西邊安定戎、析枝、渠廋、氐、羌。（皆西方民族之名。此句恐有錯字。）（一〇）北：山戎、發、息愼：北邊安定山戎、發、息愼。（皆北方民族之名，恐亦有錯字。）（一一）東：長、鳥夷：東邊安定長夷、鳥夷。（皆東方民族之名。恐亦有錯字。）（一二）九招之樂：招卽韶，舜樂也。九招之樂，卽九韶之樂。（一三）致異物：招致奇異之物。舜之德大，感及萬物，故奇異之物皆來集。（一四）天下明德，皆自虞帝始：天下所以能有文明之德化，皆自舜帝開始。此言舜時文明較前代更進步。

舜年二十以孝聞，年三十，堯舉之（一），年五十，攝行天子事（二），年五十八堯崩；年六十一，代堯踐帝位（三）。踐帝位三十九年，南巡狩，崩於蒼梧之野（四），葬於江南九疑，是爲零陵（五）。

【註】（一）堯舉之：堯向上天舉薦舜。（二）攝行天子事：代理堯王執行天子之事。（三）踐帝位：就任天子之職任。（四）南巡狩，崩於蒼梧之野：到南方去巡察各地守臣（諸侯）的政治，死於蒼梧。（蒼梧，在湖南寧遠縣。一曰九疑。）零陵：皇覽曰：舜冢在零陵營浦縣。

舜之踐帝位，載天子旗，往朝父瞽叟，夔夔唯謹（一），如子道（二）。封弟象爲諸侯。舜子商均亦不肖，舜乃豫薦禹於天，十七年而崩。

【註】（一）夔夔唯謹：和敬而謹愼的樣子。夔，音魁，和敬的樣子。（二）如子道：合乎爲子之道。如，符合也。

三年喪畢，禹亦乃讓舜子，如舜讓堯子。諸侯歸之，然後禹踐天子位。堯子丹朱，舜子商均，皆有疆土（一），以奉先祀，服其服，禮樂如之（二），以客見天子（三），天子弗臣，示不敢專也（四）。

【註】（一）皆有疆土：堯舜之子，皆封有國土，堯之子封於唐，舜之子封於虞。（二）服其服，禮樂如之：穿他們唐虞二國的衣服，行他們唐虞二國的禮樂。（三）以客見天子：以客禮與天子平

等相見。　（四）示不敢專也：表示不敢專有天下，不敢獨佔天下。

自黃帝至舜、禹皆同姓，而異其國號，以章明德（一）。故黃帝爲有熊，帝顓頊爲高陽，帝嚳爲高辛，帝堯爲陶唐，帝舜爲有虞。帝禹爲夏后而別氏，姓姒氏（二）；契爲商，姓子氏（三）；弃爲周，姓姬氏（四）。

【註】（一）以章明德：以表彰其光明的德行。章，同「彰」字。　（二）相傳禹母修己呑薏苡而生禹，故姓姒氏。　（三）相傳契母呑乙子（卽鳦子、燕子）而生契，故姓子氏。　（四）弃卽后稷之名，國號周，姓姬氏。由以上姓、氏的稱呼，可知在氏族部落社會時代，「姓」是包括較大的氏族團體，姓之中又可分爲許多氏，許多族。天子賜姓，胙之土而命之以氏，諸侯以字爲氏，因以爲族。族者，氏之別名也，姓者，所以統繫百世，使不別也。氏者，所以別子孫之所出，故世本之篇，言姓則在上，言氏則在下也。

太史公曰：「學者多稱五帝，尙矣（一）。然尙書獨載堯以來（二），而百家言黃帝，其文不雅馴（三），薦紳先生難言之（四）。孔子所傳宰予問、五帝德及帝繫姓（五），儒者或不傳。

【註】（一）一般讀書的人，很多談論五帝的事情，那些都是很久很久以前的事了。（尙，很久遠的）。　（二）但是尙書只記載堯帝以來的事情，沒有提到堯帝以前的事情。　（三）而諸子百家的書

籍所談黃帝的故事，他們的文字又常常是粗野而不文雅，荒誕而不合理（雅，馴。）（四）以致於許多有學問的先生，也很難解說往古的那些故事，究竟是眞實或是虛僞。（薦紳，卽縉紳，有學問修養的士大夫。）（五）孔子所傳授下來的對於宰予所問有關於五帝德及帝繫姓兩篇史料，後來的讀書人，也並不高興傳授。

余嘗西至空峒（一），北過涿鹿（二），東漸於海（三），南浮江淮矣（四），至長老皆各往往稱堯舜黃帝之處（五），風教固殊焉（六），總之，不離古文者近是（七）。

【註】（一）我曾經西邊到過空峒，（空峒，在今甘肅平涼縣西。司馬遷之時，首都在西安，其所謂東西南北，卽以西安爲中心而言，所以不應當把空峒解爲在河南臨汝縣，因爲河南是在西安之東。）（二）北邊過了涿鹿，（在今河北省。）（三）東漸於海：東邊到了海濱。（漸，瀕臨也。）（四）南浮江淮：南邊過了江淮。（浮，渡水也。）（五）到了各地方，那些年紀大的老人們，都常常談說堯舜黃帝的故事。（六）各時代的風俗教化，顯然的大有差別。（七）總而言之，和古文所記載的不至於距離太遠，那就算相當的對了。（古文，指尙書、春秋左傳、國語等書而言。）

予觀春秋國語，其發明五帝德，帝繫姓，章矣（一），顧第弗深考（二），其所表見皆不虛，書缺有間矣（三）。其軼乃時時見於他說（四），非好學深思，心知其意，固難爲淺見寡聞，道也（五）。

【註】（一）我看了春秋國語兩書，那上面對於五帝德，帝繫姓的發明，可以說是很明白的了。（章，同「彰」字）。（二）但可惜沒有加以深切考究，（顧，第，都是「但是」，可惜的意思。）（三）它們所表現的都不是假造虛構，但是由於年久代遠，所以文字的記載遺失的太多了。（四）他們的故事，也常常散見於其他著作之中。（五）如果不是博覽羣書，加以仔細研究，眞正瞭解那些歷史資料的內容，實在不容易和那些淺見寡聞一知半解的人來談論古代的歷史。

余并論次，擇其言尤雅者，故著爲本紀書首。

【註】我現在把那些遠古的歷史資料，都搜集起來，加以解釋編排，選擇其中之記載最爲文雅者，所以著爲本紀，作爲本書的第一篇。（由於太史公擇其言尤雅者而保存之，可見其對於言之不雅者必舍去之。假定太史公不以雅不雅爲取舍標準，而大量保存其所認爲之不雅者，則對於我們後人之研究上古史，必大有助益也。思之不禁一歎。）

史記卷二　夏本紀第二

夏禹，名曰「文命」（一）。禹之父曰鯀，鯀之父曰帝顓頊，顓頊之父曰昌意，昌意之父曰黃帝。禹者，黃帝之玄孫，而帝顓頊之孫也。禹之大父昌意及父鯀，皆不得在帝位，爲人臣。

【註】（一）夏者，禹所封之國號也。禹者，夏代始王之名也。史記以「文命」爲禹之名，不妥。

當帝堯之時，鴻水滔天，浩浩懷山襄陵，下民其憂。堯求能治水者，羣臣四嶽皆曰鯀可。堯曰：「鯀爲人負命毀族，不可」。四嶽曰：「等之，未有賢於鯀者，願帝試之」（一）。於是堯聽四嶽，用鯀治水。九年而水不息，功用不成。於是帝堯乃求人，更得舜。舜登用，攝行天子之政，巡狩，行視鯀之治水無狀（二），乃殛鯀於羽山以死（三）。天下皆以舜之誅爲是（四）。於是舜舉鯀子禹，而使續鯀之業。

【註】（一）等之，未有賢於鯀者：比較起來，沒有比鯀治水更能幹的了。（二）治水無狀：治水沒有成績表現。（三）殛：放逐。羽山：在山東蓬萊縣。（四）誅：責罰。

堯崩，帝舜問四嶽曰：「有能成美堯之事者，使居官（一）。皆曰：「伯禹爲司空可成美堯之功」。舜曰：「嗟，然」！命禹：「汝平水土，維是勉之」！禹拜稽首，讓於契、后稷、皋陶。舜曰：「汝其往視爾事矣」（二）。

【註】（一）使居官：使爲百官之長。（二）汝其往視爾事矣：你趕快去主持你的工作吧！

禹爲人敏給克勤（一），其德不違（二），其仁可親，其言可信，聲爲律（三），身爲度（四），稱以出（五），亹亹穆穆，爲綱爲紀（六）。

【註】（一）敏給克勤：敏，聰明迅速。給，精力充沛。勤：勤快實幹。（二）其德不違：其德行不違背於道義。（三）聲爲律：聲語之和諧，就等於音律。（四）身爲度：持身之規矩，就等於尺度。（五）稱以出：無論對於任何事情，都要先權衡其輕重緩急，而後出動。稱者，權衡也。（六）亹亹：努力不懈的樣子。亹，音尾。穆穆，莊敬自強的樣子。爲綱爲紀：爲羣倫的準繩，爲百官的典範。

禹乃遂與益、后稷，奉帝命，命諸侯百姓興人徒以傅土（一），行山表木（二），定高山大川（三）。

【註】（一）興人徒：動員一切勞力。（興，動員也。徒，勞役。）傅土：傅，同「敷」字，塡土以治水。（二）行山表木：凡走過的山路，則立木以爲表記。（三）定高山大川：規定高山大川之

名稱與位置。

禹傷先人父鯀功之不成，受誅，乃勞身焦思（一），居外十三年，過家門不敢入。薄衣食，致孝於鬼神（二），卑宮室，致費於溝淢（三）。陸行乘車，水行乘船，泥行乘橇，山行乘檋（四）。左準繩，右規矩，載四時（五），以開九州（六），通九道（七），陂九澤（八），度九山（九）。

【註】（一）禹帝傷心於先人父鯀治水之失敗，遭受政府之懲罰，乃勞苦其體力，竭盡其心思。（焦思：苦盡思慮。）（二）薄衣食，致孝於鬼神：自奉極儉，而盡其力以孝敬於鬼神。（夏代極敬鬼神）。（三）卑宮室，致費於溝淢：自己所住房屋，卑陋不堪，而把一切的財力，用之於疏通溝洫。（淢，音域，水溝。）（四）檋：音局。鞋下釘有錐形之鐵器，以防上山滑倒。橇：音翹：以木板爲之，狀如箕，行於泥地之用。（五）左準繩、右規矩，載四時：左手拿着準繩，右手拿着規矩，車上載着觀察四時氣節的儀器。（這些東西都是測量地勢通山開道的必備工具。）（六）九州：冀、兗、青、徐、豫、荊、揚、雍、梁。（七）九道：九河之道，有徒駭、太史、馬頰、覆鬴、胡蘇、簡、潔、鉤盤、鬲津，河之經流。古時黃河，自孟津而北，分爲以上之九道。（八）九澤：大陸、雷夏、大野、彭蠡、震澤、雲夢、滎波、荷澤、孟豬。（九）九山：岍山、壺口、底柱、太行、西傾、嶓冢、內方、岐山、熊耳。

令益予衆庶稻，可種卑溼。命后稷予衆庶難得之食。食少，調有餘相給，以均諸侯

（一）。禹乃行相地宜所有以貢，及山川之便利（二）。

（附夏代君主繼承表與禹貢九州圖以供參考）

夏代君主繼承表

(1)禹帝（在位八年，公元前2205—2198）……(2)啓（九年2197—2189）……(3)太康（二十九年2188—2160）……

(4)仲康（十三年2159—2147）……(5)相（二十八年2146—2119）……(6)少康（二十二年2118—2058）……

(7)杼（十七年2057—2041）……(8)槐（二十六年2041—2015）……(9)芒（十八年2014—1997）……

(10)泄（十六年1996—1981）……(11)不降（五十九年1980—1922）……(12)扃（二十一年1921—1901）……

(13)廑（二十一年1900—1880）……(14)孔甲（三十一年1879—1849）……(15)皋（十一年1848—1838）……

(16)發（十九年1837—1819）……(17)桀（五十二年1818—1767）

（附註）劉歆三統曆謂夏四百三十二年。據甲骨文推訂禹卽位在西元前二一八三年，至桀亡在西元前一七五二年，恰爲四百三十二年。

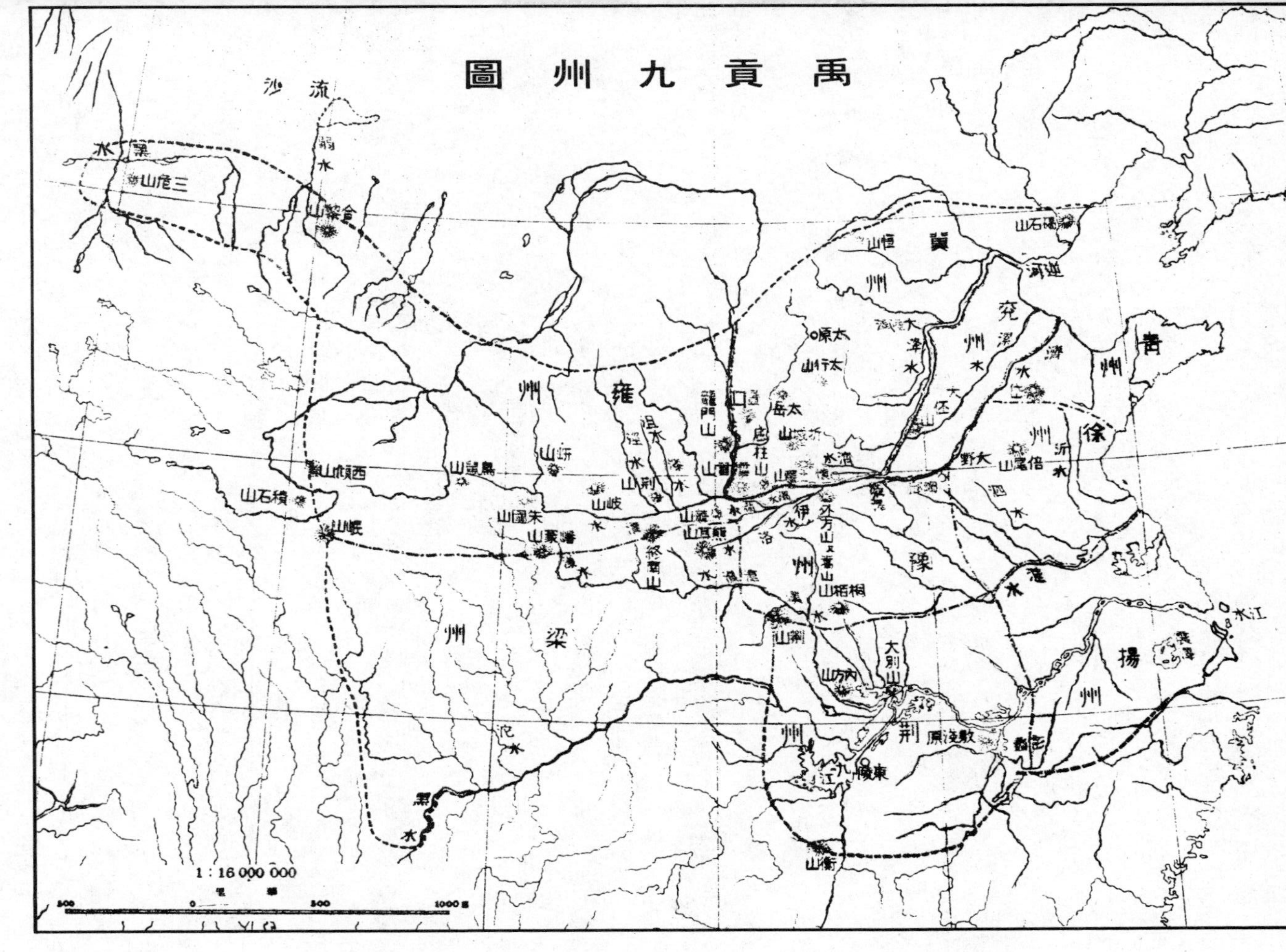
禹貢九州圖
流沙
黑水
三危山
弱水
合黎山
雍州
冀州
兗州
青州
徐州
豫州
梁州
荊州
揚州
碣石山
恆山
逆河
太原
太行山
太岳
壺口
龍門山
西傾山
積石山
鳥鼠山
岍山
岐山
荊山
朱圉山
嶓冢山
岷山
涇水
伊水
大別山
內方山
桐柏山
外方山
淮水
泗水
沂水
大野
大伾
濟水
沱水
九江
東陵
敷淺原
彭蠡
衡山
江水
1:16 000 000
500
0
500
1000

【註】（一）難得之食：謂食物不足而難得。調有餘相給：調配有餘之地以給於不足之地，故曰以均諸侯，使各地區均能有食物也。（二）行相地宜所有以貢：行視各地土地之所宜於生產何物，然後以其土地所有之產物以爲進貢於中央之賦物，卽尚書禹貢之所記也。

禹行自冀州始。冀州（一）：既載壺口（二），治梁及岐（三）。既修太原，至於嶽陽（四）。覃懷致功（五），至於衡漳（六）。其土白壤（七），賦上上錯（八），田中中（九）。常，衞既從，大陸既爲（一〇）。鳥夷皮服（一一）。夾石碣石入於海（一二）。

【註】（一）堯都冀州，故禹王治水理賦的行動，自冀州開始。冀州：今河北，山西及河南黃河以北之地。（二）既載壺口：治冀州先從壺口開始。（既載，始也。壺口，山名，在山西吉縣西南。）（三）治梁及岐：然後治理梁山及岐山。（梁山，在陝西韓城縣東南。岐山，在陝西岐山縣東北。）（四）既修太原，至於嶽陽：然後又修治太原，至於嶽陽。（太原，卽大原，在山西榮河、聞喜之間。嶽陽，卽霍山，在山西霍陽東南。）（五）覃懷致功：覃懷在河南沁陽縣。沁，音秦（ㄑㄧㄣˊ）。致功：表現功績。（六）至於衡漳：漳水橫流入河，故曰衡漳。衡同橫字。（七）其土白壤：冀州的土質是白色而細柔。（八）賦上上錯：冀州的田賦是第一等而參錯着第二等。（九）田中中：冀州之田是九州之中的第五。（一〇）常衞既從，大陸既爲：常，卽「恒」，水名，源出恒山。衞，水名，在河北靈壽縣。既從，既已順流而下。大陸，澤名，在河北平鄉縣。既爲，既已完成。尚書原文是「大陸既作」，可以解釋爲恒水與衞水既然順流而行，於是一片廣大的陸地就呈現出來了。

這樣解釋，比較妥當。（作，就是呈現出來的意思。司馬遷改「作」爲「爲」，不如原文之佳。）
（一一）鳥夷皮服：尚書原文爲「島衣皮服」，卽島夷之人，以皮服來進貢。（一二）夾右碣石入於海：尚書原文爲「夾右碣石入於河」，卽言冀州北方貢賦之來路，自北海入河，南向西轉，而碣石在其右，轉屈之間，故曰「夾右」也。

濟、河維沇州（一），九河既道（二），雷夏既澤（三）雍、沮會同（四），桑土既蠶（五），於是民得下丘居土（六）。其土黑墳（七），草繇木條（八）。田中下（九），賦貞（一〇）。作十有三年乃同（一一）。其貢漆絲（一二），其篚織文（一三）。浮於濟、漯，通於河（一四）。

【註】（一）在濟水與黃河之間的地區就是沇州。濟，水名。沇州卽兗州。（二）黃河下游的九條河道既已疏通。（九道之名，已見前文）。（三）雷夏既已成爲湖澤。雷澤在山東濮縣東南。（四）雍水沮水都已會合而同流於湖澤。（五）土地之上都能種桑養蠶。（可見中國蠶絲業之早。）（六）於是人民免於水患，而可以由丘陵之地，下居於平地。（七）兗州的土壤，色黑而肥美。（八）草木茂盛而枝條肥嫩。（繇，茂盛。條，曼長而肥嫩。）（九）田地是第六等。（一〇）其賦爲第九等。（貞，正也，相當也，兗州爲禹治水最後成功之州，爲九州之末，其賦與之相當，故爲九等之賦。）（一一）經營了十三年，而後與其他各州始相同。（一二）它所貢賦之物，有漆有絲。（一三）它以筐籃所呈貢之物，是些絲織品，爲錦綺之類。（一四）它進貢的路線，是經由濟水，

漯水而入於黃河。（漯水，源出山東茌平縣西南。一曰源出河南武陟縣。）

海、岱惟青州（一）：堣夷既略（二），濰、淄其道（三）。其土白墳，海濱廣潟（四），厥田斥鹵（五）。田上下（六），賦中上（七）。厥貢鹽絺（八），海物惟錯（九），岱畎絲、枲、鉛、松、怪石（一〇）。萊夷爲牧（一一）。其篚酓絲（一二）。浮於汶（一三），通於濟（一四）。

【註】（一）在大海與泰山之間的地區，就是青州。（二）嵎夷之地已經平治了。（嵎夷，東表之地。略，平治也。）（三）濰水淄水也都疏通了。（濰水，源出山東莒縣。淄水，源出山東萊蕪縣）。（四）土壤白色而肥美，濱海之地，寬廣而含鹽質。（五）其田鹹鹵。（六）它的田地是第三等。（七）它的賦稅是第四等。（八）它所進貢的物有鹽，有細葛布。（絺，音嗤，細葛布也。）（九）及各種海產之物。（錯，多種多樣的。）（一〇）還有泰山山谷之中所出產的絲、麻、鉛、松樹，和奇怪的石頭。（岱，泰山也。畎，山谷之地也。枲，音喜，大麻也。）（一一）萊夷之地，可以作爲牧場。萊夷，地名，在東萊黃縣。）（一二）它以筐籃所進貢之物是山蠶之絲。（酓，音厭，山蠶之絲。）（一三）其貢物所經之路是由汶水船運。（汶水，源出山東萊蕪縣。）（一四）由汶水通於濟水。

海、岱及淮惟徐州（一）：淮、沂其治（二），蒙、羽其蓺（三）。大野既都（四），東原底平（五）。其土赤埴墳（六），草木漸包（七）。其田上中（八），賦中中（九）

。貢惟土五色（一〇），羽畎夏狄（一一），嶧陽孤桐（一二），泗濱浮磬（一三），淮夷蠙蛛泉魚（一四）。其篚玄纖縞（一五）。浮於淮、泗（一六），通於河（一七）。

【註】（一）在大海、泰山、和淮水之間的地區，就是徐州。　（二）淮水和沂水都治好了。（淮水：源出河南省之桐柏山，東流入安徽境，聚注於江蘇安徽間之洪澤湖。沂水：源出山東蒙陰縣，南流至江蘇邳縣入於泗水。　（三）蒙山和羽山都開發了。（蒙山，在山東費縣。羽山，在山東郯城。藝：開發，開墾。）（四）大野之水也儲聚而成爲湖澤了。（大野，澤名，在山東鉅野縣。都，渚也，瀦也，水所停聚也。）（五）東原地區也獲致平定了。（東原，地名，今山東東平、泰安二縣之地。厎，獲致也。音紙。）（六）它的土壤紅色黏性而肥美。（埴，音直，黏土也。）（七）草木也都慢慢的茂盛起來。（包，同「苞」，茂盛也。）（八）它的田地是第二等。（九）它的賦稅是第五等。（一〇）它進貢之物是五色土。（五色土，所以爲大社之封，有青、赤、白、黑、黃五色。）（一一）和羽山山谷中出產的山雞。（羽，羽山也。畎，山谷也。夏翟，山雉也。）（一二）及嶧山南面所出產的獨生之桐木。（嶧，音一，山名，在山東嶧縣。陽，山之南面。孤桐，獨生之桐樹。）（一三）泗水之濱所出產的可以漂在水上的石磬。（一四）淮夷的蚌珠及魚類。（淮夷，淮水之夷民。蠙，音賓，可以生珠之蚌。泉，音洎，同及字，暨字。）（一五）它以筐籃盛着所進貢的物有細緻的黑綢和白綢。（玄，黑綢也。縞，白綢也。纖，細的。）（一六）它進貢之路是由淮水和泗水順流而來。（浮，順流也。）（一七）到達於黃河。

淮、海惟揚州（一），彭蠡既都（二），陽鳥所居（三）。三江既入（四），震澤致定（五）。竹箭既布（六）。其草惟夭（七），其木惟喬（八），其土塗泥（九）。田下下（一〇），賦下上上雜（一一）。貢金三品（一二），瑤琨竹箭（一三），齒，革，羽，旄（一四）。島夷卉服（一五）。其篚織貝（一六），其包橘、柚錫貢（一七）。均江、海（一八），通淮、泗（一九）。

【註】（一）在淮水和大海之間的地區，就是揚州。（二）彭蠡之水既已淮聚爲湖澤。（彭蠡，澤名，卽鄱陽湖。）（三）是大雁所羣居之地。（陽鳥，大雁也。）（四）三條江水既已入海。（漢書、地理志謂：南江、中江、北江，是爲三江。南江從會稽吳縣南，東入海；中江從丹陽蕪湖縣西南，東至會稽陽羨縣入海；北江從會稽毗陵縣北，東入海。）（五）震澤因之也平定了。（震澤卽太湖。）（六）各種用途的竹子也都生出了。（箭竹，竹質堅勁，可以製矢。）（七）草長的很美嫩。（夭，美而嫩也。）（八）樹木長的很高大。（喬，高也。）（九）它的土壤都是濕泥泥的。（濕潤而不乾燥。）（一〇）它的田地是第九等。（一一）它的賦稅是第七等。（一二）它所進貢的是靑、白、赤，三種顏色不同的銅。（金，銅也。）（一三）美麗的玉、石、竹箭。（瑤，美玉。琨，美石。竹箭，竹子所製的箭。）（一四）象牙，獸皮，鳥羽，旄牛尾。（齒，象牙。革，獸皮。羽，鳥羽。旄，旄牛尾，以爲旌旗之飾。）（一五）海島的夷人都穿着草編的衣服。（島夷：東南海島之夷人。卉服：草製之衣服。）（一六）其所用筐籃盛着以進貢的是用貝殼所織成

的巾布。（織貝，用貝殼織成的巾布）。（一七）還有用包裹包着以進貢的橘子、柚子，這些水菓，有命令則貢之，無命令則不貢。（錫，賜命也。錫貢，有命令而後貢也。）（一八）這些貢物都是沿江海而行。（均，沿行也。）（一九）通淮泗：由江海而通達於淮水、泗水。

荊及衡陽惟荊州（一），江、漢朝宗於海（二），九江甚中（三），沱、涔已道（四），雲土、夢爲治（五）。其土塗泥（六）。田下中（七），賦上下（八），貢羽、旄、齒、革、金三品、杶、榦、括、柏、礪、砥、砮、丹，（九）。惟箘、簬、楛，三國致貢其名（一〇）。包匭菁茅（一一），其篚玄纁璣組（一二），九江入賜大龜（一三）。浮於江、沱、涔、漢（一四），踰於雒（一五），至於南河（一六）。

【註】（一）在荊山和衡陽之間的地區，就是荊州。（荊，山名，在湖北南漳縣。衡陽，衡山之南。）（二）江水和漢水都以大海爲目標，經此州而東流。（江水：源出岷山，東流經三硤，過荊州與漢水合。朝宗：百川以海爲宗主而往朝之也。）（三）九江於此州，甚得地勢之中。（江水在此州界，分爲九道，甚得地勢之中。）（四）沱水和涔水，都已經疏通了。（沱：水名，源出蜀郡郫縣西。涔：涔水卽潛水，源出漢中安陽縣。道：同「導」字，疏通也。）（五）雲、夢二澤也都治理好了。（雲土：澤名。夢：澤名。人以二澤相近，故合稱雲夢。）（六）它的土壤是濕泥泥的。（溫潤。）（七）它的田地是第八等。（八）它的賦稅是第三等。（九）它所進貢的東西，是羽毛、旄牛尾、象牙、獸皮、三種顏色不同的銅器、杶木、栝木、檜木、柏木、粗磨石、細磨石、砮石

、丹砂。（杶，音鈍，杶木可作車輮。榦，柘木也。栝，檜木。礪，粗磨石。砥，音紙，細磨石。砮，音奴，可爲石箭。丹，紅顏料。（一〇）惟有箘竹，簵竹，楛木，是三個國家有名的特產，所以只有牠們才進貢。（箘，音郡，美竹名。簵，音洛，美竹名。楛，音務，木名，可作箭幹。三邦，三個近澤的國家。其名不詳。其名，著名的特產。）（一一）用繩子纏着包裹以進貢菁茅。（包，包裹。匭，音軌，繩纏。菁茅，茅之有毛刺者，宗廟祭祀時，用以濾酒。）（一二）用筐籃盛着進貢的有黑色的綢子，淺絳色的綢子，和一串串的珍珠。（纁，音熏，淺絳色的綢子。璣，小珠。組，成串者。）（一三）九江有時因受命令而進貢大龜。（入賜，受賜命而入貢。）（一四）它進貢的路線，是經由江水、沱水、涔水、漢水。（一五）再經越一段陸路，進入洛水。（踰，越過陸地而轉入洛水。）（一六）到達於南河。（黃河自潼關以東之一段，古謂之南河。）

荆、河惟豫州（一），伊、洛、瀍、澗，既入於河（二），滎播既都（三），道荷澤（四），被明都（五）。其土壤，下土墳壚（六）。田中上（七），賦雜上中（八）。貢漆、絲、絺、紵（九）。其篚纖絮（一〇），錫貢磬錯（一一）。浮於洛，達於河（一二）。

【註】（一）在荆山和黃河之間的地區，就是豫州。（二）伊水、洛水、瀍水、澗水，都已經流入於黃河。（伊水，源出河南盧氏縣，到洛陽流入洛河。洛水，源出陝西雒南縣西北冢嶺山，東流入河南境，經盧氏、永寧、宜陽、洛陽、偃師，至鞏縣入於黃河。瀍水，源出河南孟津縣，到偃師縣入洛

。澗水，源出河南澠池縣，到洛陽入洛河。（三）滎水的波滔，既已歸聚。（滎，水名，因其歸聚而成爲湖澤，故名曰滎澤。滎，音行。播，卽波。都，卽豬，聚也。故蹟在河南滎陽縣。（四）疏通了荷澤。（荷澤，已湮，故蹟在山東定陶縣。）（五）以及於孟豬。（明都，卽孟豬，亦卽孟諸，澤名，在河南商邱縣。被，及也。）（六）它的土壤，柔軟而細緻。至於低凹地區的土壤，則是肥沃的黑色硬土。（下土，低凹之土地。墳，肥沃。壚，黑色硬土。）（七）它的田地是第四等。（八）它的賦稅是第二等，參雜着第一等。（九）它進貢的物產，有漆、麻、細葛布、紵麻。（一〇）它用筐籃盛着以進貢的，有纖細的絲絮。（一一）還有命令指定進貢的磨磬之錯石。（錫貢，命令指定之貢物。）（一二）它進貢的路線，是經由洛水船運而達於黃河。

華陽黑水惟梁州（一）：岷、嶓既藝（二），沱、涔既道（三），蔡、蒙旅平（四），和夷底績（五）。其土青驪（六），田下上（七），賦下中三錯（八）。貢璆、鐵、銀、鏤、砮、磬、熊、羆、狐、貍、織皮（九）。西傾因桓是來（一〇），浮於潛（一一），踰於沔（一二），入於渭（一三），亂於河（一四）。

【註】（一）在華山南面與黑水之間的地區，就是梁州。（華陽，華山之南。黑水，卽金沙江。）（二）汶山，嶓冢山已經開發了。（汶山，卽岷山，在四川松潘縣。嶓冢山，在隴西、西縣、漢水所出。）（三）沱水、涔水已經疏通了。（沱，岷江之支流，在四川灌縣分支，至瀘縣入江。涔：卽潛水，嘉陵江之北源，在四川廣元縣。）（四）蔡山蒙山皆已平治了。（蔡，山名，不詳所在。蒙

山，在西康雅安縣。旅，俱也，皆也。）（五）和夷的地方也有成就了。（和夷，地名，和讀桓，桓水，或卽今之大渡河。厎，致也，獲得。）（六）它的土壤，青色而發黑。（驪，卽「黎」字，黑色。）（七）它的田地是第七等。（八）它的賦稅是第八等，參雜着第七等和第九等。（九）它進貢的東西，有黃金、鐵、銀、硬鐵、砮石、磬石、熊羆、狐、貍，及地毯之類。（璆，卽鏐，金沙江一帶產黃金。璆，音求，同球，又言美玉也。鏤，鐵之剛硬者。羆，音皮，獸名，似熊而大。織皮，獸皮所編織之物，或言爲地毯。）（一〇）西傾山一帶的貢物，順桓水而來。（西傾，山名，卽青海魯察布拉山。）（一一）浮順於潛水。（一二）再走過一段陸地而入於沔水。（沔水，卽漢水上流。）（一三）進入於渭水。（一四）然後橫衡而入於黃河。（橫衡絕流，曰亂。）

黑水、西河惟雍州（一）：弱水既西（二），涇屬渭汭（三）。漆、沮既從（四），灃水所同（五）。荊、岐已旅（六），終南、敦物，至於鳥鼠（七）。原隰厎績（八），至於都野（九）。三危既度（一〇），三苗大序（一一）。其土黃壤（一二），田上上（一三），賦中下（一四）。貢璆、琳、琅玕（一五）。浮於積石（一六），至於龍門西河（一七），會於渭汭（一八）。織皮昆侖、析支、渠搜，西戎卽序（一九）。

【註】（一）在黑水與西河之間的地區，就是雍州。（西河，指山西、陝西間黃河南北流之一段。）（二）弱水已經往西流了。（弱水，卽甘肅張掖河。）（三）涇水流入於渭水之灣。（涇，水名，源出甘肅化平縣，至陝西高陵縣入渭水。屬，聯接，流入。渭汭，渭水之灣曲處。渭水源出甘肅渭源

縣西北鳥鼠山，至陝西潼關入黃河。）（四）漆水沮水既已順流而下。（漆水源出陝西同官縣東北大神山，西南流至耀縣，與沮水合。沮水源出耀縣北，東南流合漆水，至朝邑入渭。從，順從，不亂流。）（五）灃水也與渭水會合了。（灃水源出陝西鄠縣終南山。同，會合。）（六）荊山岐山已經開通了。（荊山，在陝西富平縣，非荊州之荊山。岐山在陝西岐山縣。旅，開導，疏通，平治，建設。）（七）終南山、敦物山，以至鳥鼠山，都已平治了。（終南山橫亙陝西南部，主峯在長安之南。敦物山，在陝西武功縣南。鳥鼠山，在甘肅渭源縣。）（八）高原及低窪之處，都已施過工了。（底績，致力工作。）（九）以至於都野。（都野，澤名。在涼州姑臧縣東北二百八十里。）（一〇）三危之地已經可以住人。（三危，山名，在鳥鼠西南，與岐山相連。度，宅也，居住。）（一一）三苗之地也都秩序安定了。（大序，大大的安定，社會有秩序。）（一二）它的土壤，色黃而柔細。（一三）它的田地是第一等。（一四）它的賦稅是第六等。（一五）它所進貢的東西是美玉、美石、及類似珍珠的石物。（一六）它進貢的路線是由水道船運於積石山下。（積石山即大雪山，在青海南境。）（一七）到達龍門山間的西河。（龍門山有四，此處所謂之龍門山在山西河津及陝西韓城之間。龍門西河，謂龍門山間之西河。）（一八）會集於渭水之灣。（一九）進貢織皮的有崑崙、析支、渠搜三個國家。（崑崙國在甘肅西寧縣。析支國在青海北部至甘肅貴德縣境。渠搜國在陝西懷遠縣北。）三國皆西戎之國，三國既來進貢，於是西戎之地，也都安定了。

道九山（一）：汧及岐至於荊山（二），踰於河（三）。壺口、雷首（四），至於太嶽（五）。砥柱、析城（六），至於王屋（七）。太行、常山（八），至於碣石（九），入於海（一〇），西傾、朱圉、鳥鼠（一一），至於太華（一二）。熊耳、外方、桐柏（一三），至於負尾（一四）。道嶓冢（一五），至於荊山（一六）。內方至於大別（一七）。汶山之陽至衡山（一八）。過九江（一九），至於敷淺原（二〇）。

【註】（一）開導九個山。（九山：汧山、壺口、砥柱、太行、西傾、熊耳、嶓冢、內方、岷山。）（二）從岍山開始，及於岐山，到達荊山。（岍山，卽今陝西隴縣吳嶽山。岐山，在右扶風美陽縣西北。荊山在左馮翊懷德縣南。）（三）山脈越過了黃河。（四）又從壺口開始，經過雷首山。（壺口山在今山西吉縣西南。雷首山在山西永濟縣南。）（五）到達了太嶽山。（太嶽山，卽霍太山，在沁州沁源縣。）（六）再從砥柱山開始，而析城山。（砥柱，山名，在河南陝縣東北黃河之中流。析城，山名，在山西陽城縣。）（七）而到達了王屋山。（王屋，山名，在山西垣曲縣。）（八）又從太行山開始，而常山。（太行，山名，主峯在山西晉城縣。常山，卽恒山，在河北曲陽縣西北，山西渾源縣東南。）（九）而到達了碣石山。（碣石，山名，在河北昌黎縣。）（一〇）山脈到此，進入於海中。（一一）又從西傾山開始，而朱圉山，而鳥鼠山。（西傾，山名，卽青海魯察布拉山。朱圉，山名，在甘肅伏羌縣。鳥鼠，山名，在隴西之西，渭水所出。）（一二）然後到了華山。（一三）再從熊耳山開始，到了外方山，桐柏山。（熊耳，山名，在河南盧氏縣。外方，山名，卽嵩山，在河南登封縣。桐柏，山名，在河南桐柏縣。）（一四）又到了負尾山。（負尾

，卽陪尾，山名，在湖北安陸縣東北。）（一五）又開治嶓冢山。（嶓冢山在陝西寧羌縣。）（一六）到了荊山。（荊州之荊山，在襄陽府南章縣。）（一七）又從內方山開始，到了大別山。（內方，山名，在湖北鍾祥縣。大別山，在湖北漢陽縣東北。）（一八）再從汶山的南面治起，到了衡山。（汶山，卽岷山，在四川松潘縣。衡山，卽南嶽，在湖南衡山縣。）（一九）過了九江。（九江：沅、漸、元、辰、敍、酉、澧、資、湘。）（二〇）而到達了敷淺原。（敷淺原，山名，卽廬山。）

道九川（一）：弱水至於合黎，餘波入於流沙（二）。

【註】（一）疏導九條河川。（二）先從弱水疏導，到了合黎山，它的餘波就流入於沙漠之中。（弱水，卽甘肅張掖河。合黎，山名，在甘肅張掖縣。流沙，卽沙漠，甘肅鼎新縣以東之沙漠。）

道黑水，至於三危，入於南海。（一）

【註】（一）再疏導黑水，到了三危山，流入於南海。（黑水，卽今之怒江，其上游曰哈喇烏蘇河。哈喇，黑也；烏蘇，水也。三危山，在燉煌縣東南四十里。南海，卽漢志之蒲昌海。）

道河積石（一），至於龍門（二），南至華陰（三），東至砥柱（四），又東至於盟津（五）。東過洛汭（六），至於大邳（七）。北過降水（八），至於大陸（九）。北播爲九河（一〇），同爲逆河（一一），入於海（一二）。

【註】（一）疏導黃河，從積石山開始。（積石，即大雪山。）（二）龍門：山名，在山西河津、陝西韓城之間。（三）華陰：在華山之北面。（四）砥柱：山名，即三門山，河水分流，包山而過，山見水中，若柱然也。在河南陝縣。（五）盟津，即孟津，在洛陽城北。（六）洛水入黃河之處。（七）大邳：山名，在河南濬縣。（八）降水：即漳水，在河北曲周、肥鄉二縣之間。（九）大陸：澤名，在河北平鄉縣。（一〇）播爲九河：分開爲九條小河。河至冀州，分開爲九條支流。（一一）九條支流，下至滄州，更合而爲一大河，名曰「逆河」。（一二）逆河夾右碣石而入於渤海。

嶓冢道瀁（一），東流爲漢（二），又東爲蒼浪之水（三），過三澨（四），入於大別（五），南入於江（六），東匯澤爲彭蠡（七），東爲北江（八），入於海。

【註】（一）從嶓冢山以疏導瀁水。（瀁水源出隴西寧羌縣嶓冢山。）（二）瀁水東南流爲沔水，至漢中東流爲漢水。（三）漢水在均州之一段，稱爲滄浪水。（四）三澨：水名，在湖北天門縣。（五）大別山：在湖北漢陽縣東北。（六）江：長江。（七）彭蠡：澤名，即江西鄱陽湖。（八）自彭蠡，江分爲三道入震澤，遂爲北江而入於海。

汶山道江（一），東別爲沱（二），又東至於醴（三），過九江，至於東陵（四），東迆北會於匯（五），東爲中江，入於海（六）。

【註】（一）從汶山開始以疏導長江。（汶山，即岷山，在四川松潘縣北。道，即「導」字。）

（二）往東另外分出一條支流爲沱水。（沱水，岷江之支流，自四川灌縣南分離岷江而東流。）（三）醴，水名，源出湖南桑植縣，流入洞庭湖。（四）九江：九條江水，前已有註。東陵：地名，在湖南岳陽縣。（五）再往東又斜流往北而匯聚成爲彭蠡澤。（迆，音迤，斜行也。會，同匯，動詞。匯，謂彭蠡澤，名詞。（六）中江：揚州三江中之東江。

道沇水（一），東爲濟，入於河，泆爲滎（二），東出陶丘北（三），又東至於荷（四），又東北會於汶（五），又東北入於海。

【註】（一）疏導沇水。（沇水，爲濟水之上流，源出山西垣曲縣王屋山下。（二）濟水，卽泲水。沇水東流至河南溫縣西北爲泲水，流至鞏縣之北，南入於河，在鄭州之西，河北泛溢而匯爲滎波，卽所謂「滎澤」。泆，同溢。（三）陶丘：丘名，在山東定陶縣。（四）荷：水名，在山東荷澤。（五）汶：水名，源出山東萊蕪縣。

道淮自桐柏（一），東會於泗、沂（二），東入於海。

【註】（一）疏導淮水，自桐柏山開始。（淮水，源出河南桐柏縣桐柏山。）（二）往東與泗水沂水相會合。（泗水：源出山東泗水縣陪尾山。沂水：源出山東鄒縣西北。）

道渭自鳥鼠同穴（一），東會於澧（二），又東北至於涇（三），東過漆、沮，入於河（四）。

【註】（一）疏導渭水，自鳥鼠同穴之山開始。（鳥鼠同穴：山名，在陝西渭源縣西。因鳥與鼠共爲雌雄，同穴而處，故以名其山，簡稱之爲鳥鼠山。（二）往東會合了灃水。（灃水：源出陝西鄠縣終南山，北入於渭。）（三）涇水：源出甘肅化平縣，東流至涇川縣，經長武、邠縣、醴泉、涇陽、高陵、入於渭河。（四）漆水：源出陝西同官縣東北大神山，西南流至耀縣。沮水：一名宜君水出耀縣北分水嶺，東南流與漆水會，是爲石州河，又東南流經富平臨潼，折向西南會清峪水入於渭。渭水又流入於黃河。

道雒自熊耳（一），東北會於澗、瀍，又東會於伊（二），東北入於河。

【註】（一）疏導洛河，自熊耳山開始。（熊耳山：在河南盧氏縣南五十里）。（二）澗水，源出河南新安縣東白石山之陰。瀍水，源出河南穀城縣贊亭北，東南入於洛。伊水，源出河南盧氏縣東南悶頓嶺，東北流。經嵩縣、伊陽、洛陽，入於洛河。

於是九州攸同，四奧既居（一），九山栞旅（二），九川滌原（三），九澤既陂（四），四海會同（五）。六府孔修（六），衆土交正（七），致愼財賦（八），咸則三壤（九），成賦中國（一〇）。

【註】（一）由於水土的平治，所以九州之地因之而歸於同一，四奧之區都可以住人了。（九州攸同：這個「同」字，與前文之「十有三載乃同」是一個意思，包含有「統一」「同一」「和平」「安定」等等許多意思，因之把「同」字譯爲「同一」，九州之政治教化經濟財政，從此以後都可以同一了

。奧：同「隩」，水涯也，邊涯也，四奧卽言四方邊涯之地區。）（二）九個系統的山地都在樹木上作有標記而可以通行了。（旅，平治，開通，通行之意。）（三）九個系統的水源都滌蕩通暢而無壅塞之患了。（原：同源。）（四）九個大澤都已築起堤防了。（陂，堤防。）（五）四海之內都歸於同一了。（會同：歸於同一，政治上是諸侯來朝，財政上是田賦規定，文化上是聲敎四訖，這都是會同的表現。這一句話，是總結以上的諸種工作之成就而言。）（六）六種有關於人民日常生活的物質都已經大大的修治了。（六府：金、木、水、火、土、穀。）（七）各處土地的等級，都參斟牠們的肥瘠高下之多種條件而校正出來了。（交正：參照各種條件而評定之。）（八）關於財賦的徵收，要特別愼重。（九）統通按照三種土壤的品級。（則，標準。）（一〇）以完成全國的賦稅。（中國，卽國中，全國之中。）這一節是講平治水土之後，國家統一與財政統一的情形。

錫土姓（一），「祗臺德先，不距朕行」（二）。

【註】（一）於是建置諸侯，封之以土地而賜之以姓氏，使之各守藩土以拱衞天子。（左傳所言：「天子建德，因生以賜姓，胙之土而命之以氏」。這就是古代封建諸侯錫土賜姓的來歷。（二）「希望你們能夠恭敬和悅，以德行爲先，不要違背我對於政敎的推行」。（這兩句話好像是禹王告敎諸侯之辭。祗：敬也。台：同「怡」字，和悅也。德先：以德行爲先。這就是左傳「天子建德」的意思，天子選建諸侯，以德爲先決條件。距：同「拒」字，抗拒不遵命。）

令天子之國以外，五百里甸服（一），百里賦納總（二），二百里納銍（三），三百里納秸服（四），四百里粟（五），五百里米（六）。

【註】（一）命令天子的國都以外，周圍五百里的地區，叫做「甸服」。（甸服：畿內之地。甸者，田野也。服者，作事也。爲天子作田野之事，納田野之物，故曰「甸服」。五百里：王城之外，東西南北四面皆五百里。）（二）靠近王城一百里之地區，繳納帶着藁秸的穀物。（總：穀物之全身，包括穀實與其藁秸。）（三）距離王城二百里的地區，繳納禾穗。（銍：音至，割禾的短鎌刀，意謂割下之禾穗。）（四）距離王城三百里的地區，繳納去掉藁芒的禾穗。（秸服：段氏說文解字注謂：「三百里納秸者，不惟去藁，又去穎，而納穗」。如此解釋，甚爲明確。秸，音街。）（五）距離王城四百里的地區，繳納帶殼的穀子。（粟：未去殼之穀實。）（六）距離王城五百里的地區，繳納去了殼的米。

甸服外五百里侯服（一），百里采（二），二百里任國（三），三百里諸侯（四）。

【註】（一）甸服之外，四面又各五百里的地區，叫做「侯服」。（侯服者，爲中央服斥侯警戒之任務也。）（二）靠近甸服一百里的地區，是王朝卿大夫采邑之地。（采：受王事之卿大夫的邑地。）（三）距離甸服二百里的地區，是任王事者之小國的邑地。（任國：任王事之小國，即男爵之國。）（四）距離甸服三百里的地區，是大國諸侯的封地。（諸侯：大國的封地。愈遠而武力愈強，可以獨當一面，捍禦外侮。）

侯服外五百里綏服（一），三百里揆文教（二），二百里奮武衞（三）。

【註】（一）侯服之外，四面又各五百里的地區，叫做「綏服」。（綏服者，因其距離王城漸遠而採取一種安撫政策之意。）（二）靠近侯服三百里的地區，則從事於文治教化的推行。（揆：事也，從事於某種工作之意。文教：文德、文治的教化工作。）（三）在三百里以外的二百里，則振奮武裝保衞的力量。（更遠的邊疆，則振奮武裝保衞的力量，以對抗外來的侵略。文治所以安內，武衞所以攘外。）

綏服外五百里要服（一），三百里夷（二），二百里蔡（三）。

【註】（一）綏服之外，四面又各五百里的地區，叫做「要服」。（要服者，因其距離王城更遠，皆夷狄之地，而採取一種羈縻政策，約束政策，故謂之要服。）（二）靠近綏服三百里的地區，是夷人所住的地方。（三）在三百里以外的二百里，是放逐罪人的地方。（蔡，流放也。）

要服外五百里荒服（一），三百里蠻（二），二百里流（三）。

【註】（一）要服之外，四面又各五百里的地區，叫做「荒服」。（荒服者，因其距離王城最遠，荒涼野蠻，故謂之「荒服」。（二）靠近要服三百里的地區，是野蠻民族居住之地。（三）其餘的二百里，則是流放罪刑重大的人之住區。

東漸於海，西被於流沙（一），朔、南暨聲教，訖於四海（二）。於是帝錫禹玄圭以告成功於天下，天下於是太平治（三）。

【註】（一）中國的聲教，因此而東邊漸臨於大海，西邊被覆於沙漠。（漸：瀕臨也。被：覆及也，

包括也。）（二）自北至南，也都接受了中國聲敎的同化。（朔，北方也。及：接受，感受。訖：至也，到達。中國之聲敎，整個的到達於四海。）（三）於是帝舜就賜禹以玄圭，以賞禹之功，告訴天下以治水成功的勞績。天下於是大大的平治了。（有人以爲是帝堯賞禹以玄圭，有人以爲是帝舜賞禹以玄圭。本註採舜說。）

皋陶作士以理民（一）。帝舜朝（二），禹、伯夷、皋陶相與語帝前。

【註】（一）皋陶担任刑獄的長官以管理人民。（作：担任某一工作。士：刑獄的長官。本文以下的敍述是採取尚書皋陶謨一篇的資料。）（二）帝舜到朝中去辦公。

皋陶述其謀曰：「信其道德，謀明輔和。」（一）。

【註】（一）皋陶發表他的意見，說：「假定爲人君者眞是能夠實踐其德行，那麼，一切計劃便可以高明，而輔佐的大臣們也就可以和合了。（尚書皋陶謨原句是「允迪厥德，謨明弼諧」。而史記作者翻譯爲「信其道德，謀明輔和」），與原意頗有出入，這是因爲司馬遷把「文法」弄錯了，主要在這個「允」字上，這個「允」字應該解釋爲「假定詞」，而司馬遷解釋爲「動詞」，所以意味便有差別。「允」字是假定詞，應當解釋爲「誠能」，「誠能此道矣，雖愚必明」，「誠知其如此，雖萬乘之卿相不爲也」，都是假設的意思。尙書上這種用法很多，如堯典之「允釐百工，庶績咸熙」，這個「允」字，也是假定的意思。我們讀古書、要常把這些字句積合起來，對比起來，作仔細的考慮，方不致於望文生義，失去原文之原義。中國文章，雖沒有專書以講文法，但其實都有一定的文法，我們若

能從文法上以研讀古書，則便利多多，正確多多，不必穿鑿附會，而文意自明。）

禹曰：「然！如何」？（一）

【註】（一）禹聽了之後，就說：「你說的很對！但是，怎麼樣才能作到呢」？

皋陶曰：「於（一）！愼其身脩（二），思長（三），敦序九族（四），衆明高翼（五），近可遠在己（六）」。

【註】（一）於：讀「烏」，同「嗚乎」之「嗚」，歎詞，「啊」的意思。（二）謹愼的修明自身。（三）深長的考慮。（四）厚道的處理九族親疏的關係。（九族：血緣關係較近之氏族組織。）（五）則許多明智之士必奮勉而輔佐。（尚書原文為「庶明勵翼」。明者，明智之士。勵：奮勉。翼：輔翼，輔佐。司馬遷譯為「衆明高翼」，不如原文之通曉。（六）由近可以推及於遠，完全在於本身之行為。

禹拜美言，曰：「然」！（一）

【註】禹拜謝皋陶的美言，說道：「是的」！

皋陶曰：「於！在知人，在安民」（一）。

【註】（一）皋陶說：「啊！天子的責任，在於能夠認識人才，在於能夠安定民心」。

禹曰：「吁！皆若是，惟帝其難之。知人則智，能官人；能安民則惠，黎民懷之。能知能惠，何憂乎驩兜？何遷乎有苗？何畏乎巧言善色佞人」？（一）

【註】（一）禹說：「唉！假定都能夠作到這種程度，雖是帝堯也不容易辦得到啊！能夠認識人才，就是明智，就能夠任用官員；能夠安定民心，就是仁惠，人民就懷念他。能夠明哲而仁惠，那就何必担憂於驩兜？何必放逐乎有苗？何必害怕那些花言巧語柔顏媚色的讒諂小人？

臯陶曰：「然！於！亦行有九德，亦言其有德。乃言曰：始事事（一），寬而栗（二），柔而立（三），愿而恭（四），治而敬（五），擾而毅（六），直而溫（七），簡而廉（八），剛而實（九），彊而義（一〇），章其有常（一一），吉哉！日宣三德（一二），蚤夜翊明，有家（一三）；日嚴振敬六德，亮采，有國（一四）；翕受普施（一五），九德咸事（一六），俊乂在官（一七），百吏肅謹，毋教邪淫奇謀。非其人，居其官，是謂亂天事（一八）。天討有辠（一九），五刑五用哉（二〇）。吾言底可行乎（二一）？」

【註】（一）臯陶說：「是的！唉！人的行爲有九種美德，我們現在就談談這些德行。於是臯陶就繼續的說：這些德行必須驗之於行事。（一）始事事：上一個事字是動詞，卽從事於某種工作之意。下一個事字是名詞，卽工作、事務之意。（二）寬大而能謹嚴。（栗：謹嚴。）（三）柔和而能

獨立。（四）善良而能端恭。（愿：善良。）（五）治事而能認眞。（敬：敬事，認眞。）（六）馴從而能堅毅。（擾：馴順，服從。毅：堅定。）（七）正直而能溫和。（八）簡約而能明察。（簡：簡要、簡易、簡約。廉：明察，不馬虎，是非善惡分辨明白。）（九）剛果而能篤實。（不是虛驕。）（一〇）彊勇而能合義。（彊，同強字。）（一一）修明這些德行，要能持之以常久。（章：同「彰」字，修明而表現之。）（以上這九種德行，都是相反相成，相互爲用，非常之難於作到的。大多數的人，往往只有一面，而缺少另一面以爲之助，所以有優點也有弱點，這一面的優點，正是另一面的弱點，寬而不能栗，就成爲放蕩浪漫；柔而不能立，就成爲隨波逐流；愿而不能恭，就成爲和事佬，鄉愿，德之賊也；治而不能敬，就成爲敷衍了事，苟且塞責；擾而不能毅，就成爲以順爲正者，妾婦之道也；直而不能溫，就成爲頑固死硬，不能處羣；簡而不能廉，就成爲粗略簡單，是非不明；剛而不實，就成爲虛驕之氣，外強中乾；強而不義，就成爲強爭豪奪，強凌弱，衆暴寡。這一段話，是研究中國傳統哲學思想最重要的參考資料，我們中國的中庸之道，就是「執其兩端，以用中於人」，決不偏執一端。執其一端，則兩端俱失；執其兩端，則全體俱備。所以以上的九種德行，都是兩端互爲作用互爲成全之德行。我們修養德行，必須執其兩端，取其仲裁，持之以常，守之以恒，然後纔能達到「吉哉」的境界。）（一二）每日能修明三種德行。（宣，修明。）（一三）早晚敬謹奮發。（蚤，同早。翊，敬謹。明，與孟通，奮勉也。）有家，保有其家，指大夫而言。（一四），每日能夠嚴肅的振奮的莊敬自強的修明六種德行，以輔導事功，就可以保有其國家。（亮采：輔導事功。此數語指諸侯而言。）（一五）合九種之德而受之，普遍的見之於實行。

（翕，合也。普施，普遍的去實行。這是指天子之德而言。大夫只能盡其三德，諸侯只能盡其六德，惟天子則是全德之人，九德俱備。）（一六）全部的從事於九德的修踐。（由此可見古人以爲政治地位之高下，在乎德行之大小多寡，九德全備者爲天子，九德而有其六者爲諸侯，九德而有其三者爲大夫。）（一七）使才德出衆的人，都能夠在政府担任工作。（有千人之才曰俊，有百人之才曰乂。）（一八）沒有才德的人而居於高上的官位，這就是破壞了上天所指定的工作。（一九）上天討罰有罪之人（辠，罪也。）（二〇）五種刑法要用之於五種犯罪之人。（二一）我的話是不是可以致之於實行呢？

禹曰：「汝言致可績行」。（一）

【註】（一）禹就說：「你的話可以致之於實行而有成績」。

皋陶曰：「余未有知，思贊道哉！」（一）

【註】（一）皋陶很謙虛的說：「我沒有什麼知識，只是心中念念不忘的想着怎麼樣纔能有助於你的治道！」

帝舜謂禹曰：「汝亦昌言。」（一）

【註】（一）帝舜告訴禹說：「你也發表發表你的高明的議論。」（昌言：高明的議論。）

禹拜曰：「於！予何言?!予思日孳孳。」（一）

【註】（一）禹拜着說：「啊！我有什麼話說？我一天到晚的忙於工作。」（孳孳：努力不懈。）

皋陶難禹曰：「何謂孳孳？」（一）

【註】（一）皋陶疑問的說：「忙些什麼？」

禹曰：「鴻水滔天，浩浩懷山襄陵，下民皆服於水。予陸行乘車，水行乘舟，泥行乘橇（一），山行乘檋（二），行山栞木（三）。與益予衆庶稻鮮食（四），以決九川致四海（五），浚畎澮致之川（六）。與稷予衆庶難得之食，食少，調有餘，補不足，徙居（七）。衆民乃定，萬國爲治。」

【註】禹說：「洪水衝天的高，浩蕩無邊，包圍了大山，漫駕了高陵，下民們都泡在水中。爲了治水，我行於陸上則乘車，行於水中則乘船，（一）行於泥上則乘橇（橇，音翠，形似箕，兩端微翹而中平，可以在泥上滑動。）（二）行於山上，則乘檋（檋，音車，山轎。）（三）沿着山嶺，刊木以爲標記（栞，音刊，刊木以爲標記。）（四）我和益給民衆們以稻米與魚類之食物（鮮，魚類。）（五）我疏決了九條河流以流入於大海（致，使之流入。）（六）我挖通了田溝的水使之流入河中（浚，挖通。畎澮：田畔的水溝。畎，音犬。澮，音快。）。（七）我和稷給民衆以難得之食，食物少，則調動有餘的地方以補充不足的地方，或移民於食足的地方。於是乎衆民纔得以安定、而萬國因之而治平。

皋陶曰：「然！此而美也！」（一）

【註】（一）皋陶說：「是的！這是你的美德！」（而，同「爾」。）

禹曰：「於！帝！愼乃在位，安爾止，輔德，天下大應。清意以昭待上帝命，天其重命用休。」（一）

【註】（一）禹說：「唉！帝啊！謹愼你的職位，安靜你的舉動（止）。輔助你的人如果是有德行的，天下就會順應於你。以純潔的誠意來等待上天的命令，上天就會不斷的給你以幸福的！」（乃：汝，你。止：舉動。輔：輔佐的人。清意：純潔的誠意。重命：一再的命令。重，音崇，重復的。）

帝曰：「吁！臣哉！臣哉！臣作朕股肱耳目（一）。予欲左右有民，汝輔之（二）；余欲觀古人之象，日月星辰，作文繡服色，汝明之（三）；予欲聞六律五聲八音，在治忽，以出入五言，汝聽（四）。予卽辟，汝匡拂予（五）。汝無面諛，退而謗予（六）。敬四輔臣（七）。諸衆讒嬖臣，君德誠施，皆清矣」（八）。

【註】（一）股：大腿。肱：膀臂。（二）我想輔導民衆，你們幫助我。（左右：同佐佑）。（三）我想觀覽古人的象服，以日月星辰的形狀，繡成很美麗的服色，你們能顯明它。（四）我想聽聞六律、五聲、八音，藉音樂的表現，以考察政治的治亂興衰，以出納五常的言論，你們都能使我聽到了。（五）我如果有邪僻的過失，希望你們要匡救我，矯正我。（六）你們不要當面恭維我，到了背後就又毀謗我。（七）我尊敬在我前後左右能輔助我的臣屬們。（八）關於那些心術奸險

陷害忠良的讒臣邪人，只要人君能施展出正義的德行，就絕對可以完全清除了。（辟：同「僻」。）

禹曰：「然！帝卽不時，布同善惡，則無功」（一）

【註】（一）禹說：「是的！帝如果不能這樣，不分善惡而使之同時布列朝廷，就不能有成功了。」（卽，如果。不時：不是，不能這樣。時，同「是」。）

帝曰：「無若丹朱傲，惟慢遊是好；無水行舟，朋淫於家，用絕其世。予不能順是」（一）。

【註】（一）帝說：「不要像丹朱那樣的驕傲，嗜好於慢遊，在無水的陸地上要行船，成羣結隊的在家內肆行淫亂，因而也就斷絕其世代。我實在看不慣他那種行爲，而深以爲戒。」

禹曰：「予娶塗山（一），辛壬癸甲（二），生啓，予不子（三），以故能成水土功。輔成五服（四），至於五千里，州十二師，外薄四海（五），咸建五長（六），各道有功（七）。苗頑不卽功（八），帝其念哉！」

【註】（一）塗山：國名，在今安徽懷遠。（二）辛壬：禹娶妻之日。癸甲：禹離家前往治水之日。相隔只四天。（三）子：撫育。（四）五服：甸服、侯服、綏服、要服、荒服。（五）薄：迫近。（六）咸建五長：五等諸侯之首長，都建置起來。（七）各道有功：各自率導各地諸侯去從事工作。（道：卽「導」字。）（八）苗頑不卽功：苗族頑抗，不從事於工作。

帝曰：「道吾德，乃汝功序之也」（一）。

【註】（一）帝說：「輔助我的德行，乃是你的功勞所次第達成的。」

皋陶於是敬禹之德，令民皆則禹。不如言，刑從之。舜德大明（一）。

【註】（一）皋陶於是很敬佩禹的德行，命令人民都要以禹為法則，為榜樣。如果不聽從皋陶的話，便要以刑罰辦理。所以舜的德教，大為昌明。

於是夔行樂，祖考至，羣后相讓，鳥獸翔舞，簫韶九成（一），鳳皇來儀（二），百獸率舞，百官信諧。

【註】（一）簫韶：舜樂名。九成：演奏了九節。（二）鳳皇也來參加這種音樂的行列。

帝用此作歌曰：「陟天之命，惟時惟幾」（一）。乃歌曰：「股肱喜哉，元首起哉，百工熙哉！」（二）

【註】（一）幾：微也，事之尚未成形，尚未明朗化者。（二）百工熙哉：百字是形容工作之多。熙：興舉，興辦。許許多多的工作都可以興辦起來了。漢儒把「百工」都解釋為「百官」，是一大錯。我們把這三首詩的歌辭，加以對比的研究，就可以顯然看出。

「股肱喜哉，元首起哉，百工熙哉！」

「元首明哉，股肱良哉，庶事康哉！」

「元首叢脞哉，股肱惰哉，萬事墮哉！」

這三首詩，每一首的前兩句，都是指人而言，每一首的後一句，都是指事而言，所以「百工」與「庶事」，「萬物」都是置於同一地位，都是言其事功之多，是指的事，不是指的人。因此，「百工」是言許許多多的事，不是言許許多多的官。我們讀古書，常須把難懂的文句，搜羅其許多相同之字句，加以對比的考慮，而後可以得到許多啓示。帝因此作歌曰：「奉天之命，必須要謹愼小心，把握時間，注意於幾微之際。」乃歌曰：「爲臣子者都喜悅了，爲元首的也就興奮了，多種的事功也就都可以興辦起來了！」

皋陶拜手稽首揚言曰：「念哉！率爲興事，愼乃憲（一），敬哉！」乃更爲歌曰：「元首明哉，股肱良哉，庶事康哉」！又歌曰：「元首叢脞哉，股肱惰哉，萬事墮哉」（二）。

【註】（一）皋陶拜手稽首，又大聲的說：「眞是須要小心啊！無論作甚麼事情，都須要謹愼你的法度。希望以後要敬謹啊！」（二）於是更爲之歌曰：「爲元首者如果能夠明智了，爲臣子者也就都能夠良善了，一切的事業也就都可以發展了。」又繼續爲之歌曰：「爲元首者如果瑣碎不堪了，爲臣子者也就懶得去幹了，一切的事業也就荒廢敗壞了！」（憲：法度。叢脞：忙於瑣碎細事而把握不到重大問題。脞，音錯。

帝拜曰：「然！往，欽哉」（一）。

【註】（一）帝拜手說：「很對！你們各自去工作吧，都要謹愼小心啊！」

於是天下皆宗禹之明度數聲樂，爲山川神主（一）。

【註】（一）於是天下皆遵奉禹所昌明之度數聲樂，爲山川百神之主。

帝舜薦禹於天，爲嗣（一）。十七年而帝舜崩（二）。三年喪畢，禹辭，避舜之子商均於陽城（三）。天下諸侯皆去商均而朝禹，禹於是遂卽天子位，南面朝天下，國號曰夏后，姓姒氏（四）。

【註】（一）嗣：繼承人。（二）舜南巡守，崩於蒼梧之野。蒼梧在湖南寧遠縣。（三）陽城：在河南潁川。（四）禹都於山西安邑縣。祖以呑薏苡生，故姓姒氏。

帝禹立而舉皋陶薦之，且授政焉，而皋陶卒（一）。封皋陶之後於英、六、或在許（二）。而後舉益，任之政。

【註】（一）皋陶生於山東曲阜，死葬於安徽壽縣。（二）英：本春秋時蓼國，今河南固始縣。六：安徽六安縣。許：河南許昌。

十年，帝禹東巡狩，至於會稽而崩（一），以天下授益。三年之喪畢，益讓帝禹之子啓，而避居箕山之陽（二）。禹子啓賢，天下屬意焉（三）。及禹崩，雖授益，益之佐禹日淺，天下未洽（四）。故諸侯皆去益而朝啓，曰：「吾君帝禹之子也。」於是啓遂卽天子之位，是爲夏后帝啓。

【註】（一）會稽：浙江紹興府城東南。（二）箕山：在河南登封縣。（三）屬意：歸心。（四）未洽：尚未洽合人心。

夏后帝啓，禹之子，其母塗山氏之女也。

有扈氏不服（一），啓伐之，大戰於甘（二）。將戰，作甘誓（三），乃召六卿申之（四）。啓曰：「嗟！六事之人（五），予誓告汝：有扈氏威侮五行（六），怠棄三正（七），天用勦絕其命（八）。今予惟共行天之罰（九）。左不攻於左，右不攻於右，汝不共命（一〇）。御非其馬之政（一一），汝不共命。用命，賞於祖（一二）；不用命，僇於社（一三），予則帑僇汝（一四）」。遂滅有扈氏，天下咸朝。

【註】（一）有扈氏：扈字卽陝西鄠縣之「鄠」字，與夏后氏爲同姓。（二）甘：在鄠之南郊。（三）甘誓：尚書有此篇。（四）六卿：天子六軍，其將皆命之爲卿。申：宣佈。（五）六事：卽六卿各有其所職掌之事。六事之人，卽六卿各自所統屬之人。（六）五行：指終始五德而言，各代帝王皆自以爲應五行之運而興。有扈氏威侮五行，卽是要以武力推翻五行之運的說法而打倒夏啓的統治。（七）三正：天、地、人之正道。（八）勦：斷絕。音抄。（九）共：卽「恭」字，謂恭敬的奉天命而伐有扈。（一〇）共命：卽恭命，恭敬的服從命令。（一一）御非其馬之政：

御馬者不能以適宜的進退周旋之道去操縱戰馬。（一二）祖：祖廟。（一三）天子親征，必載社主，作戰敗退者，卽殺之於社前。（一四）不止殺其戰敗之人，且將敗退者之子女殺之或使爲奴婢。

夏后帝啓崩（一），子帝太康立。帝太康失國（二），昆弟五人，須於洛汭（三），作五子之歌（四）。

【註】（一）啓死於壬辰之年（西曆紀元前二一八九年）。（二）太康嗜於畋獵，不理國政，被有窮氏之后羿以武力拒絕其返國。（三）太康往洛水之南打獵，十旬不歸，其昆弟五人在洛水之北等待了多時，尙未見其歸，絕望而痛哭之。（四）五子之歌：古文尙書有，今文尙書無。內言其昆弟五人追述其先祖大禹之誡命，以言爲天下者不可不勤政愛民，「民爲邦本，本固邦寧」，卽是這一篇古文的要旨，亦卽中國民主政治思想之遠古傳統。吾人不可以其爲古文尙書而貶視此篇之價值。

太康崩，弟中康立，是爲帝中康。帝中康時，羲和湎淫（一），廢時亂日（二），胤往征之，作胤征（三）。

【註】（一）羲氏、和氏、掌天地四時之官。（二）中康之時，羲氏，和氏，沉溺於酒，以致廢天時，亂甲乙，故帝命胤侯往征之。湎，音免。（三）胤征：古文尙書有，今文尙書無。

中康崩，子帝相立。帝相崩，子帝少康立（一）。帝少康崩，子帝予立（二）。帝予崩，子帝槐立（三）。帝槐崩，子帝芒立（四）。帝芒崩，子帝泄立。帝泄崩，子帝不降立（五）。帝不降崩，弟帝扃立。帝扃崩，子帝廑立（六）。帝廑崩，立帝不降之子孔甲，是為帝孔甲。帝孔甲立，好方鬼神（七），事淫亂。夏后氏德衰，諸侯畔之。天降龍二，有雌雄，孔甲不能食（八），未得豢龍氏（九）。陶唐既衰，其后有劉累（一〇），學擾龍於豢龍氏，以事孔甲。孔甲賜之姓曰御龍氏（一一），受豕韋之後（一二）。龍一雌死，以食夏后。夏后使求，懼而遷去（一三）。

【註】（一）帝相之時，權歸后羿，相為羿所逐，徙都商邱，依同姓諸侯斟灌斟鄩。後，羿為寒浞所殺，寒浞又弒帝相於商邱。帝相之后為有仍國之女，方懷孕，逃歸於有仍，即生少康，後受羿之子澆的壓迫，少康自有仍奔於虞，有田一成（十里），有衆一旅（五百人），能修其德，且有謀略，逐漸集合夏后氏之遺民與遺臣，圖謀恢復，於其四十歲之時，發兵討寒浞，誅之，又誅其子澆及豷（音戲），復禹舊績，夏道復興，諸侯皆來朝。此為夏少康中興之簡單故事。（二）帝予，即帝佇，左傳所謂「杼滅豷於戈」，即此人也。（三）帝槐：系本作「帝芬」。（四）帝芒：芒，音荒。（五）帝不降：系本作「帝降」。（六）帝廑：廑，音勤。（七）好方鬼神：方，術也，即好鬼神之術。（八）食：音寺，養也。（九）豢龍氏：有養龍技術之氏族組織。（一〇）劉累：諸侯名，國於洛州緱氏縣南五十五里。（一一）御龍氏：御，養也。（一二）祝融之後，封於豕韋，後被滅，而以御龍氏代豕韋之後。（一三）夏后既食龍，而又求致龍欲食，劉累不能得，懼而逃去。

孔甲崩，子帝皐立。帝皐崩，子帝發立。帝發崩，子帝履癸立，是爲桀。帝桀之時，自孔甲以來而諸侯多叛夏，桀不務德，而武傷百姓，百姓弗堪。乃召湯而囚之夏臺（一），已而釋之。湯修德，諸侯皆歸湯，湯遂率兵以伐夏桀。桀走鳴條（二），遂放而死（三）。桀謂人曰：「吾悔不遂殺湯於夏臺，使至此」。湯乃踐天子位，代夏朝天下。湯封夏之後（四）至周封於杞也（五）。

【註】（一）夏臺：獄名，地在河南禹縣。（二）鳴條：地在山西安邑之西。（三）遂放而死：湯放桀於南巢，安徽巢縣有巢湖。（四）湯封夏之後於夏亭，在河南郟縣東北五十四里。（五）周封夏後於杞：在河南杞縣。

太史公曰：禹爲姒姓，其後分封，用國爲姓，故有夏后氏，有扈氏，有男氏，斟尋氏，彤城氏，褒氏，費氏，杞氏，繒氏，辛氏，冥氏，斟戈氏。孔子正夏時，學者多傳夏小正云（一）。自虞、夏時，貢賦備矣。或言禹會諸侯江南，計功而崩，因葬焉，命曰會稽，會稽者，會計也（二）。

【註】（一）禮運稱孔子曰：「我欲觀夏道，是故之杞，而不足徵也，吾得夏時焉。」小正，大戴記篇名。得夏四時之書，其存者有小正。關於四時季節之規定，至夏朝已臻正確，孔子曰：「行夏之時」可見夏代時節研判之精確進步，至今日，中國地區之耕作氣節，仍用夏曆，數千年而不爽，眞足

爲中國自然科學大放異彩也。（二）會稽：禹冢在山陰縣會稽山上。會稽山本名苗山，在縣南，去縣七里。又名茅山。越傳曰：「禹到大越，上苗山，大會稽，爵有德，封有功，因而更名苗山曰會稽。地理志云「山上有禹井，禹祠，相傳以爲下有羣鳥耘田者也。」

夏代十七主，計共享國四百三十九年。

史記卷三　殷本紀第三

殷契（一），母曰簡狄，有娀氏之女（二），爲帝嚳次妃。三人行浴，見玄鳥墮其卵，簡狄取呑之，因孕生契（三）。契長而佐禹治水有功。帝舜乃命契曰：「百姓不親，五品不訓（四），汝爲司徒而敬敷五敎，五敎在寬（五）」。封於商（六），賜姓子氏（七）。契興於唐、虞、大禹之際，功業著於百姓，百姓以平（八）。

【註】（一）契始封於商，其後裔盤庚遷於殷，遂爲有天下之號，契是殷家始祖，故稱殷契。盤庚遷都之殷，卽北蒙殷墟，在河南安陽縣。契，音謝。（二）有娀：當在蒲州。（三）譙周云：契生堯代，舜始舉之，必非帝嚳之子。（四）五品不訓：尚書爲「五品不遜」，卽不順和之意。訓或爲「馴」。（五）五敎在寬：推行五敎的方法，在於採取緩和手段，而不可使用急迫手段也。（六）封於商：括地志云：「商州東八十里商洛縣，本商邑，古之商國。」（七）賜姓子氏：括地志云：故子城在渭州華城縣東北八十里，蓋子姓之別邑。（八）百姓以平：百姓以之而平服。

契卒，子昭明立。昭明卒，子相土立（一）。相土卒，子昌若立。昌若卒，子曹圉立。曹圉卒，子冥立。冥卒，子振立。振卒，子微立。微卒，子報丁立。報丁卒，子報乙立。報乙卒，子報丙立。報丙卒，子主壬立。主壬卒，子主癸立。主癸卒，子天乙立，是爲成湯（二）。

【註】（一）左傳曰：「昔陶唐氏火正閼伯居商邱，相土因之」，此是其封商之始。詩頌曰：「相土烈烈，海外有截」，可見相土在東部影響力之大。括地志云：「宋州宋城縣古閼伯之墟，卽商丘也」。（二）成湯：書曰：「予小子履」，可見湯名爲履。而又稱「天乙」者，據譙周解釋云：「夏、殷之禮，生稱王，死稱廟主，皆以帝名配之，天亦帝也，殷人尊湯，故曰天乙」。從契至湯，凡十四代而有天下，故國語曰：「玄王勤商，十四代興」。玄王，卽契也。

自契至湯八遷，湯始居亳（一），從先王居（二），作帝誥（三）。

【註】（一）孔安國曰：「十四世，凡八徙國都」。亳：亳有南亳西亳之分，南亳在商丘穀熟縣西南三十五里，此爲湯始都之地。西亳在河南偃師縣西十四里，此爲以後徙都之地。（二）契父帝嚳都於亳，湯自商丘遷焉，故曰「從先王居」。（三）湯伐夏，歸於亳，諸侯來朝，湯作誥，以大告天下，表示與民更始。古文尚書有湯誥，今文尚書無此篇。但此篇之言，亦有爲當時之其他經傳所引用者，故未可據以爲全僞也。

湯征諸侯（一）。葛伯不祀，湯始伐之（二）。湯曰：「予有言：人視水見形，視

民知治不」（三）。伊尹曰：「明哉言！能聽，道乃進。君國，子民，爲善者皆在王官
（四）。勉哉！勉哉」！湯曰：「汝不能敬命，予大罰殛之，無有攸赦。」作湯征。

【註】（一）這是指湯尚未爲天子之前，受夏朝之命而得專征伐，故言伐葛伯。（二）湯之勢力範
圍與葛伯爲鄰，葛地卽河南之寧陵縣，皆在河南東部。（三）人看水，從水裡面可以反映出自己的
形像，人君看人民，從人民的議論可以反映出政治的治亂，政治的善惡。不字，卽否字，治不，卽治與
不治，卽治亂。（四）君國，爲一國之君。子民：子者，愛也，要愛護人民。爲善者皆在王官：使
爲善的人都能進入政府機關中工作。

伊尹名阿衡（一）。阿衡欲奸湯而無由（二），乃爲有莘氏媵臣（三），負鼎俎
（四），以滋味說湯（五），致於王道（六）。或曰：伊尹處士（七），湯使人聘迎之
，五反（八），然後肯往從湯，言素王及九主之事（九）。湯擧，任以國政。伊尹去湯
適夏，旣醜有夏（一〇），復歸於亳。入自北門，遇女鳩，女房，作女鳩、女房（一一）

【註】（一）阿衡，不是伊尹之名，乃是伊尹之官號。阿者，倚也。衡者，平也，卽人君所賴以平衡
政治之人，卽後代之宰相。有謂伊尹生於伊水。（二）阿衡欲奸湯而無由：奸者，干也，求也，言
伊尹初時欲求湯而沒有路線、門徑。（三）乃爲有莘氏媵臣：湯娶有莘氏之女爲妃，伊尹就充作女
方陪嫁的男僕到了湯王那裡。有莘：國名，在河南陳留縣東南。媵臣：女方陪嫁之男用人。媵，音孕

。（四）負鼎俎：揹着烹調的鍋器與切菜切肉的砧板。俎，音祖。（五）以善於做出好吃的滋味與湯王攀談。（六）結果，輔助湯王使之走上了王道政治之路。（七）處士：有賢德而處於田野之知識分子。（八）五反：因爲伊尹不肯輕於出仕，湯王使人往返五次懇切請求，而後伊尹纔肯出仕。這是孟子的說法。（九）素王：古代君王以樸素而治天下，故曰「素王」。九主：九種作法不同結果不同之君主，劉向別錄分別九種君主，爲：「法君」，用法嚴急之君；「專君」，專權獨斷之君；「授君」，不能自理而授權於他人之君；「勞君」，勤勞萬幾爲天下服務之君；「等君」，定等威，均爵祿之君；「寄君」，民困於下，主驕於上，崩潰在卽之君；「破君」，輕敵致寇，國亡主死之君；「國君」，自恃堅甲利兵城池高固而不修德之君；（國君之國字，係固字之誤，卽「固君」；「三歲社君」，三歲爲君，依父主以臨臣下，卽幼君。劉向這種講法，不知何所據，姑錄之。（一〇）既醜有夏：以夏桀之政治爲醜惡，不願意立身夏朝，故往就湯。（一一）女鳩，女房：湯之二賢臣之名。

（附）

殷代君主繼承表

(1)湯王（在位十三年，公元前1766—1754）……(2)太甲（三十三年1753—1721）……(3)沃丁（二十九年1720—1692）……

(4)太庚（二十五年1691—1667）……(5)小甲（十七年1666—1650）……(6)雍己（十二年1649—1638）……

(7)太戊（七十五年1637—1563）……(8)仲丁（十三年1562—1550）……(9)外壬（十五年1549—1535）……

(10)河亶甲（九年1534—1526）……(11)祖乙（十九年1525—1507）……(12)祖辛（十六年1506—1491）……

(13)沃甲（二十五年1490—1466）……(14)祖丁（三十二年1465—1434）……(15)南庚（二十五年1433—1409）……

(16)陽甲（七年1408—1402）……(17)盤庚（二十八年1401—1374）……(18)小辛（二十一年1373—1353）……

(19)小乙（二十八年1352—1325）……(20)武丁（五十九年1324—1266）……(21)祖庚（七年1265—1259）……

(22)祖甲（三十三年1258—1226）……(23)廩辛（六年1225—1220）……(24)庚丁（二十一年1219—1199）……

(25)武乙（四年1198—1195）……(26)太丁（三年1194—1192）……(27)帝乙（三十七年1191—1155）……

(28)紂（三十二年1154—1123）（此與甲骨文之記載，稍有出入）

湯出，見野張網四面，祝曰：「自天下四方皆入吾網」。湯曰：「嘻！盡之矣」。乃去其三面，祝曰：「欲左，左；欲右，右。不用命，乃入吾網」（一）。諸侯聞之，曰：「湯德至矣，及禽獸」（二）。

【註】（一）「想從左邊逃，就從左邊逃；想從右邊逃，就從右邊逃。不聽我的話，就要進入我的網」。（二）湯的仁德眞是達於極點了，愛及於禽獸。

當是時，夏桀爲虐政淫荒，而諸侯昆吾氏爲亂（一），湯乃興師率諸侯，伊尹從湯，湯自把鉞以伐昆吾（二），遂伐桀。湯曰：「格汝衆庶（三），來，汝悉聽朕言。匪臺小子（四），敢行舉亂（五），有夏多罪，予惟聞汝衆言，夏氏有罪，予畏上帝，不敢不正（六）。今夏多罪，天命殛之（七）。今汝有衆，汝曰：「我君不恤我衆，舍我嗇事而割政」（八）。汝其曰：「有罪，其奈何」（九）？夏王率止衆力（一〇），率奪夏國（一一），有衆率怠不和（一二）。曰：「是日何時喪？予與汝皆亡」（一三）！夏德若茲，今朕必往（一四）。爾尙及予一人致天之罰（一五），予其大理汝（一六）。汝毋不信（一七），朕不食言（一八）。汝不從誓言（一九），予則帑僇汝（二〇），無有攸赦」（二一）。於是湯曰：「吾甚武」，號曰「武王」（二二）。

【註】（一）昆吾氏：夏時諸侯國名，在河北濮陽縣。（二）把鉞：把，手執。鉞，兵器，大斧也。（三）格汝衆庶：你們大家到我面前來。格，來也。（四）匪臺小子：不是我這個小子。匪，同「非」字。臺：我也。（五）舉亂，發動戰爭。（六）正：同「征」字。（七）殛：懲罰。（八）現在你們大家說：「我們的君王不憐憫我們大家，舍棄了我們的稼穡之事，而使我們去征伐夏

國」。（嗇，即稼穡之穡，農事。割：奪取。政，同「征」字。）（九）夏王的罪惡究竟怎麼樣子呢？（一〇）夏王差不多都停頓了農民的工作。（力，耕作的勞力。）（一一）夏王差不多都剝奪了夏國的資產。（一二）夏國的人民差不多都是消極而牢騷。（一三）這個太陽啊，什麼時候你纔消失呢？我們寧願與你同歸於盡，一塊兒消失！（一四）夏王的行爲如此暴虐，我現在一定要去討伐他。（德，行爲。）（一五）希望你們大家和我一塊兒致力於上天對夏王的懲罰。（尙，帶有希望之意，書經上用尙字以表現此種語氣者甚多。）（一六）我就大大的報答你們。（理，答也，俗話說：「不理」，就是不答之意，可見「理」就是「答」，引伸而爲報答之意。）（一七）你們不要不相信我的話。（一八）我決不說謊話。（出言而不行，叫做「自食其言」。）（一九）誓言：公開告戒之言。（二〇）不僅殺你們，還要把你們的兒女殺死或充作奴婢。（二一）決不赦免一個。（二二）因其武功盛大，故號曰「武王」。可見湯王亦稱武王，不可與周武王混淆也。

桀敗於有娀之虛（一），桀犇於鳴條（二），夏師敗績。湯遂伐三㚇（三），俘厥寶玉（四）。義伯、仲伯作典寶（五）。湯既勝夏，欲遷其社，不可（六），作夏社（七）。伊尹報（八），於是諸侯畢服。湯乃踐天子位，平定海內。

【註】（一）有娀：當在山西蒲縣。（二）鳴條：在山西安邑之西。（三）三㚇：國名，今定陶。㚇，音宗。（四）奪得其寶玉，曰「俘」。（五）義伯、仲伯，二臣名。典寶：文章之篇名。（六）欲變置夏朝的社稷，後又覺其不合於理。（七）夏社：文章之篇名，則內容言夏社不可遷之

理。（八）伊尹報：伊尹報告政治。

湯歸至於泰卷陶（一），中鸓作誥（二）。既絀夏命（三），還亳，作湯誥：「惟三月，王自至於東郊，告諸侯羣后：「毋不有功於民，勤力乃事，予乃大罰殛汝，毋予怨」（四）。曰：「古禹、皋陶，久勞於外，其有功乎民，民乃有安。東爲江，北爲濟，西爲河，南爲淮，四瀆已修，萬民乃有居。后稷降播，農殖百穀。三公咸有功於民，故后有立（五）。昔蚩尤與其大夫作亂百姓，帝乃弗予。有狀（六）。先王言不可不勉」（七）。曰：「不道，毋之在國，汝毋我怨（八）。以令諸侯。伊尹作咸有一德（九），咎單作明居（一〇）。

【註】（一）泰卷陶：地名。泰卷即定陶，泰卷之下的陶字，係衍字，解尚書者註解泰卷即定陶，後人轉寫遂混亂爲一，致多此一字。（二）中鸓：尚書作仲虺。鸓，音壘。（三）既絀夏命：既經廢除了夏朝的命運。（四）你們如果不能有功德於人民，不能勤勞盡力於你們的職務，我就要大大的懲罰你們，到時候你們可不要怨恨我。（五）禹、皋陶、后稷，三位前輩，都有功德於民，故其後代能以立國。（六）蚩尤與其大夫爲害於百姓，所以上天就不給他以存在的機會，這都是有事實可以證明的。（狀：事實的證據。）（七）對於先代聖王的敎訓，不可以不努力遵行。（言，敎訓，敎義也。）（八）如果你們的行爲無道，我就不使你們的國家（部落諸侯）存在，到時候，你們可不要怨恨我。（九）尚書咸有一德一篇，是伊尹在太甲之時所作，非作於湯王之時，司馬遷置之於

此，失矣。（一〇）咎單，湯之司空之臣，作明居一篇，所以明居民之法也。其文已失。

湯乃改正朔，易服色，上白。朝會以晝。（一）

【註】（一）湯乃改變歲首的月份，更換衣服的顏色，以白色爲高貴。朝會的舉行，規定在白天。（上白，卽尙白，崇尙白色。）

湯崩，太子太丁未立而卒，於是乃立太丁之弟外丙，是爲帝外丙。帝外丙卽位三年，崩，立外丙之弟中壬，是爲帝中壬。帝中壬卽位四年，崩，伊尹乃立太丁之子太甲，太甲，成湯適長孫也，是爲帝太甲。帝太甲元年，伊尹作伊訓，作肆命，作徂后。

【註】湯冢，有言在濟陰亳縣北東郭，有言在河南偃師縣東六里，與桐宮相近。伊訓，古文尙書有，今文無。肆命一文，陳述政教之所當爲。徂后一文，言湯之法度。兩篇均已失。

帝太甲旣立三年，不明，暴虐，不遵湯法，於是伊尹放之於桐宮（一）。三年，伊尹攝行政當國，以朝諸侯。

【註】（一）桐宮在湯墓之附近，伊尹放置太甲於此，所以使之瞻依先祖之墓，觸景生情而自省也。伊尹放太甲之後，攝行政權，主持國事，諸侯來朝，百姓歸心，然而伊尹等待太甲悔過自新之後，卽將政權歸還，功成身退，毫無爭權奪利之私念，所以孟子極推崇之。

帝太甲居桐宮三年，悔過自責，反善（一），於是伊尹乃迎帝大甲而授之政。帝太甲修德，諸侯咸歸殷，百姓以寧。伊尹嘉之，乃作太甲訓三篇。褒帝太甲，稱太宗。

【註】（一）反善：返歸於善，由不善，返而歸之以至於善。

太宗崩，子沃丁立。帝沃丁之時，伊尹卒。既葬伊尹於亳（一），咎單遂訓伊尹事，作沃丁。

【註】（一）亳：在河南偃師縣西北八里，有伊尹冢。有云伊尹冢在濟陰己氏平利鄉。

沃丁崩，弟太庚立，是爲帝太庚。帝太庚崩，子帝小甲立（一）。帝小甲崩，弟雍己立，是爲帝雍己。殷道衰，諸侯或不至。

【註】（一）世表云：帝小甲，乃太庚之弟，非其子也。

帝雍己崩，弟太戊立，是爲帝太戊。帝太戊立伊陟爲相（一）。亳有祥桑穀共生於朝，一暮大拱（二）。帝太戊懼，問伊陟。伊陟曰：「臣聞妖不勝德，帝之政其有闕與？帝其修德」（三）！太戊從之，而祥桑枯死而去（四）。伊陟贊言於巫咸（五）。巫咸治王家有成，作咸艾（六），作太戊。帝大戊贊伊陟於廟，言弗臣（七）。伊陟讓，作原命。殷復興，諸侯歸之，故稱中宗。

【註】（一）伊陟：伊尹之子。（二）桑、穀、二木，合抱而生，乃妖怪之物，表示上天對於人君之懲罰。一夜之間，其大如拱，所以帝太戊爲之心懼。祥者，妖怪也。拱者，兩手合抱也。（三）臣聞妖物不能勝過賢德，現有妖物出現，莫非是帝之政治有什麼缺點嗎？帝只管修明自己的德行就是了，不必害怕妖物。闕，同缺，過失，缺點。（四）太戊修德，於是妖物枯死失踪而不見。（五）伊陟歸功於巫咸，稱贊巫咸之賢能，而不自居其功。巫咸，太戊時代之賢臣。（六）巫咸輔佐王家的政治很有成績，作有咸艾、太戊兩篇。艾，治也。（七）帝太戊在祖宗之廟，對先祖稱贊伊陟的功勳，說不敢以伊陟爲臣，表示極其尊敬之意。伊陟再三謙讓，不敢自居其功。作原命一篇。（讀此一故事，可見國家之興，必須君臣之間，臣僚之間，有功則互讓，有過則歸己，然後能和合無間，精誠無疑，集衆力以成大事。否則爭功諉過，疑忌叢生，力量毀於對消，禍患起於蕭牆，未有不破國敗家者也。）

中宗崩，子帝中丁立。帝中丁遷於隞（一）。河亶甲居相（二）。祖乙遷於邢（三）。帝中丁崩，弟外壬立，是爲帝外壬。仲丁書闕不具（四）。帝外壬崩，弟河亶甲立，是爲帝河亶甲。河亶甲時，殷復衰。

【註】（一）隞：音敖，河南滎陽縣。（二）相：在河南彰德府內黃縣東南十三里。（三）邢：今河北省邢臺縣。（四）仲丁：一篇書名，今已遺闕不具。

河亶甲崩，子帝祖乙立。帝祖乙立，殷復興。巫賢任職（一）。

【註】（一）巫賢，殷祖乙之賢相，巫咸之子。尚書：「在祖乙時，則有若巫賢。」

祖乙崩，子帝祖辛立。帝祖辛崩，弟沃甲立，是爲帝沃甲。帝沃甲崩，立沃甲兄祖辛之子祖丁，是爲帝祖丁。帝祖丁崩，立帝沃甲之子南庚，是爲帝南庚。帝南庚崩，立帝祖丁之子陽甲，是爲帝陽甲。帝陽甲之時，殷衰。自中丁以來，廢適而更立諸弟子，弟子或爭相代立，比九世亂，於是諸侯莫朝。

【註】適：即「嫡」字。比九世亂：比，接連，即言其一連九代都是亂的。

帝陽甲崩，弟盤庚立，是爲帝盤庚。帝盤庚之時，殷已都河北，盤庚渡河南，復居成湯之故居，乃五遷，無定處（一）。殷民咨，胥皆怨，不欲徙（二）。盤庚乃告諭諸侯大臣曰：「昔高后成湯與爾之先祖，俱定天下，法則可修，舍而弗勉，何以成德」？乃遂涉河南，治亳（三），行湯之政，然後百姓由寧，殷道復興，諸侯來朝，以其遵成湯之德也。

【註】（一）自湯至盤庚，共遷都五次，湯自南亳遷西亳，仲丁遷敖；河亶甲居相；祖乙居耿；盤庚渡河南，居於西亳。（二）咨：憂愁。人民憂愁，滋怨，不願意遷徙。（三）亳：今河南偃師縣。鄭玄曰：「治於亳之殷地，商家自此徒，而改號曰殷亳」。

帝盤庚崩，弟小辛立，是爲帝小辛。帝小辛立，殷復衰。百姓思盤庚，迺作盤庚三篇（一）。帝小辛崩，弟小乙立，是爲帝小乙。

【註】（一）盤庚三篇，乃盤庚生前之作，非盤庚死後之作。

帝小乙崩，子帝武丁立。帝武丁卽位，思復興殷，而未得其佐。三年不言，政事決定於冢宰（一），以觀國風。武丁夜夢得聖人，名曰說。以夢所見視羣臣百吏，皆非也。於是迺使百工營求之野，得說於傅險中（二）。是時說爲胥靡，築於傅險（三）。見於武丁，武丁曰是也。得而與之語，果聖人，舉以爲相，殷國大治。故遂以傅險姓之，號曰傅說。

【註】（一）冢宰：卽首相。（二）於是乃使百工營求之野：乃使許許多多的人員盡力尋求之於田野。結果，在傅氏的巖穴之中，尋得了說。（三）傅氏之巖，在虞國虢國之界，通道所經，有澗水壞道，常使胥靡刑人築護此道，說代胥靡築道，以供食用。

帝武丁祭成湯，明日，有飛雉登鼎耳而呴（一），武丁懼。祖己曰：「王勿憂，先修政事」（二）。祖己乃訓王曰：「惟天監下，典厥義，降年有永有不永，非天夭民，中絕其命（三）。民有不若德，不聽罪，天旣附命正厥德，乃曰：「其奈何」（四）？

嗚乎，王嗣敬民，罔非天繼，常祀毋禮於弃道」（五）。武丁修政行德，天下咸驩，殷道復興。

【註】（一）呴：音構，雉鳴也。（二）祖已：賢臣名。（三）上天監察下民，以下民行爲之義與不義，爲判斷之標準，上天所降給下民的年壽，有的長，有的不長，並不是上天故意把下民的年歲加以夭折，乃是人們自己中途而斷送了自己的命運。（四）下民們有的不順於德行，不承認自己的罪惡，上天既然交下了命令，要糾正他的德行，而他竟敢大胆的說：「上天能奈何於我」!?（五）尙書高宗肜日之原文，爲：「王司敬民，罔非天胤，典祀無豐於昵」。可以譯爲：「王者的職司在於敬謹民事，至於祭祀之事，我們的先人沒有一個不是上天的子嗣，所以經常的祭祀，不應當過厚於自己的父廟」。但是，一看史記這一段話，就難於着手翻譯了，尤其是「常祀毋禮于弃道」這一句，不是譯錯，便是抄錯，實在難於解釋，有人勉強解釋，也得繞許多灣子，纔能附會上去。不如依書經原文爲好。（昵：父廟也。）

帝武丁崩，子帝祖庚立。祖已嘉武丁之以祥雉爲德，立其廟爲高宗，遂作高宗肜日及訓（一）。

【註】（一）祭之明日又祭，殷曰肜，周曰繹。肜，音融，祭名。祖庚祭高宗之日，故曰高宗肜日，前一段之文字，即高宗肜日之文字，而司馬遷以爲是高宗祭成湯之文字。這一段又以爲是祖庚祭高宗之文字，前後兩段文字，即顯然矛盾。前一段是祖已對高宗生前之語，這一段是祖已對高宗死後之辭

，顯係錯亂。

帝祖庚崩，弟祖甲立，是爲帝甲。帝甲淫亂，殷復衰。

帝甲崩，子帝廩辛立，帝廩辛崩，弟庚丁立，是爲帝庚丁。帝庚丁崩，子帝武乙立。

殷復去亳，徙河北。

帝武乙無道，爲偶人（一），謂之天神。與之博，令人爲行（二）。天神不勝，乃僇辱之。爲革囊，盛血，卬而射之，命曰「射天」（三）。武乙獵於河渭之閒，暴雷，武乙震死。子帝太丁立。帝太丁崩，子帝乙立。帝乙立，殷益衰。

【註】（一）偶人：以土木爲人像，卽木偶人。把這木偶人，叫做「天神」，與天神賭博。（二）令人爲行：使人爲代表而執行賭博之事。結果，天神賭敗，於是斫殺天神以侮辱之。（三）又以革爲囊，囊中盛血，仰首而射之，叫做「射天」。卬，卽「仰」字。這兩件事情，是言武乙辱天，罪大惡極。

帝乙長子曰微子啓（一），啓母賤，不得嗣（二），少子辛，辛母正后，辛爲嗣。帝乙崩，子辛立，是爲帝辛，天下謂之紂（三）。

【註】（一）微：國號。子：爵位。啓：名也。（二）啓母非正妃，故曰賤。（三）謚法曰：殘義害善，曰紂。

帝紂資辨捷疾，聞見甚敏；材力過人，手格猛獸；（一）知足以距諫，言足以飾非；矜人臣以能，高天下以聲，以爲皆出己之下（二）。好酒淫樂，嬖於婦人（三）。愛妲己（四），妲己之言是從。於是使師涓作新淫聲，北里之舞，靡靡之樂（五）。厚賦稅以實鹿臺之錢（六），而盈鉅橋之粟（七）。益收狗馬奇物，充仞宮室（八）。益廣沙丘苑臺（九），多取野獸蜚鳥置其中（一〇）。慢於鬼神。大冣樂戲於沙丘（一一），以酒爲池（一二）縣肉爲林（一三），使男女倮（一四），相逐其閒，爲長夜之飲。

【註】（一）格：格鬥猛獸而殺之。（二）才智足以拒絕忠諫，巧言足以掩飾錯誤，以才能驕傲臣下，以聲名壓倒天下，以爲天下之人皆在己之下。（三）淫樂：貪嗜音樂過甚。嬖：音閉，迷戀。（四）妲己：有蘇氏女，妲，字，己，姓也。妲，音旦。（五）北里：妓女院。靡靡：墮落的，萎靡不振的。（六）鹿臺：臺名，在河南衞輝縣。（七）鉅橋：倉名，鉅鹿水之大橋，有漕粟之地。（八）充仞：充滿也。仞，音刃。（九）沙丘：沙丘臺在河北平鄉縣東北二十里。南距朝歌，北據邯鄲及沙丘，皆爲離宮別館之地。（一〇）蜚鳥：卽飛鳥。蜚，同「飛」。（一一）冣：同「聚」字。（一二）紂爲酒地，迴船糟丘而牛飲者，三千餘人爲輩。（一三）縣，同「懸」字。（一四）倮，同裸，赤體也。

百姓怨望而諸侯有畔者，於是紂乃重刑辟，有炮格之法（一）。以西伯昌（二）、九侯（二）、鄂侯（三）爲三公。九侯有好女，入之紂。九侯女不憙淫（四），紂怒，殺之，而醢九侯（五）。鄂侯爭之彊，辨之疾，幷脯鄂侯（六）。西伯昌聞之，竊嘆。崇侯虎知之，以告紂，紂囚西伯羑里（七）。西伯之臣閎夭之徒，求美女奇物善馬以獻紂，紂乃赦西伯。西伯出而獻洛西之地（八），以請除炮格之刑。紂乃許之，賜弓矢斧鉞，使得征伐，爲西伯。而用費中爲政（九）。費中善諛，好利，殷人弗親。紂又用惡來。（一〇）惡來善毀讒，諸侯以此益疏。

【註】（一）炮格之法：敷油於銅柱，下置炭火，使有罪者行於銅柱之上，柱滑而罪者墮入炭火中，妲己笑，故名曰炮格之刑。（二）西伯昌，即文王。九侯，人名，河南安陽有九侯城。（三）鄂：殷時國名。鄂侯在紂時爲三公之一。（四）憙：同「喜」字。（五）醢：音海，割碎而爲肉醬。（六）脯：音甫，以其肉爲乾肉。（七）羑里：在河南湯陰縣，囚西伯於此城。羑，音酉。（八）洛水一名漆沮水，在陝西同州。洛西之地，謂陝西中部之丹、坊等地也。（九）費仲：姓費，名仲，佞臣。（一〇）惡來：蜚廉之子，蜚廉善走，惡來有力，父子俱以材力事紂王。

西伯歸，乃陰修德行善，諸侯多叛紂而往歸西伯。西伯滋大，紂由是稍失權重（一）。王子比干諫，弗聽。商容賢者，百姓愛之，紂廢之。及西伯伐飢國，滅之（二），紂之臣祖伊（三）聞之而咎周（四），恐，奔告紂曰：「天既訖我殷命（五），假人元龜

（六），無敢知吉（七），非先王不相我後人（八），維王淫虐用自絕，故天弃我，不有安食，不虞知天性（九），不迪率典。（一〇）今我民罔不欲喪，曰『天曷不降威，大命胡不至』？今王其奈何？」紂曰：「我生不有命在天乎！」祖伊反，曰：「紂不可諫矣。」西伯既卒，周武王之東伐，至盟津，諸侯叛殷會周者八百。諸侯皆曰：「紂可伐矣。」武王曰：「爾未知天命。」乃復歸。

【註】（一）權重：權勢威力。（二）飢國：國名，一作「阢」，又作「耆」。（三）祖伊：祖己之後，賢臣也。（四）咎周：惡周西伯之強大。（五）訖我殷命：終止我們殷朝的國命。訖，終止也，盡也。（六）假人：先知的人，聖德的人。元龜：大龜，至靈之物。（七）無敢知吉：不敢保證我們的前途吉利。（八）相：幫助，保佑。（九）不有安食：沒有充足的食糧。不虞天性：沒有喜樂的心性。（虞，樂也。）（一〇）不迪率典：不實踐先人的常法。

紂愈淫亂不止。微子數諫不聽，乃與大師、少師謀（一），遂去。比干曰：「爲人臣者，不得不以死爭。」迺強諫紂。紂怒曰：「吾聞聖人心有七竅。」剖比干，觀其心（二）。箕子懼，乃詳狂爲奴（三），紂又囚之。殷之大師、少師乃持其祭樂器奔周。周武王於是遂率諸侯伐紂。紂亦發兵距之牧野（四）。甲子日，紂兵敗。紂走入，登鹿臺（五），衣其寶玉衣，赴火而死（六）。周武王遂斬紂頭，縣之（大）白旗（七）。

殺妲己。釋箕子之囚，封比干之墓，表商容之閭（八）。封紂子武庚、祿父，以續殷祀令修行盤庚之政。殷民大說（九）。於是周武王爲天子。其後世貶帝號，號爲王。而封殷後爲諸侯，屬周（一〇）。

【註】（一）太師：箕子爲太師。少師：比干爲少師，紂之叔父，忠告紂王，說明先王創業艱難，天命不易，國家將亡之各種徵兆，請紂王洗心改行。（二）紂王大怒，曰：「比干自以爲聖人，吾聞聖人之心有七竅。」於是剖比干以觀其心。（三）詳狂：卽佯狂，假裝瘋狂。（四）距之牧野：距，卽拒，抗拒，抵抗。牧野：在河南衞輝府汲縣。（五）鹿臺，又作廩臺。（六）以寶玉裹身而赴火自焚死。（七）縣之白旗，卽懸之白旗。（八）表商容之閭：旌表商容的門閭。商容，殷之賢人，爲紂所貶。（九）說，卽悅。（一〇）封紂子武庚爲諸侯，使管叔、蔡叔、霍叔監視之

周武王崩，武庚與管叔、蔡叔作亂，成王命周公誅之，而立微子於宋，以續殷後焉。

太史公曰：余以頌次契之事，自成湯以來，采於書詩（一）。契爲子姓，其後分封，以國爲姓，有殷氏、來氏、宋氏、空桐氏、稚氏、北殷氏、目夷氏。孔子曰：「殷路車爲善。」而色尚白（二）。

【註】（一）頌：商頌。書，尚書。（太史公說：「我根據商頌，來敍述契時之事，至於成湯以來的

史料，則採取於尚書、詩經的記載。）

（二）孔子曰：「乘殷之路」，路，卽輅字，大車也。

史記卷四　周本紀第四

周后稷，名弃（一）。其母有邰氏女，曰姜原（二）。姜原爲帝嚳元妃（三）。姜原出野，見巨人跡，心忻然說，欲踐之，踐之而身動如孕者。居期而生子，以爲不祥，弃之隘巷（四），馬牛過者皆辟不踐（五）；徙置之林中，適會山林多人，遷之；而弃渠中冰上，飛鳥以其翼覆薦之（六）。姜原以爲神，遂收養長之。初欲弃之，因名曰弃。

【註】（一）周：太王居於周原，因號曰周。周故城一名美陽城，在陝西武功縣西北二十五里。弃，即棄字。（二）有邰氏：國名，即氏族部落名。邰，音胎，在陝西武功縣。邰，炎帝之後，姜姓。姜原，姓姜，名原。（三）有云后稷爲帝嚳之後裔，非即其子。（四）此段故事，係根據詩經大雅、生民篇所述。（五）辟，即避字。（六）覆薦：鳥以翼覆之，以翼墊之，而使之溫暖。薦：草席，所以墊物。言鳥以羽翼把他上邊蓋著，下邊墊著，使其得到溫暖。

弃爲兒時，屹如巨人之志（一）。其游戲，好種樹麻、菽；麻、菽美（二）。及爲成人，遂好耕農，相地之宜，宜穀者稼穡焉（三），民皆法則之。帝堯聞之，舉弃為農師，天下得其利，有功。帝舜曰：「弃，黎民始飢，爾后稷播時百穀（四）。」封弃於邰，號曰后稷，別姓姬氏。后稷之興，在陶唐、虞、夏之際，皆有令德（五）。

【註】（一）屹如巨人之志：卓然有大人的志氣。屹音意(一)，獨立不群，出類拔萃的樣子，言與普通一般兒童不同。　（二）好種樹麻菽，麻菽美：喜歡種植麻與菽，結果，他所種植的麻與菽，長得都很美。（種樹兩個字，合在一起作動詞用，即種植之意，不是種樹木之意。）　（三）相地之宜：考察何種土地適宜於種植何種穀物。（相：觀察，考察。）稼穡：種植曰稼，收割曰穡。　（四）時，同「是」字，即言播種這些百穀。　（五）令德：良好的德行。

后稷卒，子不窋立（一）。不窋末年，夏后氏政衰，去稷不務（二），不窋以失其官而犇戎狄之閒（三）。不窋卒，子鞠立。鞠卒，子公劉立。公劉雖在戎狄之閒，復脩后稷之業，務耕種，行地宜，自漆、沮度渭，取材用（四），行者有資，居者有畜積，民賴其慶。百姓懷之，多徙而保歸焉（五）。周道之興自此始，故詩人歌樂思其德。公劉卒，子慶節立，國於豳（六）。

【註】（一）窋：音屈。　（二）去稷不務：廢棄稷穀之事，不以為務。去，廢棄也。　（三）不窋故城在甘肅弘化縣，即不窋在戎狄所居之地也。　（四）公劉從漆水、沮水南渡渭水，至南山

取木材爲用。（五）保歸：擁護而歸順之。（六）豳，即邠字，陝西邠縣。音賓。

慶節卒，子皇僕立。皇僕卒，子差弗立。差弗卒，子毀隃立。毀隃卒，子公非立。公非卒，子高圉立。高圉卒，子亞圉立。亞圉卒，子公叔祖類立。公叔祖類卒，子古公亶父立。古公亶父復脩后稷、公劉之業，積德行義，國人皆戴之。薰育戎狄攻之（一），欲得財物，予之。已復攻，欲得地與民（二）。民皆怒，欲戰。古公曰：「有民立君，將以利之。今戎狄所爲攻戰，以吾地與民。民之在我，與其在彼，何異？民欲以我故戰，殺人父子而君之，予不忍爲（三）。」乃與私屬遂去豳，度漆、沮，踰梁山（四），止於岐下（五）。豳人舉國扶老攜弱，盡復歸古公於岐下。及他旁國聞古公仁，亦多歸之。於是古公乃貶戎狄之俗，而營築城郭室屋，而邑別居之（六）。作五官有司（七）。民皆歌樂之，頌其德（八）。

【註】（一）薰育：即獯鬻，種族名。（二）已復攻，欲得地與民：既而又來進攻，想着取得土地與人民。（既而，以後）（三）民欲以我故戰：人民想着爲了我的緣故而作戰。（四）梁山：在陝西乾縣西北。（五）岐山：在梁山西南。（六）貶戎狄之俗：變革戎狄的風俗。（七）作五官有司：建立起官制與職責。（八）即詩頌所謂：「后稷之孫，實惟太王，居岐之陽，實始剪商」是也。

古公有長子曰太伯，次曰虞仲。太姜生少子季歷（一），季歷娶太任（二），皆賢婦人（三），生昌，有聖瑞（四）。古公曰：「我世當有興者，其在昌乎？」長子太伯、虞仲知古公欲立季歷以傳昌，乃二人亡如荊蠻（五），文身斷髮（六），以讓季歷。

【註】（一）太姜：太王之妃，王季之母。（二）太任：王季之妃，文王之母。（三）太姜與太任，都是很賢良的婦人。太姜有色而貞順，率導諸子，至於成童，沒有過失。太王謀事，必與太姜相商量，隨便遷徙到什麼地方，她都跟著。太任之性，端一誠莊，惟德之行，及其身孕，目不視惡色，耳不聽淫聲，口不出傲言，能以胎教子，而生文王。（四）太任生文王之時，有赤鳥銜丹書入於酆，落於昌戶。（五）亡如荊蠻：逃亡而赴於荊蠻之地。太伯奔於吳，所居城在蘇州北五十里常州無錫之界。（六）文身：在身上刻劃些花紋。人常在水中，故斷其髮，文其身，以象龍子，而免於被傷害。

古公卒，季歷立，是為公季。公季脩古公遺道，篤於行義，諸侯順之。

公季卒（一），子昌立，是為西伯。西伯曰文王（二），遵后稷、公劉之業，則古公、公季之法，篤仁，敬老，慈少。禮下賢者，日中不暇食以待士，士以此多歸之。伯夷、叔齊在孤竹（三），聞西伯善養老，盍往歸之。太顛、閎夭、散宜生、鬻子、辛甲大夫之徒，皆往歸之（四）。

【註】（一）公季卒，葬於陝西鄠縣之南山。（二）文王龍顏虎肩，身長十尺，胸有四乳。（三）孤竹故城在熱河盧龍縣南十二里，殷時諸侯孤竹國也，姓墨胎氏。（四）鬻子，名熊，封於楚。辛甲，紂之臣，諫紂七十五次而不聽，乃往事文王，文王以爲公卿，封於長子，卽山西上黨之地。

崇侯虎譖西伯於殷紂曰：「西伯積善累德，諸侯皆嚮之（一），將不利於帝。」帝紂乃囚西伯於羑里。閎夭之徒患之，乃求有莘氏美女（二），驪戎之文馬（三），有熊九駟（四），他奇怪物，因殷嬖臣費仲而獻之紂。紂大說，曰：「此一物足以釋西伯（五），況其多乎！」乃赦西伯，賜之弓矢斧鉞，使西伯得征伐。曰：「譖西伯者，崇侯虎也。」西伯乃獻洛西之地，以請紂去炮格之刑。紂許之。

【註】（一）嚮：同向字，歸向也。（二）有莘氏：姒姓，夏禹之後。括地志云：古莘女國城在同州河西縣南二十里。（三）驪戎：在陝西新豐縣東南十六里。文馬：駿馬也，赤鬣，縞身，目如黃金。（四）有熊：在河南鄭州新鄭縣。九駟：三十六匹馬也。（五）此一物：指有莘氏之女也。

西伯陰行善，諸侯皆來決平（一）。於是虞、芮之人，有獄不能決，乃如周（二）。入界，耕者皆讓畔，民俗皆讓長。虞、芮之人未見西伯，皆慚，相謂曰：「吾所爭，周人所恥，何往爲，祇取辱耳。」遂還，俱讓而去。諸侯聞之，曰「西伯蓋受命之君（三）。」

【註】（一）陰行善：暗暗的行善，而不聲張。諸侯皆來決平：諸侯之間，如有爭端，皆來文王處，請其仲裁決定，以求得其平。這就是尙書堯典所謂「平章百姓」之意，「平章」就是仲裁，裁判，主張公道。平章百姓，就是仲裁許多氏族部落間之爭執事件，與文王之「諸侯皆來決平」，同一意義。（二）虞：國名，在山西平陸縣。芮：國名，在山西芮城縣。音汭。乃如周：如，往也，往周國也。（三）受命之君：受上天之命而爲君。

明年，伐犬戎（一）。明年，伐密須（二）。明年，敗耆國（三）。殷之祖伊聞之，懼，以告帝紂。紂曰：「不有天命乎？是何能爲！」明年，伐邘（四）。明年，伐崇侯虎（五）。而作豐邑（六），自岐下而徙都豐。明年，西伯崩，太子發立，是爲武王。

【註】（一）犬戎：西方戎族名在鳳翔縣北。（二）密須：國名，姞姓，在甘肅靈臺縣。（三）耆國：即阢國，亦即黎國，在山西黎城縣東北十八里。（四）邘：國名，括地志謂：在懷州河內縣西北二十七里（今河南沁陽縣）。邘，音于。（五）伐崇侯虎：崇，國名；虎，崇侯之名也。（六）崇國蓋在豐鎬之間，詩云：「既伐於崇，作邑於豐」，可見是伐崇之後而始建設豐邑也。豐：在陝西鄠縣東。鎬距豐二十五里，皆在長安南數十里。（七）文王九十七乃崩。括地志謂：

文王墓在陝西萬年縣西南二十八里之原上。

西伯蓋卽位五十年。其囚羑里，蓋益易之八卦爲六十四卦（一）。詩人道西伯，蓋受命之年稱王而斷虞芮之訟（二）。後十年而崩（三），謚爲文王（四）。改法度，制正朔矣。追尊古公爲太王，公季爲王季，蓋王瑞自太王興。

【註】（一）易正義云：伏羲制卦，文王卦辭，周公爻辭，孔子十翼也。（二）文王斷虞芮二國之訟，二國感受其化而相讓，於是諸侯歸西伯者四十餘國，咸尊西伯爲王，蓋此年卽其受命之年而稱王也。（三）十年而崩，當爲九年而崩。（四）謚法：經緯天地，曰文。

武王卽位，太公望爲師，周公旦爲輔，召公、畢公之徒左右王師，脩文王緒業。

九年，武王上祭于畢（一）。東觀兵，至于盟津（二）。爲文王木主，載以車中軍（三）。武王自稱太子發，言奉文王以伐，不敢自專。乃告司馬、司徒、司空、諸節（四）：「齊栗，信哉！予無知，以先祖有德，臣小子受先功（五），畢立賞罰，以定其功。」遂興師。師尚父號曰（六）：「總爾衆庶，與爾舟楫，後至者斬（七）。」武王渡河，中流，白魚躍入王舟中，武王俯取以祭。旣渡，有火自上復于下，至于王屋，流爲烏，其色赤，其聲魄云（八）。是時，諸侯不期而會盟津者八百諸侯。諸侯皆曰：「紂可伐矣。」武王曰：「汝未知天命，未可也。」乃還師歸。

【註】（一）畢：文王墓地之名。採馬融說。又有以爲畢是星名，畢星主兵，故出兵必祭之。（二）盟津：卽孟津。黃河渡口。（三）載以車中軍：載於中軍之車上。古時行軍，以中軍爲發號施令之所，主帥自將之。武王將兵伐紂，卽居於中軍之車，故奉文王木主亦載於其車之上。（四）諸節：各受符節之軍事人員。（五）齊栗：齊者，疾也，捷也，齊栗，卽行動迅速莊敬之意。（六）號曰：大聲發號令於衆將信哉：而且還要信實。予小子受先功：我小子承受先人的功業。（七）總爾衆庶與爾舟楫：集合你們的衆庶和你們的舟楫。（八）其聲魄：其聲音很安定的樣子。

居二年，聞紂昏亂，暴虐滋甚，殺王子比干，囚箕子。太師疵、少師彊抱其樂器而犇周。於是武王徧告諸侯曰：「殷有重罪，不可以不畢伐。」乃遵文王（一）。」遂率戎車三百乘，虎賁三千人（二），甲士四萬五千人，以東伐紂。十一年十二月戊午，師畢渡盟津，諸侯咸會。曰：「孳孳無怠！（三）」武王乃作太誓，告于衆庶：「今殷王紂乃用其婦人之言，自絕于天，毀壞其三正（四），離逷其王父母弟（五），乃斷棄其先祖之樂，乃爲淫聲，用變亂正聲，怡說婦人，故今予發維共行天罰（六）。勉哉夫子，不可再，不可三！」

【註】（一）畢伐：盡全力以伐紂。乃遵文王：以遵奉文王之遺志。（二）虎賁：勇士也。（三）孳孳無怠：奮發努力，不要懈怠。（四）三正：三位正士，微子、箕子、比干，即孔子所謂「殷有三仁」。言紂王毀壞其三位正士而不用。又有人解釋天、地、人，爲三正，似涉於空虛。又有人解釋爲夏、商、周、之三家正朔，亦不妥，紂王當時是天子，周家之正朔，紂王亦不承認。（五）離逷其王父母弟：逷，音踢，疏遠也。卽言紂王離開而疏遠其至親至近之人也。王父母弟，卽祖父母之族，關係之至近的人。（六）共行天罰：共，卽「恭」字，恭敬的執行上天的懲罰。

二月（一）甲子昧爽，（二）武王朝至于商郊牧野，乃誓（三）。武王左杖黃鉞，右秉白旄（四），以麾。曰：「遠矣西土之人！」（五）武王曰：「嗟！我有國冢君，司徒、司馬、司空，亞旅、師氏，千夫長、百夫長（六），及庸、蜀、羌、髳、微、纑、彭、濮人（七），稱爾戈，比爾干，立爾矛（八），予其誓。」王曰：「古人有言『牝雞無晨。牝雞之晨，惟家之索』（九）。今殷王紂維婦人言是用，自棄其先祖肆祀不答（一〇），昬棄其家國，遺其王父母弟不用，乃維四方之多罪逋逃是崇是長，是信是使（一一），俾暴虐于百姓，以姦軌于商國（一二）。今予發維共行天之罰。今日之事，不過六步七步，乃止齊焉（一三），夫子勉哉！不過於四伐五伐六伐七伐，乃止齊焉（一四），勉哉夫子！尚桓桓，如虎如羆，如豺如離（一五），于商郊，不禦克犇，以役西土（一六），勉哉夫子！爾所不勉，其于爾身有戮（一七）。」誓已，諸侯兵會者車四千乘，陳師牧野（一八）。

【註】（一）武王十二年二月。（二）昧爽：天微明而尚未出日之時。（三）朝：早晨。商郊牧野：括地志謂：紂都朝歌在河南衞輝東北七十三里之處。牧野即朝歌以南平原之地。（四）武王左手拿著黃色的大斧，右手拿著一支白色的旄旗以爲指揮。（五）遠矣，西方之人：遠征辛苦了，西方的將士們！（六）冢君：大君，乃尊稱各國諸侯之詞。司徒：掌民政之官。司馬：掌兵事之官。司空：掌土地之官。亞旅：衆大夫。師氏：率兵之官。千夫長：千夫之帥。百夫長：百夫之帥。（七）庸：湖北鄖陽一帶之地。蜀：四川北部一帶之地。羌：西戎之地。髳：山西南部瀕河之地。微：與眉通，卽陝西郿縣。盧：卽春秋時之盧戎，在湖北襄陽以南之地。彭：四川彭縣。濮：湖北荆州府之地。以上八國，皆蠻夷戎狄之族。（八）稱爾戈：舉起你們的戈。比爾干：靠緊你們的盾。立爾矛：豎起你們的矛。（九）母雞不可以早晨叫鳴，母雞若是早晨叫鳴，那麼，這一家就要發生大禍了。（索，災禍也。）（一〇）肆：祭享宗廟也。不答：不理，不顧。（一一）逋逃：因犯罪而逃亡之人。（一二）以姦軌于商國：作姦軌之事以禍亂於商國。（一三）前進不過六步七步，就停止一下以整齊行列。（一四）衝刺不過四次五次六次七次，就停止一下以整齊行列。（一五）尙桓桓如虎如羆如豺如離：希望你們勇猛前進，如虎如熊如豺如離一樣的勇猛。桓桓：勇敢的樣子。離：同螭，亦猛獸。（一六）不禦克犇，以役西土：不要抵制那些前來投降的人，以使他們到西方爲我們服勞役。禦：抵制，拒絕。克犇：能夠奔來投降的人。

以役西土，使之服役於西土。（一七）爾所不勉，其于爾身有戮：你們如果不奮勉作戰，就要殺了你們的性命。（一八）陳師牧野：在牧野擺開了陣勢。

帝紂聞武王來，亦發兵七十萬人距武王。武王使師尙父與百夫致師（一），以大卒馳帝紂師（二）。紂師雖衆，皆無戰之心，心欲武王亟入（三）。紂師皆倒兵以戰，以開武王（四）。武王馳之，紂兵皆崩畔紂。紂走，反入登于鹿臺之上，蒙衣其殊玉，自燔于火而死。武王持大白旗以麾諸侯，諸侯畢拜武王，武王乃揖諸侯，諸侯畢從。武王至商國，商國百姓咸待於郊。於是武王使群臣告語商百姓曰：「上天降休（五）！」商人皆再拜稽首，武王亦答拜。遂入，至紂死所。武王自射之，三發而后下車，以輕劍擊之，以黃鉞斬紂頭，縣大白之旗。已而至紂之嬖妾二女，二女皆經自殺。武王又射三發，擊以劍，斬以玄鉞（六），縣其頭小白之旗。武王乃出復軍（七）。

【註】（一）致師：單車挑戰，謂之「致師」，致其決心作戰之意於敵人也。（二）大卒：有戎車三百五十乘，士卒二萬六千二百五十人，虎賁三千人。（三）紂兵之心，皆希望武王快快入城。（四）以開武王：以爲武王作開路之先鋒。（五）上天降休：上天降給大家以幸福。（六）玄鉞用鐵，不磨礪。（七）復軍：還於軍中。

其明日，除道，脩社及商紂宮。及期，百夫荷罕旗以先驅（一）。武王弟叔振鐸奉陳常車，周公旦把大鉞，畢公把小鉞，以夾武王。散宜生、太顛、閎夭皆執劍以衞武王。既入，立于社南大卒之左，（左）右畢從。毛叔鄭奉明水（二），衞康叔封布茲（三），召公奭贊采（四），師尚父牽牲。尹佚筴祝曰（五）：「殷之末孫季紂，殄廢先王明德，侮蔑神祇不祀，昏暴商邑百姓，其章顯聞于天皇上帝（六）。」於是武王再拜稽首，曰：「膺更大命，革殷，受天明命。」武王又再拜稽首，乃出。

【註】（一）百夫荷罕旗以先驅：百人肩負罕旗以先行開路。罕旗，雲罕之旗，蔡邕獨斷所謂「前驅有九旒雲罕」。（二）明水：清潔之水，用以爲玄酒，以奉祭祀。月夜之時，用鏡所取得之水，謂之明水。（三）布茲：布者，鋪也。茲者，席也。即鋪席之謂也。（四）贊采：贊，進也。采：幣也，謂進幣物也。（五）策祝：讀策書祝文以祭社也。（六）章顯：章，同「彰」。言其罪惡彰明顯著，上天都聽到了。

封商紂子祿父殷之餘民。武王爲殷初定未集，乃使其弟管叔鮮、蔡叔度相祿父治殷（一）。已而命召公釋箕子之囚。命畢公釋百姓之囚，表商容之閭。命南宮括散鹿臺之財，發鉅橋之粟，以振貧弱萌隸（二）。命南宮括、史佚展九鼎保玉（三），命閎夭封比干之墓（四）。命宗祝享祠于軍。乃罷兵西歸。行狩，記政事，作武成（五）。封諸侯，班賜宗彝，作分殷之器物（六）。武王追思先聖王，乃褒封神農之後於焦（七），黃帝之後於祝（八），帝堯之後於薊（九），帝舜之後於陳（一〇），大禹之後於杞（一一）。於是封功臣謀士，而師尚父爲首封。封尚父於營丘，曰齊。（一二）封弟周公旦於曲阜，曰魯（一三）。封召公奭於燕（一四），封弟叔鮮於管（一五），弟叔度於蔡（一六）。餘各以次受封。

【註】（一）封商紂子祿父以殷之餘民。初定未集：初次平定，尚未和聚。相祿父治殷：幫助祿父治理殷民。（二）以振貧弱萌隸：以救濟貧弱的人民。振：救濟也。萌：同氓。萌隸，即普通人民也。（三）保玉：即寶玉。（四）封墓：增益其墓上之土。比干之墓在河南汲縣北十里之處。（五）記武功之成就。古文尚書有武成篇，今文尚書無。（六）宗彝：宗廟之樽器也。作分器，著王之命及受物。（七）焦國，在河南陝縣。（八）祝：祝阿縣。在今山東長清縣。（九）薊：河北省之薊縣。（一〇）陳：河南淮陽縣。（一一）杞：河南杞縣。（一二）山東臨淄縣古營丘之地，呂望所封於齊之都也。（一三）括地志云：「兗州曲阜縣外城，即周公旦之子伯禽所建之古魯城也。（一四）奭：音是（ㄕˋ）。燕：括地志謂：「燕山在幽州漁陽縣東南六十里」。即今河北薊縣之地。（一五）管：在今河南鄭縣。（一六）蔡：河南上蔡縣爲古蔡國。

武王徵九牧之君，登豳之阜（一），以望商邑。武王至于周（二），自夜不寐。周公旦即王所，曰：「曷爲不寐？」王曰：「告汝：維天不饗殷，自發未生於今六十年，麋鹿在牧（三），蜚鴻滿野（四）。天不享殷，乃今有成（五）。維天建殷，其登名民三百六十夫，不顯亦不賓滅（六），以至今。我未定天保，何暇寐！」王曰：「定天保，依天室，悉求夫惡，貶從殷王受（七）。日夜勞來（八）定我西土（九），我維顯服，及德方明（十）。自洛汭延于伊汭，居易毋固，其有夏之居（一一）。我南望三塗，北望嶽鄙，顧詹有河，粵詹雒、伊（一二），毋遠天室（一三）。」營周居于雒邑而後去（一四）。縱馬於華山之陽（一五），放牛於桃林之虛（一六）；偃干戈，振兵釋旅（一七）：示天下不復用也。

【註】（一）豳：在今陝西栒邑縣西，周之先公劉所都之地也。（二）周：鎬京在今陝西長安縣西南。（三）麋鹿：野獸。牧：郊區。這些野獸之類，遊於郊區。（四）蜚鴻：蠛蠓也，食穀物之害蟲。滿野：滿於田野。以上兩句，言麋鹿遊於郊區，飛鴻滿於田野，表示天降災異，農事不修，民無所食。（五）上天厭惡殷家，不接受殷家的招待，所以我們今日，纔能有所成就。（六）當年上天建立殷家的時候，也曾經先後提出了三百六十名賢人幫它的忙，但是都沒有作出轟轟烈烈的成績，也沒有立刻至於滅亡。（不顯，亦不賓滅：賓，即濱。濱滅，即濱於滅亡，即刻滅亡之

意。這是說，六十年以來，殷家都在不生不死的苟延殘喘的狀態之下，苟且存在。）（七）定天保：確定天命對於我們的保祐。依天室：使四方之人都依從於中央政府。（天室，代表京都之地，中央政府所在之地。）悉求夫惡：把那些擾亂天下安定的惡人都搜索出來。貶，從殷王受：重重的貶懲他們，使之跟從殷王受同歸於盡。（八）日夜勞來：白日夜晚，都要勞之來之，爲人民服勞，以招來人民之向心力。（九）來安定我們的西方。（一〇）我惟顯服，及德方明：希望我們能夠轟轟烈烈的幹一番，趁著我們的事業正在光明順利的時候。（一一）從洛河之灣，延伸至於伊水之灣，一片平地，沒有險固，它原來是有夏建都之地啊。（這是武王描寫他從豳阜向東遠望的感情。）（一二）我南望三塗，北望太行，看看黃河，再往東看看洛河伊水，都是中央政府（西安之鎬京）所賴以拱衞的生存空間。（一三）希望各方面對於中央都要接近，不可疏遠。（以上數節翻譯，是武王告訴周公之話，讀此可見其憂國之切，安民之殷，心計之遠，氣魄之壯，可惜不數年而死，使其壯志不得展現。）（一四）營周居於洛邑而後去：這是言武王班師過洛陽時對於建設洛邑計劃之指示，因爲洛陽是殷家遺民集中居留之地，又是控制東部地區之樞紐，周家政權之能否長治久安，就看對於東方地區之綏靖能力如何而定，所以武王特別重視此一問題，以後周公之長期經營洛邑，卽係遵照武王之指示而然。（一五）華山：在陝西華陰縣之南八里。（一六）桃林：在河南陝縣。（一七）偃干戈：偃，息也，不用也。振兵釋旅：得勝之後，整軍而歸，解除甲兵。

（附）

周代君主繼承表

西周

(1)武王（在位七年，公元前1122—1116）……(2)成王（三十七年1115—1079）……

(3)康王（二十六年1078—1053）……(4)昭王（五十一年1052—1002）……(5)穆王（五十五年1001—947）……

(6)共王（十二年946—935）……(7)懿王（二十五年934—910）……(8)孝王（十五年909—895）……

(9)夷王（十六年894—879）……(10)厲王（三十七年878—828）……(11)宣王（四十六年827—782）……

(12)幽王（十一年781—771）……

東周

(1)平王（五十一年770—720）……(2)桓王（二十三年719—697）……(3)莊王（十五年696—682）……

(4)僖王（五年681—677）……(5)惠王（二十五年676—652）……(6)襄王（三十三年651—619）

(7)頃王（六年618—613）……(8)匡王（六年612—607）……(9)定王（二十一年606—586）……

周

(10)簡王（十四年585—572）……(11)靈王（二十七年571—545）……(12)景王（二十五年544—520）……

(13)敬王（四十四年519—476）……(14)元王（七年475—469）……(15)貞定王（二十八年468—441）……

(16)考王（十五年440—426）……

(17)威烈王（二十四年425—402）自威烈王二十三年起，以前爲春秋時代，以後爲戰國時代。……

(18)安王（二十六年401—376）……(19)烈王（七年375—369）……(20)顯王（四十八年368—321）……

(21)愼靚王（六年320—315）……(22)赧王（五十九年314—256）……又東周君七年（255—249），亡於秦。

武王已克殷，後二年，問箕子殷所以亡。箕子不忍言殷惡，以存亡國宜告。武王亦醜，故問以天道（一）。

【註】（一）武王也覺得問箕子殷家亡國的原故，對於箕子的面子很難爲情，所以轉而問天道，箕子就以洪範九疇答之。這是一篇對於研究中國古代哲學思想史及政治思想史很有價值的參考資料，古文尚書、今文尚書皆有。

武王病。天下未集，群公懼，穆卜（一），周公乃祓齋（二），自爲質（三），欲代武王，武王有瘳（四）。後而崩（五），太子誦代立，是爲成王。

【註】（一）穆卜：恭敬而卜之。（二）祓齋：祓，音拂，除不祥以求福也。周公齋戒沐浴，禱告於鬼神，請求保佑武王之健康。（三）欲以自身爲質，犧牲自身，以代替武王之病或死。（四）瘳音抽（ㄔㄡ），病愈也。（五）崩：病稍愈之後，不久，又死了，武王死後，葬於陝西臨潼縣西南二十八里之畢原上。

成王少，周初定天下，周公恐諸侯畔周，公乃攝行政當國。管叔、蔡叔群弟疑周公，與武庚作亂，畔周。周公奉成王命，伐誅武庚、管叔，放蔡叔。以微子開代殷後，國於宋（一）。頗收殷餘民，以封武王少弟封爲衞康叔（二）。晉唐叔得嘉穀（三），獻之成王，成王以歸周公于兵所（四）。周公受禾東土，魯天子之命（五）。初，管、蔡畔周，周公討之，三年而畢定，故初作大誥，次作微子之命（六），次歸禾，次嘉禾，次康誥、酒誥、梓材（七），其事在周公之篇。周公行政七年，成王長，周公反政成王，北面就群臣之位。

【註】（一）宋：在河南商丘縣。（二）武王滅殷國爲邶、鄘、衞，使三監監視之。武庚作亂，周公滅之，徙三監之民於成周，頗收其餘衆，以封康叔爲衞侯，今河南衞輝、懷慶一帶之地。

（三）嘉穀：二苗同爲一穗，美穀也。（四）歸：餽送也。（五）魯天子之命：尚書序云「旅天子之命」，序說天子之命令。當以旅字爲是。（六）大誥：古文尚書、今文尚書皆有。微子之命，古文尚書有，今文尚書無。（七）梓材一篇，所以告康叔以爲政之道，猶如梓人之治材也。

成王在豐，使召公復營洛邑，如武王之意。周公復卜申視，卒營築，居九鼎焉（一）。曰：「此天下之中，四方入貢，道里均（二）。」作召誥、洛誥。成王既遷殷遺民，周公以王命告，作多士、無佚。召公爲保，周公爲師，東伐淮夷，殘奄（三），遷其君薄姑（四）。成王自奄歸，在宗周（五），作多方（六）。既絀殷命，襲淮夷，歸在豐，作周官（七）。興正禮樂，度制於是改，而民和睦，頌聲興（八）。成王既伐東夷，息愼來賀，王賜榮伯，作賄息愼之命（九）。

【註】（一）居九鼎：周公又親自占卜，到洛陽勘察，終於決定營建洛陽，置九鼎於洛陽。（二）周公以爲洛陽處於天下的中心地位，四方向中央入貢的路程，都很均勻。（三）淮夷：在徐州附近之地。奄國：在山東曲阜縣附近。（四）薄姑：在山東博昌縣東北六十里，殷諸侯，周滅之。（五）在「宗周」：周公伐奄而歸於長安。（六）多方：告天下諸侯之文件。（七）周官：尚書篇名，言周家設官分職用人之法。（八）頌聲：歌頌周王之德與盛世之樂。（九）息

愼：東夷名。成王既伐東夷，息愼來賀，故賜（賄）之以命。

成王將崩，懼太子釗之不任（一），乃命召公、畢公率諸侯以相太子而立之。成王既崩，二公率諸侯，以太子釗見於先王廟，申告以文王、武王之所以爲王業之不易，務在節儉，毋多欲，以篤信臨之，作顧命（二）。太子釗遂立，是爲康王。康王卽位，徧告諸侯，宣告以文武之業以申之，作康誥。故成康之際，天下安寧，刑錯四十餘年不用（三）。康王命作策，畢公分居里，成周郊（四），作畢命。

【註】（一）釗：音招，康王之名。　不任：不勝其任，不足以任天子之事。　（二）顧命：古文尙書、今文尙書皆有。言成王將死，召卿相大臣託以輔其後主之命也。（三）刑錯四十餘年不用：人民無犯者，故刑罰置之於不用也。（四）分別民之里居，異其善惡也。成周郊：建定周郊，使有保護也。

康王卒，子昭王瑕立。昭王之時，王道微缺。昭王南巡狩不返，卒於江上。其卒不赴告，諱之也（一）。立昭王子滿，是爲穆王。穆王卽位，春秋已五十矣。王道衰微，穆王閔文武之道缺，乃命伯㬼（二）申誡太僕（三），國之政，作㬼命，復寧（四）。

【註】（一）昭王之死所以不赴告於天下諸侯，是因爲周人以此事爲不光明，故避言之。（二）

伯冏：臣名，即伯冏。（三）太僕：太御衆僕之長，中大夫也，周穆王所置。（四）復寧：國局又安定。

穆王將征犬戎（一），祭公謀父諫曰（二）：「不可。先王燿德不觀兵。夫兵戢而時動，動則威；觀則玩，玩則無震（三）。是故周文公之頌曰（四）：『載戢干戈，載櫜弓矢（五），我求懿德，肆于時夏，允王保之。』（六）先王之於民也，茂正其德而厚其性，阜其財求而利其器用，明利害之鄉，以文修之，使之務利而辟害，懷德而畏威，故能保世以滋大（七）。昔我先王世后稷（八）以服事虞、夏。及夏之衰也（九），棄稷不務（一〇），我先王不窋用失其官，而自竄於戎狄之閒。不敢怠業，時序其德，遵脩其緒（一一），脩其訓典，朝夕恪勤，守以敦篤，奉以忠信。奕世載德，不忝前人（一二）。至于文王、武王，昭前之光明而加之以慈和，事神保民，無不欣喜。商王帝辛大惡于民，庶民不忍，訢載武王，以致戎于商牧（一三）。是故先王非務武也，勤恤民隱而除其害也。夫先王之制，邦內甸服，邦外侯服，侯衞賓服（一四），夷蠻要服，戎翟荒服。甸服者祭（一五），侯服者祀（一六），賓服者享（一七），要服者貢（一八），荒服者王（一九）。日祭，月祀，時享，歲貢，終王。先王之順祀也（二〇），有不祭則脩意（二一），有不祀則脩言（二二），有不享則脩文（二三），有不貢則脩名（二四），有不王則脩德（二五），序成而有不至則脩刑（二六）。於是有刑不祭，伐不祀，征不享，讓不貢，告不王。於是有刑罰之辟，有攻伐之兵，有征討之備，有威讓之命，有文告之辭。布令陳辭而有不至，則增脩於德，無勤民於遠。是以近無不聽，遠無不服。今自大畢、伯士之終也（二七），犬戎氏以其職來王（二八），天子曰（二九）『予必以不享征之，且觀之兵』，無乃廢先王之訓，而王幾頓乎（三〇）？吾聞犬戎樹敦（三一），率舊德而守終純固，其有以禦我矣。」王遂征之，得四白狼四白鹿以歸。自是荒服者不至。

【註】（一）犬戎：西戎種族名，亦名畎夷，又名昆夷，大概在今陝西鳳翔府之北境。（二）祭公謀父：祭，畿內之國，周公之後，爲王卿士，謀父，其字也。括地志云：「故祭城在鄭州管城縣東北十五里，鄭大夫祭仲邑也」。（三）先王表現其仁德而不展覽其兵力。平時要收歛其兵力，一旦到了必要的時候，纔出動其兵力，所以不動則已，一動而天下畏威。如果是展覽兵力的話，那就等於玩嬉，玩嬉就失去了震服的威力了。（燿德：表現其仁德。觀兵：展覽其兵力）。（四）文公：周公旦之謚。（五）櫜：韜也，弓箭之衣也。（六）我求美善的德行，所以歌此大夏之樂，實在的只有武王纔能保持這美善的德行。（樂章大者曰夏。時夏卽是夏，時者，是也，此也。）（七）先王之對於人民，端正其品德而厚植其善性，滿足其物質需要而便利其各種器材之使用，使人民知道

利害的方向，以文化的力量來修正他們，使他們知道趨利而避害，懷念其恩德而畏敬其威力，所以纔能代代相保且愈來愈強大。（八）世后稷：世世主持稷穀之事務。（九）夏太康之世。（一〇）廢棄稷官而不以爲務。（一一）遵從而修明其緒業。（一二）不至於遺辱於前人。（一三）發動戰爭在商都之近郊。（一四）在侯國以外的衞星國家都是賓服的地區，與中國保持外交關係而處於賓客的地位。（一五）甸服的國家，參加日祭。（一六）侯服的國家，參加月祀。（一七）賓服的國家，參加四季之貢獻。（一八）要服的國家，參加一歲之貢獻。（一九）荒服的國家，只是名義上稱戴中國爲王國而已。（二〇）先王爲的推行這種隸屬關係的祀典。（二一）對於不參加日祭的國家，則反省自己的誠意。（二二）對於不參加月祀的國家，則反省自己的號令而修明之。（二三）對於不參加時貢的國家，則反省自己的敎化而修明之。（二四）對於不參加歲貢的國家，則反省自己的名號而修明之。（二五）對於不尊奉正朔而表示擁戴的國家，則反省自己的德行而修明之。（二六）假定以上的事情，我們都按照程序做到了，而猶有不來朝拜的，那就只有動用刑罰了。（二七）犬戎之君。（二八）犬戎氏按照它的職務來朝拜。（二九）天子：指穆王而言。（三〇）豈不是廢棄了先王之敎，而使我們的王業陷於頓挫嗎？（三一）犬戎以敦厚立性。

諸侯有不睦者，甫侯言於王，作脩刑辟（一）。王曰：「吁，來！有國有土，告汝祥刑（二）。在今爾安百姓，何擇非其人（三），何敬非其刑，何居非其宜與（四）？兩造具備（五），師聽五辭（六）。五辭簡信，正於五刑（七）。五刑不簡，正於五罰

（八）。五罰不服，正於五過（九）。五過之疵，官獄內獄，閱實其罪（一〇），惟鈞其過（一一）。五刑之疑有赦，五罰之疑有赦，其審克之（一二）。簡信有衆，惟訊有稽（一三），無簡不疑，共嚴天威（一四）。黥辟疑赦，其罰百率（一五），閱實其罪。劓辟疑赦，其罰倍灑（一六），閱實其罪。臏辟疑赦，其罰倍差（一七），閱實其罪。宮辟疑赦，其罰五百率（一八），閱實其罪。大辟疑赦，其罰千率（一九），閱實其罪。墨罰之屬千（二〇），劓罰之屬千，臏罰之屬五百，宮罰之屬三百，大辟之罰其屬二百：五刑之屬三千。」命曰甫刑。

【註】（一）甫侯，穆王之相。　作修刑辟：制作刑法。　（二）告訴你們以良善而有利的刑法。　（三）你們應當選擇什麼呢？不是人才嗎？　（四）你們應當謹愼什麼呢？不是刑罰嗎。你們應當怎樣判斷呢？不是求其適當嗎。　（五）原告被告都來到了。　（六）爲法官者要以五種情況來聽他們的口供。（漢書刑法志云：「五聽：一曰辭聽，二曰色聽，三曰氣聽，四曰耳聽，五曰目聽。」周禮云：「辭不直，則言繁；目不直，則視眊；耳不直，則對答惑；色不直，則貌赧；氣不直，則數喘」。　（七）五種情況的口供都檢核明白證據確實了，然後對正五刑而判之以應得之罪。　（八）如果依照五刑所定的罪，並不能核實恰當，就要從輕發落，依照五罰的法律來處罰。　（九）如果依照五罰而定罪，猶不能使犯者心服口服，就要依照五過的法律來定罪。　（一〇）五過的毛病，或由於假

公行私（官獄），或由於勾通內謁（內獄），要檢核其有無犯罪的實證。（一一）如果行法者不依實證而出入人罪，則依罪人被判之刑罰，而處罰行法者。（一二）依照五刑所判的罪，如有可疑之處，則有赦免的辦法。依照五罰所判的罪，如有可疑之處，也有赦免的辦法。希望你們能夠愼重處理。（一三）要想檢核確實而取信於民衆，必須要有事實可查的口供。（一四）假定沒有辦法可以核實，就不可以受理這種案子，我們要共同一致尊敬上天的威嚴。（一五）犯了黥刑之罪而有可疑時，則罰他一百個鍰，但是要核實他的罪過。（一六）犯了劓刑之罪而有可疑時，他的罰款比黥刑要加一倍，也要核實他的罪過。（一七）犯了臏刑之罪而有可疑時，他的罰款比劓刑要加一倍而減三分之一，也要檢實他的罪過。（一八）犯了宮刑之罪而有可疑時，他的罰款是五百個鍰，也要檢實他的罪過。（一九）犯了大辟之罪而有可疑時，他的罰款是一千個鍰，也要檢實其罪過。（二〇）墨罰的種類，共有一千條。（屬：種類也。）

穆王立五十五年，崩，子共王繄扈立（一）。共王游於涇上，密康公從（二），有三女犇之。其母曰：「必致之王（三）。夫獸三爲群，人三爲衆，女三爲粲。王田不取群（四），公行不下衆（五），王御不參一族（六）。夫粲，美之物也。衆以美物歸汝，而何德以堪之（七）？王猶不堪，況爾之小醜乎！小醜備物，終必亡。（八）」康公不獻，一年，共王滅密。共王崩，子懿王囏立。懿王之時，王室遂衰，詩人作刺。

【註】（一）繄扈：系本作「伊扈」。（二）康公：密國之君，姬姓。括地志云：「陰密故城在涇州鶉觚縣西，東接縣城，故密國也」。（三）必致之王：必獻之於王。（四）王田不取群：王者田獵不可以取盡全群之獸。（五）公者（諸侯）行道不可以使衆人俱爲下車。（六）王娶妃嬪，不可以使三女（王御之數三）盡出於一家。（七）而何德以堪之：你有什麼德行可以受得起這種福份呢？而，同「爾」字。（八）王尙受不起三個美麗的姊妹之福份，而況你這個微小之輩？以一個微小之人而俱備三美之物，終久是必亡的。

夷王崩，子厲王胡立。厲王卽位三十年，好利，近榮夷公。大夫芮良夫（一）諫厲王曰：「王室其將卑乎？夫榮公好專利而不知大難。夫利，百物之所生也，天地之所載也，而有專之，其害多矣。天地百物皆將取焉，何可專也？所怒甚多，而不備大難。以是教王，王其能久乎？夫王人者，將導利而布之上下者也。使神人百物無不得極（二），猶日怵惕懼怨之來也。故頌曰『思文后稷，克配彼天，立我蒸民，莫匪爾極』。大雅曰『陳錫載周』（三）。是不布利而懼難乎，故能載周以至于今。今王學專利，其可乎？匹夫專利，猶謂之盜，王而行之，其歸鮮矣（四）。榮公若用，周必敗也。」厲王不聽，卒以榮公爲卿士，用事（五）。

【註】（一）芮良夫：芮伯也。（二）芮良夫諫勸厲王說：「王室是要日趨於衰落了！說到榮夷公

之爲人，他喜歡獨佔貨利（專利）而不知道將來會種下了大禍。要知道貨利這種東西，是百物所生產出來的，是天地所栽培出來的，如果有人要想獨佔這種貨利，那麼，將來的害處就很多了。凡是天地百物的東西，人人都可以取得一份，怎可以被一個人所獨佔呢？由於一個人的獨佔貨利，便要招致了許許多多的怨怒，而不防備大禍之將至。以這種作風來教導王，王怎麼能夠長久呢？作爲一個國王，應該是倡導生產，開發貨利，而公平的分配於全國上下，使神人百物無不得到國王的大恩大德（極），就這樣，還是天天操心慮患惟恐怕人民有怨怨！所以周頌上說：「有文德的后稷，能夠與上天的德行相配合，我們衆民之所以得能存在，沒有不是由於你的大恩大德而來」。大雅上說：「由於能夠普遍的（陳）賜福利（錫）於人民，所以能支持（載）周家的天下。這不都是分佈利益而憂懼禍難嗎？所以能支持周家以至於今日。現在國王你要與榮公學習獨佔貨利，怎麼可以呢？以一個平民而想獨佔貨利，猶被大家斥之爲盜賊；以一個國王而想獨佔貨利，人民就很少歸心於他了。像榮公這樣的人，如果當權用事，周家是必然要敗亡的了」。（三）周厲王不聽芮伯之忠諫，而以榮公爲卿士，把持國事。

王行暴虐侈傲，國人謗王。召公諫曰：（一）「民不堪命矣。」王怒，得衞巫（二），使監謗者（三），以告則殺之。其謗鮮矣，諸侯不朝。三十四年，王益嚴，國人莫敢言，道路以目（四）。厲王喜，告召公曰：「吾能弭謗矣，乃不敢言。」召公曰：「是鄣之也。防民之口，甚於防水。水壅而潰，傷人必多，民亦如之。是故爲水者決之使導，爲民者宣之使言。故天子聽政，使公卿至於列士獻詩（五），瞽獻曲（六），史獻書（七），師箴（八），瞍賦（九），矇誦（一〇），百工諫，庶人傳語（一一），近臣盡規（一二），親戚補察（一三），瞽史教誨（一四），耆艾脩之（一五），而后王斟酌焉，是以事行而不悖。民之有口也，猶土之有山川也，財用於是乎出；猶其有原隰衍沃也（一六），衣食於是乎生。口之宣言也，善敗於是乎興。行善而備敗，所以產財用衣食者也。夫民慮之於心而宣之於口，成而行之。若壅其口，其與能幾何（一七）？」王不聽。於是國莫敢出言，三年，乃相與畔，襲厲王。厲王出奔於彘（一八）。

【註】（一）召公：召康公之後穆公虎，爲王卿士。（二）衞巫：人名。（三）監：監察，偵察。（四）道路以目：行路之人，彼此以目表情，而不敢明言。（五）使公卿以至於衆士，都可以獻詩以表達其意見。（六）瞽者奏樂之人，可以獻樂曲以表達其意見。（七）史官可以藉著古今成敗的歷史記載以表達其意見。（八）樂師可以獻規勸之箴以表達其意見。（九）無眸（瞍）者可以藉奏賦以表達其意見。（一〇）有眸而無見者可以藉諷誦以表達其意見。（一一）百工執事之人都可以諫諍，庶人也可以彼此接談，表示對於政治的意見，希望能夠輾轉而達於王之聽聞。（一二）與國王生活相接近之人可以進規勸之言。（一三）與國王關係親近之人可以補察王之過失。（一四）樂官史官都可以教誨國王。（一五）年高德劭的元老們再把各方面的規諫，加以整理

，獻之於王。而後國王自己再加以斟酌考慮，以決定施政的規模。（一六）衍：下平之地。沃：可以灌溉之地。（一七）若壅其口，其與能幾何：若是把人民的嘴都塞住了，他們還能忍受幾天呢？（一八）彘：今山西霍縣。

厲王太子靜匿召公之家，國人聞之，乃圍之。召公曰：「昔吾驟諫王，王不從，以及此難也。今殺王太子，王其以我為讎而懟怒乎？夫事君者，險而不讎懟，怨而不怒（一），況事王乎！」乃以其子代王太子，太子竟得脫。

【註】（一）懟：音對（ㄉㄨㄟˋ）墜，怨也。事君者，雖在危險之中，也不應當有仇怨之心，更其不應當有恨怨之意。

召公、周公二相行政，號曰「共和」。共和十四年，厲王死于彘。太子靜長於召公家，二相乃共立之為王，是為宣王。宣王即位，二相輔之，脩政，法文、武、成、康之遺風，諸侯復宗周。十二年，魯武公來朝。

宣王不脩籍於千畝（一），虢文公諫曰（二）不可，王弗聽。三十九年，戰于千畝（三），王師敗績于姜氏之戎（四）。

【註】（一）宣王不脩籍田之禮。古者，天子親耕籍田千畝，以為天下之表率。宣王不修籍田，即不

修親耕之禮也。籍，蹈也天子親耕之田曰籍田，謂其親身蹈履之田也。（二）虢：在陝西寶雞縣東，爲畿內之地，因宣王都於鎬也。文公乃文王母弟虢仲之後。虢文公諫曰：「夫人之大事在農，上帝之粢盛於是乎出，人之繁庶於是乎生，事之供給於是乎在」。（國語）（三）千畝：地名，在山西介休縣。（四）姜氏之戎，西夷別種，四嶽之後也。

宣王既亡南國之師，乃料民於太原（一）。仲山甫諫曰（二）：「民不可料也。」宣王不聽，卒料民。

【註】（一）料民：調查人口，計算人口之多少，年齡，性別，以爲服兵役之用。（二）仲山甫，周之樊侯。古樊國在山東兗州瑕丘縣西南三十五里。宣王時，仲山甫爲卿士，輔佐中興，詩人美之。

四十六年，宣王崩（一），子幽王宮湦立（二）。幽王二年，西周三川皆震（三）。伯陽甫曰（四）：「周將亡矣。夫天地之氣，不失其序；若過其序，民亂之也（五）。陽伏而不能出，陰迫而不能蒸（六），於是有地震。今三川實震，是陽失其所而塡陰也（七）。陽失而在陰（八），原必塞；原塞，國必亡。夫水土演而民用也（九）。土無所演，民乏財用，不亡何待！昔伊、洛竭而夏亡（一〇），河竭而商亡（一一）。今周德若二代之季矣（一二），其川原又塞，塞必竭。夫國必依山川，山崩川竭，亡國之徵也。川竭必山崩，苟國亡不過十年，數之紀也（一三）。天之所棄，不過其紀。」是歲也，三川竭，岐山崩。

【註】（一）傳說謂杜伯無罪，宣王殺之，後三年，宣王會諸侯田獵於圃，杜伯起於道旁，衣朱衣冠，操朱弓矢，射宣王，中心折脊而死。（二）湼，音孽。（三）震：地震也。三川：涇水、渭水、洛水也。（四）伯陽父，周大夫也。（五）序：常態的秩序，地震乃是變態，所以發生地震的變態，是由於人們的破壞。（六）蒸：升發也，陽氣埋伏在下，陰氣壓迫在上，所以陽氣不能蒸發。（七）塡：卽「鎭」字，陽氣失所而爲陰氣所鎭壓。（八）陽失其位而在於陰下。（九）演：衍也，水土通氣而潤濕，曰衍。（一〇）禹都陽城，伊洛爲近都之水，故伊洛竭而夏亡。（一一）商家都衞，黃河爲近都之水，故河竭而商亡。（一二）現在周家的情形好像是夏、商二代末年的情形一樣。（一三）數，起於一，終於十，十則變更，故曰紀。

三年，幽王嬖愛襃姒（一）。襃姒生子伯服，幽王欲廢太子。太子母申侯女，而爲后。後幽王得襃姒，愛之，欲廢申后，幷去太子宜臼，以襃姒爲后，以伯服爲太子。周太史伯陽讀史記曰：（二）「周亡矣。」昔自夏后氏之衰也，有二神龍止於夏帝庭而言曰：「余，襃之二君。」（三）夏帝卜殺之與去之與止之，莫吉。卜請其漦而藏之（四），乃吉。於是布幣而策告之（五），龍亡而漦在，櫝而去之（六）。夏亡，傳此器殷。

殷亡，又傳此器周。比三代，莫敢發之（七）。至厲王之末，發而觀之。漦流于庭，不可除。厲王使婦人裸而譟之（八）。漦化爲玄黿（九），以入王後宮。後宮之童妾既齔而遭之（一〇），既笄而孕（一一），無夫而生子，懼而棄之。宣王之時童女謠曰：「檿弧箕服，實亡周國。」（一二）於是宣王聞之，有夫婦賣是器者，宣王使執而戮之。逃於道，而見鄉者後宮童妾所棄妖子（一三）出於路者（一四），聞其夜啼，哀而收之，夫婦遂亡，犇於褒，褒人有罪，請入童妾所棄女子者於王（一五）以贖罪。棄女子出於褒，是爲褒姒。當幽王三年，王之後宮見而愛之（一六），生子伯服，竟廢申后及太子，以褒姒爲后，伯服爲太子，太史伯陽曰：「禍成矣，無可奈何！」

【註】（一）褒姒：褒，國名，夏之同姓，姓姒氏。褒國故城，在陝西褒城縣東二百步。（二）史記：諸國皆有史以記事，故曰史記，非司馬遷之史記也。（三）龍自稱爲褒之二先君也。（四）漦，音梨，龍所吐之沫液也，沫，龍之精氣也。（五）以簡策之書告龍，而請其漦也。（六）櫝，音讀，櫃也。以櫃藏其漦而清除其迹。（七）比三代，莫敢發之：比，連也，一連三代，沒有人敢打開的。（八）使婦人裸而譟之：使婦人赤著身體，大夥兒一塊大喊大叫。（九）玄黿：亦作玄蚖，蜇蜴。（一〇）齔：音襯，女七歲而毀齒，曰齔。（一一）笄：音雞，簪也，女子許嫁而笄。（一二）檿：音厭，山桑。山桑所製之弓，曰檿弧。箕，木名，服，矢套，箕服，箕木所製之

矢套。（一三）鄕者：卽向者，以前，昔日。妖子：卽夭子，幼兒也。（一四）夫婦賣檿弧者，因宣王欲執而戮之，故逃出於路。（一五）周幽王伐褒，褒人以褒姒獻之。（一六）王之後宮：王往後宮。之，往也。

褒姒不好笑，幽王欲其笑，萬方，故不笑（一）。幽王爲湰燧（二）大鼓，有寇至則擧湰火。諸侯悉至，至而無寇，褒姒乃大笑。幽王說之，爲數擧湰火。其後不信，諸侯益亦不至。

【註】（一）幽王想叫褒姒笑，用盡了許多方法，褒姒仍然（故）不笑。（二）湰燧：卽熢燧，火把也。幽王與諸侯約，如有外寇，則擧熢火以示警。熢火置於山上高處，以便遠望。

幽王以虢石父爲卿，用事，國人皆怨。石父爲人佞巧，善諛好利，王用之。又廢申后，去太子也。申侯怒，與繒（一）西夷犬戎攻幽王。幽王擧熢火徵兵，兵莫至。遂殺幽王驪山下（二），虜褒姒，盡取周賂而去（三）。於是諸侯乃卽申侯而共立故幽王太子宜臼，是爲平王，以奉周祀。

【註】（一）繒：國名，夏之同姓。（二）驪山：在陝西新豐縣南十六里。（三）汲冢紀年云：「自武王滅殷以至幽王，凡二百五十七年。（晉咸和五年河南汲縣發魏王冢，得古書冊七十五卷，曰汲冢書）。

平王立，東遷于雒邑（一），辟戎寇。平王之時，周室衰微，諸侯彊并弱，齊、楚、秦、晉始大，政由方伯（二）。

【註】（一）遷於洛陽。（二）方伯：強大的諸侯，一方諸侯之雄長，即進入春秋時代而為五霸迭強的局勢。

四十九年，魯隱公即位。

五十一年，平王崩，太子洩父蚤死，立其子林，是為桓王。桓王，平王孫也。

桓王三年，鄭莊公朝，桓王不禮。五年，鄭怨，與魯易許田。許田，天子之用事太山田也（一）。八年，魯殺隱公（二），立桓公。十三年，伐鄭，鄭射傷桓王，桓王去歸。（三）

【註】（一）魯國有湯沐邑在許昌，鄭有祀泰山之田在祊，鄭與許近，而魯與祊近，故欲各得其近地而交換也。（二）隱公被公子翬所殺。（三）鄭祝聃射桓王，中其肩。

二十三年，桓王崩，子莊王佗立。莊王四年，周公黑肩欲殺莊王而立王子克，辛伯告王，王殺周公，王子克犇燕。

十五年，莊王崩，子釐王胡齊立。釐王三年，齊桓公始霸。

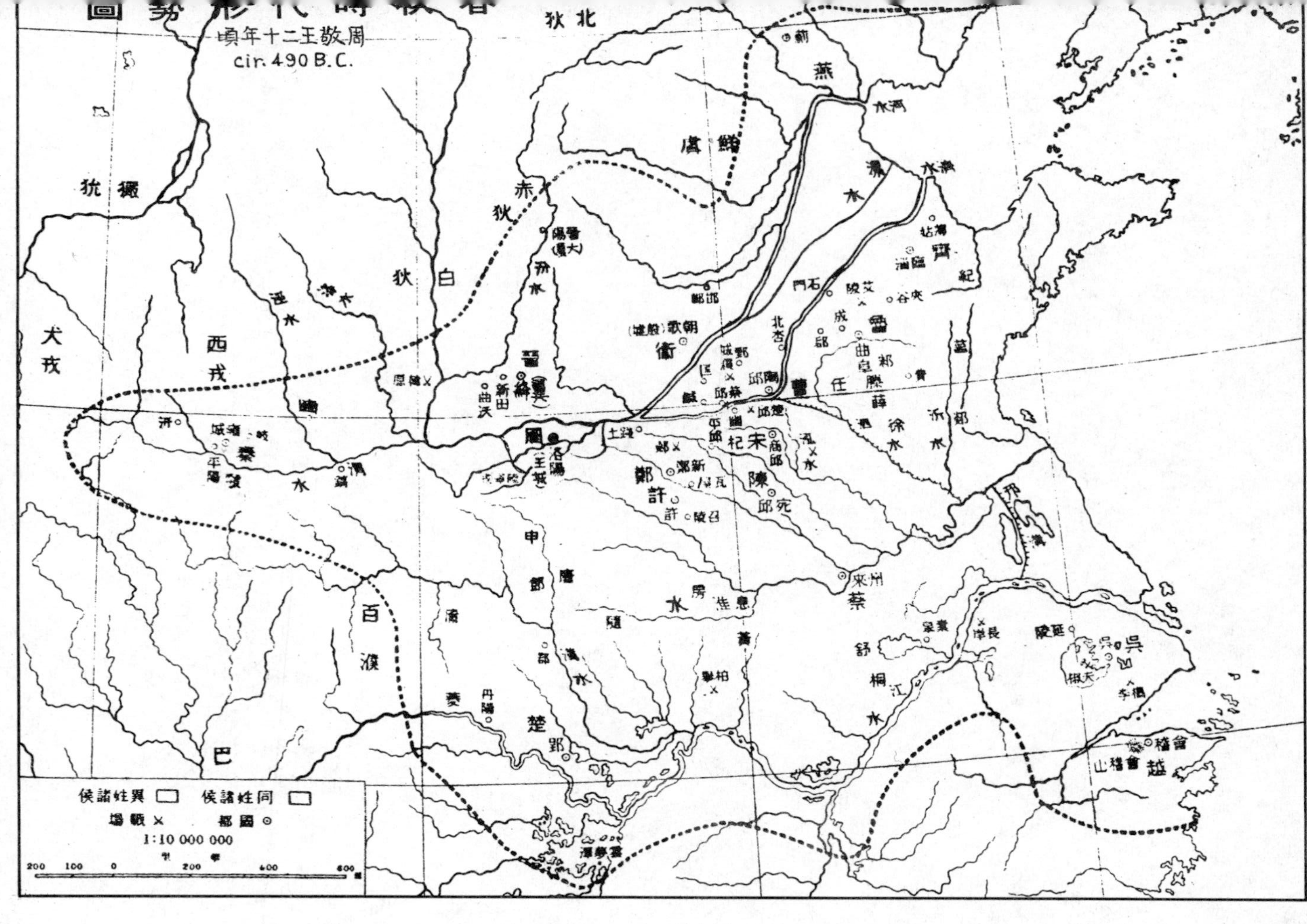
春秋時代形勢圖
周敬王十二年頃
cir. 490 B.C.
北狄
白狄
赤狄
玁狁
犬戎
西戎
燕
薊
鮮虞
河水
濟水
齊
臨淄
紀
魯
曲阜
衛
朝歌(殷墟)
晉
絳(翼)
新田
曲沃
晉陽(大原)
汾水
涇水
洛水
秦
雍城
渭水
周
洛陽
王城
鄭
許
宋
商邱
杞
陳
曹
陶邱
任
薛
邾
徐
沂水
泗水
淮水
蔡
州來
申
唐
隨
漢水
楚
郢
丹陽
百濮
巴
舒
桐
江水
吳
延陵
越
會稽
會稽山
邗溝
雲夢澤
同姓諸侯
異姓諸侯
國都
戰場
1:10 000 000
200 100 0 200 400 600

五年，釐王崩，子惠王閬立。惠王二年。初，莊王嬖姬姚，生子穨，穨有寵。及惠王即位，奪其大臣園以爲囿，故大夫邊伯等五人作亂，謀召燕、衞師伐惠王。惠王犇溫（一），已居鄭之櫟（二）。立釐王弟穨爲王。樂及徧舞（三），鄭、虢君怒。四年，鄭與虢君伐殺王穨，復入惠王，惠王十年，賜齊桓公爲伯。

【註】（一）溫：河南溫縣。（二）櫟：音歷，河南禹縣。（三）徧舞：皆舞六代之樂也。

二十五年，惠王崩，子襄王鄭立。襄王母蚤死，後母曰惠后。惠后生叔帶，有寵於惠王，襄王畏之。三年，叔帶與戎、翟謀伐襄王（一），襄王欲誅叔帶，叔帶犇齊。齊桓公使管仲平戎于周，使隰朋平戎于晉（二）。王以上卿禮管仲。管仲辭曰：「臣賤有司也，有天子之二守國、高在（三）。若節春秋來承王命，何以禮焉（四）？陪臣敢辭」（五）。王曰：「舅氏，余嘉乃勳（六），毋逆朕命。」管仲卒受下卿之禮而還。九年，齊桓公卒。十二年，叔帶復歸于周。

【註】（一）戎、翟：即「戎、狄」，異族之部落。（二）使戎與周與晉相和平。（三）高子、國子，皆齊之上卿，位高於管仲。（四）節：時也，春秋聘享之時節也。（五）陪臣：陪，重也，雙重身份也，既爲諸侯之臣，又爲國王之臣，故曰陪臣。（六）余嘉乃勳：我非常之嘉賞你的功

勞。舅氏：言伯舅之關係也。周武王娶太公之女爲后，襄王代表周家，故以舅氏稱之。

十三年，鄭伐滑，王使游孫、伯服請滑（一），鄭人囚之。鄭文公怨惠王之入不與厲公爵，又怨襄王之與衞滑（二），故囚伯服。王怒，將以翟伐鄭。富辰諫曰（三）：「凡我周之東徙，晉、鄭焉依（四），子穨之亂，又鄭之由定，今以小怨棄之！」王不聽。十五年，王降翟師以伐鄭。王德翟人，將以其女爲后。富辰諫曰：「平、桓、莊、惠皆受鄭勞，王棄親親翟，不可從。」王不聽。十六年，王絀翟后（五），翟人來誅，殺譚伯。富辰曰：「吾數諫不從，如是不出（六），王以我爲懟乎？」乃以其屬死之（七）。

【註】（一）滑：在河南偃師縣南。請滑：爲滑國講情。（二）怨襄王之與衞、滑：怨襄王之偏向衞、滑兩國。與，偏向也。（三）富辰：周大夫。（四）晉鄭焉依：即晉鄭是依。焉字在此處，不作疑問詞用。（五）絀：降低其地位或取消其地位。（六）出：挺身而出與敵人作戰。（七）懟：音對（ㄉㄨㄟˋ），怨恨。屬：部下。

初，惠后欲立王子帶，故以黨開翟人（一），翟人遂入周。襄王出犇鄭，鄭居王于氾（二），子帶立爲王，取襄王所絀翟后與居溫。十七年，襄王告急于晉，晉文公納王而誅叔帶。襄王乃賜晉文公珪鬯弓矢（三），爲伯，以河內地與晉（四）。二十年，晉文公召襄王，襄王會之河陽、踐土（五），諸侯畢朝，書諱曰「天王狩于河陽。」（六）

【註】（一）以黨開翟人：以她的徒衆爲翟人開路，言其與外敵有勾結也。（二）氾：音泛（ㄈㄢˋ），在許州襄城縣。（三）珪鬯：桂，音圭，玉也。鬯，音唱，祭祀所用酒也。（四）晉有功，賞之以楊樊、溫、原、攢茅之地。（五）河陽，晉之溫也。踐土：在河南滎澤縣。（六）晉文公以諸侯而召天子，天子又不敢不奉召，但又以爲可恥，故諱其事而書其行曰：「天王到河陽去巡守」，乃自我陶醉之辭也。

二十四年，晉文公卒。

三十一年，秦穆公卒。

三十二年，襄王崩，子頃王壬臣立。頃王六年，崩，子匡王班立。匡王六年，崩，弟瑜立，是爲定王。

定王元年，楚莊王伐陸渾之戎（一），次洛（二），使人問九鼎。王使王孫滿應設以辭（三），楚兵乃去。十年，楚莊王圍鄭，鄭伯降，已而復之。十六年，楚莊王卒。

【註】（一）允姓之戎居陸渾，在秦、晉西北，二國誘而徙之河南伊川，遂從戎號。後漢書云：陸渾戎自瓜州遷於伊川。（二）次：住止。（三）應設：應對而陳辭。

二十一年，定王崩，子簡王夷立。簡王十三年，晉殺其君厲公，迎子周於周，立爲悼公。

十四年，簡王崩，子靈王泄心立。靈王二十四年，齊崔杼弒其君莊公。

二十七年，靈王崩（一），子景王貴立。景王十八年，后太子聖而蚤卒。二十年，景王愛子朝，欲立之，會崩，子丐之黨與爭立，國人立長子猛爲王，子朝攻殺猛。猛爲悼王。晉人攻子朝而立丐，是爲敬王。

【註】（一）靈王生而有髭，且神，故謚靈王，其冢在河南城西南柏亭西周山上，民祀之不絕。

敬王元年，晉人入敬王，子朝自立，敬王不得入，居澤（一）。四年，晉率諸侯入敬王于周，子朝爲臣，諸侯城周。十六年，子朝之徒復作亂，敬王犇于晉。十七年，晉定公遂入敬王于周。

【註】（一）澤邑，周地也。

三十九年，齊田常殺其君簡公。

四十一年，楚滅陳，孔子卒。

四十二年，敬王崩，子元王仁立，元王八年，崩，子定王介立。

定王十六年，三晉滅智伯，分有其地。

二十八年，定王崩，長子去疾立，是爲哀王。哀王立三月，弟叔襲殺哀王而自立，是爲思王。思王立五月，少弟嵬攻殺思王而自立，是爲考王。此三王皆定王之子。

考王十五年，崩，子威烈王午立。

考王封其弟于河南（一），是爲桓公，以續周公之官職。桓公卒，子威公代立。威公卒，子惠公代立，乃封其少子於鞏以奉王，號東周惠公。

【註】（一）考王封其弟揭於河南，續周公之官，是爲西周桓公。考王又封其少子於鞏，仍襲父號曰東周惠公，於是有東西二周。西周居河南，東周居鞏縣。

威烈王二十三年，九鼎震。命韓、魏、趙爲諸侯。

二十四年，崩，子安王驕立。是歲盜殺楚聲王。

安王立二十六年，崩，子烈王喜立。烈王二年，周太史儋見秦獻公曰：「始周與秦國合而別，別五百載復合，合十七歲而霸王者出焉。」

十年，烈王崩，弟扁立，是爲顯王。顯王五年，賀秦獻公，獻公稱伯。九年，致文武胙於秦孝公，二十五年，秦會諸侯於周。二十六年，周致伯於秦孝公。三十三年，賀秦惠王。三十五年，致文武胙於秦惠王。四十四年，秦惠王稱王。其後諸侯皆爲王。

四十八年，顯王崩，子愼靚王定立。愼靚王立六年，崩，子赧王延立。王赧時，東西周分治。王赧徙都西周。

西周武公（一）之共太子死，有五庶子，毋適立（二）。司馬翦謂楚王曰：「不如以地資公子咎，爲請太子。」左成曰：「不可。周不聽，是公之知困而交疏於周也。不如請周君孰欲立，以微告翦（三），翦請令楚（賀）〔資〕之以地。」果立公子咎爲太子。

【註】（一）西周武公，惠公之長子。（二）毋適立，卽無嫡立。（三）微：微言以暗示之。

八年，秦攻宜陽（一），楚救之。而楚以周爲秦故，將伐之（二）。蘇代爲周說楚王曰：「何以周爲秦之禍也（三）？言周之爲秦甚於楚者，欲令周入秦也，故謂『周秦』也（四）。周知其不可解，必入於秦，此爲秦取周之精者也（五）。爲王計者，周於秦因善之，不於秦亦言善之，以疏之於秦（六）。周絕於秦，必入於郢矣（七）。」

【註】（一）故韓城一名宜陽城，在洛州福昌縣東十四里。（二）楚疑周爲秦而欲伐周。（三）爲什麼要造成以周爲秦之禍呢？（四）說周家之爲秦甚於爲楚者，就等於使周家入於秦的懷抱，所

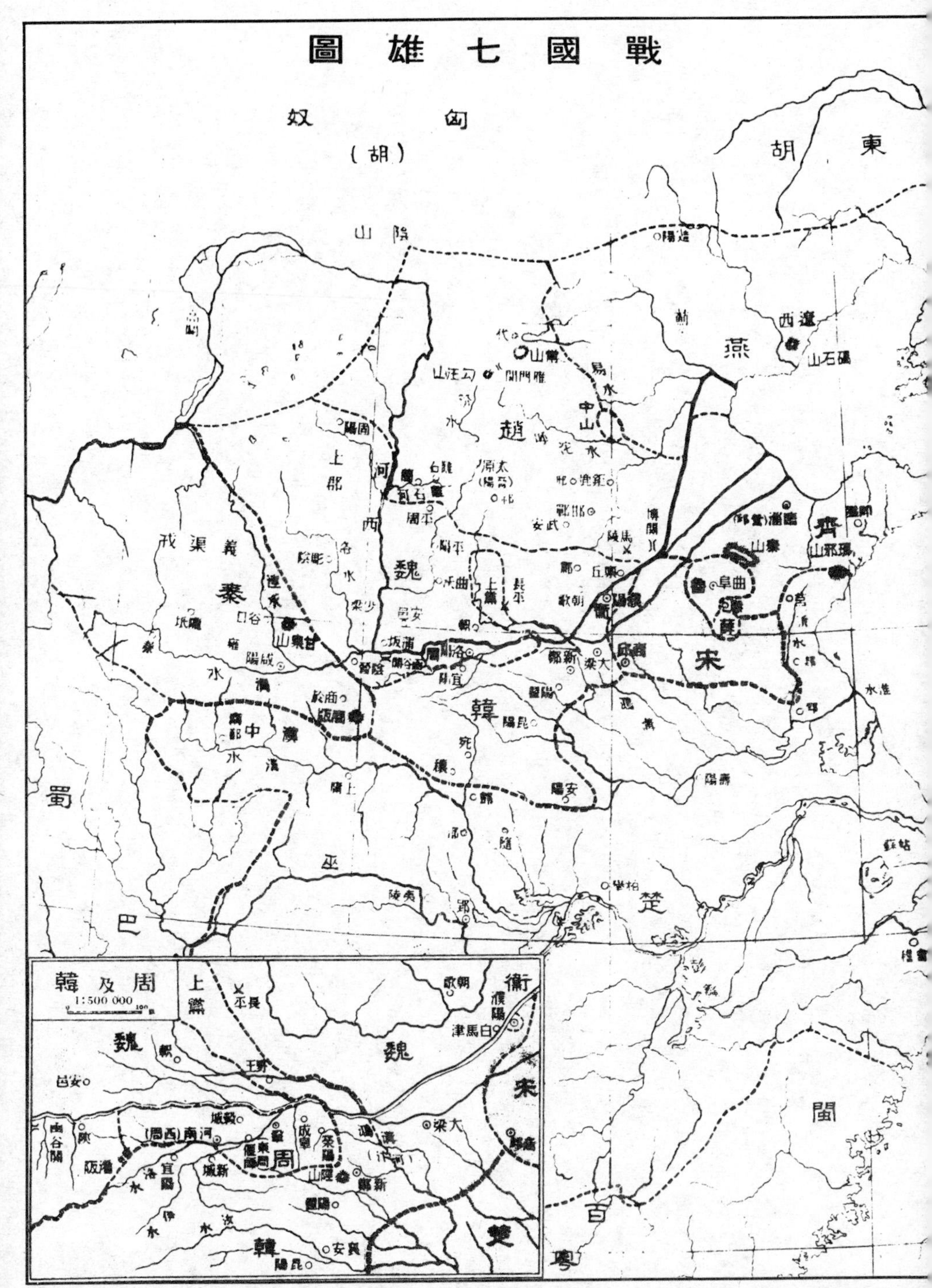
戰國七雄圖
匈奴
（胡）
東胡
陰山
燕
遼西
中山
趙
上郡
河西
魏
上黨
秦
義渠戎
齊
宋
韓
漢中
蜀
巴
巫
楚
閩
百粵
周及韓
1:500 000
衛
魏
宋
周
韓
楚

以一般人都說是「周秦」聯合。（五）周家知道沒法解脫這種關係，勢必結納於秦國，這簡直是替秦國吸收周家之最高明的妙計。（六）爲楚王打算，周家爲秦國，我們說他好；周家不爲秦國，我們也說他好，以分化周家與秦國的關係。（七）只要周家與秦國斷絕關係，那就必然走進於楚國的一邊了。（郢：楚之首都。）

秦借道兩周之閒，將以伐韓（一），周恐借之，畏於韓，不借，畏於秦（二）。史厭謂周君曰：「何不令人謂韓公叔曰：『秦之敢絕周而伐韓者，信東周也。公何不與周地，發質使之楚，秦必疑楚不信周，是韓不伐也。』又謂秦曰：『韓彊與周地，將以疑周於秦也，周不敢不受』。秦必無辭而令周不受（三），是受地於韓而聽於秦。」（四）

【註】（一）秦國要借道於西周東周之間，準備討伐韓國（韓在今河南新鄭）。（二）周君害怕如果借道，就要得罪於韓國；如果不借，就要得罪於秦國，處境非常之困難。（三）史厭獻計於周君道：「爲什麼不派人告訴韓國的公叔說：『秦之所以敢於大膽橫穿周境而討伐韓國者，是相信東周不會從中作梗。你爲什麼不給周君一點土地，再派人質到楚國。這樣一來，秦國必然懷疑楚國，不相信周君，而韓國就可以不被討伐了』。再派人對秦國說：『韓國強逼著以土地給予我們周君，其陰謀是要叫秦國懷疑周君，我們周君不敢接受』。這樣一來，秦國也沒有話說叫周國不接受土地。（四）於是周國一方面可以受韓國之土地，而另一方面又表示服從秦國。」

秦召西周君，西周君惡往，故令人謂韓王曰：「秦召西周君，將以使攻王之南陽也，王何不出兵於南陽？周君將以爲辭於秦。周君不入秦，秦必不敢踰河而攻南陽矣（一）。」

【註】（一）南陽：在河南黃河以北之沁陽，不是黃河以南之南陽。

東周與西周戰，韓救西周。或爲東周說韓王曰：「西周故天子之國，多名器重寶。王案兵毋出，可以德東周（一），而西周之寶必可以盡矣。」

【註】（一）韓王按兵不動，可以使東周感激韓之恩德。

王赧謂成君。楚圍雍氏（一），韓徵甲與粟於東周，東周君恐，召蘇代而告之。代曰：「君何患於是。臣能使韓毋徵甲與粟於周，又能爲君得高都（二）。」周君曰：「子苟能，請以國聽子。」代見韓相國曰：「楚圍雍氏，期三月也，今五月不能拔，是楚病也（三）。今相國乃徵甲與粟於周，是告楚病也。」韓相國曰：「善。使者已行矣。」代曰：「何不與周高都？」韓相國大怒曰：「吾毋徵甲與粟於周，亦已多矣（四），何故與周高都也？」代曰：「與周高都，是周折而入於韓也，秦聞之必大怒忿周，即不通周使，是以敝高都得完周也（五）。曷爲不與？」相國曰：「善。」果與周高都。

【註】（一）雍氏：在河南禹縣東北。（二）高都：在河南洛陽縣南。（三）楚病：謂楚兵疲弱。（四）我不向周家徵用甲與粟，已經夠慷慨的了。（五）以弊高都得完周：以破爛的高都換得了一個完整的周國。

三十四年，蘇厲謂周君曰：「秦破韓、魏，扑師武（一），北取趙藺、離石者（二），皆白起也。是善用兵，又有天命。今又將兵出塞攻梁（三），梁破則周危矣。君何不令人說白起乎？曰『楚有養由基者，善射者也。去柳葉百步而射之，百發而百中之。左右觀者數千人，皆曰善射。有一夫立其旁，曰「善，可教射矣」。養由基怒，釋弓搤劍（五），曰「客安能教我射乎」？客曰「非吾能教子支左詘右也（六）。夫去柳葉百步而射之，百發而百中之，不以善息（七），少焉氣衰力倦，弓撥矢鉤，一發不中者，百發盡息（八）。」今破韓、魏，扑師武，北取趙藺、離石者，公之功多矣。今又將兵出塞，過兩周，倍韓，攻梁，一舉不得，前功盡棄。公不如稱病而無出（九）。』

【註】（一）扑，一作「仆」。戰國策曰：「秦敗魏將犀武於伊闕(在洛陽南)。」（二）藺：縣名，在今山西離石縣西。離石：縣名，在山西。（三）塞：即指伊闕塞也。在洛陽南十九里，兩山相對，望之若闕，伊水穿闕而下，故謂之伊闕，今謂之龍門。（四）可教射矣：可以受教而學射了。（五）搤：音厄，握也。（六）支左詘右：左右兩手能同時各作不同之事而運用自如，列女傳云：

「左手如拒，右手如附枝，右手發之，左手不知，此射之道也。」又越絕書曰：「左手如附泰山，右手如抱嬰兒。」（七）不以善息：不於表現得最美妙之時而停止。（八）一發不中，百發盡息：當你百發百中之時，就要停止，否則的話，假定繼續發射下去，萬一弓歪了（弓撥），矢彎了（矢鉤），有一發不中，那麼，以前的百發百中的成績，都要一筆勾消了。（九）稱病而無出：假託有病而不出兵。

四十二年，秦破華陽約（一）。馬犯謂周君曰：「請令梁城周（二）。」乃謂梁王曰：「周王病若死，則犯必死矣。犯請以九鼎自入於王，王受九鼎而圖犯（三）。」梁王曰：「善。」遂與之卒，言戍周。因謂秦王曰：「梁非戍周也，將伐周也。王試出兵境以觀之（四）。」秦果出兵。又謂梁王曰：「周公病甚矣，犯請後可而復之。今王使卒之周，諸侯皆生心，後舉事且不信。不若令卒為周城，以匿事端（五）。」梁王曰：「善。」遂使城周（六）。

【註】（一）華陽：亭名，在河南密縣。秦昭王三十三年，秦背魏約，使客卿胡傷擊魏將芒卯於華陽，破之。或謂係白起擊破之。（二）馬犯：周臣也。見秦破魏約，必危及於周，故設詭計使梁國派兵為周築城宇。（三）於是馬犯到了梁國，對梁王說：「周王有病，若是死了，我也不能活了，我願意把周家傳國之寶的九鼎進獻於王，王將來有了九鼎，希望給我以保護。」梁王贊成其言，乃派兵

到周國去，表面的理由是說爲周天子盡防戍之義務。（四）馬犯暗地裡又對秦王說：「梁國並不是來戍守我們周國，乃是要討伐我們周國，王若不信，請王出兵到邊境一看就知道了」。秦國果然出兵。（五）馬犯又對梁王說：「周王的病很嚴重了，關於獻九鼎之事，我請示周王，等他一許可，我就來答覆你。現在你派兵往周國來，諸侯們都起了疑心，以後我們再作什麼事情，他們就更不相信了，不如將計就計，就說派兵來周，是爲周王築城，以隱藏內幕的眞情」。（六）梁王說：「好的」！遂使其到周國去的軍隊，爲周王築城。

四十五年，周君之秦（一）。客謂周（最）〔冣〕曰（二）：「公不若譽秦王之孝，因以應爲太后養地（三），秦王必喜，是公有秦交。交善，周君必爲公功。交惡，勸周君入秦者必有罪矣（四）。」秦攻周，而周冣謂秦王曰：「爲王計者不攻周。攻周，實不足以利，聲畏天下。天下以聲畏秦，必東合於齊，兵獘於周。合天下於齊，則秦不王矣。天下欲獘秦，勸王攻周。秦與天下獘，則令不行矣（五）。」

【註】（一）之：往也。（二）周冣：周之公子。（三）應：在河南寶豐縣西南。太后：秦昭王之母宣太后芊氏。（四）周冣卽是勸周君入秦之人。（五）周冣對秦王說：「眞正是替王打算的人，絕對不會主張攻周，因爲攻周實在得不到利益，徒以聲勢恐怖天下，天下之人由於秦國之聲勢而懼怕秦國，必然要向東方與齊國相結合，兵力疲弊於攻周，天下結合於齊國，那麼，秦國就永遠不能

稱王了。因爲天下想著疲弊秦國，所以勸王攻周。實在說起來，秦國被天下所疲弊，則一切政令就不能推行了。

五十八年，三晉距秦。周令其相國之秦，以秦之輕也，還其行（一）。客謂相國曰：「秦之輕重未可知也。秦欲知三國之情。公不如急見秦王曰『請爲王聽東方之變』，秦王必重公。重公，是秦重周，周以取秦也（二）；齊重，則固有周聚以收齊（三）：是周常不失重國之交也。」（四）秦信周，發兵攻三晉（五）。

【註】（一）五十八年，三晉（韓、趙、魏）聯合出兵抵抗秦國。周王派他的相國往秦國去。相國覺得周國地小人少，毫無實力，恐怕秦國是看不起（輕視）的，所以走到半路就又折回來了。（二）有一位足智多謀的策士（說客）就對相國說：「秦國究竟看起或看不起周國，還是一個未知數，秦國現在所要急切知道的是關於三國的內幕眞情，你不如趕快去見秦王，就說：『這一次來是專意爲秦國報告東方的變化情形的』。那麼，秦王就一定會很重視你，重視你就等於是重視周國了。周國由於你就可以取得了秦王的歡心。（三）關於東方諸侯那一方面，齊國是很重視周國的，因爲本來就有周聚在那裡的外交工作做得很好，很得齊國的歡心。（四）這麼一來，就是周國經常保持了兩個強大國家的友善關係了」。（五）於是相國又到秦國，向秦國貢獻情報，秦王就相信他的話，發兵攻打三晉。

五十九年，秦取韓陽城負黍（一），西周恐，倍秦（二），與諸侯約從（三），將天下銳師出伊闕攻秦（四），令秦無得通陽城（五）。秦昭王怒，使將軍摎攻西周（六），西周君犇秦，頓首受罪（七），盡獻其邑三十六，口三萬。秦受其獻，歸其君於周。

【註】（一）陽城：在河南登封縣東南三十五里。負黍：在河南登封縣西南。（二）倍秦：倍，同「背」字，即背棄了秦國。（三）與諸侯約從：從，即縱也，關東之地南北長，長為縱，六國諸侯居之，關西之地東西廣，廣為橫，秦獨居之。與諸侯約縱者，即是關東的諸侯自南到北聯成一條戰線以反抗秦國。當時一般遊說之士，如張儀、蘇秦之流，有的主張各國聯合以抗秦，叫做「約縱」；有的主張不加抵抗以事秦，叫做「連橫」。故有「縱橫捭闔」之語。（四）將天下銳師：率領天下精銳的軍隊。（五）陽城：山名，在河南登封縣東北，俗名車嶺。（六）摎：音鳩。（七）頓首受罪：嗑頭認罪。

周君王赧卒，周民遂東亡（一）。秦取九鼎寶器，而遷西周公於𢠸狐（二）。後七歲，秦莊襄王滅東（西）周。東西周皆入于秦，周既不祀（三）。

【註】（一）東亡：向東方逃亡。（二）𢠸：音憚。𢠸狐聚在河南臨汝縣西北四十里，在洛陽南一百五十里。（三）周既不祀：既，盡也，周朝的國運盡了，沒有人主祭祀了。（周凡三十七王，享國八百六十七年。王赧死後，天下無主，七雄並爭，至秦始皇立，武力統一）。

太史公曰：學者皆稱周伐紂，居洛邑，綜其實不然。武王營之，成王使召公卜居，居九鼎焉，而周復都豐、鎬。至犬戎敗幽王，周乃東徙于洛邑。所謂「周公葬（我）〔於〕畢」，畢在鎬東南杜中（一）。秦滅周。漢興九十有餘載，天子將封泰山（二），東巡狩至河南，求周苗裔，封其後嘉三十里地，號曰周子南君（三），比列侯，以奉其先祭祀（四）。

【註】（一）杜中：一作社中。在陝西長安縣東南十五里。（二）天子：指漢武帝而言。（三）周子南君：顏思古云：「子南，其封邑之號，爲周後，故總言周子南君」。（四）比列侯：與列侯之地位相等。

史記卷五　秦本紀第五

秦之先，帝顓頊之苗裔（一），孫曰女脩。女脩織，玄鳥隕卵（二），女脩吞之，生子大業。大業取少典之子，曰女華。女華生大費，與禹平水土。已成，帝錫玄圭。禹受曰：「非予能成，亦大費爲輔。」帝舜曰：「咨，爾費，贊禹功，其賜爾皁游（三），爾後嗣將大出（四）。」乃妻之姚姓之玉女。大費拜受，佐舜調馴鳥獸，鳥獸多馴服，是爲柏翳。舜賜姓嬴氏。

【註】（一）遠古歷史，多係傳說，人名地名，互相矛盾，如秦之先爲顓頊之苗裔，而左傳則謂少昊氏之後，此類甚多，難於深究。（二）玄鳥：神奇之鳥，有謂爲燕。隕：落下。（三）咨：嘆詞，即「啊」。皁游：黑色旌旆之旒。旒音游。（四）爾後嗣將大出：你的後代將來要大大的繁殖興旺。

大費生子二人：一曰大廉，實鳥俗氏；二曰若木，實費氏。其玄孫曰費昌，子孫或在中國，或在夷狄。費昌當夏桀之時，去夏歸商，爲湯御，以敗桀於鳴條。大廉玄孫曰孟戲、中衍，鳥身人言（一）。帝太戊聞而卜之使御，吉，遂致使御而妻之（二）。自太戊以下，中衍之後，遂世有功，以佐殷國，故嬴姓多顯，遂爲諸侯。

【註】（一）鳥身人言：鳥的身體而能人言。（二）遂致使御而妻之：遂即招致他來，使御車，而妻之以女。

其玄孫曰中潏（一），在西戎，保西垂（二）。生蜚廉。蜚廉生惡來。惡來有力，蜚廉善走，父子俱以材力事殷紂。周武王之伐紂，幷殺惡來。是時蜚廉爲紂石北方（三），還，無所報（四），爲壇霍太山（五）而報，得石棺，銘曰「帝令處父（六）不與殷亂（七），賜爾石棺以華氏（八）。」死，遂葬於霍太山。蜚廉復有子曰季勝。季勝生孟增。孟增幸於周成王，是爲宅皋狼。皋狼生衡父，衡父生造父。造父以善御幸於周繆王，得驥、溫驪（九）、驊騮（一〇）、騄耳之駟（一一），西巡狩，樂而忘歸。徐偃王作亂（一二），造父爲繆王御，長驅歸周，一日千里以救亂。繆王以趙城封造父（一三），造父族由此爲趙氏。自蜚廉生季勝已下五世至造父，別居趙。趙衰其後也。惡來革者，蜚廉子也，蚤死。有子曰女防。女防生旁皋，旁皋生太几，太几生大駱，大駱生非子。以造父之寵，皆蒙趙城，姓趙氏。

【註】（一）潏：音決。（二）保西垂：保護西邊。（三）爲紂石北方：爲紂作石椁於北方。（四）還，無所報：由北方回來而紂王已死，無所報命之人。（五）爲壇霍太山而報：爲祭壇於霍太山而報命，祭紂以報命。霍泰山在紂都朝歌之西。（六）處父：蜚廉之號。（七）不與殷亂：不參與殷朝之亂。（八）賜爾石棺以華氏：賜給你石棺以光華你的氏族。（九）溫驪：一作「盜驪」，騧驪也，騧，淺黃色。（一〇）驊騮：色如華而赤。騮，音留，赤色黑鬣也。（一一）騄：音祿。騄耳，駿馬名，周繆王八駿之一。（一二）大徐城：今江蘇宿遷縣東南，古徐國也。（一三）趙城：在今山西趙城縣西南。

非子居犬丘（一），好馬及畜（二），善養息之。犬丘人言之周孝王，孝王召使主馬于汧渭之閒（三），馬大蕃息。孝王欲以爲大駱適嗣。申侯之女爲大駱妻，生子成爲適。申侯乃言孝王曰：「昔我先酈山之女，爲戎胥軒妻，生中潏，以親故歸周，保西垂，西垂以其故和睦。今我復與大駱妻，生適子成。申駱重婚，西戎皆服，所以爲王（四）。王其圖之。」於是孝王曰：「昔伯翳爲舜主畜，畜多息，故有土，賜姓嬴。今其後世亦爲朕息馬，朕其分土爲附庸。」邑之秦（五），使復續嬴氏祀，號曰秦嬴。亦不廢申侯之女爲駱適者，以和西戎。

【註】（一）地理志云：「扶風槐里縣，周曰犬丘，懿王都之，秦更名廢丘，高祖三年更名槐里。今

陝西興平縣。（二）好馬及畜：喜歡養馬及牧畜事業。（三）使主馬於汧渭之間：使他主持養馬之事於汧水渭水之間。汧：音牽。（四）所以爲王：所以得能爲王。（五）秦：天水隴西縣秦亭也。

秦嬴生秦侯。秦侯立十年，卒。生公伯。公伯立三年，卒。生秦仲。

秦仲立三年，周厲王無道，諸侯咸叛之。西戎反王室，滅犬丘、大駱之族。周宣王卽位，乃以秦仲爲大夫（一），誅西戎。西戎殺秦仲。秦仲立二十三年，死於戎。有子五人，其長者曰莊公。周宣王乃召莊公昆弟五人，與兵七千人，使伐西戎，破之。於是復予秦仲後，及其先大駱地犬丘并有之，爲西垂大夫。（二）

【註】（一）毛詩序云：「秦仲始大，有車馬禮樂侍御之好也」。（二）大駱犬丘之地，卽漢時隴西郡縣。

莊公居其故西犬丘，生子三人，其長男世父。世父曰：「戎殺我大父仲，我非殺戎王則不敢入邑。」遂將擊戎，讓其弟襄公。襄公爲太子。莊公立四十四年，卒，太子襄公代立。襄公元年，以女弟繆嬴爲豐王妻。襄公二年，戎圍犬丘，（世父）世父擊之，爲戎人所虜。歲餘，復歸世父。七年春，周幽王用褒姒廢太子，立褒姒子爲適（一），數欺諸侯，諸侯叛之。西戎犬戎與申侯伐周，殺幽王酈山下。而秦襄公將兵救周，戰甚力，有功。周避犬戎難，東徙雒邑，襄公以兵送周平王。平王封襄公為諸侯，賜之岐以西之地。曰：「戎無道，侵奪我岐、豐之地，秦能攻逐戎，卽有其地。」與誓，封爵之。襄公於是始國，與諸侯通使聘享之禮，乃用騮駒、黃牛、羝羊各三，祠上帝西畤（二）。十二年，伐戎至岐而卒。生文公。

【註】（一）適：同「嫡」。（二）祠上帝西畤：襄公於西縣設壇以祭天。西，縣名。古者，非天子不得祭天，秦襄公祭天，卽見其政治野心之大。畤，祭天地之土地。

文公元年，居西垂宮（一）。三年，文公以兵七百人東獵。四年，至汧渭之會。曰：「昔周邑我先秦嬴於此（二），後卒獲為諸侯。」乃卜居之，占曰吉，卽營邑之（三）。十年，初為鄜畤（四），用三牢。十三年，初有史以紀事，民多化者。十六年，文公以兵伐戎，戎敗走。於是文公遂收周餘民有之，地至岐，岐以東獻之周。十九年，得陳寶（五）。二十年，法初有三族之罪（六）。二十七年，伐南山大梓，豐大特（七）。四十八年，文公太子卒，賜謚為竫公（八）。竫公之長子為太子，是文公孫也。五十年，文公卒，葬西山（九）。竫公子立，是為寧公。

【註】（一）即上西縣是也。（二）邑我先秦嬴於此：以此地爲我先秦嬴之邑。（三）即營邑之：即營建其地而以爲邑。郿縣故城在陝西郿縣東北十五里即汧渭之會之地也。（四）鄜畤：於鄜地作畤，故曰鄜畤。鄜縣，屬於馮翊。（五）陳寶：漢書郊祀志云：「文公獲若石，於陳倉北阪城祠之，其神來，若雄雉，其聲殷殷，以一牢祠之，號曰陳寶。（六）三族之罪：父族、母族、妻族。或曰父母、兄弟、妻子。（七）括地志云：「大梓樹在陝西寶雞縣南十里倉山上。錄異傳云：「秦文公時，雍南山有大梓樹，文公伐之，輒有大風雨，樹生合不斷。時有一人病，夜往山中，聞有鬼語樹神曰：「秦若使人被髮，以朱絲繞樹伐汝，汝得不困耶？」樹神無言。明日，病人語聞，公如其言伐樹，斷，中有一青牛出，走入豐水中，其後，牛出豐水中，使騎擊之，不勝，有騎墮地復上，髮解，牛畏之，入不出。故置髦頭。漢、魏、晉因之。武都郡立怒特祠，是大梓牛神也。」（八）竫：音靜。（九）葬西山：在甘肅之西縣。

寧公二年，公徙居平陽（一）。遣兵伐蕩社（二）。三年，與亳戰，亳王奔戎，遂滅蕩社。四年，魯公子翬（三）弒其君隱公。十二年，伐蕩氏，取之。寧公生十歲立，立十二年卒，葬西山（四）。生子三人，長男武公爲太子。武公弟德公，同母魯姬子。生出子。寧公卒，大庶長弗忌、威壘、三父廢太子而立出子爲君（五）。出子六年，三父等復共令人賊殺出子。出子生五歲立，立六年卒。三父等乃復立故太子武公。

【註】（一）平陽：在陝西岐山縣西四十五里。（二）蕩社：大概在陝西興平縣附近。史記索隱謂：「西戎之君，號曰亳王，蓋成湯之胤，其邑曰蕩社。」括地志云：「陝西三原縣有湯陵，又有湯臺，在始平縣西北八里。」（三）翬：音暉，即羽父也。（四）括地志云：「秦寧公墓在陝西寶雞縣西北三十七里秦陵山。」（五）大庶子：官名，職司庶子之戒命與其教理。

武公元年，伐彭戲氏（一），至于華山下（二），居平陽封宮（三）。三年，誅三父等而夷三族（四），以其殺出子也。鄭高渠眯殺其君昭公（五）。十年，伐邽、冀戎，初縣之（六）。十一年，初縣杜、鄭（七）。滅小虢（八）。

【註】（一）彭戲氏：戎號也，其地在陝西白水縣東北。（二）即陝西之華山。（三）宮名，在陝西岐山縣內。（四）夷三族：滅其三族也。（五）高渠眯即左傳所謂之高渠彌也，其事在魯桓公十七年。（六）邽：即上邽縣，古邽戎地，在今甘肅天水縣西南。冀：冀縣在今甘肅甘谷縣南。（七）杜：古杜伯國，在陝西長安縣東南九里。鄭：鄭縣，在今陝西華縣北。（八）小虢：故城在今陝西寶雞縣東五十里。輿地志云：「此虢，文王母弟虢叔所封，是曰西虢。」西虢滅時，陝州之虢，猶謂之小虢。又云：小虢，羌之別種。

十三年，齊人管至父、連稱等殺其君襄公而立公孫無知。晉滅霍、魏、耿（一），齊雍廩（二）殺無知、管至父等而立齊桓公。齊、晉爲彊國。

【註】（一）左傳云：魯閔公元年，晉滅耿，滅魏，滅霍。霍：山西霍縣。耿：在今山西河津縣東北。魏：在今山西芮城縣東北。（二）雍廩：地名。齊君無知嘗有怨於雍林之人，今乘其來遊而殺之。

十九年，晉曲沃始爲晉侯（一）。齊桓公伯於鄄（二）。

【註】（一）晉穆侯少子成師居曲沃，號曲沃桓叔，至武公稱滅晉侯緡，始爲晉君也。（二）伯，音霸。鄄：故城在山東濮縣。

二十年，武公卒，葬雍平陽。初以人從死，從死者六十六人。有子一人，名曰白。白不立，封平陽（一）。立其弟德公。

【註】（一）平陽：在今陝西岐山縣西南。

德公元年，初居雍城（一）大鄭宮（二）。以犧三百牢祠鄜畤。卜居雍。後子孫飲馬於河（三）。梁伯、芮伯來朝（四）。二年，初伏（五），以狗禦蠱（六），德公生三十三歲而立，立二年卒。生子三人：長子宣公，中子成公，少子穆公。長子宣公立。

【註】（一）雍城：在今陝西鳳翔縣南。（二）括地志云：「岐州雍縣南七里故雍城，秦德公大鄭宮城也。（三）卜居雍之後，國益強大，後代子孫得飲馬於龍門之河。（四）梁：嬴姓，在陝西

韓城縣南。芮：姬姓，在陝西大茘縣。括地志云：「南芮鄉故城在同州朝邑縣南三十里。又有北芮城，皆古芮伯國。」（五）孟康曰：「六月伏日初也，周時無，至此乃有之。」史記正義謂：「六月三伏之節，起德公爲之，故云初伏。伏者，隱伏避盛暑也。」曆忌釋云：「伏者何？以金氣伏藏之日也。四時代謝，皆以相生。立春，木代水，水生木；立夏，火代木，木生火；立冬，水代金，金生水；立秋，以金代火，故至庚日必伏。庚者金，故曰伏也。」（六）史記正義云：「蠱者，熱毒惡氣爲傷害人，故磔狗以禦之。年表云：「初作伏，祠社，磔狗邑四門。」按：磔，禳也。狗，陽畜也。以狗張磔於郭四門，禳却暑熱氣也。

宣公元年，衞、燕伐周（一），出惠王，立王子穨（二）。三年，鄭伯、虢叔（三）殺子穨而入惠王。四年，作密畤（四）。與晉戰河陽，勝之。十二年，宣公卒。生子九人，莫立（五），立其弟成公。

【註】（一）史記正義云：「衞惠公都，即今衞州也。燕，南燕也。周，天王也。括地志云：「滑州故城，古南燕國，在今河南偃師縣南。」（二）穨：音頹。（三）括地志云：「洛州汜水縣，古東虢國，亦鄭之制邑。漢之城皋，即周穆王虎牢城。」（四）括地志云：「漢有五畤，在岐州雍縣南，則鄜畤，吳陽上畤，下畤，密畤，北畤。秦文公夢黃蛇自天而下屬地，其口止於鄜衍，作畤，郊祭白帝，曰鄜畤。秦宣公作密畤於渭南，祭青帝。秦靈王作吳陽上畤，祭黃帝。作下畤，祠炎帝。漢高帝曰：「天有五帝，今四，何也？待我而具五」。遂立黑帝，曰北畤是也」。（五）莫立：即不

立之爲帝也。

成公元年，梁伯、芮伯來朝。齊桓公伐山戎（一），次于孤竹（二）。

【註】（一）山戎：春秋時夷國，亦曰北戎，居今河北省遷安縣地方，春秋時，常爲齊、鄭、燕之患。（二）孤竹：在河北盧龍縣南。

成公立四年卒。子七人，莫立，立其弟繆公（一）。

【註】（一）秦自宣公以上，皆史失其名，今按系本、古史考得繆公名任好。

繆公任好元年，自將伐茅津（一），勝之。四年，迎婦於晉，晉太子申生姊也。其歲，齊桓公伐楚，至邵陵（二）。

【註】（一）茅津：在山西平陸縣西南二里，即今之大陽渡。（二）邵陵：在今河南郾城縣東三十五里。

五年，晉獻公滅虞、虢，虜虞君與其大夫百里傒，以璧馬賂於虞故也（一）。既虜百里傒，以爲秦繆公夫人媵於秦。百里傒亡秦走宛，楚鄙人執之（二）。繆公聞百里傒賢，欲重贖之，恐楚人不與，乃使人謂楚曰：「吾媵臣百里傒在焉，請以五羖羊贖之。

」楚人遂許與之。當是時，百里傒年已七十餘（三）。繆公釋其囚，與語國事。謝曰：「臣亡國之臣，何足問！」繆公曰：「虞君不用子，故亡，非子罪也。」固問，語三日，繆公大說，授之國政，號曰五羖大夫（四）。百里傒讓曰：「臣不及臣友蹇叔，蹇叔賢而世莫知。臣常游困於齊而乞食銍人，蹇叔收臣。臣因而欲事齊君無知，蹇叔止臣，臣得脫齊難，遂之周。周王子頹好牛，臣以養牛干之。及頹欲用臣，蹇叔止臣，臣去，得不誅。事虞君，蹇叔止臣。臣知虞君不用臣，臣誠私利祿爵，且留（五）。再用其言，得脫；一不用，及虞君難：是以知其賢（六）。」於是繆公使人厚幣迎蹇叔，以爲上大夫（七）。

【註】（一）秦繆公五年（西曆紀元前六五五年）的時候，晉獻公把虞（山西平陸縣之虞城）、虢（在山西平陸縣，史稱北虢）兩國都滅了，把虞君和他的大夫百里傒都俘虜去了，原因是由於晉國以美玉與名馬贈賂於虞君，要求假道於虞以伐虢，虞君貪其玉馬，中其計，而允許晉君假道的要求，結果，晉國滅了虢國之後，回頭來，順手牽羊又把虞國也滅了。　（二）晉國既然俘虜了百里傒，就把他當作晉君的女兒嫁給秦繆公爲夫人時陪嫁的男僕（媵）。百里傒到了秦國之後，又想法逃亡，逃到河南的南陽府，不幸，又被楚國鄉下的老百姓捉住。　（三）秦穆公打聽出來百里傒是一位很賢能的人，想用重金把他贖回來，又怕楚國人不給。於是派人對楚國說：「我有一個陪嫁的僕人百里傒逃在你

們那邊去了，我願意拿出五張黑色的（羖，音古）羊皮把他贖回」。楚人覺得這個老頭兒是一個不值錢的傢伙，能換得五張黑羊皮，已經是價錢很高的了，楚人樂得有這點便宜佔，於是就把百里傒交還於秦。這個時候，百里傒已經是七十多歲了。（四）秦繆公趕快把他的囚械解掉，和他談論國家大事。百里傒很謙虛的說：「我是一個亡國之臣，有什麼資格值得君王一問？」繆公就說：「虞君因為不聽你的話，所以導致於亡國，那裡能算是你的罪過呢？」於是繆公再三的（固問）向他請教，百里傒實在推辭不過，就與繆公連住三天暢談政治問題。繆公非常的喜歡，就授之以國家大政，稱之為「五羖大夫」。（五）百里傒謙虛的說：「我趕不上我的朋友蹇叔，蹇叔纔眞正是一個賢能的人才，但是世人都不知道。我以前曾經遊歷到齊國，窮困之極，乞食於銍（音質，在沛縣）人，蹇叔就把我收留下來，我想事奉齊君無知，蹇叔阻止我，不叫我幹，因而使我得以脫於齊國之難。以後，我又到了周國，周王子穨喜歡玩牛，我就以養牛的技術與他接近，以後子穨也有意用我，蹇叔又阻止我不叫去幹，我離開了周國，子穨就被殺，我得以免於誅戮。以後又事奉虞君，蹇叔還是阻止，我明明知道虞君不會聽我的話，但是我貪圖虞君給我的高官厚祿，我就幹下去了。（六）我兩次聽他的話，使我免於大難，就這一次不聽，就捲入虞君的禍患。就從這些事例，便可以知道蹇叔眞正是一個賢能的人才。」（七）於是繆公派人以重金迎接蹇叔，請他擔任上大夫的職務。

秋，繆公自將伐晉，戰於河曲（一）。晉驪姬作亂，太子申生死新城（二），重耳、夷吾出犇（三）。

【註】（一）河曲：在今山西永濟縣。黃河自永濟折而東，入芮城縣，謂之河曲。（二）新城：在今山西聞喜縣東二十里。（三）重耳奔於翟（狄），夷吾奔於少梁。

九年，齊桓公會諸侯於葵丘（一）。

【註】（一）葵丘：在今河南考城縣東三十里。考城縣志謂：「葵丘東南有盟臺，其地名盟臺鄉」。

晉獻公卒。立驪姬子奚齊，其臣里克殺奚齊。荀息立卓子，克又殺卓子及荀息。夷吾使人請秦，求入晉（一）。於是繆公許之，使百里傒將兵送夷吾（二）。夷吾謂曰：「誠得立，請割晉之河西八城與秦（三）。」及至，已立，而使丕鄭謝秦，背約不與河西城，而殺里克。丕鄭聞之，恐，因與繆公謀曰：「晉人不欲夷吾，實欲重耳。今背秦約而殺里克，皆呂甥、郤芮之計也。願君以利急召呂、郤，呂、郤至，則更入重耳便（四）。」繆公許之，使人與丕鄭歸，召呂、郤。呂、郤等疑丕鄭有閒，乃言夷吾殺丕鄭（五）。丕鄭子丕豹奔秦，說繆公曰：「晉君無道，百姓不親，可伐也。」繆公曰：「百姓苟不便，何故能誅其大臣？能誅其大臣，此其調也。」不聽，而陰用豹（六）。

【註】（一）夷吾派人到秦國，請秦君派兵幫助他回晉國。（二）繆公使百里傒率兵送夷吾回晉國。（三）夷吾對秦君說：「如果我能夠得立而爲君，願意割讓晉國的河西八城（指同州、華州等地

而言）以與秦國」。（四）呂、郤至，則更入重耳便：「等到呂、郤二人回來了，則再把重耳送回晉國立以爲君，較爲方便」。（五）呂、郤等懷疑丕鄭從中離間，乃告訴了夷吾，而把丕鄭殺了。（六）繆公說：「百姓如果不以爲便，何故能殺其大臣？既然能夠殺其大臣，就證明他們是協調的了。」不聽從丕豹的話。表面雖然似不聽，而暗地裡實際是用豹。

十二年，齊管仲、隰朋死。

晉旱，來請粟。丕豹說繆公勿與，因其饑而伐之（一）。繆公問公孫支，支曰：「饑穰更事耳，不可不與（二）。」問百里傒，傒曰：「夷吾得罪於君，其百姓何罪（三）？」於是用百里傒、公孫支言，卒與之粟（四）。以船漕車轉，自雍相望至絳（五）。

【註】（一）晉國旱，派人來秦國，請求借米。丕豹勸說繆公，不要給他，並且要趁著晉國的饑荒去討伐晉國。（二）繆公問於其大夫公孫支，支說：「饑荒或者是豐收，是變動無常的事，不可以不給」。（三）繆公又問於百里傒，百里傒說：「夷吾背棄諾言，得罪於君王，但是晉國的人民有什麼罪過呢」？（四）於是用百里傒、公孫支的話，終於把米借給晉國了。（五）水上用船運米，陸地用車運米，從秦國的陝西京都以至於晉國的山西京都，遙遙千里，一望盡是轉運米糧的車、船。

十四年，秦饑，請粟於晉。晉君謀之群臣（一）。虢射曰：「因其饑伐之，可有大功（二）。」晉君從之。十五年，興兵將攻秦。繆公發兵，使丕豹將，自往擊之（二）

。九月壬戌，與晉惠公夷吾合戰於韓地（三）。晉君棄其軍，與秦爭利，還而馬鷙（四）。繆公與麾下馳追之，不能得晉君，反為晉軍所圍。晉擊繆公，繆公傷（五）。於是岐下食善馬者三百人馳冒晉軍，晉軍解圍，遂脫繆公而反生得晉君（六）。初，繆公亡善馬，岐下野人共得而食之者三百餘人，吏逐得，欲法之（七）。繆公曰：「君子不以畜產害人。吾聞食善馬肉不飲酒，傷人。」乃皆賜酒而赦之（八）。三百人者聞秦擊晉，皆求從，從而見繆公窘，亦皆推鋒爭死，以報食馬之德（九）。於是繆公虜晉君以歸，令於國，齋宿，吾將以晉君祠上帝（一〇）。周天子聞之，曰「晉我同姓」，為請晉君。夷吾姊亦為繆公夫人，夫人聞之，乃衰絰跣，曰：「妾兄弟不能相救，以辱君命（一一）。」繆公曰：「我得晉君以為功，今天子為請，夫人是憂。」乃與晉君盟，許歸之，更舍上舍，而饋之七牢（一二）。十一月，歸晉君夷吾，夷吾獻其河西地，使太子圉為質於秦。秦妻子圉以宗女。是時秦地東至河（一三）。

【註】 （一）十四年（西曆紀元前六四三年），秦國也鬧饑荒了，請求晉國借米。晉君與群臣商議此事。

（二）晉大夫虢射（音石）說：「趁著秦國饑荒之時去討伐它，可以成大功」。晉君就聽從他的建議。十五年，晉國發兵準備攻秦。秦繆公也動員軍隊，使丕豹帶領，繆公親自出擊。

（三）九

月壬戌之日，與晉惠公夷吾交戰於韓地（在陝西韓城縣西南十八里）。（四）晉君以爲形勢有利，遂脫離其大軍，只帶著少數人馬勇猛前衝，與秦相爭，繼而招架不住，撥馬而回，戰馬陷於泥淖，不能行動（馬鷙）。（五）這個時候，秦繆公與其隨從戰士快馬加鞭，追上前來，晉君棄馬而逃，沒有被捉住，反而晉國的大軍，又把秦繆公包圍住了，繆公也受傷了。（六）恰好有岐下食善馬者三百人，策馬而來，猛衝晉軍，總算把晉軍的包圍形勢衝開，解脫了繆公，反而又把晉君活捉住了。（七）話說岐下食善馬者爲什麼如此拚命？故事是這樣的：以前的時候，秦繆公走掉了一批善馬，岐下的鄉野之人，不知道是國君失落的馬匹，大家把牠們捉住了就殺而食之，參加這場大餐者就有三百多人。結果，被政府官吏一個一個都把他們捉住了，要依法重辦。（八）秦繆公說：「君子不以畜牲之故而傷害人命。我聽說吃了善馬以後，如不飲酒，就會傷人。」於是不僅不辦他們，反而賞賜他們飲酒，使之防病，隨後就把這三百多人全部赦免了。這種慈愛人民的行爲，深深的感動了這三百多人的心腹。（九）他們一聽說秦國要出兵擊晉，就自報奮勇，要求從軍，適逢碰到繆公被包圍的危急情況，大家就衝鋒爭死，奮不顧身，以報食馬之德，這纔解了繆公之圍，反而活捉住晉君。（一〇）繆公下令於國中，要國人齋戒沐浴而宿，準備著活殺晉君以祭祠上帝。（一一）這個消息傳出了以後，周朝的天子聽說了，說道：「晉君與我是同姓！」於是替晉君向繆公請求饒命。繆公的夫人，就是晉君的姐姐，也穿著喪服（衰，音崔。絰，音疊），赤著脚，求情於繆公說：「妾兄弟不能相救，以致有辱於君命，實在慚愧，令人憂傷不已！」（一二）繆公自思道：「我得晉君，本以爲功，那曉得竟然麻煩了天子替他請命，又引起了夫人的憂心！」於是不殺晉君，與晉君盟誓之後，允許把晉君送回去。立刻又把晉君搬到最上等的官舍裡住，又饋送他最豐盛的酒席。（一三）到了十一月，把晉君夷吾送回晉國去了，晉君獻其河西之地於秦國，又使太子圉爲人質於秦國。秦君又以宗室之女嫁給太子圉爲妻。這個時候，秦國的疆土向東擴展至於龍門河。

十八年，齊桓公卒。二十年，秦滅梁、芮（一）。

【註】（一）梁、芮二國，皆在陝西。秦得其地，故滅二國之君。

二十二年，晉公子圉聞晉君病，曰：「梁，我母家也（一），而秦滅之。我兄弟多，卽君百歲後（二），秦必留我，而晉輕，亦更立他子。」子圉乃亡歸晉。二十三年，晉惠公卒，子圉立爲君。秦怨圉亡去，乃迎晉公子重耳於楚，而妻以故子圉妻（三）。重耳初謝，後乃受。繆公益禮厚遇之。二十四年春，秦使人告晉大臣，欲入重耳。晉許之，於是使人送重耳。二月，重耳立爲晉君，是爲文公。文公使人殺子圉。子圉是爲懷公。

【註】（一）子圉母，梁伯之女也。（二）卽：如果。（三）子圉是重耳之侄，以子圉之妻，又嫁給重耳，簡直是亂倫之甚。

其秋，周襄王弟帶以翟伐王，王出居鄭（一）。二十五年，周王使人告難於晉、秦。秦繆公將兵助晉文公入襄王，殺王弟帶。二十八年，晉文公敗楚於城濮（二）。三十年，繆公助晉文公圍鄭。鄭使人言繆公曰：「亡鄭厚晉，於晉而得矣，而秦未有利。晉之彊，秦之憂也。」繆公乃罷兵歸（三）。晉亦罷。三十二年冬，晉文公卒。

【註】（一）王出居於鄭之汜邑。（二）城濮：在今河南陳留縣。（三）鄭國派人言於秦繆公曰：「滅亡了鄭國，增厚了晉國，對於晉國是大有所得，對於秦國，却是絲毫無利，晉國的強大，就是秦國的憂患。」繆公聽了此言，就罷兵而回了。

鄭人有賣鄭於秦曰：「我主其城門，鄭可襲也（一）。」繆公問蹇叔、百里傒，對曰：「徑數國千里而襲人，希有得利者。且人賣鄭，庸知我國人不有以我情告鄭者乎？不可（二）。」繆公曰：「子不知也，吾已決矣。」遂發兵，使百里傒子孟明視，蹇叔子西乞術及白乙丙將兵。行日，百里傒、蹇叔二人哭之。繆公聞，怒曰：「孤發兵而子沮哭吾軍，何也？（三）」二老曰：「臣非敢沮君軍。軍行，臣子與往；臣老，遲還恐不相見，故哭耳。」二老退，謂其子曰：「汝軍卽敗，必於殽阸矣（四）。」三十三年春，秦兵遂東，更晉地（五），過周北門。周王孫滿曰：「秦師無禮，不敗何待（六）！」兵至滑（七），鄭販賣賈人弦高（八），持十二牛將賣之周，見秦兵，恐死虜，因獻其牛，曰：「聞大國將誅鄭，鄭君謹修守禦備，使臣以牛十二勞軍士（九）。」秦三將軍相謂曰：「將襲鄭，鄭今已覺之，往無及已（一〇）。」滅滑。滑，晉之邊邑也。

【註】（一）鄭國人有出賣鄭國於秦國者，對秦人說：「我掌管鄭國的城門，鄭國可以突襲了。」（二）百里傒對秦君說：「經過好幾個國家，走了千里之遠而去突襲別人，很少能有得利的；而且鄭國人會有人出賣鄭國，怎知道我們秦國人就沒有人會把我們的內情出賣於鄭國的嗎？不可以襲鄭。」（三）秦繆公怒曰：「寡人發兵襲鄭，而你們兩位竟然在軍前大哭，沮喪我們的士氣，你們是爲什麼的呢？」（四）「你的軍隊如果是敗的話，必然是敗在殽山的關險之處。（殽，音堯，三殽山又名嶔岑山，在河南永寧縣西北二十里，卽古之殽道也。）（五）更：經過。（六）左傳云：「秦師過周北門，左右免胄而下，超乘者三百乘。王孫滿尚幼，觀之，言於王曰：「秦師輕而無禮，必敗。」杜預云：「王城，北門也，謂過天子門不卷甲束兵。超乘，示勇也。」（七）滑：在河南偃師縣南二十里有緱氏城，卽滑國也。韋昭云：「姬姓小國也。」（八）弦高，是鄭國的販賣商人，憑其機智以應付秦軍，使鄭國免於被伐，可謂愛國商人。（九）「聽說大國將要責罰鄭國，我們鄭君謹愼小心的整頓我們守禦的準備，派我以十二牛犒勞大國的軍隊。」（一〇）我們準備暗地不防而突襲鄭國，現在鄭國已經發覺了，我們卽使前去，也趕不及了。」

當是時，晉文公喪尚未葬。太子襄公怒曰：「秦侮我孤，因喪破我滑。」遂墨衰絰

（一），發兵遮秦兵於殽，擊之，大破秦軍，無一人得脫者。虜秦三將以歸。文公夫人，秦女也，為秦三囚將請曰：「繆公之怨此三人入於骨髓，願令此三人歸，令我君得自快烹之。」晉君許之，歸秦三將。三將至，繆公素服郊迎，嚮三人哭曰（二）：「孤以不用百里傒、蹇叔言以辱三子，三子何罪乎？子其悉心雪恥，毋怠（三）。」遂復三人官秩如故，愈益厚之。

【註】（一）墨衰絰：穿著黑色的喪服。（二）嚮：即向也。（三）盡心力以雪國恥。

三十四年，楚太子商臣弒其父成王代立。

繆公於是復使孟明視等將兵伐晉，戰于彭衙（一）。秦不利，引兵歸。

【註】（一）彭衙：即陝西白水縣東北之衙縣故城。

戎王使由余於秦。由余，其先晉人也，亡入戎，能晉言。聞繆公賢，故使由余觀秦（一）。秦繆公示以宮室、積聚。由余曰：「使鬼為之，則勞神矣。使人為之，亦苦民矣（二）。」繆公怪之，問曰：「中國以詩書禮樂法度為政，然尚時亂，今戎夷無此，何以為治，不亦難乎（三）？」由余笑曰：「此乃中國所以亂也。夫自上聖黃帝作為禮樂法度，身以先之，僅以小治。及其後世，日以驕淫。阻法度之威，以責督於下，下罷極，則以仁義怨望於上，上下交爭怨而相篡弒，至於滅宗，皆以此類也。夫戎夷不然。上含淳德以遇其下，下懷忠信以事其上，一國之政，猶一身之治，不知所以治，此眞聖人之治也（四）。」於是繆公退而問內史廖曰（五）：「孤聞鄰國有聖人，敵國之憂也。今由余賢，寡人之害，將奈之何？」內史廖曰：「戎王處辟匿，未聞中國之聲。君試遺其女樂，以奪其志；爲由余請，以疏其閒；留而莫遣，以失其期。戎王怪之，必疑由余。君臣有閒，乃可虜也。且戎王好樂，必怠於政（六）。」繆公曰：「善。」因與由余曲席而坐，傳器而食（七），問其地形與其兵勢，盡詧（八），而後令內史廖以女樂二八遺戎王。戎王受而說之，終年不還。於是秦乃歸由余。由余數諫不聽，繆公又數使人閒要由余，由余遂去降秦。繆公以客禮禮之（九），問伐戎之形。

【註】（一）由余，他的先代，本來是晉國人，他因爲逃亡而入於西戎，他能夠說晉國的言語，戎王聽說秦王的賢能，所以派由余到秦國觀察一下。（二）秦繆公把宮室之美，積聚之富，都展示出來，叫由余參觀。由余就說：「這麼煩重的工作，假定使鬼來作，那麼，鬼也眞太辛勞了；假定使人來作，那麼，人民也眞太苦痛了。」（三）繆公對於由余的說法，覺得很奇怪，就問他道：「我們中國以詩書禮樂法度來處理政治，然而還是常常發生亂子，現在戎夷沒有這些，怎麼樣能管理大衆？那

豈不是很困難的事情嗎？」（四）由余就說：「這就是中國所以禍亂不治的原因。自從上聖黃帝制作禮樂法度，他以身作則，僅僅達到了小治的局面。到了後世，一天比一天的驕奢淫逸，仗恃法律的威權，以剝削下民，下民疲弊到了極點，則懟怨上面不仁不義，上下互相爭奪怨恨，殘殺篡弒，以至於滅門絕宗，都是由於這類原因。至於戎夷，就不是這樣，他們在上的人以淳厚的德行對待其下民，而下民則以忠信的誠心事奉其君上。一國的政治運用，就好像一身的運用一樣，自自然然，不知道怎麼治的，結果還是大治，這纔算真正的叫做「聖人之治」。（五）內史：王者宮內有學問備顧問之官。（六）「戎王處於偏僻閉塞之地，沒有聽過中國的音樂，君王可以贈送他一隊女樂，以迷亂其意志；再替由余講情，叫由余多住幾時，以離間他們，強留由余，不叫他回去，故意叫他失期不歸。這樣一來，戎王奇怪，必然會懷疑由余，要使他們君臣之間，有了裂痕，我們才可以征服他。並且戎王一經嗜好了女樂，就必然荒棄政事。」（七）曲席而坐：盤膝而坐於一席。傳器而食，即轉器而食同一之物。二者皆言其生活之接近與親密，不分彼此之意。（八）問其地理形勢與其軍事力量，完全清楚明悉。（九）以客禮禮之，即以客禮待之，下一「禮」字為動詞，即招待之意。

三十六年，繆公復益厚孟明等，使將兵伐晉，渡河焚船，大敗晉人，取王官及鄗（一），以報殽之役。晉人皆城守不敢出。於是繆公乃自茅津渡河（二），封殽中尸，為發喪，哭之三日。乃誓於軍曰：「嗟士卒！聽無譁，余誓告汝。古之人謀黃髮番番（

（三），則無所過，以申思不用蹇叔、百里傒之謀，故作此誓，令後世以記余過（四）。」君子聞之，皆爲垂涕，曰：「嗟乎！秦繆公之與人周也（五），卒得孟明之慶。」

【註】（一）王官：在山西聞喜縣西十五里。鄗：音郊。（二）茅津：在山西平陸縣西南二里，即今之大陽渡。（三）黃髮番番：番，同「皤」，音婆，髮白的樣子。黃髮：謂老人也。言老人之髮白而更黃，故曰黃髮番番。（四）秦繆公致告誡之詞於軍中，說道：「唉！各位將士們肅靜，我鄭重的告訴你們：古人作事都要和那些白髮老人們商量商量，藉助於他們的經驗，作爲當前的參考，所以纔能夠不致於發生錯誤。我前時不用蹇叔、百里傒兩位老先生的意見，所以有殽關之敗。現在我鄭重地把這件事告訴你們，以記錄我的錯誤，並且使後世之人再不要犯了我的錯誤。」（五）秦繆公之作人處世，眞是太完備了。

三十七年，秦用由余謀，伐戎王，益國十二，開地千里（一），遂霸西戎。天子使召公過賀繆公以金鼓。三十九年，繆公卒，葬雍（二）。從死者百七十七人，秦之良臣子輿氏三人名曰奄息、仲行、鍼虎，亦在從死之中（三）。秦人哀之，爲作歌黃鳥之詩。君子曰：「秦繆公廣地益國，東服彊晉，西覇戎夷，然不爲諸侯盟主，亦宜哉。死而棄民，收其良臣而從死。且先王崩，尚猶遺德垂法，況奪之善人良臣，百姓所哀者乎（四）？是以知秦不能復東征也。」繆公子四十人，其太子罃代立，是爲康公。

【註】（一）史記正義謂韓安國云：「秦繆公都地方三百里，幷國十四，闢地千里」隴西，北地郡是也。」（二）雍：秦都，在陝西鳳翔縣南。（三）秦行殉葬之制，將活人埋在死王之冢內，殘酷已極，而秦繆公竟使一百七十七人隨之俱殉，其中子車氏之三子，國人稱之爲三良，亦與之俱殉，尤使國人悲傷不已，讀黃鳥之詩可見焉。詩曰：「蒼蒼者天，殲我良人！如可贖兮，人百其身！」（四）古代先王們死的時候，還要遺留些仁德與良法，那能說把善人良臣的生命竟然奪去了呢？這些善人良臣最是百姓們所深切同情的呀！

康公元年。往歲，繆公之卒，晉襄公亦卒；襄公之弟名雍，秦出也（一），在秦。晉趙盾欲立之，使隨會（二）來迎雍，秦以兵送至令狐（三）。晉立襄公子而反擊秦師，秦師敗，隨會來奔。二年，秦伐晉，取武城（四），報令狐之役。四年，晉伐秦，取少梁（五）。六年，秦伐晉，取羈馬（六）。戰於河曲，大敗晉軍。晉人患隨會在秦爲亂，乃使魏讎餘（七）詳反（八），合謀會，詐而得會，會遂歸晉。康公立十二年卒，子共公立。

【註】（一）雍母，秦女，故言「秦出」。（二）隨會，晉正卿士蔿之孫，成伯之子，季武子也。食采於隨范，故曰隨會，或曰范會。（三）令狐：故城在山西猗氏縣界十五里也。（四）武城：故武城一名武平城，在陝西鄭縣東北十三里也」。（五）少梁：在陝西韓城縣南。（六）羈馬：

在山西永濟縣。（七）晉之魏邑大夫。（八）詳反，卽佯反，假裝爲反叛。

共公二年，晉趙穿弒其君靈公。三年，楚莊王彊，北兵至雒，問周鼎。共公立五年卒，子桓公立。

桓公三年，晉敗我一將。十年，楚莊王服鄭，北敗晉兵於河上。當是之時，楚霸，爲會盟合諸侯。二十四年，晉厲公初立，與秦桓公夾河而盟。歸而秦倍盟，與翟合謀擊晉。二十六年，晉率諸侯伐秦，秦軍敗走，追至涇而還。桓公立二十七年卒，子景公立。

景公四年，晉欒書弒其君厲公。十五年，救鄭，敗晉兵於櫟（一）。是時晉悼公爲盟主。十八年，晉悼公彊，數會諸侯，率以伐秦，敗秦軍。秦軍走，晉兵追之，遂渡涇，至棫林而還。二十七年，景公如晉，與平公盟，已而背之。三十六年，楚公子圍弒其君而自立，是爲靈王。景公母弟后子鍼有寵，景公母弟富，或譖之（二），恐誅，乃奔晉，車重千乘。晉平公曰：「后子富如此，何以自亡？」對曰：「秦公無道，畏誅，欲待其後世乃歸。」三十九年，楚靈王彊，會諸侯於申（三），爲盟主，殺齊慶封。景公立四十年卒，子哀公立。后子復來歸秦。

【註】（一）櫟：在今河南禹縣。（二）譖：音簪，揑造言詞以誣陷人。（三）申：在河南南陽縣北三十里。

哀公八年，楚公子棄疾弒靈王而自立，是爲平王。十一年，楚平王來求秦女爲太子建妻。至國，女好而自娶之。十五年，楚平王欲誅建，建亡（一）；伍子胥奔吳。晉公室卑而六卿彊，欲內相攻，是以久秦晉不相攻。三十一年，吳王闔閭與伍子胥伐楚，楚王亡奔隨（二），吳遂入郢（三）。楚大夫申包胥來告急，七日不食，日夜哭泣。於是秦乃發五百乘救楚，敗吳師。吳師歸，楚昭王乃得復入郢。哀公立三十六年卒。太子夷公，夷公蚤死，不得立，立夷公子，是爲惠公。

【註】（一）太子建逃亡於鄭，鄭殺之。（二）隨：國名，在湖北隨縣。（三）郢：楚都，在湖北江陵縣北十里之紀南城。

惠公元年，孔子行魯相事。五年，晉卿中行、范氏反晉，晉使智氏、趙簡子攻之，范、中行氏亡奔齊。惠公立十年卒，子悼公立。

悼公二年，齊臣田乞弒其君孺子，立其兄陽生，是爲悼公。六年，吳敗齊師。齊人弒悼公，立其子簡公。九年，晉定公與吳王夫差盟，爭長於黃池（一），卒先吳。吳彊，陵中國（二）。十二年，齊田常弑簡公，立其弟平公，常相之。十三年，楚滅陳。秦悼公立十四年卒，子厲共公立。孔子以悼公十二年卒。

【註】（一）黃池：吳王夫差會諸侯於此，在河南封丘縣西南。（二）吳國強盛，欺壓中國。

厲共公二年，蜀人來賂。十六年，塹河旁。以兵二萬伐大荔，取其王城（一）。二十一年，初縣頻陽（二）。晉取武成。二十四年，晉亂，殺智伯，分其國與趙、韓、魏。二十五年，智開與邑人來奔（三）。三十三年，伐義渠，虜其王（四）。三十四年，日食。厲共公卒，子躁公立。

【註】（一）王城：在陝西朝邑縣東一里有王城，蓋大荔戎王之國。荔，音力。（二）頻陽：故城在陝西同官縣界，古頻陽縣城也。（三）智開，智伯之子。（四）括地志云：「寧、慶二州，春秋及戰國時爲義渠戎國之地也」。

躁公二年，南鄭反（一）。十三年，義渠來伐，至渭南。十四年，躁公卒，立其弟懷公。

【註】（一）史記正義云：「南鄭，今梁州所理縣也，春秋及戰國時，其地屬於楚也。」

懷公四年，庶長鼂（一）與大臣圍懷公，懷公自殺。懷公太子曰昭子，蚤死，大臣乃立太子昭子之子，是爲靈公。靈公，懷公孫也。

【註】（一）庶長：秦官名，衆官之長也。鼂：音潮。

靈公六年，晉城少梁，秦擊之。十三年，城籍姑（一）。靈公卒，子獻公不得立，立靈公季父悼子，是爲簡公。簡公，昭子之弟而懷公子也。

【註】（一）籍姑：故城在陝西韓城縣北三十五里。

簡公六年，令吏初帶劍（一）。塹洛。城重泉（二）。十六年卒，子惠公立。

【註】（一）令官吏可得帶劍。（二）重泉：故城在陝西蒲城縣東南四十五里也。

惠公十二年，子出子生。十三年，伐蜀，取南鄭。惠公卒，出子立。

出子二年，庶長改迎靈公之子獻公于河西而立之。殺出子及其母，沈之淵旁。秦以往者數易君，君臣乖亂，故晉復彊，奪秦河西地。

獻公元年，止從死（一）。二年，城櫟陽（二）。四年正月庚寅，孝公生。十一年，周太史儋見獻公曰：「周故與秦國合而別，別五百歲復合，合十七歲而霸王出。」十六年，桃冬花。十八年，雨金櫟陽（三）。二十一年，與晉戰於石門（四），斬首六萬，天子賀以黼黻（五）。二十三年，與魏、晉戰少梁，虜其將公孫痤（六）。二十四年，獻公卒，子孝公立，年已二十一歲矣。

【註】（一）廢止從死之制。前者君死，以臣下殉死，今廢除之。（二）櫟陽：故城在今陝西臨潼縣東北七十里。（三）從天空降落金子。（四）石門：在陝西三原縣西北三十三里。（五）黼黻：音甫勿，古帝王的禮服，其上繡有文彩。（六）痤：音挫ㄘㄨㄛ。

孝公元年，河山以東彊國六，與齊威、楚宣、魏惠、燕悼、韓哀、趙成侯並。淮泗之閒小國十餘。楚、魏與秦接界。魏築長城，自鄭濱洛以北，有上郡。楚自漢中，南有巴、黔中（一）。周室微，諸侯力政，爭相併（二）。秦僻在雍州，不與中國諸侯之會盟，夷翟遇之（三）。孝公於是布惠，振孤寡，招戰士，明功賞。下令國中曰：「昔我繆公自岐雍之閒，修德行武，東平晉亂，以河爲界，西霸戎翟，廣地千里，天子致伯，諸侯畢賀，爲後世開業，甚光美。會往者厲、躁、簡公、出子之不寧，國家內憂，未遑外事，三晉攻奪我先君河西地，諸侯卑秦，醜莫大焉（四）。獻公卽位，鎭撫邊境，徙治櫟陽，且欲東伐，復繆公之故地，脩繆公之政令（五）。寡人思念先君之意，常痛於心。賓客群臣有能出奇計彊秦者，吾且尊官，與之分土（六）。」於是乃出兵東圍陝城，西斬戎之獂王（七）。

【註】（一）秦孝公元年（西曆紀元前三六二年），黃河、華山以東的強國有六個，就是齊威王、楚宣王、魏惠王、燕悼王、韓哀王、趙成侯。淮河、泗水之間，還有十幾個小的國家。楚國和魏國與秦國的邊境相連接。魏國築起了長城，從鄭（陝西華縣）沿著洛河往北以至於上郡（陝西榆林一帶之地）。楚國自漢中，向南以至於巴（四川），黔中（貴州）。（二）周朝的力量微弱，各國的諸侯以武力相征奪（力政，政卽征也。），爭著互相兼併。（三）這個時候，秦國偏僻的處於雍州（陝西）一隅，不參與中國諸侯們的會盟交際，他們看秦國如同夷狄（翟）。（四）到了秦孝公就散佈恩惠，賑救孤寡，招致戰士，嚴明功賞，下令於國中曰：「以前，我的先君繆公自岐山雍林之間，修德行武，東邊平定了晉國之亂，以大河爲界；西邊征服了戎狄，擴地千里，天子封我們爲霸國，各地諸侯向我們來朝賀，替後世之人開創了大業，那是多麼光明而優美啊！那曉得碰到了厲公、躁公、簡公、出子，連年的不安定，國家內部有亂，就沒有功夫去應付外事，於是三晉（韓、趙、魏）進攻我們先君的河西之地，奪而有之，各國諸侯們都看不起我們秦國（卑秦），眞是沒有比這更大的恥辱（醜）了。（五）到了獻公卽位，鎭撫邊境，遷都於櫟陽，並且想著東伐，以恢復繆公時代的舊地，修明繆公的政令。（六）寡人思念先君的意圖，常常痛恨於心！各位賓客群臣有那一位能夠拿出來新奇的計劃以使秦國恢復強大者，我一定要尊之以高官而且給之以土地」。（七）於是乃出兵向東包

圍了陝州城，向西斬殺了戎王之頭。（戎王名獂）。

衞鞅聞是令下，西入秦，因景監求見孝公（一）。

【註】（一）衞鞅：商鞅。景監：監，宦官也，景，宦官之名也。）

二年，天子致胙（一）。

三年，衞鞅說孝公變法修刑，內務耕稼，外勸戰死之賞罰，孝公善之。甘龍、杜摯等弗然（二）。相與爭之。卒用鞅法，百姓苦之；居三年，百姓便之。乃拜鞅爲左庶長（三）。其事在商君語中。

【註】（一）致胙：餽贈胙祭之肉。胙，音祚。（二）弗然：不以爲然。（三）左庶長：左級的衆官之長。

七年，與魏惠王會杜平（一）。八年，與魏戰元里（二），有功。十年，衞鞅爲大良造（三），將兵圍魏安邑，降之（四）。十二年，作爲咸陽（五），築冀闕（六），秦徙都之。幷諸小鄉聚（七），集爲大縣，縣一令（八），四十一縣。爲田開阡陌（九），東地渡洛。十四年，初爲賦（一〇）。十九年，天子致伯（一一）。二十年，諸侯畢賀。秦使公子少官率師會諸侯逢澤（一二），朝天子。

【註】（一）杜平：在陝西澄城縣界。（二）元里即祁城在陝西澄城縣。（三）大良造：官名，有大良造，少良造之分。（四）安邑故城在山西夏縣東北五十里。（五）咸陽故城，亦名渭城，在陝西咸陽縣東十五里，京城北四十五里，即秦孝公徙都之者。今咸陽縣，古之杜郵，白起死處。（六）闕：門觀也，爲二臺族門外，作樓觀於上，中央闕而爲道，故謂之闕，亦曰象魏，古爲頒佈法令之所。（七）幷諸小鄉聚：把許多小的鄉村，都合併起來，稱爲一縣。（八）每一縣，設置一個令長，卽縣令。（九）阡陌：田間小路，以區界田畝者。風俗通云：「南北曰阡，東西曰陌」。「開阡陌」者，卽開而墾之，以增加農產也。（一〇）初爲賦：秦初制貢賦之法也。（一一）天子致伯：天子送給他以霸王的稱號。（一二）逢澤：地名，在河南開封縣南。

二十一年，齊敗魏馬陵（一）。

【註】（一）虞喜志林云：「濮州甄城縣東北六十餘里有馬陵，澗谷深峻，可以置伏」。按：龐涓卽敗於此。

二十二年，衞鞅擊魏，虜魏公子卬。封鞅爲列侯，號商君（一）。

【註】（一）商：故城在今陝西商縣東八十五里。

二十四年，與晉戰鴈門（一），虜其將魏錯。

【註】（一）鴈門：在晉之北部，與秦相距甚遠，不可能在此相戰。竹書紀年云：「與魏戰岸門」，頗爲近之。括地志云：「岸門在河南許州長社縣西北二十八里，今名西武亭」。

孝公卒，子惠文君立。是歲，誅衞鞅。鞅之初爲秦施法，法不行，太子犯禁。鞅曰：「法之不行，自於貴戚。君必欲行法，先於太子。太子不可黥（一），黥其傅師。」於是法大用，秦人治。及孝公卒，太子立，宗室多怨鞅，鞅亡（二），因以爲反，而卒車裂以徇秦國（三）。

【註】（一）黥：罪刑之一，犯者以墨涅其面。（二）秦之宗室親戚多怨商鞅，鞅乃逃亡。（三）車裂以徇秦國：以車互曳人體而裂之，古之酷刑。徇，巡行也，裂其體以遊行於國內也。

惠文君元年，楚、韓、趙、蜀人來朝。二年，天子賀。三年，王冠。四年，天子致文武胙。齊、魏爲王。

五年，陰晉（一）人犀首（二）爲大良造。六年，魏納陰晉，陰晉更名寧秦。七年，公子卬與魏戰，虜其將龍賈，斬首八萬。八年，魏納河西地。九年，渡河，取汾陰、皮氏（三）。與魏王會應（四）。圍焦，降之（五）。十年，張儀相秦。魏納上郡十五縣（六）。十一年，縣義渠（七）。歸魏焦、曲沃（八）。義渠君爲臣。更名少梁曰夏陽。十二年，初臘（九）。十三年四月戊午，魏君爲王，韓亦爲王。使張儀伐取陝，出其人與魏（一〇）。

【註】（一）地理志云：「華陰縣，故陰晉。秦惠王五年，更名寧秦。漢高祖八年，更名華陰。」（二）犀首，官名，姓公孫，名衍。（三）汾陰故城俗名殷湯城，在山西榮河縣北九里。（四）皮氏：在今山西河津縣西二里。（四）應：故應城因應山爲名，古之應國，在河南魯山縣東三十里。左傳云：「邘，晉，應，韓，武之穆也。（五）焦城：在河南陝縣城內東北百步，因焦水爲名，周同姓所封。左傳云：虞、虢、焦、滑、霍、陽、韓、魏，皆姬姓也。」（六）上郡十五縣：今陝西省北部及綏遠鄂爾多斯左翼之地，治膚施，在今陝西綏德縣東南五十里。（七）義渠：諸戎之國，在今甘肅寧縣西北。周之先祖公劉、不窋，曾居於此。（八）曲沃：在河南陝縣西南三十二里，因曲沃水爲名。按：焦、曲沃二城相近，本魏地，今還之。（九）初臘：十二月臘月也，秦惠文王始效中國之曆法，故云初臘。十二月之時，獵禽獸以歲終祭祖先，而立臘日，故稱十二月爲臘月也。（一〇）把陝縣之地的人，遷於魏國。

十四年，更爲元年。二年，張儀與齊、楚大臣會齧桑（一）。三年，韓、魏太子來朝。張儀相魏。五年，王遊至北河（二）。七年，樂池（三）相秦。韓、趙、魏、燕、齊帥匈奴共攻秦。秦使庶長疾與戰修魚（四），虜其將申差，敗趙公子渴、韓太子奐，斬首八萬二千。八年，張儀復相秦。九年，司馬錯伐蜀，滅之（五）。伐取趙中都、西陽（六）。十年，韓太子蒼來質（七）。伐取韓石章（八）。伐敗趙將泥（九）。伐取義渠二十五城（一〇）。十一年，樗里疾攻魏焦，降之。敗韓岸門（一一），斬首萬，其將犀首走。公子通封於蜀（一二）。燕君讓其臣子之。十二年，王與梁王會臨晉（一三）。庶長疾攻趙，虜趙將莊。張儀相楚。十三年，庶長章擊楚於丹陽（一四），虜其將屈匄，斬首八萬；又攻楚漢中，取地六百里，置漢中郡。楚圍雍氏，秦使庶長疾助韓而東攻齊，到滿助魏攻燕。十四年，伐楚，取召陵（一五）。丹、犂臣，蜀相壯殺蜀侯來降（一六）。

【註】（一）齧桑：地名，漢武帝有「齧桑浮兮淮泗滿」之句。在江蘇沛縣東南。（二）戎地，在河上。（三）樂池：人名，樂，音岳。（四）修魚：地名，亦曰修澤，在河南原武縣。申差：人名，韓將也。（五）蜀：西南夷，舊有君長，故有昌意娶蜀山氏女之傳說。張儀伐蜀，蜀王開戰敗，爲儀所滅。（六）括地志云：「中都故縣在汾州平遙縣西十二里，即西都也。西陽，即中陽也，在汾州隰城縣東十里。」地理志云：「西都、中陽，屬西河郡。」（七）韓太子蒼來秦爲人質（質者，抵押品也。）（八）石章：韓地名。（九）泥：人名，趙將之名。（一〇）義渠：諸戎之

國，爲秦所滅，甘肅舊慶陽府及涇州之地。秦置縣，後漢廢，故城在甘肅寧縣西北。（一一）岸門：地名，卽岸頭，在皮氏，今山西河津縣地，縣南有岸頭亭。（一二）華陽國志曰：「赧王元年，秦惠王封子通國爲蜀侯，以陳莊爲相」。（一三）臨晉：陜西華陰縣。（一四）丹陽：地名，在丹水之陽，今河南內鄉縣境內。秦大敗楚師於此地。（一五）召陵，在今河南郾城縣東。（一六）丹、犂，二戎號也。

惠王卒，子武立。韓、魏、齊、楚、越（一）皆賓從。

【註】（一）「越」一作「趙」。

武王元年，與魏惠王會臨晉（一）。誅蜀相壯。張儀、魏章皆東出之魏。伐義渠、丹、犂。二年，初置丞相（二），樗里疾、甘茂爲左右丞相。張儀死於魏。三年，與韓襄王會臨晉外。南公揭卒，樗里疾相韓。武王謂甘茂曰：「寡人欲容車通三川，窺周室，死不恨矣。」其秋，使甘茂、庶長封伐宜陽（三）。四年，拔宜陽，斬首六萬。涉河，城武遂（四）。魏太子來朝。武王有力好戲，力士任鄙、烏獲、孟說皆至大官。王與孟說舉鼎，絕臏（五）八月，武王死。族孟說（六）。武王取魏女爲后，無子。立異母弟，是爲昭襄王。昭襄母楚人，姓芈氏，號宣太后。武王死時，昭襄王爲質於燕，燕人逆歸，得立。

【註】（一）魏惠王已死去二十五年，此句有錯。（二）初有丞相之設置。（三）宜陽，在河南府福昌縣東十四里，故韓城是也。此韓之大郡，伐取之，三川路乃通也。（四）武遂：在山西臨汾縣西南。（五）絕臏：斷了脛骨。（六）族孟說：把孟說全族的人都殺死了。

昭襄王元年，嚴君疾爲相。甘茂出之魏。二年，彗星見。庶長壯與大臣、諸侯、公子爲逆，皆誅，及惠文后皆不得良死。悼武王后出歸魏。三年，王冠。與楚王會黃棘（一），與楚上庸（二）。四年，取蒲阪（三）。彗星見。五年，魏王來朝應亭（四），復與魏蒲阪。六年，蜀侯煇反，司馬錯定蜀。庶長奐伐楚，斬首二萬。涇陽君（五）質於齊。日食，晝晦。七年，拔新城（六）。樗里子卒。八年，使將軍芊戎攻楚，取新市（七）。齊使章子，魏使公孫喜，韓使暴鳶共攻楚方城，取唐眛。趙破中山，其君亡，竟死齊。魏公子勁、韓公子長爲諸侯。九年，孟嘗君薛文來相秦。奐攻楚，取八城，殺其將景快。十年，楚懷王入朝秦，秦留之。薛文以金受免（八）。樓緩爲丞相。十一年，齊、韓、魏、趙、宋、中山五國共攻秦，至鹽氏而還（九）。秦與韓、魏河北及封陵以和（一〇）。彗星見。楚懷王走之趙，趙不受，還之秦，卽死，歸葬。十二年，樓綏免，穰侯（一一）魏冄爲相。予楚粟五萬石。

【註】（一）黃棘：地名，卽棘陽，故城在今河南新野縣東北，戰國時，秦楚會盟於此。（二）上庸：在今湖北竹山縣東南。（三）蒲阪：在今山西永濟縣北三十里。堯舜二帝曾都於此。（四）應亭：大概在河南寶豐縣。（五）涇陽：在甘肅平涼縣西。（六）新城：卽河南伊川縣。（七）新市：在今湖北武昌附近。（八）薛文以受金而被免職。（九）鹽氏：鹽故城，一名司鹽城，在山西蒲州安邑縣。（一〇）封陵：在山西永濟縣西南河曲之中。（一一）穰：在河南鄧縣。

十三年，向壽伐韓，取武始（一）。左更白起攻新城（二）。五大夫禮出亡奔魏。任鄙爲漢中守。十四年，左更白起攻韓、魏於伊闕（三），斬首二十四萬，虜公孫喜，拔五城。十五年，大良造白起攻魏，取垣（四），復予之。攻楚，取宛（五）。十六年，左更錯取軹及鄧（六）。冄免。封公子市宛，公子悝鄧，魏冄陶，爲諸侯（七）。十七年，城陽君入朝，及東周君來朝。秦以垣爲蒲阪、皮氏。王之宜陽（八）。十八年，錯攻垣、河雍，決橋取之。十九年，王爲西帝，齊爲東帝，皆復去之。呂禮來自歸。齊破宋，宋王在魏，死溫。任鄙卒。二十年，王之漢中，又之上郡、北河。二十一年，錯攻魏河內。魏獻安邑，秦出其人，募徙河東賜爵，赦罪人遷之。涇陽君封宛。二十二年，蒙武伐齊。河東爲九縣。與楚王會宛。與趙王會中陽（九）。二十三年，尉斯離與三晉、燕伐齊，破之濟西。王與魏王會宜陽，與韓王會新城。二十四年，與楚王會鄢（一○），又會穰。秦取魏安城（一一），至大梁，燕、趙救之，秦軍去。魏冄免相。

【註】（一）武始：史記正義謂：在河南洛陽地區。（二）新城：在河南洛陽南七十里，當係今之河南伊川縣。此地區皆韓地。白起傳云：「白起爲左庶長，將兵而擊韓之新城。（三）左更：秦所制之爵位名，以賞功勞，漢因之，在第十二級。「更」言主領更卒，部其役使也。（四）垣：山西蒲阪。（五）宛：河南南陽。（六）取軹及鄧：這兩地必皆屬於楚國，軹，不知其地。鄧：河南鄧縣。如解軹爲河南濟源縣，則大錯。（七）封公子市於宛，公子悝於鄧，魏冄於陶，皆爲諸侯。（八）王之宜陽：之，往也，王往宜陽去。（九）中陽：山西中陽縣。（一○）鄢：今湖北宜城縣境。（一一）安城：在河南原武縣。

二十五年，拔趙二城。與韓王會新城，與魏王會新明邑。二十六年，赦罪人遷之穰。侯冄復相。二十七年，錯攻楚。赦罪人遷之南陽。白起攻趙，取代光狼城（一）。又使司馬錯發隴西，因蜀攻楚黔中，拔之。二十八年，大良造白起攻楚，取鄢、鄧，赦罪人遷之。二十九年，大良造白起攻楚，取郢爲南郡（二），楚王走。周君來。王與楚王會襄陵（三）。白起爲武安君（四）。三十年，蜀守若伐楚，取巫郡（五），及江南爲黔中郡（六）。三十一年，白起伐魏，取兩城。楚人反我江南。三十二年，相穰侯攻魏，至大梁，破暴鳶，斬首四萬，鳶走，魏入三縣請和。三十三年，客卿胡（傷）（陽）攻魏卷、蔡陽、長社，取之（七）。擊芒卯華陽，破之（八），斬首十五萬。魏入南陽以和。三十四年，秦與魏、韓上庸地爲一郡。南陽免臣遷居之。三十五年，佐韓、魏、楚伐燕。初置南陽郡（九）。三十六年，客卿竈攻齊，取剛壽（一〇），予穰侯。三十八年，中更胡（傷）（陽）攻趙閼與（一一），不能取。四十年，悼太子死魏，歸葬芷陽（一二）。四十一年夏，攻魏，取邢丘、懷（一三）。四十二年，安國君爲太子。十月，宣太后薨，葬芷陽酈山（一四）。九月，穰侯出之陶。四十三年，武安君白起攻韓，拔九城，斬首九萬。四十四年，攻韓南（郡）（陽），取之。四十五年，五大夫賁（一五），攻韓，取十城。葉陽君悝出之國，未至而死。四十七年，秦攻韓上黨，上黨降趙，秦因攻趙，趙發兵擊秦，相距。秦使武安君白起擊，大破趙於長平，四十餘萬盡殺之。四十八年十月，韓獻垣雍（一六）。秦軍分爲三軍。武安君歸。王齕將伐趙（武安）皮牢，拔之。司馬梗北定太原，盡有韓上黨。正月，兵罷，復守上黨。其十月，五大夫陵攻趙邯鄲。四十九年正月，益發卒佐陵。陵戰不善，免，王齕代將。其十月，將軍張唐攻魏，爲蔡尉捐弗守，還斬之。五十年十月，武安君白起有罪，爲士伍，遷陰密

（一七）。張唐攻鄭，拔之。十二月，益發卒軍汾城旁（一八）。武安君白起有罪，死（一九）。齕攻邯鄲，不拔，去，還奔汾軍。二月餘攻晉軍，斬首六千，晉楚流死河二萬人（一九）。攻汾城，卽從唐拔寧新中（二〇），寧新中更名安陽。初作河橋（二一）。

【註】（一）光狼城：在山西高平縣西。（二）郢：在湖北江陵縣東北六里。楚平王建都之地。（三）襄陵：在河南睢縣西。（四）武安：河南武安縣。（五）巫郡：在四川巫山縣東。（六）黔中郡：在今湖南沅陵縣西。（七）卷城：在河南原武縣西北。蔡陽：在河南上蔡縣地區。長社：河南長葛縣。（八）芒卯：魏將名。華陽：亭名，在河南新鄭縣東南。（九）南陽郡：在今河南南陽縣治。（一〇）剛壽：在今山東東平縣西南。（一一）閼與：在今山西和順縣西北。（一二）芷陽：在陝西藍田縣西六里。（一三）邢丘：河南溫縣平皐故城。懷：河南沁陽縣。（一四）酈山：在陝西新豐縣南十四里。（一五）賁：人名。（一六）垣雍：在河南鄭州附近。（一七）士伍：白起有罪，降爲士伍。如淳曰：「嘗有爵，而以罪奪爵，皆稱「士伍」」。陰密：在甘肅靈臺縣西五十里。（一八）汾城：山西臨汾縣。（一九）晉楚流死河二萬人：此句之「楚」字，係「走」字之誤，言晉軍敗，逃走，被河水衝流而死者，有兩萬人之多。（二〇）唐：在山西臨汾縣南。寧新中：在河南安陽縣地區。（二一）初作河橋：此橋在山西臨晉縣東，渡河至蒲州，所謂「蒲津橋」也。

五十一年，將軍摎攻韓，取陽城、負黍。斬首四萬。攻趙，取二十餘縣，首虜九萬。西周君背秦，與諸侯約從，將天下銳兵出伊闕攻秦，令秦毋得通陽城。於是秦使將軍摎攻西周。西周君走來自歸，頓首受罪，盡獻其邑三十六城，口三萬。秦王受獻，歸其君於周。五十二年，周民東亡，其器九鼎入秦（一）。周初亡。

【註】（一）九鼎：禹貢金九牧，鑄鼎於荊山下，各象九州之物，故言九鼎。歷殷至周赧王十九年，秦昭王取九鼎，其一飛入泗水，餘八入於秦中。

五十三年，天下來賓。魏後，秦使摎伐魏，取吳城（一）。韓王入朝，魏委國聽令。五十四年，王郊見上帝於雍。五十六年秋，昭襄王卒，子孝文王立。尊唐八子爲唐太后（二），而合其葬於先王。韓王衰經入弔祠，諸侯皆使其將相來弔祠，視喪事。

【註】（一）吳城：括地志云：「虞城故城在陝州河北縣東北五十里虞山之上，亦名吳山，周武王封弟虞仲於周之北故夏墟吳城，即此城也」。（二）唐八子：「八子者妾媵之號，姓唐。孝文王之母也。漢書外戚傳云：「八子視千石，比中更。」

孝文王元年，赦罪人，修先王功臣，褒厚親戚，弛苑囿。孝文王除喪，十月己亥即位，三日辛丑卒，子莊襄王立。

莊襄王元年，大赦罪人，修先王功臣，施德厚骨肉而布惠於民。東周君與諸侯謀秦，秦使相國呂不韋誅之，盡入其國。秦不絕其祠，以陽人地（一）賜周君，奉其祭祀。使蒙驁伐韓，韓獻成皋、鞏。秦界至大梁，初置三川郡（二）。二年，使蒙驁攻趙，定太原。三年，蒙驁攻魏高都、汲（三），拔之。攻趙榆次、新城、狼孟（四），取三十七城。四月日食。（四年）王齕攻上黨。初置太原郡（五）。魏將無忌率五國兵擊秦（六），秦卻於河外（七）。蒙驁敗，解而去。五月丙午，莊襄王卒，子政立，是爲秦始皇帝。

【註】（一）陽人：在河南臨汝縣西。（二）三川郡：有河、洛、伊，故曰「三川」，漢高祖更名爲河南郡，治地在洛陽。（三）高都：在山西晉城縣東北。汲：河南汲縣，卽衞輝府之治地。（四）榆次：山西榆次縣。新城：在山西朔縣西南。狼孟：在山西陽曲縣東北二十六里。（五）初置太原郡：凡山西上黨以北，皆太原郡地，卽上三十七城也。（六）魏將無忌，卽信陵君，率燕、趙、韓、魏、楚之兵擊秦。（七）蒙驁爲五國之兵所敗，遂退於黃河之南，卽陝、華二州也。

秦王政立二十六年，初并天下爲三十六郡，號爲始皇帝（一）。始皇帝五十一年而崩，子胡亥立，是爲二世皇帝（二）。三年，諸侯並起叛秦，趙高殺二世，立子嬰。子嬰立月餘，諸侯誅之，遂滅秦。其語在始皇本紀中。

【註】（一）始皇十三而立爲帝，立三十七年崩，葬於酈山。（二）二世，十二年立，紀云二十一，立三年，葬宜春。秦自襄公至二世，凡六百一十七年。

太史公曰：秦之先爲嬴姓。其後分封，以國爲姓，有徐氏、郯氏、莒氏、終黎氏（一）、運奄氏、菟裘氏、將梁氏、黃氏、江氏、脩魚氏、白冥氏、蜚廉氏、秦氏。然秦以其先造父封趙城，爲趙氏。

【註】（一）終黎氏，世本作「鍾離」。

史記卷六　秦始皇本紀第六

秦始皇帝者，秦莊襄王子也。莊襄王爲秦質子於趙（一），見呂不韋姬，悅而取之（二），生始皇。以秦昭王四十八年正月生於邯鄲。及生，名爲政，姓趙氏。年十三歲，莊襄王死，政代立爲秦王。當是之時，秦地已幷巴、蜀、漢中，越宛有郢，置南郡矣；北收上郡以東，有河東、太原、上黨郡；東至滎陽，滅二周，置三川郡。呂不韋爲相，封十萬戶，號曰文信侯。招致賓客游士，欲以幷天下。李斯爲舍人（三）。蒙驁、王齮、麃公等爲將軍（四）。王年少，初卽位，委國事大臣。

【註】（一）莊襄王代表秦國到趙國爲質子。當時各國互不相信，故國際間的外交關係，雙方常派其太子或大臣爲抵押品（質），以爲維持。（二）不韋傳云：「不韋，陽翟大賈也，其姬邯鄲豪家女，善歌舞，有娠而獻於莊襄王。（三）舍人：舍人爲宮內人之意，乃近侍之官。（四）齮：音奇。麃：音袍，秦邑名，史失其人之名，故以地名呼之。

晉陽反，元年，將軍蒙驁擊定之。二年，麃公將卒攻卷（一），斬首三萬。三年，蒙驁攻韓，取十三城。王齮死。十月，將軍蒙驁攻魏氏暘、有詭（二）。歲大饑。四年，拔暘、有詭。三月，軍罷。秦質子歸自趙，趙太子出歸國。十月庚寅，蝗蟲從東方來，蔽天。天下疫。百姓內粟千石，拜爵一級（三）。五年，將軍驁攻魏，定酸棗（四）、燕、虛、長平（五）、雍丘、山陽城（六），皆拔之，取二十城。初置東郡（七）。冬雷。六年，韓、魏、趙、衞、楚共擊秦，取壽陵（八），秦出兵，五國兵罷。拔衞，迫東郡，其君角率其支屬徙居野王（九），阻其山以保魏之河內。七年，彗星先出東方，見北方，五月見西方（一〇）。將軍驁死。以攻龍、孤、慶都（一一），還兵攻汲。彗星復見西方，十六日。夏太后死。八年，王弟長安君成蟜將軍擊趙，反，死屯留（一二），軍吏皆斬死，遷其民於臨洮（一三）。將軍壁死，卒屯留、蒲鶮反，戮其屍（一四）。河魚大上（一五），輕車重馬，東就食（一六）。

【註】（一）麃公將卒攻卷：（卷城在今河南原武縣西北）麃公帶領（將）軍隊（卒）去攻打卷城。（二）暘、有詭，皆魏地名。暘，音場。（三）百姓向政府捐獻一千石的粟米者，可以得到官爵一級，鼓勵捐獻以救飢荒。內，同「納」字。（四）酸棗：故城在今河南延津縣北十五里，當時屬

魏國。（五）燕：故城在今河南汲縣西，亦稱南燕。虛：姚虛，在山東雷澤縣。長平：在河南西華縣東北十八里。（六）雍丘：即今河南杞縣治。山陽城：在今河南修武縣西北三十五里。（七）東郡：秦取魏地，置東郡，舊直隸大名府，山東東昌府，及長清縣以西之地，皆屬之。今之河北濮陽，即其治地。（八）壽陵：在河北常山，本趙邑。（九）野王：即今河南沁陽縣治。趙邑也。（一〇）孝經內記云：「彗出北斗，兵大起；彗在三台，臣害君；彗在太微，君害臣；彗在天獄，諸侯作亂；所指其處大惡；彗在日旁，子欲殺父」。（一一）龍：大概在今河北唐縣附近。孤：在河北唐縣東北五十四里有孤山，大概係其地。慶都：即河北望都縣。（一二）將軍：率領軍隊擊趙國。屯留：在山西長子縣東北三十里。（一三）軍吏皆斬死：凡參加反叛之軍士官吏，皆處死。把屯留當地的人民，也都遷移到臨洮。臨洮：即今甘肅岷縣治。（一四）反叛之將軍，死於軍壘之中。反叛之士卒，有一屯留人，名叫蒲鶮者，頗具號召力，亦戰死。其屍體被一塊一塊的割裂。亦有解蒲鶮爲地名者，言屯留、蒲鶮兩地之人民有身爲士卒而參加反叛者，雖死亦被戮屍。因本地之人不願遷於臨洮，故起而反叛。鶮：音高（ㄍㄠ）。（一五）河魚大上：謂黃河之水，溢出平地，魚類皆逆水而上，西入渭水，此言有水災也。史記正義謂：「漢書五行志云：魚者陰類，臣民之象也，十七年滅韓，二十六年，盡併天下，明關東後屬秦，其象類先見也」。（一六）輕車，重馬，東就食：言洪水爲災，關中之民，皆輕視車，而重視馬，向東方而求食也。

嫪毒（一）封爲長信侯。予之山陽地（二），令毒居之。宮室車馬衣服苑囿馳獵恣毐。事無小大皆決於毐。又以河西（三）太原郡更爲毐國。九年，彗星見，或竟天。攻魏垣、蒲陽（四）。四月，上宿雍。己酉，王冠，帶劍。長信侯毐作亂而覺，矯王御璽及太后璽以發縣卒及衞卒、官騎、戎翟君公、舍人，將欲攻蘄年宮爲亂（五）。王知之，令相國昌平君、昌文君發卒攻毐（六）。戰咸陽（七），斬首數百，皆拜爵，及宦者皆在戰中，亦拜爵一級。毐等敗走。卽令國中：有生得毐，賜錢百萬；殺之，五十萬。盡得毐等。衞尉竭、內史肆、佐弋竭、中大夫令齊等二十人皆梟首（八），車裂以徇，滅其宗（九）。及其舍人，輕者爲鬼薪（一〇）。及奪爵遷蜀四千餘家，房陵（一一）。（是）月寒凍，有死者（一二）。楊端和攻衍氏（一三）。彗星見西方，又見北方，從斗以南八十日。十年，相國呂不韋坐嫪毐免。桓齮爲將軍。齊、趙來置酒。齊人茅焦說秦王曰：「秦方以天下爲事，而大王有遷母太后之名，恐諸侯聞之，由此倍秦也。」秦王乃迎太后於雍而入咸陽，復居甘泉宮（一四）。

【註】（一）嫪毐：姓嫪名毐。漢書謂嫪氏出邯鄲。嫪，音勞（ㄌㄠˊ）。（二）山陽：山陽故城在河南修武縣西北，太行山東南。（三）「河」，一作「汾」。（四）垣：魏國垣邑，故城在今山西垣曲縣西二十里。蒲陽：古帝舜所居，在今山西永濟縣北三十里。因其在蒲水之北，故言蒲

陽，亦卽晉公子重耳所居之邑也」。（五）蘄年宮：蘄年宮在陝西鳳翔縣南。蘄、音祈。（六）昌平君、楚之公子，立以爲相，後徙於郢，項燕立爲荆王。昌文君，其人不知。（七）咸陽：「故城，亦名謂城，在今陝西咸陽縣東十三里，秦孝公以下皆都此城，始皇鑄金人十二於咸陽，卽此也」。（八）懸首於木上，曰「梟」。（九）說苑云：「秦始皇太后不謹，幸郎嫪毒，始皇取毒四支車裂之，取兩弟撲殺之，取太后遷之咸陽宮。下令曰：「以太后事諫者，戮而殺之，蒺藜其脊」。諫而死者，二十七人。茅焦乃上說曰：「齊客茅焦願以太后事諫」。始皇曰：「走告若，不見闕下積死人耶」？使者問焦，焦曰：「陛下車裂假父，有嫉妬之心；囊撲兩弟，有不慈之名；遷母咸陽，有不孝之行；蒺藜諫士，有桀紂之治，天下聞之，盡瓦解，無向秦者。」王乃自迎太后歸咸陽，立茅焦爲傅，又爵之上卿」。括地志云：「茅焦，滄州人也」。（一〇）應劭云：取薪給宗廟爲鬼薪也。如淳云：律說：鬼薪作三歲。正義：言毒舍人罪重者已刑戮，輕者罰徒役三歲。（一一）房陵：卽今湖北房陵縣，古楚漢中郡地也。是巴蜀之境。（一二）正義云：四月建巳之月，孟夏寒凍，民有死者，以秦法酷急，則天應之而史書之。故尙書洪範云：「急常寒若」，孔注云：「君行急，則常寒順之」。（一三）衍氏：在河南鄭縣北三十里。（一四）說苑曰：「始皇帝立茅焦爲傅，又爵之上爵，太后大喜，曰：「天下亢直，使敗復成，安秦社稷，使妾母子復相見者，茅君之力也」」。

大索，逐客（一一）。李斯上書說，乃止逐客令。李斯因說秦王，請先取韓以恐他國

（二），於是使斯下韓。韓王患之，與韓非謀弱秦。大梁人尉繚來，說秦王曰：「以秦之彊，諸侯譬如郡縣之君，臣但恐諸侯合從，翕而出不意，此乃智伯、夫差、湣王之所以亡也。願大王毋愛財物，賂其豪臣，以亂其謀，不過亡三十萬金，則諸侯可盡。」秦王從其計，見尉繚亢禮，衣服食飲與繚同。繚曰：「秦王爲人，蜂準，長目，摯鳥膺，豺聲，少恩而虎狼心，居約易出人下，得志亦輕食人。我布衣，然見我常身自下我。誠使秦王得志於天下，天下皆爲虜矣。不可與久游。」（三）乃亡去。秦王覺，固止，以爲秦國尉，卒用其計策。而李斯用事。

【註】（一）大索：大規模的搜查。逐客：逐去在秦國之外國人。（二）請先取韓國，以恐嚇其他的國家，使未降秦者先遭受精神威脅。（三）尉繚對於秦始皇之觀察及其認識，他認爲秦始皇之爲人，蜂的鼻子，長長的眼睛，猛鳥的胸部，豺狼的聲音，缺乏感情，心如虎狼。當他在窮困的時候，很容易居人之下，但是當他得志的時候，他也很容易去吃人。我是一個布衣之人，但是他見我，常常是很謙恭的，假定說要叫他得志於天下，我想天下的人都要變成他的奴隸了。這種人，不可與他多接近。於是就逃走了。

十一年，王翦、桓齮、楊端和攻鄴，取九城。王翦攻閼與、橑楊，皆并爲一軍。翦將十八日，軍歸斗食以下，什推二人從軍（一）。取鄴安陽，桓齮將。十二年，文信侯不韋死，竊葬。其舍人臨者，晉人也逐出之；秦人六百石以上奪爵，遷；五百石以下不臨，遷，勿奪爵（二）。自今以來，操國事不道如嫪毐、不韋者籍其門（三），視此（四）。秋，復嫪毐舍人遷蜀者（五）。當是之時，天下大旱，六月至八月乃雨。

【註】（一）言王翦爲將，諸軍中皆歸斗食以下之無功的佐史，十人之中，惟選擇二人使之從軍耳。這是淘汰一切非戰鬥員之軍人。漢書百官表云：「百石以下，有斗食，佐史之秩」。（二）呂不韋飲鴆死，其賓客數千人，偷偷的把他葬於洛陽之北的芒山，始皇對於參加不韋葬禮之人，都加以懲罰，假定是晉國人而參加者，則驅逐出境；假定是秦國人，其官秩在六百石以上而參加者，則奪其爵而遷徙於房陵。其官秩在五百石以下，不曾參加，則只遷於房陵，不奪其爵。（三）籍其門：謂籍沒其一門皆爲奴隸。（四）視此：以此爲例。（五）復：免除其遷徙。

十三年，桓齮攻趙平陽（一），殺趙將扈輒，斬首十萬。王之河南（二）。正月，彗星見東方。十月，桓齮攻趙。十四年，攻趙軍於平陽，取宜安（三），破之，殺其將軍。桓齮定平陽、武城（四）。韓非使秦，秦用李斯謀，留非，非死雲陽（五），韓王請爲臣。

【註】（一）平陽故城在河南臨漳縣西二十五里。（二）王之河南：王往河南。（三）宜安故城在河北槀城縣西南二十五里。（四）武城：在今山東武城縣西。（五）韓非死於雲陽：在陝西淳

化縣西北，秦始皇甘泉宮在焉。

十五年，大興兵，一軍至鄴，一軍至太原，取狼孟（一）。地動。十六年九月，發卒受地韓南陽假守騰。初令男子書年（二）。魏獻地於秦。秦置麗邑（三）。十七年，內史騰攻韓，得韓王安，盡納其地（四）。以其地爲郡，命曰潁川（五）。地動。華陽太后卒。民大饑。

【註】（一）狼孟：在山西陽曲縣東北三十六里。（二）初令男子書年：初次命令天下男子登記其年齡。（三）麗邑：卽驪邑，秦置驪邑，漢改曰新豐，故城在今陝西臨潼縣東。（四）韓王安之九年，完全被秦國所吞滅。（五）潁川：秦以滅韓之地爲潁川郡，包括今河南舊許州、陳州、汝寧、汝州諸府州以及禹縣及陽武各縣，治禹縣。

十八年，大興兵攻趙，王翦將上地（一），下井陘（二），端和將河內。羌瘣（三），伐趙，端和圍邯鄲城。十九年，王翦，羌瘣盡定取趙地東陽，得趙王。引兵欲攻燕，屯中山。秦王之邯鄲，諸嘗與王生趙時母家有仇怨，皆阬之（四）。秦王還，從太原、上郡歸。始皇帝母太后崩。趙公子嘉率其宗數百人之代，自立爲代王，東與燕合兵，軍上谷（五）。大饑。

【註】（一）上地：即上郡上縣，在今陝西綏德縣。（二）井陘：山關名，在河北井陘縣東北井陘山上，與獲鹿縣接境。（三）瘣：音匯，羌瘣：人名。王翦與端和率軍，南北夾攻趙軍，王翦自北而南，端和自南而北，結果，把趙王追至於河北省之恩縣而滅之。（四）秦始皇往邯鄲，乃其初生之地，現已爲王，乃尋求昔時仇人而阬殺之，可見其生性之惡劣。（五）上谷：河北省懷來縣一帶之地。

二十年，燕太子丹患秦兵至國，恐，使荊軻刺秦王。秦王覺之，體解軻以徇（一），而使王翦、辛勝攻燕。燕、代發兵擊秦軍，秦軍破燕易水之西（二），二十一年，王賁攻（薊）〔荊〕。乃益發卒詣王翦軍，遂破燕太子軍，取燕薊城，得太子丹之首。燕王東收遼東而王之。王翦謝病老歸。新鄭反。昌平君徙於郢。大雨雪，深二尺五寸。

【註】（一）體解軻以徇：把荊軻的身體，支裂分解，巡行以示衆。（二）易水：源出河北省之易縣。其自定興西南合拒馬河者，曰中易。今之白澗河，即武水。在定興西爲沙河入於中易者，曰北易。即濡水。逕徐水歷安新爲雹河者，曰南易。

二十二年，王賁攻魏，引河溝灌大梁，大梁城壞，其王請降，盡取其地。

二十三年，秦王復召王翦，彊起之（一），使將擊荊。取陳以南至平輿（二），虜荊王。秦王游至郢陳。荊將項燕立昌平君爲荊王，反秦於淮南。二十四年，王翦、蒙武攻荊，破荊軍，昌平君死，項燕遂自殺（三）。

【註】（一）彊起之：強逼之，使之復爲將。彊，卽強字。（二）平輿：河南汝南有平輿縣。（三）項燕：項羽之祖父也。

（附）

秦國君主繼承表（自秦孝公起算，因秦之霸業始盛於此）

……(1)孝公（在位二十四年西元前361—338）……(2)惠文公（二十六年337—311後半期自稱王）……(3)武王（四年310—307）……(4)昭襄王（五六年306—251）……(5)莊襄王（三年249—247）……(6)秦始皇（246—222爲秦王。221—210統一天下，稱秦始皇）……(7)二世帝（三年209—207）秦亡。

二十五年，大興兵，使王賁將，攻燕遼東，得燕王喜（一）。還攻代，虜代王嘉。王翦遂定荊江南地，降越君，置會稽郡（二）。五月，天下大酺（三）。

【註】（一）燕王喜之五十三年，燕亡。（二）王翦平定楚及江南地，降越君，置爲會稽郡。（三）秦既平趙、魏、韓、燕、楚，統一天下，於是大飲酒也。酺，音蒲。

二十六年，齊王建與其相后勝，發兵守其西界，不通秦。秦使將軍王賁從燕南攻齊，得齊王建（一）。

【註】（一）齊王建之三十四年，齊國亡。至此，六國皆亡。十七年韓亡，十九年趙亡，二十二年魏亡，二十三年楚亡，二十五年燕亡，二十六年齊亡。

秦初幷天下，令丞相、御史曰：「異日韓王納地效璽，請爲藩臣，已而倍約，與趙、魏合從畔秦，故興兵誅之，虜其王。寡人以爲善，庶幾息兵革（一）。趙王使其相李牧來約盟，故歸其質子。已而倍盟，反我太原，故興兵誅之，得其王。趙公子嘉乃自立爲代王，故舉兵擊滅之（二）。魏王始約服入秦，已而與韓、趙謀襲秦，秦兵吏誅，遂破之（三）。荊王獻青陽以西，已而畔約，擊我南郡，故發兵誅，得其王，遂定其荊地（四）。燕王昏亂，其太子丹乃陰令荊軻爲賊，兵吏誅，滅其國（五）。齊王用后勝計，絕秦使，欲爲亂，兵吏誅，虜其王，平齊地（六）。寡人以眇眇之身，興兵誅暴亂，賴宗廟之靈，六王咸伏其辜，天下大定（七）。今名號不更，無以稱成功，傳後世。其議帝號（八）。」丞相綰、御史大夫劫、廷尉斯等皆曰：「昔者五帝地方千里，其外侯服夷服諸侯或朝或否，天子不能制（九）。今陛下興義兵，誅殘賊，平定天下，海內爲郡縣，法令由一統，自上古以來未嘗有，五帝所不及（一〇）。臣等謹與博士議曰：『古有天皇，有地皇，有泰皇，泰皇最貴。』臣等昧死上尊號，王為『泰皇』。命為『制』，令為『詔』，天子自稱曰『朕』。（一一）」王曰：「去『泰』，著『皇』，采上古『帝』位號，號曰『皇帝』。他如議（一二）。」制曰：「可（一三）。」追尊莊襄王為太上皇（一四）。制曰：「朕聞太古有號毋謚，中古有號，死而以行為謚。如此，則子議父，臣議君也，甚無謂，朕弗取焉。自今已來，除謚法（一五）。朕為始皇帝。後世以計數，二世三世至于萬世，傳之無窮（一六）。」

【註】（一）秦始皇剛剛統一天下，就下令於其丞相、御史說：「前時韓王納地獻璽，請求當我們的守藩之臣，既而他又背約，和趙國魏國聯合陣線以反抗我國，所以興兵討伐，俘虜其王。寡人頗以為滿意，庶幾乎可以消滅戰爭了。（二）趙王又派他的丞相李牧來約盟求和，所以歸還其為質的太子，以後，趙國又背棄盟約，由太原向我反擊，所以又興兵討伐，俘虜其王。趙公子嘉自立為代王，負隅頑抗，所以我又舉兵擊滅之。（三）魏王以先也曾約盟入秦，繼而又與韓、趙共謀襲我，我派兵吏討伐，遂又破之。（四）楚王獻青陽（長沙）以西之地，繼而也背叛盟約，進攻我南郡，所以發兵討伐，俘虜其王，遂定楚地。（五）燕王昏亂，其太子丹竟然暗地令荊軻行刺於我，於是派兵吏討伐，毀其國家。（六）齊王用后勝之計，斷絕使臣，欲以行亂。我派兵吏去討伐他，俘虜其王，平定齊國。（七）寡人以微薄的能力，發兵討伐暴亂，全仗着祖先們的神靈，使六國之王，個個都

俯首認罪，天下大大的平定。（八）現在我們如果不更換名號，就無以表彰我們的成功，以傳留於後世。希望大家共同商量，研究用什麼稱號爲好」！（九）於是丞相綰，御史大夫劫，廷尉李斯等，都說：「往古的時候，五帝之國，地方千里，千里之外有侯服夷服各級諸侯，他們有的高興了就朝見天子，有的不高興就不朝見，完全自由放任，天子不能夠完全控制。（一〇）現在皇帝您發動義兵，誅滅殘賊，把天下平定了，把海內之地都變而爲郡縣了，法令歸於一統了，這種成就，簡直可以說是從古以來就沒有的，五帝聖君就趕不上的。（一一）因此之故，臣等謹與學通古今的博士們研究，結論是：「古來的時候，有天皇，有地皇，有泰皇，而以泰皇（至高無上的皇帝）爲最高貴。」基於這個結論，所以臣等冒死貢獻尊號，以王爲「泰皇」，王之出命爲「制」，下令爲「詔」，天子自稱曰「朕」。」（一二）秦始皇聽了大臣們的意見之後，就說：「泰字」可以去掉，「皇字可以保留」，採取上古之「帝」的位號，稱曰：「皇帝」。其他，就如你們大家之所商量的」。（一三）於是就下令曰：「可」。（一四）追尊莊襄王爲太上皇。（一五）於是秦始皇就制命曰：「我聽說太古盛世，有號而無謚，到了中古之世，活的時候有尊號，及至死了以後，還要根據他生前的行爲而定之以謚法，這樣一來，簡直是兒子去評論他的父親，臣下去評論他的君上，太豈有此理了，實在沒有意思，我不贊成這種辦法。所以決定從今以後，要廢除謚法。（一六）從我開始，我算是「始皇帝」，後世以數字類推，稱之爲「二世」，「三世」，以至於萬世，永遠傳留下去而沒有窮盡」。

始皇推終始五德之傳（一），以爲周得火德，秦代周德，從所不勝（二）。方今水德之始，改年始，朝賀皆自十月朔。衣服旄旌節旗皆上黑。數以六爲紀，符、法冠皆六寸，而輿六尺，六尺爲步，乘六馬。更名河曰德水，以爲水德之始（三）。剛毅戾深，事皆決於法，刻削毋仁恩和義，然後合五德之數。於是急法，久者不赦（四）。

【註】（一）始皇推究五行之德終始相迭的傳授。（二）以爲周得火德，秦家取代周德，必然要採取一種周德所抵不過的德，所以定爲「水德」。（三）方今是水德開始，要改年號，變正朔，朝賀皆自十月朔。衣服、旄旌節旗，皆以黑色爲上，數字以六爲紀；符，法冠皆六寸，而輿六尺，六尺爲一步；一乘是六馬。把河名改稱「德水」，以爲水德之開始。（四）秦始皇以爲作政治者，必須剛毅，暴戾，而深沉，一切行事，皆決定於法律，刻薄尖削，絲毫沒有仁愛恩德，和善情義，方算是符合於五德之數。所以急於刑法，人民犯法者，很久很久不能得到赦免。

丞相綰等言：「諸侯初破，燕、齊、荆地遠，不爲（一）置王，毋以塡之。請立諸子，唯上幸許（二）。」始皇下其議於群臣，群臣皆以爲便（二）。廷尉李斯議曰：「周文武所封子弟同姓甚衆，然後屬疏遠，相攻擊如仇讎，諸侯更相誅伐，周天子弗能禁止。今海內賴陛下神靈一統，皆爲郡縣，諸子功臣以公賦稅重賞賜之，甚足易制。天下無異意，則安寧之術也。置諸侯不便（三）。」始皇曰：「天下共苦戰鬬不休，以有侯王。賴宗廟，天下初定，又復立國，是樹兵也，而求其寧息，豈不難哉！廷尉議是（四）

。」

【註】（一）丞相綰等建議，謂：「各國諸侯剛剛破滅，燕、齊、楚（荆）等國，地處遙遠，如果不爲設置王國，就無法鎭（塡，卽鎭字）撫，請立諸子爲王，懇求皇上允許」。（二）始皇把他們的建議，交於群臣研究。群臣都以爲這個辦法很便利。（三）惟有掌刑獄之官（廷尉）李斯反對，他說：「周文、武所封的子弟同姓，甚爲衆多，但是以後因爲宗系疏遠，他們之間，互相攻擊如仇讎，諸侯們彼此迭相討伐，周天子不能禁止。現在整個國家賴陛下神靈，歸於統一，都成爲勢弱易制的郡縣，對於諸子和功臣們只要以公家的賦稅重重的賞賜他們，就很容易控制了。使天下之人都沒有不同的意見，那才是長治久安之術哩。設置諸侯，實在不利」。（四）於是始皇就說：「天下之人所以共同苦痛於戰鬥的不能停止，都是由於諸侯王之故。幸賴祖宗之靈，天下剛剛平定，而又再立王國，就等於是製造兵亂，以如此的辦法而求天下之安寧休息，豈不是大大的難事嗎！廷尉的見解，非常之對」！

分天下以爲三十六郡（一），郡置守、尉、監（二）。更名民曰「黔首」（三）。大酺。收天下兵（四），聚之咸陽，銷以爲鍾鐻，金人十二，重各千石（五），置廷宮中。一法度衡石丈尺（六）。車同軌，書同文字。地東至海暨朝鮮（七），西至臨洮、羌中（八），南至北嚮戶（九），北據河爲塞，並陰山至遼東（一〇）。徙天下豪富於咸陽十二萬戶（一一）。諸廟及章臺（一二）、上林皆在渭南（一三）。秦每破諸侯，寫放其宮室，作之咸陽北阪上（一四），南臨渭，自雍門（一五）以東至涇、渭，殿屋複道周閣相屬（一六）。所得諸侯美人鍾鼓，以充入之（一七）。

【註】（一）三十六郡如下：三川郡、河東郡、南陽郡、南郡、九江郡、鄣郡、會稽郡、潁川郡、碭郡、泗水郡、薛郡、東郡、琅邪郡、齊郡、上谷郡、漁陽郡、右北平、遼西郡、遼東郡、代郡、鉅鹿郡、邯鄲郡、上黨郡、太原郡、雲中郡、九原郡、雁門郡、上郡、隴西郡、北地郡、漢中郡、巴郡、蜀郡、黔中郡、長沙郡，凡三十五，加上內史，共為三十六郡。風俗通云：「周制天子方千里，分為百縣，縣有四郡，故左傳云：「上大夫受縣，下大夫受郡」。秦始皇初置三十六郡，以郡監縣也」。（二）漢書百官表曰：「秦郡守，掌治其郡；有丞、尉，掌佐守典武職甲卒；監御史，掌監郡。」（三）黔首：黎首，即黑首也。（四）古者以銅為兵器。（五）鐻：音巨。鍾鐻：樂器也。三輔舊事云：「銅人十二，各重二十四萬斤，漢代在長樂宮門前」。（六）一法度衡石丈尺：統一法制及度量衡也。（七）海，謂渤海南至揚、蘇、台等州之東海也。暨：及也。括地志云：「高麗治平壤城，本漢樂浪郡王險城，即古朝鮮也。」（八）臨洮：即今甘肅岷縣治，以地臨洮水，得名。古西羌之地，在長安西千五百五十一里之羌中。從臨洮西南芳州扶松府以西（在青海東南部），皆古諸羌之地。（九）劉逵曰：「日南之北戶，猶日北之南戶也」。（一〇）地理志：「西河有陰山縣」。陰山在朔州北塞外，從河傍陰山，東至遼東，築長城為北界。（一一）因天下豪富有反叛之能力

，故徙於京都以就近控制之。（一二）章臺：宮名，戰國時秦所建，在陝西長安縣故城西南隅，中有章臺，因名。（一三）上林：苑名，在陝西長安縣西及盩厔鄠縣界，秦舊苑。漢武帝更增廣之，周袤三百里，離宮七十所。（一四）咸陽北阪：在長安西北，漢武帝時，特名渭城。（一五）雍門：在陝西咸陽縣南。（一六）廟記云：「北至九嵕、甘泉，南至長楊、五柞，東至河，西至汧渭之交，東西八百里，離宮別館相望屬也。木衣綈繡，土被朱紫，宮人不徙，窮年忘歸，猶不能遍也」。屬：相連接也。（一七）三輔舊事云：「始皇表河以爲秦東門，表汧以爲秦西門，表中外殿觀百四十五，後宮列女萬餘人。」

二十七年，始皇巡隴西、北地（一），出雞頭山（二），過回中焉（三），作信宮渭南，已更命信宮爲極廟，象天極（四）。自極廟道通酈山，作甘泉前殿。築甬道（五），自咸陽屬之。是歲，賜爵一級。治馳道（六）。

【註】（一）隴西：今甘肅舊蘭州、鞏昌、秦州諸府州之地。治狄道，今甘肅臨洮縣東北。北地：在甘肅寧縣西北。（二）雞頭山：在今甘肅成縣境，在長安西南九百六十里。或曰在甘肅平涼縣境。（三）回中：在甘肅固原縣。應劭曰：回中在安定高平。孟康曰：「回中在北地」。括地志云：「回中宮在岐州雍縣西四十里」。言始皇欲西巡隴西之北，從咸陽向西北出寧州，西南行至成州，出雞頭山，東還，過岐州回中宮。（四）爲宮廟象天極，故曰「極廟」。天官書曰：「中宮，曰天極」，

是也。（五）甬道：應劭曰：「築垣墻如街巷。」「謂於馳道外築牆，天子行其中，外人不得而見」。（六）馳道：秦始皇行車馬之道也。漢書賈山傳曰：「秦爲馳道於天下，東窮燕齊，南極吳楚，江湖之上，濱海之觀，畢至。道廣五十步，三丈而樹，原築其外，隱以金椎，樹以青松」。

二十八年，始皇東行郡縣，上鄒嶧山（一）。立石，與魯諸儒生議，刻石頌秦德，議封禪望祭山川之事（二）。乃遂上泰山（三），立石，封，祠祀（四），下，風雨暴至，休於樹下，因封其樹爲五大夫。禪梁父（五）。刻所立石。

【註】（一）鄒嶧山，又曰邾嶧山，在山東鄒縣東南，水經注云：「山東西二十里，高秀獨出，積石相臨，殆無土壤，石多孔穴，洞達相通，秦始皇上嶧山刻石頌秦德」。（二）討論封禪與望祭山川之事。九州名山大川，不能一一親往致祭，則望其方向而祭之，謂之曰「望祭」。（三）泰山：在山東兗州博城縣西北三十里。其高度，自泰山之足至泰山之首共一百四十八里三百步。其上多玉，其下多石。（四）積土爲封，謂負土於泰山之上，爲壇而祭之。（五）服虔曰：「禪，闡廣土地也。」瓚曰：「古者，聖王封泰山，禪亭亭或梁父，皆爲泰山下之小山。除地爲墠，祭於梁父。後改墠，曰「禪」。梁父：在兗州泗水縣北八十里。

其辭曰：『皇帝臨位，作制明法，臣下脩飭。二十有六年，初幷天下，罔不賓服。親巡遠方黎民，登茲泰山，周覽東極。從臣思迹，本原事業，祗誦功德。治道運行，諸產得宜，皆有法式。大義休明，垂于後世，順承勿革。皇帝躬聖，既平天下，不懈於治。夙興夜寐，建設長利，專隆教誨。訓經宣達，遠近畢理，咸承聖志。貴賤分明，男女禮順，愼遵職事。昭隔內外，靡不清淨，施于後嗣。化及無窮，遵奉遺詔，永承重戒。』

【譯】 在石上刻着這樣的話：

「皇帝臨朝在位，創作制度，嚴明法令，臣下修而行之，整飭不紊。二十有六年，統一天下，無不賓服。此次親自巡撫遠方黎民，登茲泰山，全部觀覽了東海之邊。隨從的侍臣們，思念已往的情形，根據現在的事業，恭敬的誦揚皇帝的功德。由於治道的運行，所以諸般事務，都能得其所宜，合乎法式，大的道理休美而光明，要垂示於後世，永遠順承而勿廢替。皇帝本身聖明，既以大力平定天下，又不懈於政治，早作晚息，無非爲民衆建設長久的利益，專一注重教誨工作，宣達古訓經典，希望遠近都能作得有條有理，都能順承皇帝的意志，貴賤不相混亂，男女以禮自守，愼重的就自己的崗位，完成應盡的職事。使皇帝的光明，達於內外，靡不清淨，傳之於後嗣，化及於無窮。希望大家要遵奉皇帝的詔令，永遠接受皇帝再三的誥戒」。

於是乃並勃海以東，過黃、腄（一），窮成山，登之罘（二），立石頌秦德焉，而去。

【註】 （一）黃、腄：黃：黃縣故城在今山東黃縣東南二十五里。古萊子國也。腄：在今山東牟平縣。牟平縣城在黃縣南一百三十里。 （二）成山在文登縣西北一百九十里。芝罘：在山東文登縣東

北一百八十里。罘：音浮。又云：芝罘山在海中。或曰，文登縣，古腄縣也。

南登琅邪，大樂之，留三月。乃徙黔首三萬戶琅邪臺下（一），復十二歲（二），作琅邪臺，立石刻頌秦德，明得意。曰：

維二十八年，皇帝作始。端平法度，萬物之紀。以明人事，合同父子（一）。聖智仁義，顯白道理。東撫東土，以省卒士。事已大畢，乃臨于海（二）。皇帝之功，勤勞本事。上農除末，黔首是富（三）。普天之下，摶心揖志。器械一量，同書文字。日月所照，舟輿所載。皆終其命，莫不得意（四）。應時動事，是維皇帝。匡飭異俗，陵水經地。憂恤黔首，朝夕不懈。除疑定法，咸知所辟。方伯分職，諸治經易。舉錯必當，莫不如畫（五）。皇帝之明，臨察四方。尊卑貴賤，不踰次行。姦邪不容，皆務貞良。細大盡力，莫敢怠荒，遠邇辟隱，專務肅莊。端直敦忠，事業有常（六）。皇帝之德，存定四極。誅亂除害，興利致福。節事以時，諸產繁殖。黔首安寧，不用兵革。六親相保，終無寇賊。驩欣奉敎，盡知法式（七）。六合之內，皇帝之土。西涉流沙，南盡北戶。東有東海，北過大夏。人迹所至，無不臣者（八）。功蓋五帝，澤及牛馬。莫不受德，各安其宇（九）。

秦始皇武力統一圖

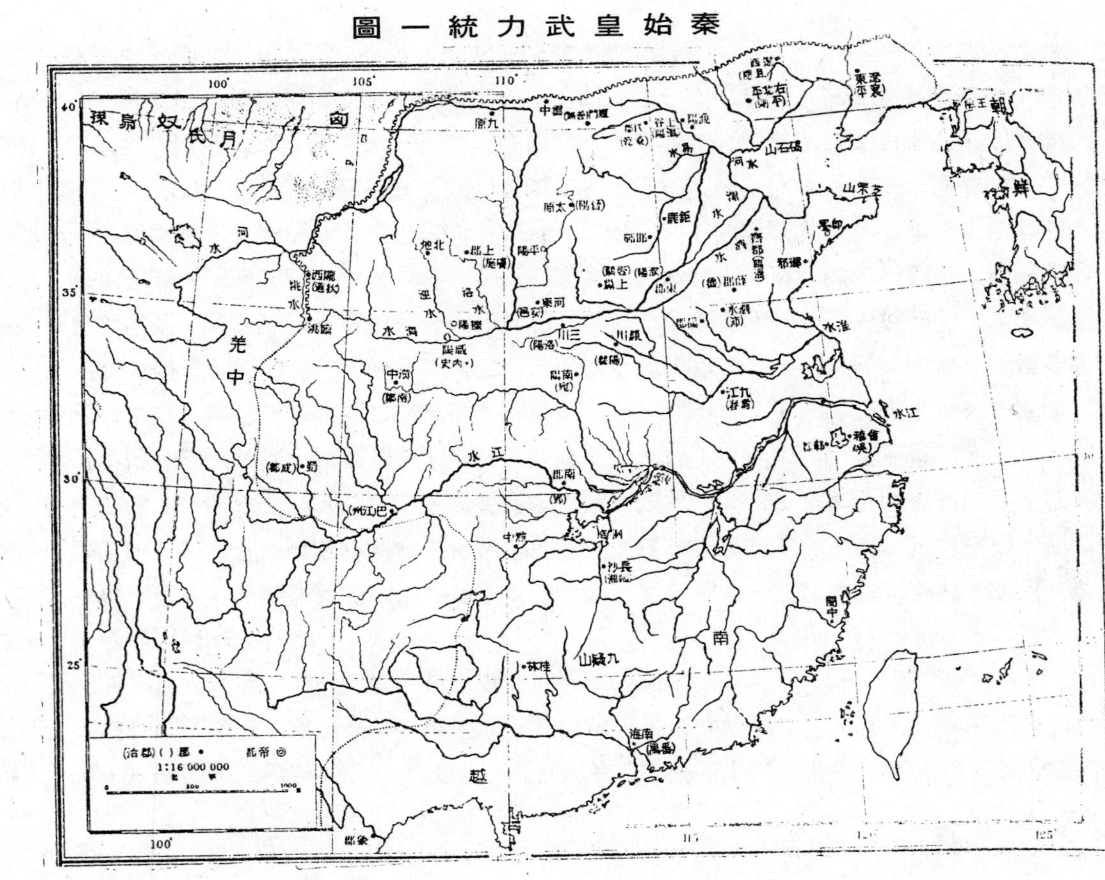

匈奴
月氏
羌中
朝鮮
越
南
九原
太原(晉陽)
上郡(膚施)
北地
隴西(狄道)
臨洮
洮水
渭水
涇水
洛水
櫟陽
咸陽(內史)
漢中(南鄭)
三川(洛陽)
潁川(陽翟)
南陽(宛)
河東(安邑)
平陽
蜀(成都)
巴(江州)
南郡(郢)
黔中
洞庭
長沙(湘)
九江(壽春)
會稽(吳)
閩中
南海(番禺)
桂林
象郡
九嶷山
江水
淮水
河水
濟水
易水
碣石山
之罘山
即墨
琅邪
邯鄲
鉅鹿
遼東(襄平)
帝都 ◎
郡 • ( )郡治
1:16 000 000

其刻石頌德之文如下：

【註】（一）琅琊台：括地志云：「琅邪山在山東諸城縣東南一百四十里，始皇立層台於山上，謂之琅邪台，孤立衆山之上。秦王樂之，留三月，立石山上，頌秦德也。」（二）復十二歲：復，除也，免除其徭役也。免除徙於琅邪台下之民十二年的徭役之征。

（一）「維二十八年，皇帝開始工作之第一要事，是要端平法度，以爲萬物之準繩，要使人事修明，父子和睦。（二）皇帝具備了聖智仁義之德，所以到處宣揚道理，這一次，來到東方，撫安東土，並且考察軍事，事情都已經做完了，所以駕臨於東海之濱。（三）皇帝所注重的工作（功），是勤勞於根本業務，提倡農業，廢除末作（商業。秦家重農輕商），老百姓們纔能富足。（四）普天之下，要團結一心（摶心：黏合其心。揖志：卽輯志，結集其意志。），器械畫一，文字同書，凡是日月所照之處，舟車所載之地，都能夠終其天命，沒有不得意的。（五）因應時勢，發動事功，只有皇帝能把握時機。爲了匡正並整飭異風怪俗，所以皇帝不惜跋山涉水（陵水經地），經歷各地；憂恤人民，晝夜不懈。除去疑惑，明定法律，使人民都知道何者當作何者不當作的標準（辟、法規。）各地官吏，分職負責，那麼諸般政務的推行，自然就容易了，一切措置就必然合宜，一切計劃就必然可以實現了。（六）皇帝的聰明，可以觀察到四方遠近，希望大家安守本分，不論富貴尊卑，都不可踰離次序行列。姦邪之人，是絕對不允許其存在的，所以希望大家都要以貞正與善良爲要務。不論小事或大事，都要盡力而爲之，不可以怠慢荒廢。不論在遠方近方偏僻（辟）隱暗的地方，也都要以嚴肅莊敬爲專務。端莊正直，敦厚忠實，一切事業都要持之以常。（七）皇帝的大德，存定了四極，誅亂除害，興利致福，節制事務，使民以時，所以各種生產，都能繁殖，人民安寧，不用兵革。六親互相保衞，所以終無寇賊。希望大家歡歡喜喜，遵從教訓，都知道守法蹈式。（八）凡是六合之內，都是皇帝之土，西渡流沙，南盡北戶，東至於海，北過大夏（幷州以北之地），只要是有人迹所到的地方，沒有不臣服的。（九）皇帝之功，壓倒五帝；皇帝之德，澤及牛馬。人人都受着他的恩德，人人都能安居而樂業」。

「維秦王兼有天下，立名爲皇帝，乃撫東土，至于琅邪。列侯武城侯王離、列侯通武侯王賁、倫侯建成侯趙亥、倫侯昌武侯成、倫侯武信侯馮毋擇、丞相隗林、丞相王綰、卿李斯、卿王戊、五大夫趙嬰、五大夫楊樛從，與議於海上。曰：「古之帝者，地不過千里，諸侯各守其封域，或朝或否，相侵暴亂，殘伐不止，猶刻金石，以自爲紀（一）。古之五帝三王，知敎不同，法度不明，假威鬼神，以欺遠方，實不稱名，故不久長。其身未歿，諸侯倍叛，法令不行（二）。今皇帝幷一海內，以爲郡縣，天下和平。昭明宗廟，體道行德，尊號大成（三）。群臣相與誦皇帝功德，刻于金石，以爲表經。」（四）。

【譯】（一）維秦王兼有了天下，建立名號爲皇帝，於是巡撫東方的土地，到了琅邪，隨從的諸位大臣有列侯武城侯王離、列侯通武侯王賁、倫侯（有爵名而無封邑者）建成侯趙亥、倫侯昌武侯成、倫侯武信侯馮毋擇、丞相隗林、丞相王綰、卿李斯、卿王戊、五大夫趙嬰、五大夫楊樛（音鳩）等，大家議論於海上，曰：「古代的帝王，地方不過千里，諸侯各自領守自己的封土，或者朝見，或者不朝見，彼此之間，互相侵略暴亂，殘殺戰爭，沒有個停止的時候，就這樣，他們還要刻其功於金石，自己作爲紀念。（二）古來的五帝三王，知識與敎育水準不同，法度又不修明，所以常常假借鬼神的威力，以欺騙遠方的人民；實際的本領和他們的名稱。完全不相符合，所以不能長久存在，在他們的身體還沒有死亡以前，諸侯就背叛他們，法令也行不通了。（三）現今我們的皇帝統一海內，都變爲郡縣，天下和平無事，昭明了宗廟的祖先，實踐了眞理（道），推行了德政，於是名符其實的完成了「始皇」的尊號。（四）我們大家一致稱頌皇帝的功德，所以刻之於金石，以紀念他曾經到過這個地方。」

既已，齊人徐市等上書，言海中有三神山，名曰蓬萊、方丈、瀛州（一），僊人居之。請得齋戒，與童男女求之。於是遣徐市發童男女數千人，入海求僊人（二）。

【註】（一）漢書郊祀志云：「此三神山者，其傳在渤海中，去人不遠，蓋曾有至者，諸仙人及不死之藥皆在焉。其物禽獸盡白，而以黃金白銀爲宮闕。未至，望之如雲；及至，三神山乃居水下，臨之，患且至，風輒引船而去，終莫能至云。世主莫不甘心焉」。（二）括地志云：「亶洲在東海中，秦始皇使徐福將童男女入海求仙人，止在此洲，共數萬家，至今洲上人有至會稽市易者。吳人外國圖云：亶州去琅邪萬里」。

始皇還，過彭城（一），齋戒禱祠，欲出周鼎泗水。使千人沒水求之，弗得。乃西南渡淮水，之衡山（二）、南郡（三）。浮江，至湘山祠（四）。逢大風，幾不得渡。上問博士曰：「湘君何神？」博士對曰：「聞之，堯女，舜之妻，而葬此。」（五），於是始皇大怒，使刑徒三千人皆伐湘山樹，赭其山（六）。上自南郡由武關歸（七）。

【註】（一）彭城、江蘇徐州所理縣也。州東外城，古之彭國也。（二）括地志云：「衡山，一名岣嶁山，在湖南湘潭縣西四十一里」。岣，音狗。嶁，音樓。（三）南郡：治郢，在今湖北江陵縣東南。言欲向衡山，即西北過南郡，入武關至咸陽。（四）括地志云：「黃陵廟在湖南湘陰縣北五十七里，舜二妃之神。二妃冢在湘陰北一百六十里青草山上」。湘山者，乃青草山，山近湘水，廟在山南，故言湘山祠。（五）列女傳亦以湘君爲堯女。按楚詞九歌有湘君，湘夫人，夫人是堯女，則湘君當是舜。今此文以湘君爲堯女，是總而言之。（六）赭，音者，赤土無一草一木也。（七）武關：秦南關，通南陽，河南陝西交界之處。武關在河南淅州西一百七十里。在商州商洛縣東九十里

二十九年，始皇東游。至陽武博狼沙中（一），爲盜所驚。求弗得，乃令天下大索十日（二）。

【註】（一）地理志：「河南陽武縣有博浪沙。」（二）大索十日：嚴格的大規模的搜索十日。

登之罘，刻石。其辭曰：

維二十九年，時在中春，陽和方起。皇帝東游，巡登之罘，臨照于海（一）。從臣嘉觀，原念休烈，追誦本始，大聖作治，建定法度，顯箸綱紀。外教諸侯，光施文惠，明以義理（二）六國回辟，貪戾無厭，虐殺不已（三），皇帝哀衆，遂發討師，奮揚武德。義誅信行，威燀旁達，莫不賓服（四），烹滅彊暴，振救黔首，周定四極（五）。普施明法，經緯天下，永爲儀則（六）。大矣哉！宇縣之中，承順聖意（七）。群臣誦功，請刻于石，表垂于常式（八）。

【譯】（一）「維二十九年，中春的時候，陽光和旭之氣剛剛升起，皇帝來東方遊覽，巡行而登於之罘，賞覽大海。（二）有這麼好的遊觀盛舉，從臣們都以爲是美事，於是思念其休美的功烈，追誦其本始的來歷，都是由於大聖人創作治道，建立法度，宣明綱紀。對外則教導諸侯，施之以光明，惠之以文德，而曉之以義理。（三）那曉得六國之君，奸邪（回）怪僻（辟），貪婪暴戾，沒有饜足，狂虐殺戮，沒有止境。（四）我們皇帝哀念衆民，於是動員討伐之師，奮揚武威之德。大軍所至，以義而誅，依信而行，威烈（燀，熾烈也）普遍的（旁）達到，沒有不賓服的。（五）結果烹滅了強暴的勢力，振救了民衆的疾苦，於是四極之大，全面安定。（六）普遍的推行明法，以治理天下，永遠定爲規範（儀則）。（七）偉大的很啊！普天之下，都順從聖人的意志！（八）群臣們歌頌皇帝的功烈，請刻字於石，以表揚並垂留於後世，作爲經久的典式。」

其東觀曰：

「維二十九年，皇帝春游，覽省遠方（一）。逮于海隅，遂登之罘，昭臨朝陽。觀望廣麗（二），從臣咸念，原道至明（三）。聖法初興，清理疆內，外誅暴彊（四）。皇帝武威旁暢，振動四極，禽滅六王（五）。闡幷天下，甾害絕息，永偃戎兵（六）。皇帝明德，經理宇內，視聽不怠（七）。作立大義，昭設備器，咸有章旗（八）。職臣遵分，各知所行，事無嫌疑（九）。黔首改化，遠邇同度，臨古絕尤（一〇）。常職既定，後嗣循業，長承聖治（一一）。群臣嘉德，祗誦聖烈，請刻之罘。」（一二）

【註】在其東觀，又刻文於石，曰：

（一）『維二十九年，皇帝春遊，視察遠方。（二）到了海邊，遂登之罘，欣賞早晨的太陽。觀望所及，廣大而美麗。（三）從臣們都在思想，其道理是非常之明顯的。（四）聖皇興法，內以清理國家，外以誅伐強暴。（五）武威普徧（旁）發揚（暢），振動了四極，擒（禽）滅了六王。（六）統一了天下，絕息了災害（甾害），永遠弭止了戰爭（戎兵）。（七）皇帝具有聰明之德，治理天下，視聽沒有片刻的懈怠。（八）創作大的義理，設備各種器物，都有適當的文采和標誌（章旗，因爲政治地位的不同，其所使用之器物亦有不同的文采和標誌）。（九）供職的臣下們各自遵守其本分，各自知道其所當行之事，所以一切工作，進行順利，毫無嫌疑。（一〇）人民們也都改過遷善，不論遠近都通行同一的法度，雖至老年，亦絕少罪尤。（一一）經常的職事既有定犮，後世子嗣遵循成業，永遠的繼承了聖人之治。（一二）群臣們讚美皇帝的至德，恭誦聖人的勳烈，請刻石之罘，以垂永式。」

旋，遂之琅邪，道上黨入（一）。

【註】（一）旋：不久。之：往也。道上黨入：取道上黨而入京，或道經上黨而入京。

三十年，無事。

三十一年，十二月，更名臘曰「嘉平」（一）。賜黔首里六石米，二羊。始皇為微行咸陽（二），與武士四人俱，夜出逢盜蘭池（三），見窘（四），武士擊殺盜，關中大索二十日（五）。米石千六百。

【註】（一）把臘月改名為「嘉平」。（二）變更常服，使人不知，謂之「微行」。（三）逢盜：遭遇了暴徒或刺客。（四）見窘：被窘困，情勢非常險迫。（五）關中大規模的嚴格搜查。

三十二年，始皇之碣石（一），使燕人盧生求羨門、高誓（二）。刻碣石門。壞城郭，決通隄防。其辭曰：（三）

「遂興師旅，誅戮無道，爲逆滅息（四）。武殄暴逆，文復無罪，庶心咸服（五）。惠論功勞，賞及牛馬，恩肥土域（六）。皇帝奮威，德幷諸侯，初一泰平（七）。墮壞城郭，決通川防，夷去險阻（八）。地勢既定，黎庶無繇，天下咸撫（九）。男樂其疇，女修其業，事各有序（一〇）。惠被諸產，久並來田，莫不安所（一一）。群臣誦烈，請刻此石，垂著儀矩。」（一二）

【譯】（一）碣石：在河北省昌黎縣濱海之處。（二）羨門、高誓，二位神仙之名。（三）頌德之辭。如下：

「（四）於是發動軍隊，誅戮無道，爲逆者全被消滅。（五）以武力滅絕暴逆，以文教保護無罪（復：同覆，庇護也），庶民之心，皆大悅服。（六）論功酬勞，賞賜及於牛馬，恩澤肥乎土地。（七）皇帝奮發威武，以德政合併諸侯，初建統一，天下泰平。（八）於是墮壞無作用之城郭，決通不必要之川防，剷除了一切的關險阻塞。（九）地勢既已平定，人民不服徭役，天下皆得安撫。（一〇）男的樂於田畝，女的修其家事，一切工作，都有次序。（一一）皇帝的恩惠，及於各種物類，個別的（久，作分字解），成對的（並耕），都在耕田，莫不安其生活。（一二）群臣們讚誦皇帝的功烈，請求刻字於此石，以永遠的垂留規範」。

因使韓終、侯公、石生求仙人不死之藥。始皇巡北邊，從上郡入。燕人盧生使（一）

入海還，以鬼神事，因奏錄圖書，曰「亡秦者胡也」（二）。始皇乃使將軍蒙恬發兵三十萬人北擊胡，略取河南地。

【註】（一）使：奉使命而入海求仙。（二）亡秦者胡：言亡秦者胡亥也，始皇不知其意，以為亡秦者是胡族之人，於是發兵三十萬人出擊胡種，略取了黃河以南之地，即靈州夏州勝州諸地。

三十三年，發諸嘗逋亡人、贅壻（一）、賈人略取陸梁地（二），為桂林（三）、象郡（四）、南海（五），以適遣戍（六）。西北斥逐匈奴。自楡中（七）並河以東（八），屬之陰山（九），以為（四）十四縣，城河上為塞。又使蒙恬渡河取高闕（一〇）（陶）（陽）山、北假中（一一），築亭障以逐戎人。徙謫，實之初縣（一二）。禁不得祠。明星出西方（一三）。三十四年，適治獄吏不直者，築長城及南越地（一四）。

【註】（一）徵發以下各色人等去討伐嶺南，如過去曾犯逃亡罪的人，如出贅於女家為壻的人，如商業販賣的人。徵集他們當兵去討伐兩廣之地。（二）陸梁：嶺南之人，多處山陸，其性強梁，故曰：「陸梁」。（三）桂林：即鬱林。（四）象郡：即日南。（五）南海：即廣州南海縣。（六）以適遣戍：以犯罪的人，遣往戍守。（七）楡中：在金城。（八）並：音傍，沿也，依也。（九）屬之陰山：屬，連接也，自五原沿河以東，連接於陰山，以為三十四縣。陰山在五原之東北。（一〇）高闕：山名，在五原北，兩山相對若闕，且甚高，故曰高闕。（一一）陽山、北假

：皆地名，近五原。（一二）徙謫，實之初縣：遷徙有罪的人，使住於初次成縣之地，以充實之。（一三）明星出西方：卽彗星見也。（一四）治獄之吏不公正者，則處之以充軍之罪，使之北築長城或南戍嶺南。

始皇置酒咸陽宮，博士七十人前爲壽。僕射（一）周靑臣進頌曰：「他時秦地不過千里，賴陛下神靈明聖，平定海內，放逐蠻夷，日月所照，莫不賓服。以諸侯爲郡縣，人人自安樂，無戰爭之患，傳之萬世。自上古不及陛下威德。」（二）始皇悅（三）。博士齊人淳于越進曰：「臣聞殷周之王千餘歲，封子弟功臣，自爲枝輔。今陛下有海內，而子弟爲匹夫，卒有田常，六卿之臣，無輔拂，何以相救哉？事不師古而能長久者，非所聞也。今靑臣又面諛以重陛下之過，非忠臣。（四）」始皇下其議（五）。丞相李斯曰：「五帝不相復，三代不相襲，各以治，非其相反，時變異也（六）。今陛下創大業，建萬世之功，固非愚儒所知（七）。且越言乃三代之事，何足法也？異時諸侯並爭，厚招游學。今天下已定，法令出一，百姓當家則力農工，士則學習法令辟禁（八）。今諸生不師今而學古，以非當世，惑亂黔首（九）。丞相臣斯昧死言：古者天下散亂，莫之能一，是以諸侯並作，語皆道古以害今，飾虛言以亂實，人善其所私學，以非上之所建立（一〇）。今皇帝并有天下，別黑白而定一尊（一一）。私學而相與非法教，人聞令下，則各以其學議之，入則心非，出則巷議，夸主以爲名，異取以爲高，率群下以造謗。如此弗禁，則主勢降乎上，黨與成乎下。禁之便（一二）。臣請史官非秦記皆燒之。非博士官所職，天下敢有藏詩、書、百家語者，悉詣守、尉雜燒之。有敢偶語詩書者棄市。以古非今者族。吏見知不舉者與同罪（一三）。令下三十日不燒，黥爲城旦（一四）。所不去者，醫藥卜筮種樹之書。若欲有學法令，以吏爲師。（一五）」制曰：「可。」（一六）

【譯】（一）僕射：秦官名，主持射矢之官。古者重武官，以善射者掌事，故曰僕射，隨所領之事，以爲號。（二）「始皇置酒於咸陽宮，博士七十人前來爲祝壽。僕射周青臣進而頌揚曰：「以前的時候，秦國土地不過千里，全靠着陛下的神靈明聖，平定海內，驅逐蠻夷，只要是日月所照到的地方，沒有不賓服的，把諸侯之國，都變而爲郡縣，人人都能安居樂業，沒有戰爭的禍患，傳天下至於萬世，從上古以來，沒有一個君主能趕上陛下的威德的」。（三）始皇聽到這一番恭維的話，心中很是喜歡。（四）偏偏有一位不識時務的博士齊國人，名叫淳于越的，發言道：「臣聞殷周之王天下，一千多年，他們都是封置子弟功臣，作爲輔翼，拱衞中央。現在陛下全有海內，而子弟身爲匹夫，假定說，突然有田常、六卿之臣，起而作亂，中央政府外無拱衞輔翼之人，怎麼樣能夠救得了呢？凡是一切事情，不以古人爲師，而能長治久安者，我從來就沒有聽說過；現在青臣又當面恭維，以加重陛下的錯誤，實在不是一個忠臣」。（五）秦始皇就把這兩種不同的意見，交下來，讓大家研究。（六）丞相李斯發言，道：「五帝不相重復，三代不相因襲，各自有各自的治理方法，並不是他們故意要互相反對，實在是時勢變化，不能不相異。（七）現今陛下開創大業，建立了萬世之功，原來就不是那些書呆子們所能瞭解的。（八）並且淳于越所說的話，乃是三代的舊事，何足以爲今日之法呢？那個時候，各國諸侯，群起爭雄，以高官厚祿招致一些能說善道的政治掮客。現在天下已經平定，法令出於一尊，百姓經營家務，就要努力於農工，讀書的知識分子就要學習法令刑禁，這是正當的途徑。（九）現今諸生們不以今日爲師而學習古人的陳腔濫調以反對當世，迷惑群衆。（一〇）丞相臣李斯冒死上言：古代的時候，天下支離破碎，沒有能夠統一的，所以諸侯群起，一開口都是稱讚古人以害今世，粉飾虛言以亂實際，每一個人都以自己私下所學者爲善，以反對君上所建立的規模。（一一）現今皇帝統一天下，黑白之別已經分明，一尊之勢已經確定。（一二）但是有些人私下講學而相與反對法令以教人，一聽說令下，就紛然而起各以其所學以批評法令，入於朝則內心反對，出於朝則街談巷議，誇大主見以爲號召，標新立異以爲高貴，率領群下以製造誹謗，這個樣子假定不加以禁止，那麼，君主之勢就降落乎上，黨派之禍就結成乎下，所以必須加以禁止，纔是。（一三）臣請檢查史官之書，只要不是秦紀者，要一律燒燬；非博士官所職掌的，天下敢有藏詩書百家語者，通統都要拿到守尉的地方把它燒掉；有敢兩個人談論詩書者，就要處以死罪（棄市）；以古代而反對今時者，就要滅其全族，官吏們知道這種犯法情事而不加以檢舉者，就處之以相同之罪。（一四）命令下了之後，三十天之內不燒者，就要處以黥刑，充軍到邊區爲城旦，白日伺寇虜，夜暮築長城。

（一五）所不燒的書是什麼呢？不過是醫藥、卜筮、種植之書。若是要想學習法令，就要以吏爲師」。（一六）李斯這番意見，很受秦始皇的讚許，就下令曰「可」。

三十五年，除道（一），道九原抵雲陽（二），塹山堙谷，直通之（三）。於是始皇以爲咸陽人多，先王之宮廷小，吾聞周文王都豐，武王都鎬，豐鎬之閒，帝王之都也。乃營作朝宮渭南上林苑中（四）。先作前殿阿房（五），東西五百步，南北五十丈，上可以坐萬人，下可以建五丈旗。周馳爲閣道（六），自殿下直抵南山。表南山之顚以爲闕（七）。爲復道，自阿房渡渭，屬之咸陽（八），以象天極閣道絕漢抵營室也（九）。阿房宮未成；成，欲更擇令名名之。作宮阿房，故天下謂之阿房宮。隱宮徒刑者七十餘萬人，乃分作阿房宮，或作麗山（一〇）。發北山石槨，乃寫蜀、荆地材皆至（一一）。關中計宮三百，關外四百餘。於是立石東海上朐界中，以爲秦東門。因徙三萬家麗邑（一二），五萬家雲陽，皆復不事十歲（一三）。

【註】（一）除道：開闢道路，擴建道路。（二）道九原：從九原開闢起。抵雲陽：以至於雲陽。地理志謂：「五原郡有九原縣」。雲陽：在陝西淳化縣西北。（三）塹山堙谷：把山阻鑿開，把深谷填平。直通之：一直開通。（四）營作：營建製造。（五）阿房宮：在陝西長安縣西北十四里。三輔

舊事云：「阿房宮東西三里，南北五百步，庭中可受萬人。又鑄銅人十二於宮前。阿房宮以慈石爲門，阿房宮之北闕門也」。（六）周馳爲閣道：周圍馳車馬之路，作成閣道，卽復道，卽高架道，架木於苑囿中以通行車馬。後世之棧道，亦稱閣道。（七）表南山之顚以爲闕：在南山的最高峯，建築宮殿，以表誌其偉大。（八）從阿房渡過渭河，一直連接於咸陽。（九）以仿效天極閣道橫渡天河直達於營室。絕：橫渡也。漢：天上之天河也。營室：二十八宿中之星名。（一〇）叫那些受過宮刑的人以及徒刑的人大約有七十多萬人到咸陽去作阿房宮或驪山。（一一）掘發北山之上的石椁，及運輸（寫，瀉也，水運也）四川湖北各地的木材。（一二）麗邑：卽驪邑，在陝西臨潼縣東，漢改名新豐。（一三）皆免除其徭役十年。復者，免除其徭役也。

盧生說始皇曰：「臣等求芝奇藥仙者常弗遇，類物有害之者（一）。方中，人主時爲微行以辟惡鬼，惡鬼辟，眞人至（二）。人主所居而人臣知之，則害於神（三）。眞人者，入水不濡，入火不爇，陵雲氣，與天地久長（四）。今上治天下，未能恬倓。願上所居宮，毋令人知，然后不死之藥，殆可得也（五）。」於是始皇曰：「吾慕眞人，」自謂『眞人』，不稱『朕』（六）。」乃令咸陽之旁二百里內宮觀二百七十，復道甬道相連，帷帳鍾鼓美人充之，各案署不移徙。行所幸，有言其處者，罪死（七）。始皇帝幸梁山宮，從山上見丞相車騎衆，弗善也（八）。中人或告丞相，丞相後損車騎。始皇怒曰：「此中人泄吾語。」案問莫服。當是時，詔捕諸時在旁者，皆殺之（九）。自是後莫知行之所在（一〇）。聽事，群臣受決事，悉於咸陽宮（一一）。

【譯】（一）盧生誘說秦始皇道：「臣等到海上去尋找芝草，仙藥，及神仙，常常碰不到，仿佛（類）有什麼東西在妨害着它們，不使我們得見。（二）現在我們想出一種最適宜的方法（方中），就是皇帝要常爲微妙的行動，不叫人們知道，以遠離惡魔，惡魔遠離了，「眞人」才會來到。（三）如果皇帝所住的地方，而使臣下們知道，那麼，便會得罪於神了。（四）所謂「眞人」，那眞是太美妙了，跳到水裡，水不能濕它一點；放在火中，火不能燒它一根汗毛，騰雲駕霧，和天地共久長。（五）現在皇帝您治理天下，一日萬幾，太煩忙了，不能夠恬靜無事，淡然無憂，所以很不適宜。但願皇帝從今以後，你所居住的地方，不要叫任何人知道，這樣一來，不死之藥，或者可以得到」。（六）秦始皇一聽此言，不由得喜歡萬分，就心神如狂的說道：「我很羨慕「眞人」！我很羨慕「眞人」！於是就興高采烈的自號爲「眞人」，不再稱「朕」了。（七）於是就下令咸陽之旁二百里的地區之內，宮觀二百七十所，建築起高架道，隧牆道，互相連接，到處的宮館，都充滿着美人，樂隊，鐘鼓，帷帳，都登記着門牌號數，不准遷動。秦始皇高興往那裡去就往那裡去，假定有人敢說他在什麼地方，便處以死刑。（八）有一天，秦始皇行幸梁山宮，從高山之上遠遠望見丞相出來，跟從的車水馬龍，行色非常之壯大，就滿心的不愉快。（九）宮中之人有告訴此事於丞相，從此以後，丞相一出門，就大減其車騎，輕車簡從，威風全無。秦始皇奇怪起來，大怒曰：「這一定是宮中之人洩露我的秘密」。於是就把宮人一一審問，沒有一個宮人敢於承認。這個時候，秦始皇怎麼樣呢？乾脆把他周衞在場的宮人，一律殺掉。（一〇）從此以後，秦始皇無論在那裡，再沒有人知道他的行踪了。（一一）治理朝政，或者群臣們請求指示，統通都在咸陽宮，究竟在不在咸陽宮，天知道！

侯生盧生相與謀曰：「始皇爲人，天性剛戾自用，起諸侯，并天下，意得欲從，以爲自古莫及己（一）。專任獄吏，獄吏得親幸（二）。博士雖七十人，特備員弗用（三）。丞相諸大臣皆受成事，倚辨於上（四）。上樂以刑殺爲威，天下畏罪持祿，莫敢盡忠（五）。上不聞過而日驕，下懾伏謾欺以取容（六）。秦法，不得兼方，不驗，輒死（七）。然候星氣者至三百人，皆良士，畏忌諱諛，不敢端言其過（八）。天下之事無小大皆決於上，上至以衡石量書，日夜有呈，不中呈不得休息（九）。貪於權勢至如此，未可爲求仙藥（一〇）。」於是乃亡去（一一）。始皇聞亡，乃大怒曰：「吾前收天下書不中用者盡去之。悉召文學方術士甚衆，欲以興太平（一二），方士欲練以求奇藥。今聞韓衆去不報，徐市等費以巨萬計，終不得藥，徒姦利相告日聞（一三）。盧生等吾尊賜之甚厚，今乃誹謗我，以重吾不德也（一四）。諸生在咸陽者，吾使人廉問，或爲訞言以亂黔首。（一五）」於是使御史悉案問諸生，諸生傳相告引，乃自除犯禁者四百六十餘人，皆阬之咸陽，使天下知之，以懲後（一六）。益發謫徙邊（一七）。始皇長子扶蘇諫曰：「天下初定，遠方黔首未集，諸生皆誦法孔子，今上皆重法繩之，臣恐天下不安。唯上察之（一八）。」始皇怒，使扶蘇北監蒙恬於上郡（一九）。

【譯】（一）侯生、盧生在一塊商量着說：「始皇爲人，天性剛愎暴戾，狂妄自用，起身於諸侯，而統一天下，稱心快意，以爲自古以來沒有人能趕得上他的。（二）專意任用刑獄之吏，刑獄之吏最得他的親幸與信任。（三）雖然置有博士七十人，不過是裝飾品，點綴門面，並不信用。（四）丞相和那些大臣們，也都是接受成命，奉令辦事，沒有人敢有主張的。（五）始皇喜歡以重刑多殺爲威風，滿朝中文武百官都是畏罪怕事，保持祿位，沒有人敢說一句忠直的話以報效國家。（六）在上者不聞自己的過失而一天比一天的驕傲；在下者擔心害怕，敷衍欺騙，以求苟容。（七）秦法規定，一個人不得兼營兩種方術，如果方術一不靈驗，便立刻處死。（八）然觀察星氣者有三百人之多，都是些有經驗的專家，他們滿懷恐怖，只有恭維，不敢認眞的說始皇的過失。（九）天下之事，無論大小，都要由他來決定。始皇甚至於以一百二十斤重的秤子，來衡量每日的公文書奏，日夜都得有奏呈，不滿規定，就不得休息。（一〇）像他貪戀權勢至於這種程度，我們絕對不可以再去爲他求神仙之藥」。（一一）他們兩個如此這般商量之後，就逃亡了。（一二）秦始皇一聽說他們逃走，就大發雷霆的說：「我以前收集天下之書，凡是不合於實用者，盡焚燬之。儘量的多多召用一些文學方術之士，想着興起太平事業。（一三）又召用方術之士，想着尋找奇藥。現在聽說韓衆一去沒消息，徐市等出差東海，所費以億萬計，始終得不到不死之藥，徒徒騙錢作惡，壞事日聞。（一四）盧生等，我待他們非常之尊敬，而且給了他們以很多的賞賜，現今竟然敢毀謗我，簡直是加重了我的不善啊！（一五）諸生在咸陽者，我派人考察他們，他們有的竟敢製造謠言以迷惑群衆。（一六）於是始皇就使御史全部的審問諸生，諸生們受了刑逼或愚弄，彼此互相告引，你誣我，我攀你，乃自己招認犯罪者四百六十多人，整個的阬殺於咸陽。使天下知道，以警告後人。（一七）並且越發遣送罪人，徙於邊塞。（一八）始皇的長子扶蘇，諫諍始皇道：「天下剛剛平定，遠方之民都還沒有歸向。這些諸生們都是誦法孔子的，現在皇上您以重法來繩治之，我恐怕天下會不安定了，希望皇父加以細心考慮」。（一九）始皇怒，於是派扶蘇到蒙恬那裡去作監軍。

三十六年，熒惑守心（一）。有墜星下東郡，至地爲石（二），黔首或刻其石曰「始皇帝死而地分」。始皇聞之，遣御史逐問，莫服，盡取石旁居人誅之，因燔銷其石（三）。始皇不樂，使博士爲仙眞人詩，及行所游天下，傳令樂人謌弦之。秋，使者從關東夜過華陰平舒道，有人持璧遮使者曰：「爲吾遺滈池君（四）。」因言曰：「今年祖龍死（五）。」使者問其故，因忽不見，置其璧去。使者奉璧具以聞。始皇默然良久，曰：「山鬼固不過知一歲事也。」退言曰：「祖龍者，人之先也。」使御府視璧，乃二十八年行渡江所沈璧也。於是始皇卜之，卦得游徙吉。遷北河榆中三萬家（六）。拜爵一級。

【註】（一）熒惑：火星之別名。心，宋國之分野也。（二）秦取魏地置東郡，河北濮陽縣。（三）燔銷：燒燬也。（四）平舒故城在華州華陰縣西北六里。滈池君：水神也。江神以璧遺滈池之神，告以始皇之將終也。且秦以水德王，故其君將亡，水神先自相告也。滈水源出長安縣西北滈池。（五）祖，人之先；龍，君之象。祖龍死，謂人君將死也。（六）北河：今綏遠境內蒙古鄂爾多斯左翼地。楡中：鄂爾多斯黃河北岸之地。

三十七年十月癸丑，始皇出游。左丞相斯從，右丞相去疾守。少子胡亥愛慕請從，上許之。十一月，行至雲夢，望祀虞舜於九疑山（一）。浮江下，觀籍柯，渡海渚（二）。過丹陽（三），至錢唐（四）。臨浙江（五），水波惡，乃西百二十里從狹中渡。上會稽，祭大禹，望于南海，而立石刻頌秦德。其文曰：

皇帝休烈，平一宇內，德惠脩長（一）。三十有七年，親巡天下，周覽遠方（二）。遂登會稽，宣省習俗，黔首齋莊（三）。群臣誦功，本原事迹，追首高明（四）。秦聖臨國，始定刑名，顯陳舊章（五）。初平法式，審別職任，以立恒常（六）。六王專倍，貪戾慠猛，率衆自彊（七）。暴虐恣行，負力而驕，數動甲兵（八）。陰通閒使，以事合從，行爲辟方（九）。內飾詐謀，外來侵邊，遂起禍殃（一〇）。義威誅之，殄熄暴悖，亂賊滅亡（一一）。聖德廣密，六合之中，被澤無疆（一二）。皇帝并宇，兼聽萬事，遠近畢清（一三）。運理群物，考驗事實，各載其名（一四）。貴賤並通，善否陳前，靡有隱情（一五）。飾省宣義，有子而嫁，倍死不貞（一六）。防隔內外，禁止淫泆，男女絜誠（一七）。夫爲寄豭，殺之無罪，男秉義程（一八）。妻爲逃嫁，子不得母，咸化廉清（一九）。大治濯俗，天下承風，蒙被休經（二〇）。皆遵度軌，和安敦勉，莫不順令（二一）。黔首脩絜，人樂同則，嘉保太平（二二）。後敬奉法，常治無極，輿舟不傾（二三）。從臣誦烈，請刻此石，光垂休銘（二四）。

【譯】（一）九疑山在湖南寧遠縣南六十里，舜葬於此。言始皇至雲夢，望祭虞舜於九疑山也。（二）海渚：「海」字疑爲「江」字。在安徽桐城縣。（三）丹陽：故城在安徽當塗縣東。（四）錢唐：今浙江杭州。（五）浙江：其流東至會稽山陰而西折，故稱浙江。

始皇刻石之文：

（一）「皇帝功烈休美，統一中國，德澤恩惠，極其長久。（二）三十有七年，親自巡視天下，普遍的考察遠方。（三）遂登會稽，看看各地方的風俗習慣，百姓們都是齋戒莊敬。（四）群臣們歌誦功德，推究事迹，完全應當歸功於皇帝的高明。（五）秦朝聖皇，君臨國家，纔制定了刑名，明顯的敷佈了舊有的典章。（六）初次公平了法式，愼重的分別職位，以奠立恒久的基礎。（七）六國之王，專橫背理，貪戾傲猛，率領兵衆，妄自強大。（八）暴虐無道，胡作亂爲。自恃其力量強大而驕傲，經常不斷的發動戰爭。（九）暗地裡派人互相勾結，從事於聯合陣線，行爲乖僻而背理。（一〇）內蓄詐謀之計，外興侵邊之擧，因而禍殃大起。（一一）皇帝奮發義威，加以討伐，平熄了暴悖，消滅了亂賊。（一二）聖人之德，廣大而深密，所以六合之中，都蒙受了無邊的福澤。（一三）皇帝統一宇內，兼聽萬事，四方遠近，全部澄清。（一四）運用萬物，根據事實的考驗，各載以名稱。（一五）貴賤都能表達其意見，善否都能公開於當前，所以沒有隱瞞的苦情。（一六）謹飾自省，宣明義理，有了子女而再嫁，丈夫死去而背情，這都是沒有貞節。（一七）要嚴防內外之隔，禁止淫佚之行，男女都要純潔而眞誠。（一八）男子而淫亂他人之妻，若公豬之寄生於母豬（寄豭：豭，音加，母豬也），殺了他，不犯什麼罪，因爲男人要秉守正義的規程。（一九）爲妻子的，逃其本夫而私嫁他人，其所生的子女，就不得再稱她爲母親。希望天下之人，都能夠淨化於方正清白。（二〇）大道之治，洗滌汚俗，天下之人，承領風教，蒙受休美的陶冶。（二一）大家都能遵守法度，和睦安定，敦厚奮勉，沒有不順從命令的。（二二）百姓們整齊清潔，人人樂於奉行同一的法則，善保其太平的生活。（二三）後代的人敬謹奉法，長治久安至於無窮無盡，車馬舟船也不傾覆。（二四）從臣們讚誦皇帝的功烈，請刻此石，使光榮永遠垂留於休美的銘詞。」

還過吳，從江乘渡（一）。並海上，北至琅邪。方士徐市等入海求神藥，數歲不得，費多，恐譴（二），乃詐曰：「蓬萊藥可得，然常為大鮫魚所苦（三），故不得至，願請善射與俱，見則以連弩射之。」始皇夢與海神戰，如人狀。問占夢，博士曰：「水神不可見，以大魚蛟龍為候（四）。今上禱祠備謹，而有此惡神，當除去，而善神可致。」乃令入海者齎捕巨魚具（五），而自以連弩候大魚出射之（六）。自琅邪北至榮成山（七），弗見。至之罘，見巨魚，射殺一魚。遂並海西（八）。

【註】（一）江乘，縣名，在江蘇句容縣北六十里。並海上：沿海而北上。（二）恐譴：恐受責罰。（三）常被大鮫魚所困擾。（四）以大魚蛟龍為偵望的目標。（五）齎捕巨魚具：攜帶捕捉大魚的器具。（六）連弩：弓之可以連發數矢或數十矢者。（七）榮成山在山東榮成縣。（八）遂並海西：遂即沿海而西。並，依傍也，沿進也。

至平原津而病（一）。始皇惡言死，群臣莫敢言死事。上病益甚，乃為璽書賜公子扶蘇曰：「與喪會咸陽而葬。」書已封，在中車府令趙高（二），行符璽事所，未授使者。七月丙寅，始皇崩於沙丘平臺（三）。丞相斯為上崩在外，恐諸公子及天下有變，乃秘之，不發喪。棺載轀涼車中（四），故幸宦者參乘，所至上食，百官奏事如故。宦者輒從轀涼車中可其奏事。獨子胡亥、趙高及所幸宦者五六人知上死。趙高故嘗教胡亥書及獄律令法事，胡亥私幸之。高乃與公子胡亥、丞相斯陰謀破去始皇所封書賜公子扶蘇者，而更詐為丞相斯受始皇遺詔沙丘，立子胡亥為太子。更為書賜公子扶蘇、蒙恬，數以罪（五），（其）賜死。語具在李斯傳中。行，遂從井陘抵九原。會暑，上轀車臭，乃詔從官令車載一石鮑魚（六），以亂其臭（七）。

【註】（一）平原津：在河北平原縣南六十里有渡口。（二）中車府令：主掌皇帝乘輿之官。（三）沙丘：在河北平鄉縣東北二十里。（四）轀輬：臥車也，密閉曰轀，旁開曰輬，後因用為喪車，故專名喪車，曰轀輬。轀，音溫。輬，音涼。（五）數以罪：責之以罪。數，責也。（六）一石：石，衡名，一百二十斤為一石。（七）以混亂其臭味，人死的臭味，以鮑魚臭味混之，則成為魚臭味，以掩蔽始皇之死。

行從直道至咸陽，發喪。太子胡亥襲位，為二世皇帝。九月，葬始皇酈山。始皇初即位，穿治酈山，及并天下，天下徒送詣七十餘萬人，穿三泉，下銅而致椁，宮觀百官奇器珍怪徙藏滿之。令匠作機弩矢（一），有所穿近者輒射之。以水銀為百川江河大海，機相灌輸（二），上具天文，下具地理。以人魚膏為燭（三），度不滅者久之。二世曰：「先帝後宮非有子者，出焉不宜。」皆令從死，死者甚衆。葬既已下，或言工匠為機，臧皆知之，臧重即泄。大事畢，已臧，閉中羨（四），下外羨門，盡閉工匠，臧者，無復出者。樹草木以象山。

【註】（一）機弩矢：機動的弓箭，有物觸之，卽能自動發射。（二）機相灌輸：以機器撥動，使之流動。（三）人魚膏：似人之魚的脂肪。（四）臧：奴隸，當時搬運葬物之奴隸。（五）重：衆也，言奴隸知者多，卽泄露秘密。（六）中羡：墓中神道。

二世皇帝元年，年二十一。趙高爲郎中令（一），任用事。二世下詔，增始皇寢廟犧牲及山川百祀之禮。令群臣議尊始皇廟。群臣皆頓首言曰：「古者天子七廟，諸侯五，大夫三，雖萬世世不軼毀（二）。今始皇爲極廟，四海之內皆獻貢職，增犧牲，禮咸備，毋以加。先王廟或在西雍（三），或在咸陽。天子儀當獨奉酌祠始皇廟。自襄公已下軼毀。所置凡七廟。群臣以禮進祠，以尊始皇廟爲帝者祖廟。皇帝復自稱『朕』。」

【註】（一）郎中令：近侍之官，凡侍郎，郎中之官，皆屬其管理。（二）軼毀：改變，毀壞。軼，同迭。（三）西雍：在咸陽西。

二世與趙高謀曰：「朕年少，初卽位，黔首未集附（一）。先帝巡行郡縣，以示彊（二），威服海內。今晏然不巡行（三），卽見弱（四），毋以臣畜天下。」春，二世東行郡縣，李斯從。到碣石，並海（五），南至會稽，而盡刻始皇所立刻石，石旁著大臣從者名，以章先帝成功盛德焉（六）：

【註】（一）集附：歸向服從。（二）以表示強大。（三）晏然：安然，平平庸庸，平常。（四）表現出軟弱之勢。（五）並海：傍海而行。（六）章：表彰。同「彰」字。

皇帝曰：「金石刻，盡始皇帝所爲也。今襲號而金石刻辭不稱始皇帝，其於久遠也，如後嗣爲之者，不稱成功盛德（一）。」丞相臣斯、臣去疾、御史大夫臣德昧死言：「臣請具刻詔書刻石，因明白矣。臣昧死請。」制曰：「可。」

【註】（一）不稱：不符合，不相稱。

於是二世乃遵用趙高，申法令。乃陰與趙高謀曰：「大臣不服，官吏尚彊，及諸公子必與我爭，爲之奈何？」高曰：「臣固願言而未敢也。先帝之大臣，皆天下累世名貴人也，積功勞世以相傳久矣。今高素小賤，陛下幸稱舉，令在上位，管中事。大臣鞅鞅（一），特以貌從臣（二），其心實不服。今上出，不因此時案郡縣守尉有罪者誅之，上以振威天下，下以除去上生平所不可者。今時不師文而決於武力，願陛下遂從時毋疑，卽群臣不及謀（三）。明主收舉餘民，賤者貴之，貧者富之，遠者近之，則上下集而國安矣。」二世曰：「善。」乃行誅大臣及諸公子，以罪過連逮少近官三郎（四），無得立者（五），而六公子戮死於杜（六）。公子將閭昆弟三人囚於內宮，議其罪獨後。二世使使令將閭曰：「公子不臣，罪當死，吏致法焉。」將閭曰：「闕廷之禮（七），吾未嘗敢不從賓贊也；廊廟之位，吾未嘗敢失節也；受命應對，吾未嘗敢失辭也。何謂不臣？願聞罪而死。」使者曰：「臣不得與謀，奉書從事（八）。」將閭乃仰天大呼天者三，曰：「天乎！吾無罪！」昆弟三人皆流涕拔劍自殺。宗室振恐（九）。群臣諫者以爲誹謗，大吏持祿取容（一〇），黔首振恐。

【註】（一）鞅鞅：不愉快的樣子，怨望的樣子。（二）以貌從臣：表面服從我，其心不服。（三）卽群臣不及謀：雖群臣也不可和他們商量。（四）連逮少近官三郎：連連逮捕少小的近侍之官如外郎、中郎、散郎（三郎）。（五）無得立者：沒有得以存在的。（六）杜：地名，在長安城南。（七）闕廷：宮殿。（八）奉命令行事。（九）振恐：卽震恐：震驚而恐怖。（一〇）保持祿位，苟且偷生。

四月，二世還至咸陽，曰：「先帝爲咸陽朝廷小，故營阿房宮爲室堂。未就，會上崩，罷其作者，復土酈山。酈山事大畢，今釋阿房宮弗就（一），則是章先帝舉事過也。」（二）復作阿房宮。外撫四夷，如始皇計。盡徵其材士五萬人爲屯衞咸陽（三），令教射狗馬禽獸。當食者多，度不足（四），下調郡縣轉輸菽粟芻藁（五），皆令自齎糧食（六），咸陽三百里內不得食其穀。用法益刻深（七）。

【註】（一）今舍棄阿房宮的工程而不加以完成。（二）等於宣揚先帝辦事的錯誤。（三）徵調其材力之士。（四）預料各種材物不足。（五）下令徵調各郡縣運輸菽粟芻藁之物。（六）自己攜帶糧食。（七）用法越發深重苛刻。

七月，戍卒陳勝等反故荆地（一），爲「張楚」（二）。勝自立爲楚王，居陳（三），遣諸將徇地（四）。山東郡縣少年苦秦吏（五），皆殺其守尉令丞反，以應陳涉，相立爲侯王，合從西鄉（六），名爲伐秦，不可勝數也。謁者使東方來（七），以反者聞二世（八）。二世怒，下吏（九）。後使者至，上問，對曰：「群盜，郡守尉方逐捕，今盡得，不足憂。」上悅。武臣自立爲趙王，魏咎爲魏王，田儋爲齊王。沛公起沛。項梁舉兵會稽郡。

【註】（一）反故荆地：造反於故荆州之地。（二）「張楚」：張大的楚國，卽大楚也。（三）陳州：今河南淮陽縣。（四）徇地：徇行其地而侵略之。（五）苦秦吏：受秦吏之苦者。（六）合從西鄉：聯合戰線向西進兵。鄉者，向也。（七）謁者：秦官名，掌賓贊受事之官。（八）以反者聞二世：以人民起反之事，告訴二世。（九）下吏：交於執法之吏，使治其罪。

二年冬，陳涉所遣周章等將西至戲（一），兵數十萬。二世大驚，與群臣謀曰：「奈何？」少府章邯曰（二）：「盜已至，衆彊，今發近縣不及矣。酈山徒多，請赦之，授兵以擊之。」二世乃大赦天下，使章邯將，擊破周章軍而走，遂殺章曹陽（三）。二世益遣長史司馬欣、董翳佐章邯擊盜，殺陳勝城父（四），破項梁定陶（五），滅魏咎臨濟。楚地盜名將已死，章邯乃北渡河，擊趙王歇等於鉅鹿（六）。

【註】（一）戲：地名，陝西臨潼縣西界之地。（二）少府：秦官名，掌山澤陂池之稅，名曰禁錢，以給私養，自別爲藏。少者，小也，故稱「少府」。（三）曹陽：在河南陝州桃林縣東南十四里。（四）城父：在河南亳州。（五）定陶：卽山東定陶縣。臨濟：在河南陳留縣。（六）鉅鹿：在河北平鄉縣。

趙高說二世曰：「先帝臨制天下久（一），故群臣不敢爲非，進邪說。今陛下富於春秋（二），初卽位，奈何與公卿廷決事（三）？事卽有誤（四），示群臣短也（五）。天子稱朕，固不聞聲（六）。」於是二世常居禁中（七），與高決諸事。其後公卿希得朝見（八），盜賊益多，而關中卒發東擊盜者毋已（九）。右丞相去疾、左丞相斯、將軍馮劫進諫曰：「關東群盜並起，秦發兵誅擊，所殺亡甚衆，然猶不止。盜多，皆以戍漕轉作事苦，賦稅大也。請且止阿房宮作者，減省四邊戍轉。」二世曰：「吾聞之韓子曰：『堯舜采椽不刮，茅茨不翦，飯土塯（一〇），啜土形（一一），雖監門之養（一二），不轂於此（一三）。禹鑿龍門，通大夏（一四），決河亭水（一五），放之海，身自持築臿（一六），脛毋毛（一七），臣虜之勞不烈於此矣（一八）。』凡所爲貴有天下者，得肆意極欲，主重明法，下不敢爲非，以制御海內矣。夫虞、夏之主，貴爲天子，親處窮苦之實，以徇百姓（一九），尚何於法（二〇）？朕尊萬乘，毋其實（二一），吾欲造千乘之駕，萬乘之屬，充吾號名。且先帝起諸侯，兼天下，天下已定，外攘四夷以安邊竟（二二），作宮室以章得意，而君觀先帝功業有緒。今朕卽位二年之閒，群盜並起，君不能禁，又欲罷先帝之所爲，是上毋以報先帝，次不爲朕盡忠力（二三），何以在位（二四）？」下去疾、斯、劫吏，案責他罪（二五）。去疾、劫曰：「將相不辱（二六）。」自殺。斯卒囚，就五刑（二七）。

【註】（一）臨制天下：君臨而控制天下。（二）富於春秋：正在青年時代。年事尚輕。（三）奈何與公卿廷決事：爲什麼和公卿在辦公室內決定國事？廷：辦公之地。（四）事卽有誤：決定如有錯誤。卽，如果也。（五）示群臣短：在群臣之前，表現自己的短處。（六）天子爲什麼稱之爲「朕」呢？就是不聽別人的聲音。或解爲「固聞聲」，就是不見天子之形像，只聽見天子之聲音。（七）深宮之中。（八）希得朝見：很少能夠朝見的。（九）關中之兵出發，向東方擊盜者，沒

有個停止。（一〇）塯：盛飯之瓦器。（一一）啜土形：飲水用土製之瓦器。形，同型。（一二）監門：卑賤之廝卒。（一三）不轂於此：轂，音學，盡也，極其粗陋也。言其生活之苦，不能比此更粗陋了。（一四）大夏：山西晉陽，汾、絳，等州之地。（一五）決河亭水：疏導河水。（一六）築臿：築，擣土之具也。臿，鍬也。臿，卽鍤字。（一七）脛毋毛：腿上都沒有毛了。因爲過份奔勞，磨掉光了。（一八）臣虜之勞，不烈於此矣：雖奴隸的勞動，也不能比他更激烈了。（一九）以徇百姓：爲人民而犧牲。徇，卽殉也，犧牲也。（二〇）尚何於法：還有什麼效法他們的必要呢？（二一）朕尊萬乘，毋其實：我爲萬乘之尊，而沒有實際的享受。（二二）邊竟：卽邊境。（二三）上無以報先帝之恩，下不能爲我盡忠心。（二四）何以在位：還有什麼資格居於宰相之位？（二五）案責他罪：審問而加之以其他罪名。（二六）將相不辱：將相不能受侮辱，只有自殺。（二七）就五刑：論李斯以五刑之罪，而腰斬於咸陽市。

三年，章邯等將其卒圍鉅鹿，楚上將軍項羽將楚卒往救鉅鹿。冬，趙高爲丞相，竟案李斯殺之。夏，章邯等戰數卻（一），二世使人讓邯，邯恐，使長史欣請事（二）。趙高弗見，又弗信。欣恐，亡去，高使人捕追不及。欣見邯曰：「趙高用事於中，將軍有功亦誅，無功亦誅。」項羽急擊秦軍，虜王離，邯等遂以兵降諸侯。八月己亥，趙高欲爲亂，恐群臣不聽，乃先設驗，持鹿獻於二世，曰：「馬也。」二世笑曰：「丞相誤邪？謂鹿爲馬。」問左右，左右或默，或言馬以阿順趙高。或言鹿（者），高因陰中諸言鹿者以法（三）。後群臣皆畏高。

【註】（一）數卻：屢次退卻。（二）長史：官名，漢相國，丞相，及後漢三公府，各有長史。（三）陰中諸言鹿者以法：暗地裡陷害諸言鹿者以法。

高前數言：「關東盜毋能爲也」，及項羽虜秦將王離等鉅鹿下而前，章邯等軍數卻，上書請益助，燕、趙、齊、楚、韓、魏皆立爲王，自關以東，大氐（一）盡畔秦吏應諸侯，諸侯咸率其衆西鄉（二）。沛公將數萬人已屠武關（三），使人私於高，高恐二世怒，誅及其身，乃謝病不朝見。二世夢白虎齧其左驂馬，殺之，心不樂，怪問占夢。卜曰：「涇水爲祟（四）。」二世乃齋於望夷宮（五），欲祠涇，沈四白馬。使使責讓高以盜賊事。高懼，乃陰與其壻咸陽令閻樂、其弟趙成謀曰：「上不聽諫，今事急，欲歸禍於吾宗。吾欲易置上（六），更立公子嬰。子嬰仁儉，百姓皆載其言。」使郎中令爲內應，詐爲有大賊，令樂召吏發卒，追劫樂母置高舍。遣樂將吏卒千餘人至望夷宮殿門，縛衞令僕射，曰：「賊入此，何不止？」衞令曰：「周廬設卒甚謹，安得賊敢入宮？」樂遂斬衞令，直將吏入，行射，郎宦者大驚，或走或格，格者輒死，死者數十人。

郎中令與樂俱入，射上幄坐幃。二世怒，召左右，左右皆惶擾不鬭。旁有宦者一人，侍不敢去。二世入內，謂曰：「公何不蚤告我？乃至於此！」宦者曰：「臣不敢言，故得全。使臣蚤言，皆已誅，安得至今？」閻樂前即二世數曰：「足下驕恣，誅殺無道，天下共畔足下，足下其自爲計。」二世曰：「丞相可得見否？」樂曰：「不可。」二世曰：「吾願得一郡爲王。」弗許。又曰：「願爲萬戶侯。」弗許。曰：「願與妻子爲黔首，比諸公子。」閻樂曰：「臣受命於丞相，爲天下誅足下，足下雖多言，臣不敢報。」麾其兵進（八）。二世自殺。

【註】（一）大氐：即太抵，大多數。（二）西鄉：即西向。西向而攻秦。（三）河南陝西交界之險要關口。（四）爲祟：作怪。祟，音遂。（五）望夷宮在咸陽縣東南八里。（六）易置上：改立天子。（七）格：格鬥。（八）麾：指揮。

閻樂歸報趙高，趙高乃悉召諸大臣公子，告以誅二世之狀。曰：「秦故王國，始皇君天下，故稱帝。今六國復自立，秦地益小，乃以空名爲帝，不可。宜爲王如故，便。」立二世之兄子公子嬰爲秦王。以黔首葬二世杜南宜春苑中（一）。令子嬰齋，當廟見，受王璽。齋五日，子嬰與其子二人謀曰：「丞相高殺二世望夷宮，恐群臣誅之，乃詳以義立我（二）。我聞趙高乃與楚約，滅秦宗室而王關中。今使我齋見廟，此欲因廟中殺我。我稱病不行，丞相必自來，來則殺之。」高使人請子嬰數輩（三），子嬰不行，高果自往，曰：「宗廟重事，王奈何不行？」子嬰遂刺殺高於齋宮，三族高家以徇咸陽（四）。子嬰爲秦王四十六日，楚將沛公破秦軍入武關，遂至霸上（五），使人約降子嬰。子嬰卽係頸以組（六），白馬素車（七），奉天子璽符，降軹道旁（八）。沛公遂入咸陽，封宮室府庫，還軍霸上。居月餘，諸侯兵至，項籍爲從長（九）。殺子嬰及秦諸公子宗族。遂屠咸陽，燒其宮室，虜其子女，收其珍寶貨財，諸侯共分之。滅秦之後，各分其地爲三，名曰雍王、塞王、翟王，號曰三秦。項羽爲西楚霸王，主命分天下王諸侯，秦竟滅矣。後五年，天下定於漢。

【註】（一）以黔首葬二世杜南宜春苑中：以庶民之禮葬二世於杜南宜春苑中。（二）詳：卽佯，假做作。（三）數輩：數次派人。（四）三族高家以徇咸陽：誅滅高家之三族以遊示於咸陽。（五）霸上：在長安東三十里。（六）係頸以組：以絲繩繫其頸部，表示自殺之意。（七）素車白馬：喪人之服御。（八）軹道：在長安東十三里。（九）從長：聯合軍之首長。

太史公曰：秦之先伯翳，嘗有勳於唐虞之際，受土賜姓。及殷夏之閒微散（一）。

至周之衰，秦興，邑于西垂（二）。自繆公以來，稍蠶食諸侯（三），竟成始皇。始皇自以爲功過五帝，地廣三王，而羞與之侔（四）。善哉乎賈生推言之也！曰：

秦幷兼諸侯山東三十餘郡，繕津關，據險塞，修甲兵而守之。然陳涉以戍卒散亂之衆數百，奮臂大呼，不用弓戟之兵，鉏櫌白梃（五），望屋而食（六），橫行天下。秦人阻險不守，關梁不闔，長戟不刺，彊弩不射。楚師深入，戰於鴻門，曾無藩籬之艱。於是山東大擾，諸侯並起，豪俊相立。秦使章邯將而東征，章邯因以三軍之衆要市於外（七），以謀其上。群臣之不信，可見於此矣。子嬰立，遂不寤（八）。藉使子嬰有庸主之材（九），僅得中佐，山東雖亂，秦之地可全而有，宗廟之祀未當絕也。

【註】（一）微散：稍微散落。（二）西垂：西方邊境。（三）蠶食：一片一片的吃。（四）侔：相比。（五）鉏櫌：鋤柄也。櫌，音憂。梃：木棍。（六）望屋而食：沒有軍需補給，走到那裡吃到那裡。（七）要市於外：要求條件以出賣於外。（八）不寤：即不悟，不覺悟。（九）藉使：假使，如果。

秦地被山帶河以爲固，四塞之國也（一），自繆公以來，至於秦王，二十餘君，常爲諸侯雄。豈世世賢哉？其勢居然也。且天下嘗同心并力而攻秦矣。當此之世，賢智並列，良將行其師，賢相通其謀，然困於阻險而不能進，秦乃延入戰而爲之開關，百萬之徒逃北而遂壞。豈勇力智慧不退哉？形不利，勢不便也。秦小邑幷大城，守險塞而軍，高壘毋戰，閉關據阸，荷戟而守之。諸侯起於匹夫，以利合，非有素王之行也。（一）其交未親，其下未附，名爲亡秦，其實利之也。彼見秦阻之難犯也，必退師。安土息民，以待其敝，收弱扶罷（三），以令大國之君，不患不得意於海內。貴爲天子，富有天下，而身爲禽者（四），其救敗非也（五）。

【註】（一）四塞：四邊都有險塞的屏障。（二）素王：有王者之德，而無王者之位。（三）罷，音疲，疲敝也。（四）禽，即「擒」字。（五）其救敗之道有錯誤。

秦王足己不問（一），遂過而不變（二）。二世受之，因而不改，暴虐以重禍（三）。子嬰孤立無親，危弱無輔。三主惑而終身不悟，亡，不亦宜乎？當此時也，世非無深慮知化之士也（四），然所以不敢盡忠拂過者，秦俗多忌諱之禁（五），忠言未卒於口而身爲戮沒矣（六）。故使天下之士，傾耳而聽（七），重足而立（八），拑口而不言（九）。是以三主失道，忠臣不敢諫，智士不敢謀，天下已亂，姦不上聞（一〇），豈不哀哉！先王知雍蔽之傷國也（一一），故置公卿大夫士，以飾法設刑，而天下治。其彊也，禁暴誅亂而天下服。其弱也，五伯征而諸侯從。其削也，內守外附而社稷存。故秦之盛也，繁法嚴刑而天下振（一二）；及其衰也，百姓怨望而海內畔矣。故周五序得其道（一三），而千餘歲不絕。秦本末並失，故不長久。由此觀之，安危之統（一四）相去遠矣。野諺曰「前事之不忘，後事之師也」。是以君子爲國，觀之上古，驗之當世，參以人事，察盛衰之理，審權勢之宜，去就有序，變化有時，故曠日長久而社稷安矣。

【註】（一）足己不問：自以爲足，不向他人領敎。（二）遂過而不變：順遂其過而不改變。（三）重禍：加重禍患。（四）深慮知化：深謀遠慮而知道隨時變化。（五）忌諱之禁：言論不能自由，說話犯了忌諱，就受重刑。（六）忠直之言，尚未說完，而性命已經被殺戮了。（七）傾耳而聽：側耳而聽，對方不敢大聲說話，故聽者必傾耳而後能聽到。（八）重足而立，脚踩脚而立，言無立錐之地。（九）用鐵夾子夾住嘴而不敢言。（一〇）姦不上聞：姦亂之事不能上聞於皇帝，故天下已亂，而上不知。（一一）雍塞言論足以敗壞國家。（一二）振：即震，震恐驚惧也。（一三）周五序得其道：「五」是「王」字之誤，應爲「周王序得其道」。（一四）統：統治方法。

秦孝公據殽函之固，擁雍州之地，君臣固守而窺周室，有席卷天下（一），包舉宇內，囊括四海之意（二），并吞八荒之心（三）。當是時，商君佐之，內立法度，務耕織，修守戰之備，外連衡而鬬諸侯（四），於是秦人拱手而取西河之外（五）。

【註】（一）席卷天下：卽席捲天下。（二）囊括四海：把四海收納到自己的囊袋之中。（三）并吞八荒：把八荒併吞在自己的掌握之內。八荒：八方的邊荒之地。（四）對外與各國諸侯作橫的連繫，而使諸侯互相鬥爭。（五）拱手而取西河之外：言其不勞而取西河之外。西河：陝西同州府之地。（從此一段起，係太史公引用賈誼過秦論之文）

孝公既沒，惠王、武王蒙故業，因遺冊，南兼漢中，西舉巴、蜀，東割膏腴之地，收要害之郡。諸侯恐懼，會盟而謀弱秦，不愛珍器重寶肥美之地，以致天下之士（一），合從締交（二），相與爲一。當是時，齊有孟嘗，趙有平原，楚有春申，魏有信陵。此四君者，皆明知而忠信，寬厚而愛人，尊賢重士，約從離衡，并韓、魏、燕、楚、齊、趙、宋、衞、中山之衆。於是六國之士有寗越、徐尙、蘇秦、杜赫之屬爲之謀，齊明、周最、陳軫、昭滑、樓緩、翟景、蘇厲、樂毅之徒通其意，吳起、孫臏、帶佗、兒良、王廖、田忌、廉頗、趙奢之朋制其兵（三），常以十倍之地，百萬之衆，叩關而攻秦。秦人開關延敵，九國之師逡巡遁逃而不敢進。秦無亡矢遺鏃之費，而天下諸侯已困矣。於是從散約解，爭割地而奉秦。秦有餘力而制其敝，追亡逐北，伏尸百萬，流血漂鹵

（四）。因利乘便，宰割天下，分裂河山，彊國請服，弱國入朝。延及孝文王、莊襄王，享國日淺，國家無事。

【註】（一）致天下之士：招致天下之士。（二）合從締交：聯合戰線，締結盟邦。（三）甯越：趙人。徐尚，未詳。蘇秦，東周洛陽人。杜赫：周人。齊明：東周臣。周最，周之公子。陳軫，夏人。昭滑，楚人。樓緩，魏文侯之弟。蘇厲，蘇秦之弟。樂毅，齊臣。翟景，未詳。吳起，衞人，事魏文侯爲將。孫臏，孫武之後。田忌，齊將。廉頗，趙將。（四）鹵：楯也。

及至秦王，續六世之餘烈（一），振長策而御宇內，吞二周而亡諸侯，履至尊而制六合，執棰拊（二）。以鞭笞天下，威振四海。南取百越之地（三），以爲桂林、象郡，百越之君俛首係頸，委命下吏。乃使蒙恬北築長城而守藩籬，却匈奴七百餘里，胡人不敢南下而牧馬，士不敢彎弓而報怨。於是廢先王之道，焚百家之言，以愚黔首。墮名城（四），殺豪俊，收天下之兵聚之咸陽，銷鋒鑄鐻，以爲金人十二，以弱黔首之民。然後斬華爲城（五），因河爲津（六），據億丈之城，臨不測之谿以爲固。良將勁弩守要害之處，信臣精卒陳利兵而誰何（七）？天下已定。秦王之心，自以爲關中之固，金城千里（八），子孫帝王萬世之業也。

【註】（一）奮六世之餘烈：孝公、惠文王、武王、昭王、孝文王、莊襄王。（二）拊：拍也。（三）越有百邑。（四）墮毀名城，以爲六國之城池都是統一的反對物。（五）修築華山如天塹一般。斬，卽塹。（六）憑藉黃河以爲關津。（七）陳利兵而誰何：擺開了利兵的陣勢，誰還能奈何於我？（八）金城：城池之固如金器所鑄造的一般。

秦王既沒，餘威振於殊俗（一）。陳涉，甕牖繩樞之子（二），甿隸之人（三），而遷徙之徒（四），才能不及中人，非有仲尼、墨翟之賢，陶朱、猗頓之富，躡足行伍之閒（五），而倔起阡陌之中（六），率罷散之卒（八），將數百之衆（九），而轉攻秦。斬木爲兵，揭竿爲旗，天下雲集響應，贏糧（九）而景從（一〇），山東豪俊遂並起而亡秦族矣。

【註】（一）餘威振於殊俗：餘留的威風，猶足以震驚於風俗絕異的遠方。（二）甕 牖繩樞之子：貧窮人家的子弟，其家以甕爲牖，以繩爲樞。（三）甿隸之人：奴隸之人。（四）犯罪之人，被遣戍或充軍。（五）躡足行伍之閒：步行於行伍之間。（六）倔起阡陌之中：突然起義於田畝之中。（七）罷散：疲乏而無力量，零散而無組織。（八）將：帶領。（九）贏糧：擔負糧食。（一〇）景從：卽影從，如影之從形。

且夫天下非小弱也，雍州之地，殽函之固自若也。陳涉之位，非尊於齊、楚、燕、趙、韓、魏、宋、衞、中山之君；鉏櫌棘矜（一），非銛於句戟長鎩也（二）；適戍之衆（三），非抗於九國之師；深謀遠慮，行軍用兵之道，非及鄉時之士也（四）。然而成敗異變，功業相反也。試使山東之國與陳涉度長絜大（五），比權量力，則不可同年而語矣。然秦以區區之地，千乘之權（六），招八州而朝同列，百有餘年矣。然后以六合爲家，殽函爲宮，一夫作難而七廟墮，身死人手，爲天下笑者，何也？仁義不施而攻守之勢異也。

【註】（一）棘矜：卽棘荆。（二）銛：音纖，鋒利也。（三）適戍：卽謫戍，有罪而遣往戍邊者。（四）鄉時：向日，前時。（五）絜大：比較大小。（六）千乘之權：諸侯千乘，天子萬乘。

秦并海內，兼諸侯，南面稱帝，以養四海，天下之士斐然鄉風（一），若是者何也？曰：近古之無王者久矣。周室卑微，五霸既歿，令不行於天下，是以諸侯力政（二），彊侵弱，衆暴寡，兵革不休，士民罷敝。今秦南面而王天下，是上有天子也。既元元之民，冀得安其性命，莫不虛心而仰上，當此之時，守威定功，安危之本，在於此矣。

【註】（一）鄉風：卽向風，服從向化。（二）諸侯力政：力政，卽力征，以武力相征伐。

秦王懷貪鄙之心，行自奮之智，不信功臣，不親士民，廢王道，立私權，禁文書而酷刑法，先詐力而後仁義，以暴虐爲天下始（一）。夫幷兼者高詐力，安定者貴順權，此言取與守不同術也（二）。秦離戰國而王天下，其道不易，其政不改，是其所以取之守之者〔無〕異也。孤獨而有之，故其亡可立而待（三）。借使秦王計上世之事，並殷周之迹，以制御其政，後雖有淫驕之主，而未有傾危之患也（四）。故三王之建天下，名號顯美，功業長久。

今秦二世立，天下莫不引領而觀其政。夫寒者利裋褐，而飢者甘糟糠，天下之嗷嗷，新主之資也。此言勞民之易爲仁也（五）。鄉使二世有庸主之行，而任忠賢，臣主一心而憂海內之患，縞素而正先帝之過，裂地分民以封功臣之後，建國立君以禮天下，虛囹圄而免刑戮，除去收帑汙穢之罪，使各反其鄉里，發倉廩，散財幣，以振孤獨窮困之士，輕賦少事，以佐百姓之急，約法省刑以持其後，使天下之人皆得自新，更節修行，各愼其身，塞萬民之望，而以威德與天下，天下集矣（六）。卽四海之內，皆讙然各自安樂其處，唯恐有變，雖有狡猾之民，無離上之心，則不軌之臣無以飾其智，而暴亂之姦止矣（七）。二世不行此術，而重之以無道，壞宗廟與民，更始作阿房宮，繁刑嚴誅，吏治刻深，賞罰不當，賦斂無度，天下多事，吏弗能紀，百姓困窮而主弗收恤。然後姦僞並起，而上下相遁，蒙罪者衆，刑戮相望於道，而天下苦之。自君卿以下至于衆庶，人懷自危之心，親處窮苦之實，咸不安其位，故易動也（八）。是以陳涉不用湯武之賢，不藉公侯之尊，奮臂於大澤而天下響應者，其民危也（九）。故先王見始終之變，知存亡之機，是以牧民之道，務在安之而已。天下雖有逆行之臣，必無響應之助矣。故曰「安民可與行義，而危民易與爲非」，此之謂也。貴爲天子，富有天下，身不免於戮殺者，正傾非也。是二世之過也（一〇）。

【譯】（一）秦始皇存着貪鄙的心思，使行自滿的聰明，不相信功臣，不親愛士民，廢除王者之道，建立私人極權，禁止文教的書籍而執行殘酷的刑法，以詐術權力爲先，以仁義道德爲後，開始了天下最暴虐的政治。（二）在併兼的時代，以詐力爲高尚；但是到了安定的時代，就必須以順權爲可貴，這就是說，奪取天下與保守天下，其方法是不能相同的。（三）秦朝脫離了戰國的局面，而至於統一天下，其道理沒有更換，其政治沒有改變，這就是說，他取天下之道與守天下之道，完全是一成不變，孤獨無援，失去了群衆的基礎，所以它的亡國是可立而待的。（四）倘使秦始皇能夠考慮上世的故事，參照殷周的成迹，以指導其政治，那麼，卽使後世有淫驕之主，也不至於馬上便有傾覆之患。所以三代聖王之建立天下，能夠名號顯美，功業長久。（五）現今始皇死了，二世立爲天子，天下之人沒有不是伸着脖子以觀望其新政。受寒的人，能夠有一件短褐穿着，就認爲是無比的溫暖；受飢的人，能夠有一餐糟糠吃着，就認爲是無比的甜美，天下人之嗷嗷待哺，正是新皇帝最好的憑藉，這就是說，勞苦的人民最容易使他感覺到仁愛。（六）假定二世只要有普通君主的行爲，而任用忠賢，君臣一心替天下之人考慮憂患，穿着喪服而改正先帝的過失，裂地分民以封賞功臣之後代，建國立君以禮遇天下之士民，空虛了監獄，免除了刑殺，除去收帑汙穢之罪，使他們各自都能回到自己的鄉里；打開倉廩，散發財幣，以賑救那些孤獨窮困的人民；減輕賦稅，少徵徭役，以解救百姓之緊急；簡化法律，減少刑罰，以持續其後，使天下之人都有改過自新的機會，變更作風，修明行爲，各自謹愼其身體，以滿足萬民的希望，而以恩威並重治天下，那麼，天下也就可以安定了。（七）如果四海之內，人人都是歡歡喜喜，各自安居樂業，那麼，即使有狡猾之人，想着搗亂，而老百姓們都沒有離上之心，於是乎野心不軌之臣，就無法肆其聰明，而暴戾作亂之邪惡，自然就停止了。（八）但是，二世不能這樣去做，反而變本加厲的暴虐無道，把老百姓們的祖宗廟宇都折毀了，把材料拿去作阿房宮，刑罰更爲繁重，誅殺更爲嚴急，吏治更爲深刻，賞罰不得其當，賦斂更無限度，天下多事，官吏們也無法管理，百姓窮困了，而主上不加以撫恤，然後姦僞並起而上下互相推諉，犯罪的人，一天比一天多，受刑之人與被殺之人，滿道皆是，而天下深以爲苦。從公卿以至於衆庶，人人都懷自危之心，親身處於窮苦的實際場合，大家都不能安於其位，所以就容易發生動亂了。（九）所以陳涉不比湯武之賢，不憑藉公侯之尊，亡命於大澤，而奮臂一呼，天下都來響應者，就是因爲老百姓們都有恐怖不安的心理。（一〇）所以古先聖王能夠看到開始與終結的變化，能夠知道存在與滅亡的奧妙（機微），因此，管養人民的道理，最急務的是在使他們如何安心生活而已。如果老百姓們都是安心的過生活，卽使有反叛的臣下，也就沒有響應的助力了。所以說：「安心生活的人民，可以與之行義爲善，恐怖不定的人民，便容易與之作亂造反，」就是這個道理。貴爲天子之尊，富有天下之大，然而身不免被殺者，就是因爲他不走正路而走邪路，這就是二世的罪惡。」

以下又簡略的敘述秦朝諸先王立國的年代及其葬處，可供參考。但並非司馬遷所作，乃後人附增之文。

襄公立，享國十二年。初爲西畤（一）。葬西垂。生文公。

【註】（一）西畤：在西縣立祭天之壇場。祠白帝。襄公在位十三年。

文公立，居西垂宮。五十年死，葬西垂。生靜公。

【註】在鄜縣作畤，又作陳寶畤。

靜公不享國而死。生憲公。

憲公享國十二年，居西新邑。死，葬衙（一）。生武公、德公、出子。

【註】（一）馮翊有衙縣。憲公滅蕩社，居新邑，葬衙。本紀謂：憲公徙居平陽，葬西山。

出子享國六年，居西陵。庶長（一）弗忌、威累、參父三人，率賊賊出子鄙衍，葬衙。武公立。

【註】（一）庶長：秦官名，衆官之長。

武公享國二十年。居平陽封宮。葬宣陽聚東南。三庶長伏其罪（一）。德公立。

【註】（一）初次以人從葬而死。

德公享國二年。居雍大鄭宮。生宣公、成公、繆公。葬陽。初伏，以御蠱（一）。

【註】（一）六月三伏之節令，起於秦德公，故云「初伏」，言初次行伏日之節令也。伏者，隱伏以避盛暑也，盛暑之時，常有毒物，故曰「以御蠱」，御，卽「禦」字。蠱，毒物也。御蠱者，卽抵禦害人之毒物也。

自德公以下，秦本紀不言各王葬居之事。

宣公享國十二年。居陽宮。葬陽。初志閏月。

【註】宣公四年，作密時。

成公享國四年，居雍之宮。葬陽。齊伐山戎、孤竹。

繆公享國三十九年。天子致霸。葬雍。繆公學著人（一）。生康公。

【註】（一）著，音宁，門屏之間，曰「宁」，謂學於宁門之人，足證繆公之好學，不耻下問。

康公享國十二年。居雍高寢。葬竘社。生共公。

共公享國五年，居雍高寢。葬康公南。生桓公。

桓公享國二十七年。居雍太寢。葬義里丘北。生景公。

景公享國四十年。居雍高寢，葬丘里南。生畢公。

畢公享國三十六年。葬車里北。生夷公。

夷公不享國。死，葬左宮。生惠公。

惠公享國十年。葬車里（康景）。生悼公。

悼公享國十五年。葬僖公西。城雍。生剌龔公。

剌龔公享國三十四年。葬八里。生躁公、懷公。其十年，彗星見。

躁公享國十四年。居受寢。葬悼公南。其元年，彗星見。

懷公從晉來。享國四年。葬櫟圉氏。生靈公。諸臣圍懷公，懷公自殺。

肅靈公，昭子子也。居涇陽。享國十年。葬悼公西。生簡公。

簡公從晉來。享國十五年。葬僖公西。生惠公。其七年，百姓初帶劍。

惠公享國十三年。葬陵圉。生出公。

出公享國二年。出公自殺，葬雍。

獻公享國二十三年。葬嚻圉。生孝公。

孝公享國二十四年。葬弟圉。生惠文王。其十三年，始都咸陽。

惠文王享國二十七年。葬公陵。生悼武王。

悼武王享國四年，葬永陵。

昭襄王享國五十六年。葬茝陽。生孝文王。

孝文王享國一年。葬壽陵。生莊襄王。

莊襄王享國三年。葬茝陽。生始皇帝。呂不韋相。

獻公立七年，初行爲市。十年，爲戶籍相伍。

孝公立十六年。時桃李冬華。

惠文王生十九年而立。立二年，初行錢。有新生嬰兒曰「秦且王」。

悼武王生十九年而立。立三年，渭水赤三日。

昭襄王生十九年而立。立四年，初爲田開阡陌。

孝文王生五十三年而立。

莊襄王生三十二年而立。立二年，取太原地。莊襄王元年，大赦，脩先王功臣，施德厚骨肉，布惠於民。東周與諸侯謀秦，秦使相國不韋誅之，盡入其國。秦不絕其祀，以陽人地賜周君，奉其祭祀。

始皇享國三十七年。葬酈邑。生二世皇帝。始皇生十三年而立。

二世皇帝享國三年。葬宜春。趙高爲丞相安武侯。二世生十二年而立。

以下是漢孝明帝訪班固評論賈、馬贊中論秦二世亡天下之得失。後人因取其說，附之此末。

周曆已移（一），仁不代母（二）。秦直其位（三），呂政殘虐（四）。然以諸侯十三（五），幷兼天下，極情縱欲，養育宗親。三十七年，兵無所不加，制作政令，施於後王。蓋得聖人之威，河神授圖，據狼、狐，蹈參、伐（六），佐政驅除（七），距之稱始皇（八）。

【註】（一）周曆已移：周家的曆數（國運）已經移去。（二）仁不代母：仁指漢家而言，母指周家而言，漢家不能代替周家而爲王。（三）秦直其位：秦家就碰到這個空隙。直，値也，遇也。（四）呂政殘虐：呂政，卽秦始皇也，因其爲呂不韋之私生子，故稱之爲姓呂名政。帶有故意汚辱之意。秦始皇殘忍暴虐。（五）諸侯十三：諸侯指秦始皇之國際地位而言。十三指秦始皇爲秦君之年歲。（六）據狼、狐，蹈參、伐：狼、狐、參、伐，皆星宿之名，這四個星宿，都含有戰爭氣氛，秦始皇就是這樣的星宿下凡，所以好戰成性，窮兵黷武。（七）這些星宿幫助了呂政來驅除敵國。（八）距之：到也，達到了目的，統一天下的目的。於是稱「始皇」。

始皇旣殁，胡亥極愚，酈山未畢，復作阿房，以遂前策（一）。云「凡所爲貴有天下者，肆意極欲，大臣至欲罷先君所爲（二）。」誅斯、去疾，任用趙高（三）。痛哉言乎！人頭畜鳴（四）。不威不伐惡，不篤不虛亡（五），距之不得留，殘虐以促期（六），雖居形便之國，猶不得存（七）。

【註】（一）始皇旣經死了之後，其次子胡亥繼位。胡亥是個大渾蛋，酈山的工事未畢，又要建造阿房宮，以順遂秦始皇的計策。（二）他自已曾說：「人之所以以佔有天下爲貴者，就是要儘情享受，大臣們不懂得這種道理，竟然要停止先君的工作，眞是豈有此理」！（三）於是就把李斯與馮去

疾殺了，而專用趙高。（四）說起來，眞是痛心，像胡亥這樣的人，徒徒長了一個人頭，而其言論完全是畜牲叫鳴。（五）如果不是他凶威太甚，上天或者不至於伐他；如果不是他流毒太重（篤，深重也），或者他還不至於滅亡。（六）登上了寶座，不得留居；殘暴太甚，促成了他的短命。（七）所以雖然據有形勢優越的國土，仍舊不得存在。

子嬰度次得嗣，冠玉冠，佩華紱，車黃屋，從百司，謁七廟（一）。小人乘非位，莫不怳忽失守，偷安日日（二），獨能長念却慮，父子作權，近取於戶牖之閒，竟誅猾臣，爲君討賊（三）。高死之後，賓婚未得盡相勞，餐未及下咽，酒未及濡脣，楚兵已屠關中，眞人翔霸上（四），素車嬰組，奉其符璽，以歸帝者（五）。鄭伯茅旌鸞刀，嚴王退舍。河決不可復壅，魚爛不可復全（六）。賈誼、司馬遷曰：「向使嬰有庸主之才，僅得中佐，山東雖亂，秦之地可全而有，宗廟之祀未當絕也（七）。」秦之積衰，天下土崩瓦解，雖有周旦之材，無所復陳其巧，而以責一日之孤，誤哉（八）！俗傳秦始皇起罪惡，胡亥極，得其理矣（九）。復責小子，云秦地可全，所謂不通時變者也（一〇）。紀季以酅，春秋不名。吾讀秦紀，至於子嬰車裂趙高，未嘗不健其決，憐其志。嬰死生之義備矣（一一）。

【註】（一）子嬰按着次序，得以嗣位，於是戴着玉冠，佩着華紱，乘着黃屋，百官職事，跟隨着他，告謁七廟。（二）但是他朝中那一些小人們，沒有不是心理恍忽，魂不守舍，苟且偷生，鬼混日月。（三）子嬰獨能深慮果斷，父子作主，於戶牖之內，竟然能夠把趙高這樣老姦巨猾的賊臣殺掉，爲國家討賊。（四）把趙高殺死之後，賓朋婚戚還沒有完全拜訪，餐飯還沒有下咽，醇酒還沒有濕唇，而楚兵已經屠血關中，眞人（指漢高祖）已經翺翔霸上（距西安約二十里）。（五）於是乎子嬰不得不素車白馬，繫組請罪，捧其玉璽，以呈新帝。（六）如同鄭伯一樣，藉着茅旌鸞刀（祭祀宗廟之物）的乞鄰，楚莊王表示原諒，而退兵三舍。但是，黃河已經決口之後，再堵也堵不住了；魚兒已經腐爛之後，誰也不能使之復全了，秦家的國勢，已經土崩瓦解，子嬰也無力挽救了。（七）而賈誼、司馬遷竟然把秦亡之責，歸咎於子嬰，說子嬰如果能有中等水準的才能，秦朝的宗廟，猶可不至於絕祀。這種說法，完全是不通時勢。（八）老實說，處於秦朝那樣土崩瓦解的局面，即使把周公請出來，也是一籌莫展。而賈誼、司馬遷，竟然以秦亡之罪，去責備那一個僅僅當了一天皇帝的子嬰，眞是太誤解了。（九）一般俗人們都傳着說，秦之亡，是由於秦始皇作惡多端，而胡亥更甚。這些話，可以說是得到其中的道理了。（一〇）賈誼、司馬遷的話，都是不通時變之言。（一一）紀季以酅入於齊，春秋不直指其名，爲什麼？因爲他能於危亡之時，通達時勢，設五廟以保存其姑姊妹也。我讀了秦紀，讀到子嬰車裂趙高的一段，未嘗不敬佩其決心之壯烈，意志的可憐。子嬰在

死生的大關節上，可以說是毫無遺憾了。」

史記卷七　項羽本紀第七

項籍者，下相人也（一），字羽。初起時，年二十四。其季父項梁（二），梁父卽楚將項燕，爲秦將王翦所戮者也（三）。項氏世世爲楚將，封於項（四），故姓項氏。

【註】（一）下相：在今江蘇省宿遷縣西七里。（二）季父：四叔。（三）項燕：楚將，被秦將王翦所包圍而自殺。（四）項：故城在河南省項城縣東北。

項籍少時，學書不成，去學劍，又不成。項梁怒之。籍曰：「書足以記名姓而已。劍一人敵，不足學，學萬人敵。」於是項梁乃敎籍兵法，籍大喜，略知其意，又不肯竟學（一）。項梁嘗有櫟陽逮（二），乃請蘄（三）獄掾（四）曹咎書抵櫟陽獄掾司馬欣，以故事得已（五）。項梁殺人，與籍避仇於吳中。吳中賢士大夫皆出項梁下。每吳中有大繇役及喪，項梁常爲主辦，陰以兵法部勒賓客及子弟（六），以是知其能。秦始皇帝游會稽，渡浙江，梁與籍俱觀。籍曰：「彼可取而代也。」梁掩其口，曰：「毋妄言，族矣（六）！」梁以此奇籍。籍長八尺餘，力能扛鼎（七），才氣過人，雖吳中子弟皆已憚籍矣（九）。

【註】（一）不肯完畢其所學。（二）爲櫟陽縣所傳逮。櫟陽縣在陝西臨潼縣東北。櫟，音歷。（三）蘄：在安徽省宿縣南。（四）獄掾：監獄中之輔佐的官。（五）以故，事得已：因此，事情纔算是停止，不逮捕。（六）暗地裡以兵法組織賓客及子弟。（七）不要胡說八道，否則就有家滅九族之禍。（八）力量之大，能把鼎舉起來。（九）憚：畏懼。

秦二世元年七月，陳涉等起大澤中（一）。其九月，會稽守通謂梁曰：「江西皆反，此亦天亡秦之時也。吾聞先卽制人，後則爲人所制（二）。吾欲發兵，使公及桓楚將。」是時桓楚亡在澤中。梁曰：「桓楚亡，人莫知其處，獨籍知之耳。」梁乃出，誡籍持劍居外待。梁復入，與守坐，曰：「請召籍，使受命召桓楚。」守曰：「諾。」梁召籍入。須臾（三），梁眴籍曰（四）：「可行矣！」於是籍遂拔劍斬守頭。項梁持守頭，佩其印綬。門下大驚，擾亂，籍所擊殺數十百人。一府中皆慴伏（五），莫敢起。梁乃召故所知豪吏，諭以所爲起大事，遂舉吳中兵。使人收下縣，得精兵八千人。梁部署吳中豪傑爲校尉、候、司馬。有一人不得用，自言於梁。梁曰：「前時某喪使公主某事，不能辨，以此不任用公。」衆乃皆伏。於是梁爲會稽守，籍爲裨將（六），徇下縣（七）。

【註】（一）大澤：鄉鎭名，在安徽宿縣。（二）先發可以制人，後發，則爲人所制。（三）頃刻之間。（四）眴，音縣，以目示意。（五）慴伏：恐懼而低下頭。慴，音折。（六）裨將：副將。（七）徇：侵略。

廣陵人召平於是爲陳王徇廣陵（一），未能下。聞陳王敗走，秦兵又且至，乃渡江矯陳王命，拜梁爲楚王上柱國（二）。曰：「江東已定，急引兵西擊秦。」項梁乃以八千人渡江而西。聞陳嬰已下東陽（三），使使欲與連和俱西。陳嬰者，故東陽令史（四），居縣中，素信謹，稱爲長者。東陽少年殺其令，相聚數千人，欲置長，無適用，乃請陳嬰。嬰謝不能，遂彊立嬰爲長（五），縣中從者得二萬人。少年欲立嬰便爲王，異軍蒼頭特起（六）。陳嬰母謂嬰曰：「自我爲汝家婦，未嘗聞汝先古之有貴者。今暴得大名（七），不祥。不如有所屬，事成猶得封侯，事敗易以亡，非世所指名也。」嬰乃不敢爲王。謂其軍吏曰：「項氏世世將家，有名於楚。今欲舉大事，將非其人，不可。我倚名族，亡秦必矣。」於是衆從其言，以兵屬項梁。項梁渡淮，黥布、蒲將軍亦以兵屬焉。凡六七萬人，軍下邳（八）。

【註】（一）廣陵：在江蘇省江都縣。（二）上柱國：位似丞相。（三）東陽：在安徽省天長縣西北。（四）令史：縣政府書記官之類。（五）強勉而立之。（六）突起的頭纏黑巾的特別軍。（七）暴得大名：突然而得的。暴發的。（八）下邳：在江蘇省邳縣東。

當是時，秦嘉（一）已立景駒爲楚王，軍彭城東（二），欲距項梁（三）。項梁謂軍吏曰：「陳王先首事，戰不利，未聞所在。今秦嘉倍陳王而立景駒，逆無道。」乃進兵擊秦嘉。秦嘉軍敗走，追之至胡陵（四）。嘉還戰一日，嘉死，軍降。景駒走死梁地。項梁已幷秦嘉軍，軍胡陵，將引軍而西。章邯軍至栗（五），項梁使別將朱雞石、餘樊君與戰。餘樊君死。朱雞石軍敗，亡走胡陵。項梁乃引兵入薛（六），誅雞石。項梁前使項羽別攻襄城（七），襄城堅守不下。已拔，皆阬之。還報項梁。項梁聞陳王定死，召諸別將會薛計事。此時沛公亦起沛，往焉。

【註】（一）秦嘉：秦末起兵抗暴之一。（二）彭城：江蘇徐州。（三）距：同「拒」字。（四）胡陵：在山東魚臺縣。（五）栗：在河南夏邑縣。（六）薛：在山東滕縣。（七）襄城

：河南襄城縣。

居鄛人范增（一），年七十，素居家，好奇計，往說項梁曰：「陳勝敗固當（二）。夫秦滅六國，楚最無罪。自懷王入秦不反，楚人憐之至今，故楚南公曰（三）：『楚雖三戶，亡秦必楚也。』今陳勝首事，不立楚後而自立，其勢不長。今君起江東，楚蠭午之將（四），皆爭附君者，以君世世楚將，爲能復立楚之後也。」於是項梁然其言，乃求楚懷王孫心民閒，爲人牧羊，立以爲楚懷王，從民所望也。陳嬰爲楚上柱國，封五縣，與懷王都盱台（五）。項梁自號爲武信君。

【註】（一）居鄛：在安徽巢縣東北。（二）固：原來。言其失敗，原來是應該的。（三）南公：楚國預言家。（四）蠭午：紛紛而起，如蜂然。（五）盱台：安徽盱眙縣。

居數月，引兵攻亢父（一），與齊田榮、司馬龍且軍救東阿（二），大破秦軍於東阿。田榮卽引兵歸，逐其王假。假亡走楚。假相田角亡走趙。角弟田閒故齊將，居趙不敢歸。田榮立田儋子市爲齊王。項梁已破東阿下軍，遂追秦軍。數使使趣（三）齊兵，欲與俱西。田榮曰：「楚殺田假，趙殺田角、田閒，乃發兵。」項梁曰：「田假爲與國之王（四），窮來從我，不忍殺之。」趙亦不殺田角、田閒以市於齊（五）。齊遂不肯發兵助楚。項梁使沛公及項羽別攻城陽（六）屠之。西破秦軍濮陽東（七），秦兵收入濮陽。沛公、項羽乃攻定陶。定陶未下，去，西略地至雝丘（八），大破秦軍，斬李由（九），還攻外黃（一〇），外黃未下。

【註】（一）亢父：在山東濟寧縣南。（二）東阿：在山東陽穀縣東北。（三）趣：同「促」，催促其速。（四）與國：友國，同盟國。（五）市：賣好。（六）城陽：在山東雷澤縣東北。（七）濮陽：在山東濮縣境。（八）雝丘：河南杞縣。（九）李由：李斯之子。（一〇）外黃：在河南杞縣東北。

項梁起東阿，西，（北）〔比〕至定陶，再破秦軍，項羽等又斬李由，益輕秦，有驕色。宋義乃諫項梁曰：「戰勝而將驕卒惰者敗。今卒少惰矣，秦兵日益，臣爲君畏之。」項梁弗聽。乃使宋義使於齊。道遇齊使者高陵君顯（一），曰：「公將見武信君乎？」曰：「然。」曰：「臣論武信君軍必敗。公徐行卽免死，疾行則及禍。」秦果悉起兵益章邯，擊楚軍，大破之定陶，項梁死。沛公、項羽去外黃攻陳留，陳留堅守不能下。沛公、項羽相與謀曰：「今項梁軍破，士卒恐。」乃與呂臣軍俱引兵而東。呂臣軍彭城東，項羽軍彭城西，沛公軍碭（二）。

【註】（一）高陵，縣名，在山東諸城縣。（二）碭，江蘇碭山縣。

章邯已破項梁軍，則以爲楚地兵不足憂，乃渡河擊趙，大破之。當此時，趙歇爲王，陳餘爲將，張耳爲相，皆走入鉅鹿城。章邯令王離、涉閒圍鉅鹿，章邯軍其南，築甬道而輸之粟（一）。陳餘爲將，將卒數萬人而軍鉅鹿之北，此所謂河北之軍也。

【註】（一）在道路兩邊，特別築高，曰甬道。

楚兵已破於定陶，懷王恐，從盱台之彭城，幷項羽、呂臣軍自將之。以呂臣爲司徒，以其父呂青爲令尹（一）。以沛公爲碭郡長，封爲武安侯，將碭郡兵。

【註】（一）令尹：官名，春秋時代楚國執政者之稱。

初，宋義所遇齊使者高陵君顯在楚軍，見楚王曰：「宋義論武信君之軍必敗，居數日，軍果敗。兵未戰而先見敗徵，此可謂知兵矣。」王召宋義與計事而大說之，因置以爲上將軍；項羽爲魯公，爲次將，范增爲末將，救趙。諸別將皆屬宋義，號爲卿子冠軍（一）。行至安陽，留四十六日不進。項羽曰：「吾聞秦軍圍趙王鉅鹿，疾引兵渡河，楚擊其外，趙應其內，破秦軍必矣。」宋義曰：「不然。夫搏牛之䖟不可以破蟣蝨（二）。今秦攻趙，戰勝則兵罷，我承其敝；不勝，則我引兵鼓行而西，必舉秦矣。故不如先鬬秦趙。夫被堅執銳，義不如公；坐而運策，公不如義。」因下令軍中曰：「猛如虎，很如羊，貪如狼，彊不可使者，皆斬之。」乃遣其子宋襄相齊，身送之至無鹽（三），飲酒高會。天寒大雨，士卒凍飢。項羽曰：「將戮力而攻秦，久留不行。今歲饑民貧，士卒食芋菽，軍無見糧（四），乃飲酒高會，不引兵渡河因趙食，與趙幷力攻秦，乃曰『承其敝』。夫以秦之彊，攻新造之趙，其勢必舉趙。趙舉而秦彊，何敝之承！且國兵新破，王坐不安席，埽境內而專屬於將軍，國家安危，在此一舉。今不恤士卒而徇其私（五），非社稷之臣。」項羽晨朝上將軍宋義，卽其帳中斬宋義頭，出令軍中曰：「宋義與齊謀反楚，楚王陰令羽誅之。」當是時，諸將皆慴服，莫敢枝梧（六）。皆曰：「首立楚者，將軍家也。今將軍誅亂。」乃相與共立羽爲假上將軍。使人追宋義子，及之齊，殺之。使桓楚報命於懷王。懷王因使項羽爲上將軍，當陽君、蒲將軍皆屬項羽。

【註】（一）卿子冠軍：卿子，尊稱之辭。冠軍，上將軍也。　（二）䖟：音盲，蟲名，形態與蠅同，而體較大，口有棘刺，刺螫畜類，夏日尤甚，種類甚多，最著者爲牛䖟。蟣：蝨之幼蟲也，俗名蟣

子。言螯牛之蝱，形體雖大，但不能夠破蟣蝨，喻秦之不一定能破趙也。（三）無鹽：在山東東平縣。（四）見糧：即現糧。（五）徇其私：順從其私心。（六）枝梧：反對，抵抗。

項羽已殺卿子冠軍，威震楚國，名聞諸侯。乃遣當陽君、蒲將軍將卒二萬渡河，救鉅鹿。戰少利，陳餘復請兵。項羽乃悉引兵渡河，皆沈船，破釜甑，燒廬舍，持三日糧，以示士卒必死，無一還心。於是至則圍王離，與秦軍遇，九戰，絕其甬道，大破之，殺蘇角，虜王離。涉閒不降楚，自燒殺。當是時，楚兵冠諸侯。諸侯軍救鉅鹿下者十餘壁（一），莫敢縱兵。及楚擊秦，諸將皆從壁上觀（二）。楚戰士無不一以當十，楚兵呼聲動天，諸侯軍無不人人惴恐。於是已破秦軍，項羽召見諸侯將，入轅門（三），無不膝行而前，莫敢仰視。項羽由是始爲諸侯上將軍，諸侯皆屬焉。

【註】（一）壁：軍壘。（二）皆從壁上觀：坐觀成敗。（三）轅門：營門也。軍行以車爲陣，轅相向爲門，故曰轅門。

章邯軍棘原（一），項羽軍漳南（二），相持未戰。秦軍數却，二世使人讓章邯。章邯恐，使長史欣請事。至咸陽，留司馬門（三）三日，趙高不見，有不信之心。長史欣恐，還走其軍，不敢出故道，趙高果使人追之，不及。欣至軍，報曰：「趙高用事於中，下無可爲者。今戰能勝，高必疾妒吾功；戰不能勝，不免於死。願將軍孰計之（四）。」陳餘亦遺章邯書曰：「白起爲秦將，南征鄢郢，北阬馬服（五），攻城略地，不可勝計，而竟賜死。蒙恬爲秦將，北逐戎人，開榆中地數千里，竟斬陽周（六）。何者？功多，秦不能盡封，因以法誅之。今將軍爲秦將三歲矣，所亡失以十萬數，而諸侯並起滋益多。彼趙高素諛日久，今事急，亦恐二世誅之，故欲以法誅將軍以塞責，使人更代將軍以脫其禍（七）。夫將軍居外久，多內郤（八），有功亦誅，無功亦誅。且天之亡秦，無愚智皆知之。今將軍內不能直諫，外爲亡國將，孤特獨立而欲常存，豈不哀哉！將軍何不還兵與諸侯爲從（九），約共攻秦，分王其地，南面稱孤；此孰與身伏鈇質（一〇），妻子爲僇乎？」章邯狐疑，陰使候始成（一一），使項羽，欲約。約未成，項羽使蒲將軍日夜引兵度三戶（一二），軍漳南，與秦戰，再破之。項羽悉引兵擊秦軍汙水上（一三），大破之。

【註】（一）棘原：地名，在河北鉅鹿南。（二）漳南：在河北平鄉縣南。（三）宮垣之內，兵衞所在，四面皆有司馬，主武事。（四）孰計之：即熟計之，詳加考慮。（五）趙奢子，趙括也

，代號馬服。（六）陽周：在陝西安定縣。（七）使別人代替將軍以解脫他自己的禍患。（八）內郤：音隙，仇隙，仇恨，仇人。（九）與諸侯爲從：與諸侯聯合戰線以抗秦。（一〇）身伏鈇質：身受腰斬之刑。鈇鑕，即今之鍘刀，置刑人於鑕座之上，而以上下之兩刀相合，切而斷之。（一一）侯：軍侯，官名。（一二）三戶：津口名也，在河南臨漳縣西。（一三）汙水：出武安山東南，經汙城北入漳。汙，音于。

章邯使人見項羽，欲約。項羽召軍吏謀曰：「糧少，欲聽其約。」軍吏皆曰：「善。」項羽乃與期洹水南殷虛上（一）。已盟，章邯見項羽而流涕，爲言趙高。項羽乃立章邯爲雍王，置楚軍中。使長史欣爲上將軍，將秦軍爲前行。

【註】（一）洹水：在河南湯陰縣界。殷墟，故殷都也。

到新安（一）。諸侯吏卒異時故繇使屯戍過秦中，秦中吏卒遇之多無狀，及秦軍降諸侯，諸侯吏卒乘勝多奴虜使之，輕折辱秦吏卒（二）。秦吏卒多竊言曰：「章將軍等詐吾屬降諸侯，今能入關破秦，大善；卽不能（三），諸侯虜吾屬而東，秦必盡誅吾父母妻子。」諸將微聞其計（四），以告項羽。項羽乃召黥布、蒲將軍計曰：「秦吏卒尙衆，其心不服，至關中不聽，事必危，不如擊殺之，而獨與章邯、長史欣、都尉翳入秦。」於是楚軍夜擊阬秦卒二十餘萬人新安城南。

【註】（一）新安：故城在洛陽西七十里。（二）諸侯吏卒以前的時候，爲了被徵調、服徭役，或是屯戍，經過秦中，秦中的吏卒待他們很壞，及秦軍降於項羽，諸侯吏卒便乘機報復，以奴隸役使之。（三）即不能：如果不能。（四）微聞：暗中聽說。

行略定秦地。函谷關（一），有兵守關，不得入。又聞沛公已破咸陽，項羽大怒，使當陽君等擊關。項羽遂入，至于戲西。沛公軍霸上，未得與項羽相見。沛公左司馬曹無傷使人言於項羽曰：「沛公欲王關中，使子嬰爲相，珍寶盡有之。」項羽大怒，曰：「旦日饗士卒，爲擊破沛公軍！」當是時，項羽兵四十萬，在新豐鴻門（二），沛公兵十萬，在霸上。范增說項羽曰：「沛公居山東時，貪於財貨，好美姬。今入關，財物無所取，婦女無所幸，此其志不在小。吾令人望其氣，皆爲龍虎，成五采，此天子氣也。急擊勿失。」

【註】（一）函谷關：在河南靈寶縣西南。（二）鴻門在新豐東十七里。今陝西臨潼縣東。

楚左尹項伯者，項羽季父也，素善留侯張良。張良是時從沛公，項伯乃夜馳之沛公軍，私見張良，具告以事，欲呼張良與俱去。曰：「毋從俱死也。」張良曰：「臣爲韓王送沛公，沛公今事有急，亡去不義，不可不語。」良乃入，具告沛公。沛公大驚，曰：「爲之奈何？」張良曰：「誰爲大王爲此計者？」曰：「鯫生（一）說我曰『距關，毋內諸侯（二），秦地可盡王也』。故聽之。」良曰：「料大王士卒足以當項王乎？」沛公默然，曰：「固不如也，且爲之奈何？」張良曰：「請往謂項伯，言沛公不敢背項王也。」沛公曰：「君安與項伯有故？」張良曰：「秦時與臣游，項伯殺人，臣活之。今事有急，故幸來告良。」沛公曰：「孰與君少長？」良曰：「長於臣。」沛公曰：「君爲我呼入，吾得兄事之。」張良出，要項伯。項伯卽入見沛公。沛公奉卮酒爲壽，約爲婚姻，曰：「吾入關，秋豪不敢有所近，籍吏民（三），封府庫，而待將軍。所以遣將守關者，備他盜之出入與非常也。日夜望將軍至，豈敢反乎！願伯具言臣之不敢倍德也。」項伯許諾。謂沛公曰：「旦日不可不蚤自來謝項王。」沛公曰：「諾。」於是項伯復夜去，至軍中，具以沛公言報項王。因言曰：「沛公不先破關中，公豈敢入乎？今人有大功而擊之，不義也，不如因善遇之。」項王許諾。

【註】（一）鯫生：鯫，音淺，姓也。（二）距關，勿內諸侯：把守函谷關，不使諸侯之兵進關。

（三）籍吏民：登記吏民的戶口。

沛公旦日從百餘騎來見項王，至鴻門，謝曰：「臣與將軍戮力（一）而攻秦，將軍戰河北，臣戰河南，然不自意（二）能先入關破秦，得復見將軍於此。今者有小人之言，令將軍與臣有郤（三）。」項王曰：「此沛公左司馬曹無傷言之；不然，籍何以至此。」項王卽日因留沛公與飲。項王、項伯東嚮坐（四），亞父南嚮坐。亞父者，范增也。沛公北嚮坐，張良西嚮侍。范增數目項王（五），舉所佩玉玦以示之者三，項王默然不應。范增起，出召項莊，謂曰：「君王爲人不忍（六），若入前爲壽（七），壽畢，請以劍舞，因擊沛公於坐，殺之。不者（八），若屬皆且爲所虜（九）。」莊則入爲壽。壽畢，曰：「君王與沛公飲，軍中無以爲樂，請以劍舞。」項王曰：「諾。」項莊拔劍起舞，項伯亦拔劍起舞，常以身翼蔽沛公（一〇），莊不得擊。於是張良至軍門，見樊噲。樊噲曰：「今日之事何如？」良曰：「甚急。今者項莊拔劍舞，其意常在沛公也。」噲曰：「此迫矣，臣請入，與之同命。」噲卽帶劍擁盾入軍門。交戟之衞士欲止不內（一一），樊噲側其盾以撞，衞士仆地，噲遂入，披帷西嚮立，瞋目視項王（一二）

，頭髮上指，目眥盡裂（一三）。項王按劍而跽（一四）曰：「客何爲者？」張良曰：「沛公之參乘樊噲者也。」項王曰：「壯士，賜之卮酒。」則與斗卮酒。噲拜謝，起，立而飲之。項王曰：「賜之彘肩。」則與一生彘肩。樊噲覆其盾於地，加彘肩上，拔劍切而啗之（一五）。項王曰：「壯士，能復飲乎？」樊噲曰：「臣死且不避，卮酒安足辭！夫秦王有虎狼之心，殺人如不能舉，刑人如恐不勝，天下皆叛之。懷王與諸將約曰『先破秦入咸陽者王之。』今沛公先破秦入咸陽，豪毛不敢有所近，封閉宮室，還軍霸上，以待大王來。故遣將守關者，備他盜出入與非常也。勞苦而功高如此，未有封侯之賞，而聽細說（一六），欲誅有功之人。此亡秦之續耳，竊爲大王不取也。」項王未有以應，曰：「坐。」樊噲從良坐。坐須臾，沛公起如廁，因招樊噲出。

【註】（一）戮力：團結力量。（二）不自意：自己意料不到。（三）郤：卽隙，有仇隙。（四）東嚮坐：卽東向坐。（五）數目項王：幾次以目示意於項王。（六）爲人不忍：不夠心狠。（七）若入前爲壽：若，你也。（八）不者：否則的話。（九）若屬：你們這一類的人。（一〇）翼蔽沛公：掩護沛公。（一一）交戟：守衞之人，持戟相交。（一二）瞋目：怒目。瞋，音琛（ㄔㄣ）。（一三）目眥：目眶也。眥，音字（ㄗˋ）。（一四）跽，音技（ㄐㄧˋ），長跪也。（一五）啗，音淡（ㄉㄢˋ），食也。（一六）細說：小人之讒言。

沛公已出，項王使都尉陳平召沛公。沛公曰：「今者出，未辭也，爲之奈何？」樊噲曰：「大行不顧細謹，大禮不辭小讓。如今人方爲刀俎，我爲魚肉，何辭爲。」（一）於是遂去。乃令張良留謝。良問曰：「大王來何操？」曰：「我持白璧一雙，欲獻項王，玉斗一雙，欲與亞父，會其怒，不敢獻。公爲我獻之。」張良曰：「謹諾。」當是時，項王軍在鴻門下，沛公軍在霸上，相去四十里。沛公則置車騎（二），脫身獨騎，與樊噲、夏侯嬰、靳彊、紀信等四人持劍盾步走，從酈山下，道芷陽閒行（三）。沛公謂張良曰：「從此道至吾軍，不過二十里耳。度我至軍中，公乃入。」沛公已去，閒至軍中，張良入謝，曰：「沛公不勝桮杓（四），不能辭。謹使臣良奉白璧一雙，再拜獻大王足下；玉斗一雙，再拜奉大將軍足下。」項王曰：「沛公安在？」良曰：「聞大王有意督過之，脫身獨去，已至軍矣。」項王則受璧，置之坐上。亞父受玉斗，置之地，拔劍撞而破之，曰：「唉！豎子不足與謀（五）。奪項王天下者，必沛公也，吾屬今爲之虜矣。」沛公至軍，立誅殺曹無傷。

【註】（一）行大事不必顧慮那些小的細節，舉大禮不必考慮那些小的禮貌，現在人家是刀俎，我們是被宰割的魚肉，再去告辭幹甚麼？（二）舍棄車騎：獨自單騎而逃。（三）閒行：從捷路秘密

而行。（四）不勝桮杓：桮杓，飲酒之器，即言不能多喝酒，稍多便醉了。（五）豎子：小子。

居數日，項羽引兵西屠咸陽，殺秦降王子嬰，燒秦宮室，火三月不滅；收其貨寶婦女而東。人或說項王曰：「關中阻山河四塞，地肥饒，可都以霸。」項王見秦宮室皆以燒殘破，又心懷思欲東歸，曰：「富貴不歸故鄉，如衣繡夜行，誰知之者（一）！」說者曰：「人言楚人沐猴而冠耳（二），果然。」項王聞之，烹說者。

【註】（一）富貴不回到老家，好像穿着綢緞而夜間走路，誰個知道呢？（二）沐猴而冠：把猴兒打扮一番，戴上人的帽子，其實，還不脫猴的本性。

項王使人致命懷王。懷王曰：「如約（一）。」乃尊懷王爲義帝。項王欲自王，先王諸將相。謂曰：「天下初發難時（二），假立諸侯後以伐秦。然身被堅執銳首事（三），暴露於野三年，滅秦定天下者，皆將相諸君與籍之力也。義帝雖無功，故當分其地而王之。」諸將皆曰：「善。」乃分天下，立諸將爲侯王。項王、范增疑沛公之有天下，業已講解，又惡負約，恐諸侯叛之，乃陰謀曰：「巴、蜀道險，秦之遷入皆居蜀。」乃曰：「巴、蜀亦關中地也。」故立沛公爲漢王，王巴、蜀、漢中，都南鄭（四）。而三分關中，王秦降將以距塞漢王。項王乃立章邯爲雍王，王咸陽以西，都廢丘（五）。長史欣者，故爲櫟陽獄掾，嘗有德於項梁；都尉董翳者，本勸章邯降楚。故立司馬欣爲塞王（六），王咸陽以東至河，都櫟陽（七），立董翳爲翟王，王上郡，都高奴（八）。徙魏王豹爲西魏王，王河東，都平陽。瑕丘（九）申陽者（一〇），張耳嬖臣也，先下河南（郡），迎楚河上，故立申陽爲河南王，都雒陽（一一）。韓王成因故都，都陽翟（一二）。趙將司馬卬定河內，數有功，故立卬爲殷王，王河內，都朝歌（一三）。徙趙王歇爲代王。趙相張耳素賢，又從入關，故立耳爲常山王，王趙地，都襄國（一四）。當陽君黥布爲楚將，常冠軍，故立布爲九江王，都六（一五）。鄱君吳芮率百越佐諸侯，又從入關，故立芮爲衡山王，都邾（一六）。義帝柱國共敖將兵擊南郡，功多，因立敖爲臨江王，都江陵。徙燕王韓廣爲遼東王。燕將臧荼從楚救趙，因從入關，故立荼爲燕王，都薊。徙齊王田市爲膠東王（一七）。齊將田都從共救趙，因從入關，故立都爲齊王，都臨菑（一八）。故秦所滅齊王建孫田安，項羽方渡河救趙，田安下濟北數城，引其兵降項羽，故立安爲濟北王，都博陽（一九）。田榮者，數負項梁，又不肯將兵從楚擊秦，以故不封。成安君陳餘弃將印去，不從入關，然素聞其賢，有功於趙，聞其在南皮（二〇），故因環封三縣。番君將梅鋗功多，故封十萬戶侯。項王自立爲西楚霸王（二一），王九郡，都彭城。

【註】（一）如約：按照以前的盟約而行。（二）初發難：初次發動危難之事，初次冒險，發動革命。（三）被堅執銳：被堅甲，執銳器。首事：首先舉事。（四）即陝西漢中。（五）犬丘故城，一名廢丘，故城在陝西興平縣東南十里。漢高帝更廢丘，曰槐里。（六）塞王：在長安東，名桃林塞。（七）櫟陽：在陝西臨潼縣東北七十里。（八）高奴：在陝西膚施縣東。（九）平陽：在山西臨汾縣南。（一〇）瑕丘：在山東滋陽縣西。申陽：姓申，名陽。（一一）河南郡：即秦之三川郡，以洛陽爲治地。（一二）陽翟：河南禹縣。（一三）河內：河南省黃河西北之地。朝歌：在河南淇縣東北。（一四）常山：河北省中部及山西省東部之地。襄國：在河北邢臺縣西南。（一五）六：安徽六安縣。（一六）鄱：江西鄱陽縣。百越：在廣東、福建、浙江等地的越國遺族。邾：在湖北黃岡縣。（一七）膠東：山東省東部之地。（一八）臨菑：山東臨菑縣。（一九）博陽：在山東博平縣西北三十里。（二〇）南皮：在河北南皮縣。（二一）西楚：三楚之分，大概以淮河爲界，淮河以北爲西楚，淮河以南爲南楚，而東楚則跨居淮河南北。吳，廣陵在淮南；東海在淮北；彭城亦在淮北，而介乎東西之間。故彭城以東，可稱東楚；彭城以西，可稱西楚。西楚霸王之主要統治地區，以江蘇徐州（彭城）爲中心，向西至於洛陽，向東至於山東瑯琊，向南至於江蘇蘇州，包括河南、山東、安徽、江蘇諸地，此爲中國當時最精華之地區。

漢之元年四月，諸侯罷戲下，各就國（一）。項王出之國（二），使人徙義帝，曰：「古之帝者地方千里，必居上游（三）。」乃使使徙義帝長沙郴縣。趣義帝行（四），其群臣稍稍背叛之，乃陰令衡山、臨江王擊殺之江中。韓王成無軍功，項王不使之國，與俱至彭城，廢以爲侯，已又殺之。臧荼之國，因逐韓廣之遼東，廣弗聽，荼擊殺廣無終，幷王其地。

【註】（一）諸侯們離開了戲下，各自到其所封之國。（二）項王出關往他的封國去。之，往也。（三）上游：上流，形勢之地。（四）趣義帝行：趣，同促，即催促義帝速走。

田榮聞項羽徙齊王市膠東，而立齊將田都爲齊王，乃大怒，不肯遣齊王之膠東，因以齊反，迎擊田都。田都走楚。齊王市畏項王，乃亡之膠東就國。田榮怒，追擊殺之即墨。榮因自立爲齊王，而西擊殺濟北王田安，幷王三齊（一）。榮與彭越將軍印，令反梁地。陳餘陰使張同、夏說說齊王田榮曰：「項羽爲天下宰，不平。今盡王故王於醜地（二），而王其群臣諸將善地，逐其故主趙王，乃北居代，餘以爲不可。聞大王起兵，且不聽不義，願大王資餘兵，請以擊常山，以復趙王，請以國爲扞蔽。」齊王許之，因遣兵之趙。陳餘悉發三縣兵，與齊幷力擊常山，大破之。張耳走歸漢。陳餘迎故趙王歇於代，反之趙。趙王因立陳餘爲代王。

【註】（一）三齊：卽墨，臨菑，平陸，謂之三齊。（二）醜地：不好的地方，醜惡之地。

是時，漢還定三秦。項羽聞漢王皆已幷關中，且東，齊、趙叛之：大怒。乃以故吳令鄭昌爲韓王，以距漢。令蕭公角等擊彭越。彭越敗蕭公角等。漢使張良徇韓，乃遺項王書曰：「漢王失職，欲得關中，如約卽止，不敢東。」又以齊、梁反，書遺項王曰：「齊欲與趙幷滅楚。」楚以此故無西意，而北擊齊。徵兵九江王布。布稱疾不往，使將將數千人行。項王由此怨布也。漢之二年冬，項羽遂北至城陽，田榮亦將兵會戰。田榮不勝，走至平原，平原民殺之。遂北燒夷齊城郭室屋，皆阬田榮降卒，係虜其老弱婦女。徇齊至北海，多所殘滅。齊人相聚而叛之。於是田榮弟田橫收齊亡卒得數萬人，反城陽。項王因留，連戰未能下。

春，漢王部五諸侯兵（一），凡五十六萬人，東伐楚。項王聞之，卽令諸將擊齊，而自以精兵三萬人南從魯出胡陵（二）。四月，漢皆已入彭城，收其貨寶美人，日置酒高會。項王乃西從蕭，晨擊漢軍而東，至彭城，日中，大破漢軍。漢軍皆走，相隨入穀、泗水（三），殺漢卒十餘萬人。漢卒皆南走山，楚又追擊至靈壁東睢水上（四）。漢軍卻，爲楚所擠（五），多殺，漢卒十餘萬人皆入睢水，睢水爲之不流。圍漢王三帀（六）。於是大風從西北而起，折木發屋，揚沙石，窈冥晝晦，逢迎楚軍。楚軍大亂，壞散，而漢王乃得與數十騎遁去。欲過沛，收家室而西；楚亦使人追之沛，取漢王家；家皆亡，不與漢王相見。漢王道逢得孝惠、魯元，乃載行。楚騎追漢王，漢王急，推墮孝惠、魯元車下，滕公常下收載之。如是者三。曰：「雖急不可以驅，奈何棄之？」於是遂得脫。求太公、呂后不相遇。審食其從太公、呂后閒行（七），求漢王，反遇楚軍。楚軍遂與歸，報項王，項王常置軍中。

【註】（一）部五諸侯兵：部，部勒也，卽組織而率領之。五諸侯，卽常山、河南、韓、魏、殷也。（二）胡陵：在山東魚臺縣。（三）穀水、泗水皆在彭城。（四）睢水於彭城入泗水。（五）爲楚所擠：爲楚軍所緊逼。（六）三帀：三層。（七）閒行：微行，化裝，不使人知，或穿空隙而行。

是時呂后兄周呂侯爲漢將兵居下邑（一），漢王閒往從之，稍稍收其士卒。至滎陽，諸敗軍皆會，蕭何亦發關中老弱未傅（二）悉詣滎陽，復大振。楚起於彭城，常乘勝逐北，與漢戰滎陽南京、索閒（三），漢敗楚，楚以故不能過滎陽而西。

【註】（一）下邑：江蘇碭山縣，本下邑縣也。（二）未傅：古者二十而傅，未傅，即未滿二十歲之人也。（三）滎陽南京、索閒：滎陽之南方的京、索兩地。京縣城在鄭州、滎陽縣東南二十里。索：滎陽縣，即大索城。

項王之救彭城，追漢王至滎陽，田橫亦得收齊，立田榮子廣爲齊王。漢王之敗彭城，諸侯皆復與楚而背漢。漢軍滎陽，築甬道屬之河，以取敖倉粟。漢之三年，項王數侵奪漢甬道，漢王食乏，恐，請和，割滎陽以西爲漢。

【註】（一）敖，地名，在滎陽西北山，臨河有大倉。敖倉在鄭州滎陽縣西十五里。

項王欲聽之。歷陽侯范增曰：「漢易與耳，今釋弗取，後必悔之（一）。」項王乃與范增急圍滎陽。漢王患之，乃用陳平計閒項王（二）。項王使者來，爲太牢具，舉欲進之。見使者，詳驚愕曰（三）：「吾以爲亞父使者，乃反項王使者。」更持去，以惡食食項王使者（四）。使者歸報項王，項王乃疑范增與漢有私，稍奪之權。范增大怒，曰：「天下事大定矣，君王自爲之。願賜骸骨歸卒伍。」項王許之。行未至彭城，疽發背而死（五）。

【註】（一）漢王很容易對付，現在如果與他講和，舍之而不取，以後必定會後悔的。（二）計間項王：用計策以離間項王與范增的關係。（三）詳驚愕：詳，即佯字，假裝驚愕的樣子。（四）以惡食食項王使者：以粗惡的食物給項王的使者吃。（五）疽：毒瘡，疔瘡。

漢將紀信說漢王曰：「事已急矣，請為王誑楚為王，王可以閒出（一）。」於是漢王夜出女子滎陽東門被甲二千人，楚兵四面擊之。紀信乘黃屋車，傅左纛（二），曰：「城中食盡，漢王降。」楚軍皆呼萬歲。漢王亦與數十騎從城西門出，走成皋（三）。項王見紀信，問：「漢王安在？」信曰：「漢王已出矣。」項王燒殺紀信。

【註】（一）項王圍漢王急，漢將紀信替漢王定計，欺騙項王，紀信偽裝為漢王，說是漢王親自來投降，就藉着這個機會，漢王可以乘隙而突圍。（二）紀信就乘着黃蓋之車，在車的左上方又張着羽毛幢，顯然是漢王的打扮。（三）成皋：在河南汜水縣西南二里。

漢王使御史大夫周苛、樅公、魏豹守滎陽。周苛、樅公謀曰：「反國之王，難與守城。」乃共殺魏豹。楚下滎陽城，生得周苛。項王謂周苛曰：「為我將，我以公為上將軍，封三萬戶。」周苛罵曰：「若不趣降漢，漢今虜若，若非漢敵也（一）。」項王怒，亨周苛，并殺樅公。

【註】（一）若：汝，你。趣：同「促」，速也。

漢王之出滎陽，南走宛、葉，得九江王布，行收兵，復入保成皋。漢之四年，項王進兵圍成皋。漢王逃，獨與滕公出成皋北門，渡河走脩武，從張耳、韓信軍。諸將稍稍得出成皋，從漢王。楚遂拔成皋，欲西。漢使兵距之鞏（一），令其不得西。

【註】（一）宛：河南南陽。葉：河南葉縣。（二）距之鞏：拒之於河南鞏縣。

是時，彭越渡河擊楚東阿，殺楚將軍薛公。項王乃自東擊彭越。漢王得淮陰侯兵，欲渡河南。鄭忠說漢王，乃止壁河內（一）。使劉賈將兵佐彭越，燒楚積聚。項王東擊破之，走彭越。漢王則引兵渡河，復取成皋，軍廣武，就敖倉食。項王已定東海來，西，與漢俱臨廣武而軍，相守數月。

【註】（一）壁河內：在河內設營壁以守。

當此時，彭越數反梁地，絕楚糧食，項王患之。爲高俎（一），置太公其上（二），告漢王曰：「今不急下，吾亨太公。」漢王曰：「吾與項羽俱北面受命懷王，曰『約爲兄弟』，吾翁卽若翁（三），必欲烹而翁，則幸分我一桮羹。」項王怒，欲殺之。項伯曰：「天下事未可知，且爲天下者不顧家，雖殺之無益，祇益禍耳。」項王從之。

【註】（一）高俎：高高的肉砧板。（二）把高祖的父親放在肉砧板上，表示欲殺之意。（三）我的老太爺就是你的老太爺。

楚漢久相持未決，丁壯苦軍旅，老弱罷轉漕。項王謂漢王曰：「天下匈匈數歲者，徒以吾兩人耳，願與漢王挑戰決雌雄，毋徒苦天下之民父子爲也。」漢王笑謝曰：「吾寧鬭智，不能鬭力。」項王令壯士出挑戰。漢有善騎射者樓煩，楚挑戰三合，樓煩輒射殺之。項王大怒，乃自被甲持戟挑戰。樓煩欲射之，項王瞋目叱之，樓煩目不敢視，手不敢發，遂走還入壁，不敢復出。漢王使人閒問之，乃項王也。漢王大驚。於是項王乃卽漢王相與臨廣武閒而語。漢王數之，項王怒，欲一戰。漢王不聽，項王伏弩射中漢王。漢王傷，走入成皐。

【註】（一）匈匈：卽洶洶，不安定的樣子。

項王聞淮陰侯已擧河北，破齊、趙，且欲擊楚，乃使龍且（一）往擊之。淮陰侯與戰，騎將灌嬰擊之，大破楚軍，殺龍且，韓信因自立為齊王。項王聞龍且軍破，則恐，使盱台人武涉往說淮陰侯。淮陰侯弗聽。是時，彭越復反，下梁地，絕楚糧。項王乃謂海春侯大司馬曹咎等曰：「謹守成皋，則漢欲挑戰，愼勿與戰，毋令得東而已。我十五日必誅彭越，定梁地，復從將軍。」乃東，行擊陳留（二）、外黃（三）。

【註】（一）龍且，人名。且：音沮。（二）陳留，縣名，在開封之東五十里。（三）外黃：河南杞縣東。

外黃不下。數日，已降，項王怒，悉令男子年十五已上詣城東，欲阬之。外黃令舍人兒年十三，往說項王曰：「彭越彊劫外黃（一），外黃恐，故且降，待大王。大王至，又皆阬之，百姓豈有歸心？從此以東，梁地十餘城皆恐，莫肯下矣。」項王然其言，乃赦外黃當阬者。東至睢陽，聞之皆爭下項王。

【註】（一）彊劫外黃：以強暴的勢力，脅持外黃人民。

漢果數挑楚軍戰，楚軍不出。使人辱之，五六日，大司馬怒，渡兵汜水（一）。士卒半渡，漢擊之，大破楚軍，盡得楚國貨賂。大司馬咎、長史翳、塞王欣皆自剄汜水上

(二)。大司馬咎者，故蘄獄掾，長史欣亦故櫟陽獄吏，兩人嘗有德於項梁，是以項王信任之。當是時，項王在睢陽，聞海春侯軍敗，則引兵還。漢軍方圍鍾離眛於滎陽東，項王至，漢軍畏楚，盡走險阻。

【註】（一）汜水，縣名，在滎陽縣之西。（二）自剄：自殺。

是時，漢兵盛食多，項王兵罷食絕。漢遣陸賈說項王，請太公，項王弗聽。漢王復使侯公往說項王，項王乃與漢約，中分天下，割鴻溝以西者爲漢（一），鴻溝而東者爲楚。項王許之，卽歸漢王父母妻子。軍皆呼萬歲。漢王乃封侯公爲平國君。匿弗肯復見。曰：「此天下辯士，所居傾國，故號爲平國君。」項王已約，乃引兵解而東歸。

【註】（一）鴻溝：於滎陽下引河東南爲鴻溝，以通宋、鄭、蔡、陳、曹、衞，與濟、汝、淮、泗，會於楚，卽官渡水，今賈魯河也。

漢欲西歸，張良、陳平說曰：「漢有天下太半，而諸侯皆附之。楚兵罷食盡，此天亡楚之時也，不如因其機而遂取之。今釋弗擊，此所謂『養虎自遺患』也（一）。」漢王聽之。漢五年，漢王乃追項王至陽夏（二）南，止軍，與淮陰侯韓信、建成侯彭越期會而擊楚軍。至固陵（三），而信、越之兵不會。楚擊漢軍，大破之。漢王復入壁，深塹而自守（四）。謂張子房曰：「諸侯不從約，爲之奈何？」對曰：「楚兵且破，信、越未有分地，其不至固宜。君王能與共分天下，今可立致也。卽不能，事未可知也。君王能自陳以東傅海（五），盡與韓信；睢陽（六）以北至穀城（七），以與彭越：使各自爲戰，則楚易敗也。」漢王曰：「善。」於是乃發使者告韓信、彭越曰：「幷力擊楚。楚破，自陳以東傅海與齊王，睢陽以北至穀城與彭相國。」使者至，韓信、彭越皆報曰：「請今進兵。」韓信乃從齊往，劉賈軍從壽春（八）並行，屠城父（九）至垓下（一〇），大司馬周殷叛楚，以舒屠六，舉九江兵，隨劉賈、彭越皆會垓下，詣項王。

【註】（一）養虎遺患：養老虎，將來吃自己，就是自遺禍患。（二）陽夏：河南太康縣。（三）固陵：在河南淮陽縣西北四十二里。（四）深塹：深溝高壘。（五）傅海：卽附海，至於海之附近。（六）睢陽：在河南商邱。（七）穀城：在山東東阿縣東二十六里。（八）壽春：安徽壽縣。（九）城父：安徽亳縣。（一〇）垓下：在安徽靈壁縣。

項王軍壁垓下，兵少食盡，漢軍及諸侯兵圍之數重（一）。夜聞漢軍四面皆楚歌（二），項王乃大驚曰：「漢皆已得楚乎？是何楚人之多也！」項王則夜起，飲帳中。

有美人名虞，常幸從；駿馬名騅（三），常騎之。於是項王乃悲歌忼慨，自爲詩曰：「力拔山兮氣蓋世，時不利兮騅不逝。騅不逝兮可奈何（四），虞兮虞兮奈若何（五）！」歌數闋（六），美人和之。項王泣數行下，左右皆泣，莫能仰視。

【註】（一）圍之數重：圍之數層，層層包圍。（二）楚歌：楚人所唱之歌。（三）騅：音追，駿馬之名。（四）馬不走兮怎麼辦？虞兮虞兮奈牠何！（五）闋：歌曲一首曰一闋。

於是項王乃上馬騎，麾下（一）壯士騎從者八百餘人，直夜潰圍南出（二），馳走。平明，漢軍乃覺之，令騎將灌嬰以五千騎追之。項王渡淮，騎能屬者（三）百餘人耳。項王至陰陵（四），迷失道，問一田父，田父紿曰「左」（五）。左，乃陷大澤中。以故漢追及之。項王乃復引兵而東，至東城（六），乃有二十八騎。漢騎追者數千人。項王自度不得脫（七）。謂其騎曰：「吾起兵至今八歲矣，身七十餘戰，所當者破，所擊者服，未嘗敗北，遂霸有天下。然今卒困於此，此天之亡我，非戰之罪也。今日固決死，願爲諸君快戰，必三勝之，爲諸君潰圍，斬將，刈旗（八），令諸君知天亡我，非戰之罪也。」乃分其騎以爲四隊，四嚮（九）。漢軍圍之數重。項王謂其騎曰：「吾爲公取彼一將。」令四面騎馳下，期山東爲三處（一〇）。於是項王大呼馳下，漢軍皆披靡（一一），遂斬漢一將。是時，赤泉侯爲騎將，追項王，項王瞋目而叱之，赤泉侯人馬俱驚，辟易數里（一二）與其騎會爲三處。漢軍不知項王所在，乃分軍爲三，復圍之。項王乃馳，復斬漢一都尉，殺數十百人，復聚其騎，亡其兩騎耳。乃謂其騎曰：「何如？」騎皆伏曰：「如大王言。」

【註】（一）麾下：指揮之下。（二）直夜潰圍：到了夜間，突圍而出。直，値，當其時。潰圍，突圍也。（三）屬：聯繫在一起者。（四）陰陵縣故城，在安徽定遠縣西北六十里。（五）紿：音貽，騙言之也。（六）東城縣故城：在安徽定遠縣東南五十里。（七）自己揣想着不能脫身了。（八）刈旗：剪斷其旗幟。刈，音義（一）。（九）四嚮：卽四向，向四個方面去衝。（一〇）約定以山之東爲目標，分三處攻擊。（一一）披靡：被衝而潰散。（一二）辟易：驚懼而倒退。

於是項王乃欲東渡烏江（一）。烏江亭長檥船待（二），謂項王曰：「江東雖小，地方千里，衆數十萬人，亦足王也。願大王急渡。今獨臣有船，漢軍至，無以渡。」項王笑曰：「天之亡我，我何渡爲！且籍與江東子弟八千人渡江而西，今無一人還，縱江東父兄憐而王我，我何面目見之？縱彼不言，籍獨不愧於心乎？」乃謂亭長曰：「吾知公長者。吾騎此馬五歲，所當無敵，嘗一日行千里，不忍殺之，以賜公。」乃令騎皆下馬步行，持短兵接戰。獨籍所殺漢軍數百人。項王身亦被十餘創。顧見漢騎司馬呂馬童，曰：「若非吾故人乎？」馬童面之（三），指王翳曰：「此項王也。」項王乃曰：「吾聞漢購我頭千金，邑萬戶，吾爲若德。（四）」乃自刎而死。王翳取其頭，餘騎相蹂踐（五）爭項王，相殺者數十人。最其後，郎中騎楊喜，騎司馬呂馬童，郎中呂勝、楊武各得其一體。五人共會其體，皆是。故分其地爲五：封呂馬童爲中水侯（六），封王翳爲杜衍侯（七），封楊喜爲赤泉侯（八），封楊武爲吳防侯（九），封呂勝爲涅陽侯（一〇）。

【註】（一）烏江：在安徽和縣東北四十里。（二）檥：音義，附船着岸也。（三）面之，視之也。（四）吾爲若德：我爲報你之德。若，汝也，你也。呂馬童舊有德於項王。（五）蹂踐：互相踐踏。（六）中水：在河北省獻縣西北。（七）杜衍：在河南省南陽縣西南。（八）赤泉：在河南內鄉縣西，卽丹水。（九）吳防：在河南遂平縣。（一〇）涅陽：在河南鎭平縣南。

項王已死（一），楚地皆降漢，獨魯不下。漢乃引天下兵欲屠之，爲其守禮義，爲主死節，乃持項王頭視魯，魯父兄乃降。始，楚懷王初封項籍爲魯公，及其死，魯最後下，故以魯公禮葬項王穀城（一）。漢王爲發哀，泣之而去。

【註】（一）項王死時，年三十一歲。（二）項王冢在山東東阿縣東二十七里。小穀城西三里。（曲阜北有小穀城）

諸項氏枝屬，漢王皆不誅。乃封項伯爲射陽侯（一）。桃侯（二）、平皋侯（三）、玄武侯（四）皆項氏，賜姓劉。

【註】（一）射陽：在江蘇淮安縣東南。（二）桃：在河北省冀縣西北。（三）平皋：在河南省溫縣東。（四）玄武：在河南臨漳縣。

太史公曰：吾聞之周生曰：「舜目蓋重瞳子」，又聞項羽亦重瞳子。羽豈其苗裔邪？何興之暴也！夫秦失其政，陳涉首難，豪傑蠭起，相與並爭，不可勝數。然羽非有尺寸，乘執起隴畝之中，三年，遂將五諸侯滅秦，分裂天下，而封王侯，政由羽出，號爲「霸王」，位雖不終，近古以來未嘗有也。及羽背關懷楚，放逐義帝而自立，怨王侯叛己，難矣。自矜功伐，奮其私智而不師古，謂霸王之業，欲以力征經營天下，五年卒亡其國，身死東城，尚不覺寤而不自責，過矣。乃引「天亡我，非用兵之罪也」，豈不謬哉！

【註】太史公說：「我聽周先生說，舜帝是兩個眸子，又聽說項羽也是兩個眸子，莫非項羽就是舜帝的後代麼？不然的話，為什麼他興起的這麼樣的突然呢？由於秦朝政治的錯誤，陳涉首先起義，天下豪傑，如蜂而起，互相爭強，數也數不盡。但是項羽並沒有尺寸之地，趁着機會而起於田畝之中，以短短的三年，就能夠率領五國諸侯而滅秦，劃分天下，封立王侯，一切的政令，都由項羽發出，號稱西楚霸王，他的王位雖然不曾保持到底，但是，他的成就，確是近古以來所未有的奇蹟。到了項羽背棄「先入關者，王」之盟約，心懷楚國故鄉，放逐了義帝，而自立為王，他做出這樣背盟逐帝的行為，而又濊怨諸侯反叛自己，眞是太難以自解了。自誇其功勳，縱奮其私自的聰明，而不以古人為師，覺得霸王之業，可以憑藉武力征伐，以經營天下，僅僅五年，終於亡國，身死於東城。至其勢窮力困之時，仍然不知覺悟，自我反省，眞是太錯誤了。乃竟然歸罪於「上天亡我，不是用兵之罪」，豈不是荒唐之至嗎?!

史記卷八　高祖本紀第八

高祖，沛豐邑中陽里人（一），姓劉氏，字季，父曰太公，母曰劉媼。其先劉媼嘗息大澤之陂，夢與神遇。是時雷電晦冥，太公往視，則見蛟龍於其上。已而有身，遂產高祖。

高祖為人，隆準而龍顏（二），美須髯，左股有七十二黑子。仁而愛人，喜施，意豁如也（三）。常有大度，不事家人生產作業（四）。及壯，試為吏，為泗水亭長，廷中吏無所不狎侮。好酒及色。常從王媼、武負貰酒（五），醉臥，武負、王媼見其上常有龍，怪之。高祖每酤留飲，酒讎數倍（六）。及見怪，歲竟，此兩家常折券弃責（七）。

【註】（一）沛：在今江蘇沛縣東。豐：沛縣之鄉邑名。（二）隆準：高高的鼻子。（三）意豁如也：心地豁達慈善。（四）不事家人生產作業：即不以家人生產作業為事。（五）貰酒：欠錢，飲酒無現錢而賒賬。（六）酒讎數倍：讎，售也，給價也，售其數倍之價，表示大方。（七）

折券棄責：折其欠錢之契券，棄其債務。責，債也，欠債也。

高祖常繇咸陽（一）縱觀，觀秦皇帝，喟然太息曰：「嗟乎，大丈夫當如此也！」

【註】（一）繇：繇役。到咸陽服勞役。

單父人呂公（一）善沛令（二），避仇從之客，因家沛焉。沛中豪桀吏聞令有重客，皆往賀。蕭何爲主吏（三），主進（四），令諸大夫曰：「進不滿千錢，坐之堂下。」高祖爲亭長，素易諸吏（五），乃紿（六）爲謁曰（七）「賀錢萬」，實不持一錢（八）。謁入，呂公大驚，起，迎之門（九）。呂公者，好相人，見高祖狀貌，因重敬之，引入坐（一〇）。蕭何曰：「劉季固多大言，少成事（一一）。」高祖因狎侮諸客，遂坐上坐，無所詘（一二）。酒闌，呂公因目固留高祖（一三）。高祖竟酒，後。呂公曰：「臣少好相人，相人多矣，無如季相，願季自愛。臣有息女，願爲季箕帚妾（一四）。」酒罷，呂媼怒呂公曰：「公始常欲奇此女，與貴人。沛令善公，求之不與，何自妄許與劉季（一五）？」呂公曰：「此非兒女子所知也。」卒與劉季（一六）。呂公女乃呂后也，生孝惠帝、魯元公主。

【註】（一）單父：在山東單縣。（二）善沛令：與沛令有友善關係。（三）主吏：功曹也。（四）主進：主持進禮之事。（五）素易諸吏：素來就輕視諸吏。（六）紿：說騙人的話。（七）謁：進見。（八）「我以一萬錢來進賀」，實際上，是一個錢就沒有帶。（九）進賀的名片一入，呂公大吃一驚，覺得竟然有人以一萬個錢來賀，於是親自迎之於大門之外。（一〇）呂公本來是一個善於相面的人，一看見高祖的相貌，便很敬重，請高祖入坐。（一一）蕭何說：「劉季一向是說大話，少成事的人。」（一二）高祖因爲根本看不起那一般客人，就毫不客氣的坐了上座，一點不好意思的樣子沒有。（一三）酒已經喝的差太多了，客人們已經很稀少了，呂公以目示意，很懇切的挽留高祖再多留一會兒。（一四）高祖喝酒完畢之後，呂公就向他說道：「我很早就喜歡給人看相，我相的人太多了，但是沒有一個人，有你這樣貌相之好，希望你善自愛惜。我有一個女兒，願意作你的箕帚之妾。」（一五）酒散之後，呂太太怨恨呂公公說：「你以前常以此女爲奇，將來要嫁個貴人，沛縣令與你關係很好，他想我的女兒，還求之不得，爲什麼你竟輕妄的許於劉季爲妻？」（一六）呂公道：「這不是你這個婦女之輩所能瞭解的！」終於嫁給了劉季。這裡所說的呂公之女，就是日後之呂后。

高祖爲亭長時，常告歸之田（一），呂后與兩子居田中耨（二），有一老父過請飲，呂后因餔之（三）。老父相呂后曰：「夫人天下貴人。」令相兩子（四），見孝惠，曰：「夫人所以貴者，乃此男也。」相魯元，亦皆貴。老父已去，高祖適從旁舍來，呂后具言客有過，相我子母皆大貴（五）。高祖問，曰：「未遠（六）。」乃追及，問老父。老父曰：「鄉者夫人嬰兒皆似君，君相貴不可言（七）。」高祖乃謝曰：「誠如父言，不敢忘德。」及高祖貴，遂不知老父處。

【註】（一）告歸之田：告假歸家，往田中去。之，往也。（二）居田中，耨：在田中耕耨。耨，音扭，鋤地。（三）餔，音僕，給以飲食。（四）令相兩子：請他給兩個兒子看相。（五）具言客有過，相我子母皆大貴：稟告高祖，說有一個過路客人，爲我子母看相，我們都是大貴之相。（六）未遠：剛走不遠。（七）老父說，剛纔我給夫人及兒子看相，他們都像你，你的相，貴不可言。

高祖爲亭長，乃以竹皮爲冠，令求盜之薛治之（一），時時冠之（二），及貴常冠，所謂「劉氏冠」乃是也。

【註】（一）叫他到薛邑捕求盜賊，以治其罪。（二）常常戴着竹皮之帽子。

高祖以亭長爲縣送徒酈山，徒多道亡。自度比至皆亡之（一），到豐西澤中，止飲，夜乃解縱所送徒。曰：「公等皆去，吾亦從此逝矣（二）！」徒中壯士願從者十餘人。高祖被酒，夜徑澤中，令一人行前（三）。行前者還報曰：「前有大蛇當徑，願還（

四）。」高祖醉，曰：「壯士行，何畏！（五）」乃前，拔劍擊斬蛇。蛇遂分爲兩，徑開。行數里，醉，因臥（六）。後人來至蛇所，有一老嫗夜哭。人問何哭，嫗曰：「人殺吾子，故哭之（七）。」人曰：「嫗子何爲見殺？（八）」嫗曰：「吾子，白帝子也，化爲蛇，當道，今爲赤帝子斬之，故哭（九）。」人乃以嫗爲不誠，欲告之，嫗因忽不見（一〇）。後人至，高祖覺。後人告高祖，高祖乃心獨喜，自負。諸從者日益畏之（一一）。

【註】（一）高祖以亭長的身分，爲縣政府送囚徒到陝西酈山去作苦工，在路上逃跑的很多，高祖料想這樣逃法恐怕到了酈山都跑光了。（二）到了豐縣之西的澤中的時候，大家休息下來喝水。夜間，高祖就把囚徒們的械具都解開，讓他們自由行動，對他們說：「各位都走吧，我也從此走了。」（三）囚徒之中有十幾個壯士，願意跟着高祖走。高祖爲酒所醉，夜間走澤中的小路，先叫一個人前行探路。（四）前行的人囘來報告說：「前邊有一條大蛇，擋着去路，我們還是囘頭走吧！」（五）高祖醉着說：「大丈夫走路，有什麼可怕的？」（六）於是他便逕直前進，拔出了寶劍就去斬蛇，蛇遂分爲兩截，去路就打開了。行了數里，醉得不能走了，因就地而臥。（七）後邊的人跟上來了，到了蛇死之處，見一老太婆夜哭，後來的人就問她爲何而哭？老太婆說：「有人把我的兒子殺了，所以我纔哭。」（八）後來的人就問她道：「你的兒子爲什麼被殺呢？」（九）老太婆說：「我的兒子是白帝之子，他變成了蛇，在路上躺着，現今被赤帝之子殺了，所以我纔哭。」

（一〇）後來的人以爲老太婆是胡說八道，想着叫她吃點苦頭（欲苦之。告字係苦字之誤）。忽然老太婆就不見了。（一一）後來的人趕到了，高祖也酒醒了，後來的人把這種情形，告訴高祖，高祖暗暗心喜，自以爲是赤帝之子，不禁野心勃勃。從此以後，那些跟從他的人，也就一天一天的對他越發敬畏起來了。

秦始皇帝常曰：「東南有天子氣」，於是因東游以厭之（一）。高祖卽自疑，亡匿，隱於芒、碭山澤巖石之閒（二）。呂后與人俱求，常得之（三）。高祖怪問之。呂后曰：「季所居上常有雲氣，故從往常得季（四）。」高祖心喜。沛中子弟或聞之，多欲附者矣（五）。

【註】（一）秦始皇帝說：「東南方有天子的氣象」，於是藉着巡遊東方的行動以壓制這種氣象。（二）高祖因而疑惑自己就是這種天子之氣，所以流亡匿伏，隱藏於芒、碭兩地的山澤石穴之間。（三）呂后與人一同去找他，常能找得到他。（四）高祖怪而問之，呂后就說：「你所住的地方，上邊常露出一股雲氣，我們就望着這股雲氣去找你，所以常能找得見。」（五）高祖心中暗暗自喜。沛縣的青年們，也有聽說這個故事的，所以很多的人便想歸附他了。

秦二世元年秋，陳勝等起蘄，至陳而王，號爲「張楚」。諸郡縣皆多殺其長吏以應陳涉（一）。沛令恐，欲以沛應涉（二）。掾、主吏蕭何、曹參乃曰：「君爲秦吏，今欲背之，率沛子弟，恐不聽。願君召諸亡在外者，可得數百人，因劫衆，衆不敢不聽（三）。」乃令樊噲召劉季。劉季之衆已數十百人矣（四）。

【註】（一）秦二世元年（西曆紀元前二〇九年）的秋天，陳勝等起義於沛郡之蘄縣，到了陳州，就稱起王了，號爲「大楚」。各地郡縣很多都殺其長吏以響應陳涉。（二）沛縣縣長也害怕起來，想着以沛縣來響應陳涉。（三）縣政府的主吏蕭何、獄官曹參，就和縣長說：「你是秦朝的官吏，現在想背叛它，來率領沛縣青年，恐怕大家不一定會聽從你。希望縣長能號召那些亡命在外的人，可以得到幾百人，再利用這幾百人的聲勢，以脅持民衆，民衆就不敢不聽從了。」（四）於是沛縣縣長就叫樊噲去喚召劉季（高祖之名），這個時候，劉季已經有了幾十百人的群衆了。

於是樊噲從劉季來。沛令後悔，恐其有變，乃閉城城守，欲誅蕭、曹（一）。蕭、曹恐，踰城保劉季（二）。劉季乃書帛射城上，謂沛父老曰：「天下苦秦久矣。今父老雖爲沛令守，諸侯並起，今屠沛。沛今共誅令，擇子弟可立者立之，以應諸侯，則家室完。不然，父子俱屠，無爲也（三）。」父老乃率子弟共殺沛令，開城門迎劉季，欲以爲沛令（四）。劉季曰：「天下方擾，諸侯並起，今置將不善，壹敗塗地。吾非敢自愛，恐能薄，不能完父兄子弟。此大事，願更相推擇可者（五）。」蕭、曹等皆文吏，自愛，恐事不就，後秦種族其家，盡讓劉季（六）。諸父老皆曰：「平生所聞劉季諸珍怪，當貴，且卜筮之，莫如劉季最吉（七）。」於是劉季數讓。衆莫敢爲，乃立季爲沛公（八）。祠黃帝，祭蚩尤於沛庭，而釁鼓旗。幟皆赤，由所殺蛇白帝子，殺者赤帝子，故上赤（九）。於是少年豪吏如蕭、曹、樊噲等皆爲收沛子弟二三千人，攻胡陵、方與，還守豐（一〇）。

【註】（一）於是樊噲就跟從劉季回來了。這個時候，沛縣縣長忽然又後悔起來，恐怕發生變故，遂即關閉了城門，據城以自守，並且要想把蕭何、曹參都殺死。（二）蕭何、曹參得了消息，害怕起來，就翻越城牆以歸依劉季。（三）劉季就寫字於綢帛之上，射落於城中，綢帛的話是告訴沛中父老們說：「天下之人受秦朝的虐待太久了，現在父老們雖然爲沛令守城，但是各地諸侯們都起兵了，要來屠滅沛縣。如果大家合起力來把沛令殺掉，再選擇青年中有可以當縣令者，就立他爲縣令，以響應各地諸侯，那麼，大家便可以保持室家的完整。如果不然，各地諸侯的兵都來到了，全城的父老子女都要被屠殺以盡，那實在是太沒有意義了。」（四）這樣一來，城中的父老就率領一般青年們把縣令殺了，大開義門以歡迎劉季，想着請他爲沛令。（五）劉季乃謙辭着說：「天下正在慌慌不定，諸侯並起，現今萬一推立首領不善，就要一敗塗地，不可收拾。我並不是愛惜自己，實在是怕的能力薄弱，不能夠完成父兄子弟的心願。這是一件大事，希望大家再推擇更理想的人選。」（六）蕭何、曹參等都是文官小吏，自己愛惜，恐怕萬一將來大事不成，秦朝會把他們家滅九族，所以大家一致推舉劉季。（七）各位父老們都說：「平常大家都聽說劉季有些神異奇怪的故事，日後必爲貴人

。並且卜筮過了，沒有比劉季更吉利的人了。」（八）於是劉季屢次推讓。大家都不敢領頭去幹，遂乃立季爲沛公。（九）於是立黃帝之祠，祭祀蚩尤於沛縣政府，以血塗鼓，旗幟皆用紅色。因爲所殺之蛇是白帝之子，而殺蛇者是赤帝之子，所以崇敬赤色。（一〇）於是青年豪傑之士，如蕭何、曹參、樊噲等都爲沛公收致沛縣青年兩三千人，進攻胡陵、方與（胡陵：山東魚臺縣。方與：在魚臺縣北），回來之後，堅守豐縣。

秦二世二年，陳涉之將周章軍西至戲而還（一）。燕、趙、齊、魏皆自立爲王。項氏起吳（二）。秦泗川監平將兵圍豐，二日，出與戰，破之。命雍齒守豐，引兵之薛（三）。泗川守壯敗於薛，走至戚，沛公左司馬得泗川守壯，殺之（四）。沛公還軍亢父，至方與，（周市來攻方與）未戰（五）。陳王使魏人周市略地。周市使人謂雍齒曰：「豐，故梁徙也。今魏地已定者數十城。齒今下魏，魏以齒爲侯守豐。不下，且屠豐（六）。」雍齒雅不欲屬沛公，及魏招之，卽反爲魏守豐（七）。沛公引兵攻豐，不能取。沛公病，還之沛。沛公怨雍齒與豐子弟叛之，聞東陽甯君、秦嘉立景駒爲假王，在留，乃往從之，欲請兵以攻豐（八）。是時秦將章邯從陳，別將司馬𡰱將兵北定楚地，屠相，至碭。東陽甯君、沛公引兵西，與戰蕭西，不利（九）。還收兵聚留，引兵攻碭，三日乃取碭。因收碭兵，得五六千人。攻下邑，拔之。還軍豐（一〇）。聞項梁在薛，從騎百餘往見之。項梁益沛公卒五千人，五大夫將十人。沛公還，引兵攻豐（一一）。

【註】（一）秦二世二年，陳涉的將領周章，進軍到了陝西河南交界之處而還。（二）燕、趙、齊、魏，都各自獨立而稱王。項羽亦起義於江蘇。（三）秦朝的泗川監（官名，泗川在山東南部）平（監軍之人名），領兵圍豐城。第二天，高祖出兵，與之作戰，破敗秦軍，命令雍齒守豐城。（四）高祖率兵到了山東滕縣（薛），秦朝的泗川太守名壯者，被高祖在滕縣打敗，逃於山東之臨沂（戚），又被沛公左司馬擒獲而殺之。（五）沛公還軍於山東之濟寧以南（亢父），到了方與，未有戰爭。（六）陳王（陳涉）使魏國人周市侵略土地，周市派人對雍齒說：「豐城，原來就是我們梁國所徙居之地，現在魏國土地已收復者有數十城之多，雍齒現在投降魏國，魏國就封雍齒爲侯，把守豐城；如果不投降，我就立刻屠滅豐城。」（七）雍齒本來就不願意歸屬沛公，及經魏國招降，他就反叛沛公而替魏國守豐城。（八）沛公率兵來攻打豐城，沒有打下。沛公病了，就返回沛縣。沛公怨恨雍齒和豐城的青年反叛了他，聽說東陽寧君和秦嘉，擁立景駒爲假王，在留地（屬沛郡），乃到了那裡，想著請求借兵以攻豐城。（九）這個時候，秦國大將章邯從陳州，別將司馬名尼者率兵向北方來平定楚地，屠了相邑，到了碭山縣，於是東陽寧君與沛公領兵而西，與之迎戰，在蕭縣之西，作戰不利。（一〇）遂回頭收兵聚於留邑，又領兵攻碭，連戰三日，取得了碭縣。因而收集碭兵，得五六千人，又攻下邑，拔而取之。還軍於豐縣。（一一）聽說項梁在山東滕縣，就帶了一百多騎去

見他，項梁又給沛公增添了五千兵，派了五大夫階級的將官有十人，幫助沛公，沛公回來之後，就領兵攻打豐城。

從項梁月餘，項羽已拔襄城還。項梁盡召別將居薛（一）。聞陳王定死，因立楚後懷王孫心爲楚王，治盱台。項梁號武信君（二）。居數月，北攻亢父，救東阿，破秦軍（三）。齊軍歸，楚獨追北，使沛公、項羽別攻城陽，屠之。軍濮陽之東，與秦軍戰，破之（四）。

【註】（一）沛公跟從項梁一月之餘，這個時候，項羽已經拔取了河南之襄城而還。項梁召集別將全居於山東之滕縣。（二）聽說陳王定死，遂立楚後懷王孫心爲楚王，都於盱眙（安徽臨淮縣）。項梁號稱武信君。（三）數月以後，又向北方攻打山東之濟寧，救東阿，打敗了秦軍。（四）齊軍回師，只有楚軍單獨向北追擊，使沛公與項羽從另一路攻打濟陰（城陽），屠滅之。又佈陣於濮陽之東，對秦軍作戰，又破滅之。

秦軍復振，守濮陽，環水（一）。楚軍去而攻定陶，定陶未下（二）。沛公與項羽西略地至雍丘之下，與秦軍戰，大破之，斬李由。還攻外黃，外黃未下（三）。

【註】（一）秦軍加以重整，又振作起來，堅守濮陽，引水環城以自衞。（二）楚軍舍棄了濮陽的目標，轉而攻打定陶，沒有攻下。（三）沛公與項羽又向西略地，到了雍丘之下（河南杞縣），和

秦軍作戰，大破之，斬殺了秦國守將李由。回軍又攻打外黃，沒有打下。

項梁再破秦軍，有驕色。宋義諫，不聽。秦益章邯兵，夜銜枚擊項梁，大破之定陶，項梁死（一）。沛公與項羽方攻陳留，聞項梁死，引兵與呂將軍俱東。呂臣軍彭城東，項羽軍彭城西，沛公軍碭（二）。

【註】（一）項梁連破秦軍，表現出驕傲的樣子，宋義勸告他，他不聽。秦國又增加了章邯的兵力，夜間以箸橫控馬口，使之不得鳴嘯，寂靜靜的突襲項梁，大破楚軍於定陶，項梁戰死。（二）當時，沛公與項羽正在進攻陳留，一聽說項梁死了，便領兵與呂將軍俱向東返。呂臣駐軍於彭城之東，項羽駐軍於彭城之西，沛公駐軍於碭縣。

章邯已破項梁軍，則以爲楚地兵不足憂，乃渡河，北擊趙，大破之（一）。當是之時，趙歇爲王，秦將王離圍之鉅鹿城，此所謂河北之軍也（二）。

【註】（一）章邯已經打敗了項梁的軍隊，便以爲楚國的兵力不足以擔憂了。於是渡黃河而北，攻打趙國的軍隊，把趙軍打得大敗。（二）當此之時，趙國以趙歇爲王，秦將王離把他包圍於鉅鹿城。這就是所謂「河北之軍」。

秦二世三年，楚懷王見項梁軍破，恐，徙盱台都彭城，并呂臣、項羽軍自將之。（

一）。以沛公爲碭郡長，封爲武安侯，將碭郡兵。封項羽爲長安侯，號爲魯公。呂臣爲司徒，其父呂青爲令尹（二）。

【註】（一）秦二世三年，楚懷王看到項梁的軍隊破敗，心中害怕，就由盱眙遷都於彭城，把呂臣與項羽的軍隊合併起來，而自己率帶。（二）以沛公爲碭郡長，封爲武安侯，率領碭郡之兵。封項羽爲長安侯，號爲魯公。以呂臣爲司徒，其父呂青爲令尹。（令尹，楚官名，主持政治。）

趙數請救，懷王乃以宋義爲上將軍，項羽爲次將，范增爲末將，北救趙（一）。令沛公西略地入關。與諸將約，先入定關中者王之（二）。

【註】（一）趙國幾次請求援救。楚懷王乃以宋義爲上將軍，項羽爲次將軍，范增爲末將軍，向北方救趙國。（二）又命令沛公向西方攻略土地，進入武關。又與各將領相約，誰能夠先入關而平定關中者，就以誰爲王。（武關：河南陝西邊區之險塞。）

當是時，秦兵彊，常乘勝逐北，諸將莫利先入關。獨項羽怨秦破項梁軍，奮，願與沛公西入關（一）。懷王諸老將皆曰：「項羽爲人僄悍猾賊。項羽嘗攻襄城，襄城無遺類，皆阬之，諸所過無不殘滅（二）。且楚數進取，前陳王、項梁皆敗（三）。不如更遣長者扶義而西，告諭秦父兄。秦父兄苦其主久矣，今誠得長者往，毋侵暴，宜可下（

四）。今項羽僄悍，今不可遣。獨沛公素寬大長者，可遣（五）。」卒不許項羽，而遣沛公西略地，收陳王、項梁散卒。乃道碭至成陽，與杠里秦軍夾壁，破（魏）〔秦〕二軍（六）。楚軍出兵擊王離，大破之（七）。

【註】（一）當這個時候，秦軍強大，常常乘勝逐北，諸將皆不以先入關爲於己有利，獨有項羽痛恨秦國打破項梁的軍隊，自告奮勇，願與沛公西向而入關。（二）懷王左右的幾個老將都說：「項羽爲人勇悍殘暴，他曾經攻下襄城，把襄城的人坑殺得一個不留，凡是他所經過的地方，沒有不是破滅以空的。（三）並且楚國幾次進取，前陳王（陳涉）以及項梁，都失敗了。（四）不如另外派遣寬厚之長者，以正義爲號召而往西方，告諭秦國父兄，秦國父兄爲其君主之暴政所苦，已經很久了，現在假定能夠得一忠厚長者而派之前往，不侵暴人民，按理而論，是應該可以攻下的。（五）只是項羽太急躁而蠻悍，決不可以派遣。惟有沛公素來是寬宏大量的長者，可以派遣」。（六）於是懷王終於不派遣項羽，而派遣沛公向西略地。收集了陳王和項梁的散兵，乃取道碭縣，到了成陽（山東濮縣東南）與駐於杠里（在成陽西）之秦軍夾壁而戰，破秦二軍。（七）楚軍亦出兵擊秦將王離，大破之。（夾壁：對壘而戰）

沛公引兵西，遇彭越昌邑，因與俱攻秦軍，戰不利（一）。還至栗，遇剛武侯，奪其軍，可四千餘人，并之。與魏將皇欣、魏申徒武蒲之軍并攻昌邑，昌邑未拔（二）。

西過高陽。酈食其（謂）〔爲〕監門，曰：「諸將過此者多，吾視沛公大人長者。」乃求見說沛公（三）。沛公方踞牀，使兩女子洗足（四）。酈生不拜，長揖，曰：「足下必欲誅無道秦，不宜踞見長者（五）。」於是沛公起，攝衣謝之，延上坐（六）。食其說沛公襲陳留，得秦積粟。乃以酈食其爲廣野君，酈商爲將，將陳留兵，與偕攻開封，開封未拔（七）。西與秦將楊熊戰白馬，又戰曲遇東，大破之。楊熊走之滎陽，二世使使者斬以徇（八）。南攻潁陽，屠之（九）。因張良遂略韓地轘轅（一〇）。

【註】（一）沛公領兵西向，遇彭越於昌邑（在山東曹州成武縣東北三十二里），因而與之俱攻秦軍，作戰不利。（二）還軍於栗縣（沛郡內），碰到了剛武侯，把他的軍隊奪過來，大約有四千多人，合併在一起。和魏將皇欣，與魏中徒武蒲之軍，併力以攻打昌邑，沒有攻下。（三）向西經過高陽（屬陳留）的時候，酈食其爲監門之官，說道：「諸位將領經此過者甚多，我看只有沛公是個大人長者。」於是就請求晉見沛公作一次談話。（四）沛公正在靠在牀上大放兩腿，使兩個女子爲他洗腳。（五）酈生進去，也不下拜，只是長揖一下，便說：「足下必欲誅無道之秦，不應當這樣踞傲的接見長者！」（六）於是沛公就從牀上起來，整飭了衣服，表示歉意，請酈生坐於上座。（七）食其就勸沛公攻襲陳留，奪取秦軍所積儲的軍糧。於是沛公就以酈食其爲廣野君，以酈商爲將軍，率領陳留之兵，會同他的軍隊，一塊去打開封。開封沒有拔下。（七）西進而與秦將楊熊戰於白馬（白馬故城在河南滑縣西南二十四里），又戰於曲遇之東（曲遇在中牟縣境），大破秦軍。楊熊逃到滎

陽，二世派人把楊熊斬了以徇示於軍中。（九）沛公又南攻潁陽，屠滅之。（一〇）又藉着張良在韓國的關係，遂侵略韓地之轘轅（河南偃師縣東南有緱氏縣）。

當是時，趙別將司馬卬方欲渡河入關，沛公乃北攻平陰，絕河津。南，戰雒陽東，軍不利，還至陽城（一），收軍中馬騎，與南陽守齮戰犨東，破之。略南陽郡，南陽守齮走，保城守宛。沛公引兵過而西（二）。張良諫曰：「沛公雖欲急入關，秦兵尚衆，距險。今不下宛，宛從後擊，彊秦在前，此危道也（三）。」於是沛公乃夜引兵從他道還，更旗幟，黎明，圍宛城三帀（四）。南陽守欲自剄。其舍人陳恢曰：「死未晚也。」乃踰城見沛公，曰：「臣聞足下約，先入咸陽者王之。今足下留守宛。宛，大郡之都也，連城數十，人民衆，積蓄多，吏人自以爲降必死，故皆堅守乘城。今足下盡日止攻，士死傷者必多；引兵去宛，宛必隨足下後：足下前則失咸陽之約，後又有彊宛之患。爲足下計，莫若約降，封其守，因使止守，引其甲卒與之西。諸城未下者，聞聲爭開門而待，足下通行無所累（五）。」沛公曰：「善。」乃以宛守爲殷侯，封陳恢千戶。引兵西，無不下者（六）。至丹水，高武侯鰓、襄侯王陵降西陵。還攻胡陽，遇番君別將梅鋗，與偕，降析、酈（七）。遣魏人甯昌使秦，使者未來。是時章邯已以軍降項羽於趙矣（八）。

【註】（一）當這個時候，趙國的另外一支獨立作戰的小將名叫司馬卬者，正想渡河入關，沛公於是北攻平陰（河南孟津縣東），斷絕了渡河的津口。又向南，與秦軍之在洛陽以東者相戰，作戰不利，乃還至陽城（在河南登封縣東南）。（二）收集軍中的馬騎，與秦國的南陽守將名叫齮者，戰於南陽犨縣（河南魯山縣）之東，把守將打敗了。於是就侵略南陽郡，南陽守將齮逃走，保守南陽城（宛）。沛公就率領軍隊越過南陽城而西進。（三）張良勸諫道：「沛公您雖然急想入關，但是秦軍還衆多，據險抵抗。現在您不把南陽城拿下，南陽城的敵人從背後攻擊，強大的秦軍在前面擋住去路，這是最危險的行動。」（四）於是沛公乃於夜間帶着軍隊從別的道路回到南陽城區，更換旗幟，在天尚未亮的時候，把南陽城包圍了三層。（五）南陽城的守將就想自殺而死，他的舍人（官名）陳恢就勸他說：「想想辦法，死還不晚。」於是乃越過了城牆而出，去見沛公說：「我聽說你們有誓約，說是先入咸陽者就可以爲王。今足下留守宛地，宛城是一個大郡的都會，連接的城區有幾十個，人口衆多，積蓄豐厚，官吏和人民都覺得投降是一條必死之路，所以都集中在城牆上死力堅守。現在足下若是整天猛攻，士卒死傷者必然很多，如果舍棄了宛城而去，宛軍必跟在足下之後乘機而攻，到那時候，足下前則失了先入咸陽之約，後邊又有強大的宛城之患，這不是太危險了嗎？爲足下打算，再沒有比談判投降條件更好了。封賞其守將，因而使他停止抵抗，帶領他的軍隊和您的軍隊，一塊向西方進攻，那麼，凡是沒有投降的縣城，一聽到這種消息沒有不爭着開門以等待您的，那麼，您就可以通行無阻的向西進軍了。」（六）沛公一聽他這一番道理，就說：「好的！」乃以宛城守將爲殷侯

，封陳恢以千戶。引兵而西，沒有不投降的。（七）到了丹水（在河南內鄉縣境），高武侯鰓，襄侯王陵降於西陵（在南陽之西）。又攻擊胡陽（河南唐河縣之南），遇到了番君別將梅鋗，遂合力（與偕）進攻，降服了析（河南淅川縣），酈（河南內鄉縣）。（八）派遣魏人寧昌出使於秦，使者沒有回來。這個時候，章邯已經以軍隊投降於在趙國的項羽了。

初，項羽與宋義北救趙，及項羽殺宋義，代爲上將軍，諸將黥布皆屬，破秦將王離軍，降章邯，諸侯皆附（一）。及趙高已殺二世，使人來，欲約分王關中。沛公以爲詐，乃用張良計，使酈生、陸賈往說秦將，啗以利，因襲攻武關，破之（二）。又與秦軍戰於藍田南，益張疑兵旗幟，諸所過毋得掠鹵，秦人憙，秦軍解，因大破之。又戰其北，大破之。乘勝，遂破之（三）。

【註】（一）以先的時候，項羽和宋義往北方去救趙國，以後項羽殺了宋義，就取代了宋義而爲上將軍。諸將領如黥布等都隸屬於他，打敗了秦將王離的軍隊，又招降了章邯，各路諸侯都歸附他。（二）及至趙高把二世殺了之後，派人來到沛公這裡，想着商訂條約平分關中而爲王。沛公覺得那是趙高的詐計，乃採用張良的計策，派遣酈生、陸賈去誘說秦將，餌之以利益（啗，音淡，餌誘也），乘其不防，突襲武關（由河南南陽西攻陝西之要口），打破了。（三）又與秦軍戰於藍田縣（迫近長安）之南，越發張大了疑兵和旗幟，凡是所過的地方，都不得侵掠百姓，於是秦國的人民都大大的

喜歡，秦軍也鬆勁（懈）了，因而又大敗秦軍。又戰於藍田縣之北，大破之。又乘勝追擊，遂而大破了秦軍。

漢元年十月，沛公兵遂先諸侯至霸上。秦王子嬰素車白馬，係頸以組，封皇帝璽符節，降軹道旁（一）。諸將或言誅秦王。沛公曰：「始懷王遣我，固以能寬容；且人已服降，又殺之，不祥。」乃以秦王屬吏（二），遂西入咸陽。欲止宮休舍，樊噲、張良諫，乃封秦重寶財物府庫，還軍霸上（三）。召諸縣父老豪桀曰：「父老苦秦苛法久矣，誹謗者族，偶語者弃市。吾與諸侯約，先入關者王之，吾當王關中。與父老約法三章耳，殺人者死，傷人及盜抵罪。餘悉除去秦法。諸吏人皆案堵如故。凡吾所以來，爲父老除害，非有所侵暴，無恐！且吾所以還軍霸上，待諸侯至而定約束耳（四）。」乃使人與秦吏行縣鄉邑，告諭之。秦人大喜，爭持牛羊酒食獻饗軍士。沛公又讓不受，曰：「倉粟多，非乏，不欲費人。」人又益喜，唯恐沛公不爲秦王（五）。

【註】（一）漢王元年十月，沛公的軍隊遂搶先於各國諸侯而到了霸上（在陝西長安縣東），秦王子嬰就素車白馬，以絲繩繫於頸上，表示認罪請命之意。封住了皇帝的玉璽符節，投降於軹道之旁（軹道亭在長安東十三里）。（二）諸將有的說把秦王殺了。沛公就說：「原先懷王所以派遣我先向西

方，就是因爲我能夠寬大容人；並且人家已經投降服從了，再把人家殺了，實在不是吉祥之事。」於是就把秦王交付法官審判。（三）遂西入咸陽，進了秦朝宮殿，看到宮室之美的誘惑，高祖就想住在那裡休息一番。由於樊噲和張良的忠告，才把秦朝的重寶、財物、府庫封存起來，而還軍於霸上。（四）召集各縣的父老豪傑，告訴他們說：「父老們被秦朝的苛法所苦害，已經是日子太久了，稍微批評幾句政治，便算是誹謗，誹謗者家滅九族；兩人以上不敢聚在一塊說話，兩人對談就是「偶語」，偶語者服絞刑，這是如何慘無人道的法律啊！我曾經和各國諸侯們相約定：誰先入關，誰便是關中之王，按約定，我應當是關中之王，我現在和各位父老們約定法律，只有簡簡單單的三條而已。第一條，是殺人者處以死刑；第二條，是傷人者抵罪；第三條，是偷盜人者，也要抵罪。其餘，凡是秦朝的苛法，一律廢除。各位在政府服務的人以及普通一般的人民，都要安心的過生活，如往常一樣。總而言之，我到這裡來，是爲地方父老們除害，不是來侵奪欺侮你們的，希望大家千萬不要害怕。並且我之所以要還軍於霸上者，乃是爲的等待各路諸侯們來到之後，大家商量共同規定一項維持社會秩序的約束而已」。（五）說了之後，就派人和秦朝原先在政府服務的官吏們到各縣各鄉鎮去告訴大家。秦地的人民一聽到這種福音，無不喜歡萬狀，爭着奉獻些牛羊酒食去慰勞三軍將士。沛公又表示感謝而不接受禮物，對大家說：「倉庫的東西，非常之多，樣樣都有，不願意破費大家」。因此，人民們更加喜歡，惟恐怕沛公不當秦王。

或說沛公曰：「秦富十倍天下，地形彊。今聞章邯降項羽，項羽乃號爲雍王，王關中。今則來，沛公恐不得有此。可急使兵守函谷關，無內諸侯軍，稍徵關中兵以自益，距之。」沛公然其計，從之（一）。十一月中，項羽果率諸侯兵西，欲入關，關門閉。聞沛公已定關中，大怒，使黥布等攻破函谷關。十二月中，遂至戲（二）。沛公左司馬曹無傷聞項王怒，欲攻沛公，使人言項羽曰：「沛公欲王關中，令子嬰為相，珍寶盡有之。」欲以求封（三）。亞父勸項羽擊沛公。方饗士，旦日合戰。是時項羽兵四十萬，號百萬。沛公兵十萬，號二十萬，力不敵（四）。會項伯欲活張良，夜往見良，因以文諭項羽，項羽乃止。沛公從百餘騎，驅之鴻門，見謝項羽。項羽曰：「此沛公左司馬曹無傷言之。不然，籍何以至此！」（五）沛公以樊噲、張良故，得解歸。歸，立誅曹無傷（六）。

【註】（一）有人勸說沛公道：「秦國之富，十倍於天下，並且地理形勢又非常之強勝。現在聽說章邯已經投降了項羽，項羽就預先封他為雍王，為關中之王，現在就要來了，恐怕你不能得到這個地盤了。為今之計，可以趕快派兵把守函谷關，不要叫諸侯們的軍隊進來，然後再稍稍徵發關中的兵員以充實力量，來抵抗他們」。沛公以為這位說客的話，很有道理，就聽從他的計劃行事。（二）到了十一月的中旬，項羽果然率領各路諸侯之兵，浩浩蕩蕩而西來，急欲入關，但是函谷關之門已閉；又聽說沛公已經平定了關中，大為震怒，就使黥布等攻破了函谷關。十二月中旬，遂至戲下（陝西臨潼

縣東）。（三）沛公的左司馬（軍官名稱）曹無傷聽說項王發怒，要進攻沛公，就使人告訴項羽說：「沛公想着當關中之王，叫子嬰爲助手，把一切珍寶都佔爲已有」。曹無傷所以要透露這些情報，爲的是想求封官。（四）亞父（范增，項羽之智囊）勸項羽攻襲沛公，正在爲軍隊開飯，飯畢，就要當天會戰。這個時候，項羽有兵力四十萬，號稱百萬；沛公兵力十萬，號稱二十萬，勢力懸殊，不能相敵。（五）恰好張良的朋友項伯，想着把張良救出來，免得跟着沛公失敗而受犧牲。於是深夜就去見張良，把項羽的軍事企圖，秘密告良，良言之於沛公，沛公急忙寫了一封書信報告守關之意是爲的等待項羽的處理，請項伯把文書帶致項羽，項羽才算停兵。沛公又帶了百餘騎兵，快馬加鞭親自到鴻門（在陝西臨潼縣東），晉見項羽，陪謝不是。項羽就說：「這是沛公左司馬曹無傷所說的，不然的話，我何至於生此疑心！」（六）在鴻門宴的時候，沛公處境，非常之危險，幸虧有樊噲、張良的設計，才得以解脫於危險而間道歸營。歸營之後，立刻就把出賣情報的曹無傷殺掉。

項羽遂西，屠燒咸陽秦宮室，所過無不殘破。秦人大失望，然恐，不敢不服耳（一）。

【註】（一）項羽遂即揮軍西進，到了咸陽，把秦朝的宮殿燒得片瓦無存；凡是他所經過的地方，沒有不殘破的。因此，秦國的人民大失所望，但是，處於暴力恐怖之下，不敢不服從便了。

項羽使人還報懷王。懷王曰：「如約。」（一）項羽怨懷王不肯令與沛公俱西入關，而北救趙，後天下約。乃曰：「懷王者，吾家項梁所立耳，非有功伐，何以得主約！本定天下，諸將及籍也（二）。」乃詳尊懷王爲義帝，實不用其命。（三）

【註】（一）項羽派人回去報告於懷王，請示。懷王告訴使者說：「按照前約行事」。（二）於是項羽怨恨懷王不肯叫他與沛公同時西向而入關，偏偏派他到河北去救趙國，以致落後一步而失了天下諸侯之公約。遂乃大發牢騷的說：「懷王是甚麼東西？乃是我家叔叔項梁所擁立之人，他沒有一點戰爭的功勞，有什麼資格主持盟約？所以能安定天下的，本來就是諸位將領和我的功勞。」（三）於是假裝着（佯）尊崇懷王爲「義帝」，實際上，根本不聽他的命令。

正月，項羽自立爲西楚霸王，王梁、楚地九郡，都彭城。負約（一），更立沛公爲漢王，王巴、蜀、漢中，都南鄭。三分關中，立秦三將：章邯爲雍王，都廢丘；司馬欣爲塞王，都櫟陽；董翳爲翟王，都高奴。楚將瑕丘申陽爲河南王，都洛陽。趙將司馬卬爲殷王，都朝歌。趙王歇徙王代。趙相張耳爲常山王，都襄國。當陽君黥布爲九江王，都六。懷王柱國共敖爲臨江王，都江陵。番君吳芮爲衡山王，都邾。燕將臧荼爲燕王，都薊。故燕王韓廣徙王遼東。廣不聽，臧荼攻殺之無終。封成安君陳餘河閒三縣，居南皮。封梅鋗十萬戶。（二）

【註】（一）負約：違背了盟約。（二）以上各地理名稱之註解，在項羽本紀中，皆已註過，故不再註。

四月，兵罷戲下，諸侯各就國（一）。漢王之國，項王使卒三萬人從，楚與諸侯之慕從者數萬人，從杜南入蝕中。去輒燒絕棧道，以備諸侯盜兵襲之，亦示項羽無東意。（二）至南鄭，諸將及士卒多道亡歸，士卒皆歌思東歸。（三）韓信說漢王曰：「項羽王諸將之有功者，而王獨居南鄭，是遷也。軍吏士卒皆山東之人也，日夜跂而望歸，及其鋒而用之，可以有大功。天下已定，人皆自寧，不可復用。不如決策東鄉，爭權天下。」（四）

【註】（一）四月，各地諸侯之兵，都離開戲下，各自回到他們的封國去了。（二）漢王也要往他的封國漢中去了，項羽派軍隊三萬人跟着，另外，還有楚國的軍隊以及諸侯之中敬慕沛公而願意跟從者，也有幾萬人。從杜（古杜伯國，在長安南五十里）南進入蝕中（往漢中道上，進入山谷地區之谷名），一離開，便把棧道燒斷（棧道：在山谷險絕之處，傍山架木，以通道路，曰棧道。在陝西褒城縣北，接鳳縣東北，統名「連雲棧」，張良說漢王燒絕棧道，即此。），以防備諸侯之軍的偷襲，同時，也是對項羽表示漢王絕無東歸之意。（三）到了漢中，各位將士多半思想家鄉，紛紛逃亡，兵士們也唱着思想東方家鄉之歌。（四）於是韓信就勸說漢王道：「項羽分封作戰有功之諸將爲各地

之王，而公獨居於南鄭（漢中），這不是封賞，而是貶竄（遷）。軍吏士卒，都是華山以東的人，白天夜裡，無不翹着足尖而急望回家，趁着這種想念家鄉的鋒頭而利用之，可以建立大功。如果等到天下平定了，人民都安居了，那就不可以再來使用了。所以爲今之計，不如決定計劃，向東方發展而爭霸天下。」

項羽出關，使人徙義帝。（一）曰：「古之帝者地方千里，必居上游。」乃使使徙義帝長沙郴縣，趣義帝行（二），群臣稍倍叛之，乃陰令衡山王、臨江王擊之，殺義帝江南。項羽怨田榮，立齊將田都爲齊王。田榮怒，因自立爲齊王，殺田都而反楚；予彭越將軍印，令反梁地。楚令蕭公角擊彭越，彭越大破之。陳餘怨項羽之弗王己也，令夏說說田榮，請兵擊張耳。齊予陳餘兵，擊破常山王張耳，張耳亡歸漢。迎趙王歇於代，復立爲趙王。趙王因立陳餘爲代王。項羽大怒，北擊齊。

【註】（一）徙義帝：義帝本來往彭城，現在要把他搬到湖南郴縣。（二）趣義帝行：強迫義帝立刻搬動。

八月，漢王用韓信之計，從故道還（一），襲雍王章邯。邯迎擊漢陳倉（二），雍兵敗，還走；止戰好畤（三），又復敗，走廢丘（四）。漢王遂定雍地。東至咸陽，引兵圍雍王廢丘，而遣諸將略定隴西、北地、上郡。令將軍薛歐、王吸出武關，因王陵兵南陽，以迎太公、呂后於沛。楚聞之，發兵距之陽夏（五），不得前。令故吳令鄭昌為韓王，距漢兵。

【註】（一）故道：舊日來漢中時所走的道路。（二）陳倉：在陝西寶雞縣東。（三）好畤：在陝西乾縣。（四）廢丘：在陝西興平縣。（五）陽夏：河南太康縣。

二年，漢王東略地，塞王欣、翟王翳、河南王申陽皆降。韓王昌不聽，使韓信擊破之。於是置隴西、北地、上郡、渭南（一），河上（二）、中地郡（三），關外置河南郡。更立韓太尉信為韓王。諸將以萬人若以一郡降者，封萬戶（四）。繕治河上塞。諸故秦苑囿園池，皆令人得田之（五）。正月，虜雍王弟章平。大赦罪人。

【註】（一）渭南：後稱京兆。（二）河上：即陝西馮翊。（三）中地郡：即陝西扶風。（四）若：及也。言以萬人及以一郡降者，封萬戶位。（五）得田之：得耕種之。

漢王之出關至陝，撫關外父老，還，張耳來見，漢王厚遇之。

二月，令除秦社稷，更立漢社稷。

三月，漢王從臨晉渡（一），魏王豹將兵從。下河內，虜殷王，置河內郡（二）。南渡平陰津（三），至雒陽。新城（四）三老董公（五）遮說漢王，以義帝死故。漢王聞之，袒而大哭（六）。遂爲義帝發喪，臨三日。發使者告諸侯曰：「天下共立義帝，北面事之。今項羽放殺義帝於江南，大逆無道。寡人親爲發喪，諸侯皆縞素。悉發關內兵，收三河士（七），南浮江漢以下（八），願從諸侯王擊楚之殺義帝者。」

【註】（一）臨晉：在陝西朝邑縣東黃河西岸。（二）河內：河南沁陽縣一帶之地。（三）平陰津：在河南孟津縣東。（四）新城：在今河南伊川縣。（五）三老：掌敎化之官。（六）袒：露出臂胸。（七）三河：河南、河內、河東。（八）浮江漢：順江漢而東下以擊楚。

是時項王北擊齊，田榮與戰城陽，田榮敗，走平原（一），平原民殺之。齊皆降楚。楚因焚燒其城郭，係虜其子女（二）。齊人叛之。田榮弟橫立榮子廣爲齊王，齊王反楚城陽。項羽雖聞漢東，既已連齊兵（三），欲遂破之而擊漢。漢王以故得刼五諸侯兵，遂入彭城。項羽聞之，乃引兵去齊，從魯（四），出胡陵（五），至蕭（六），與漢大戰彭城靈壁東（七），睢水上（八），大破漢軍，多殺士卒，睢水爲之不流。乃取漢王父母妻子於沛，置之軍中以爲質（九）。當是時，諸侯見楚彊漢敗，還皆去漢復爲楚。

塞王欣亡入楚。

【註】（一）平原：山東平原縣。（二）係虜：卽繫虜，拘執而俘擄之。（三）連齊兵：與齊兵交戰牽掣而難分兵。（四）魯：山東曲阜。（五）胡陵：山東魚臺縣。（六）蕭：江蘇蕭縣。（七）靈壁：安徽靈壁縣。（八）睢水：由河南杞縣，經江蘇之蕭縣，安徽之宿縣、靈壁，後入泗。（九）質：以人爲抵押品。

呂后兄周呂侯爲漢將兵，居下邑（一）。漢王從之，稍收士卒，軍碭。漢王乃西過梁地，至虞（二）。使謁者隨何之九江王布所，曰：「公能令布舉兵叛楚，項羽必留擊之。得留數月，吾取天下必矣。」隨何往說九江王布，布果背楚。楚使龍且往擊之。

【註】（一）下邑：卽河南夏邑縣。（二）虞：卽河南虞城縣。

漢王之敗彭城而西，行使人求家室，家室亦亡，不相得。敗後乃獨得孝惠，六月，立爲太子，大赦罪人。令太子守櫟陽，諸侯子在關中者皆集櫟陽爲衞。引水灌廢丘，廢丘降，章邯自殺。更名廢丘爲槐里。於是令祠官祀天地四方上帝山川，以時祀之。興關內卒乘塞（一）。

【註】（一）乘塞：登城而守險塞。

是時九江王布與龍且戰，不勝，與隨何閒行歸漢。漢王稍收士卒，與諸將及關中卒益出，是以兵大振滎陽，破楚京、索閒（一）。

【註】（一）破楚京、索間：破楚軍於京、索之間，此兩地皆在滎陽附近。

三年，魏王豹謁歸視親疾，至卽絕河津，反爲楚。漢王使酈生說豹，豹不聽。漢王遣將軍韓信擊，大破之，虜豹。遂定魏地，置三郡，曰河東（一）、太原（二）、上黨（三）。漢王乃令張耳與韓信遂東下井陘擊趙，斬陳餘、趙王歇。其明年，立張耳爲趙王。

【註】（一）河東郡：山西之地在黃河以東者，治夏縣。（二）太原郡：治太原。（三）上黨郡：治山西長子縣。

漢王軍滎陽南，築甬道，屬之河，以取敖倉（一）。與項羽相距歲餘（二）。項羽數侵奪漢甬道，漢軍乏食，遂圍漢王。漢王請和，割滎陽以西者爲漢。項王不聽。漢王患之，乃用陳平之計，予陳平金四萬斤，以閒疏楚君臣（三）。於是項羽乃疑亞父。亞父是時勸項羽遂下滎陽，及其見疑，乃怒，辭老，願賜骸骨歸卒伍（四），未至彭城而死。

【註】（一）甬道：在路的兩邊，築起墻壁，以掩護在路中運送之糧，謂之「甬道」。漢王築甬道，從滎陽縣城南，往北，以至於連接到黃河之岸，以取敖倉之粟。（二）距：即拒也，相抵抗。（三）離間項羽與范增，范增是最有軍略眼光的智囊，項羽離開了他，只是一個有勇無謀的匹夫了。（四）就是請求准予退休不幹之意。

漢軍絕食，乃夜出女子東門二千餘人，被甲，楚因四面擊之。將軍紀信乃乘王駕，詐爲漢王，誑楚，楚皆呼萬歲，之城東觀（一），以故漢王得與數十騎出西門遁。令御史大夫周苛、魏豹、樅公守滎陽。諸將卒不能從者，盡在城中。周苛、樅公相謂曰：「反國之王，難與守城。」因殺魏豹。

【註】（一）之城東觀：往城東門去看漢王投降。之，往也。

漢王之出滎陽入關，收兵欲復東。袁生說漢王曰：「漢與楚相距滎陽數歲，漢常困。願君王出武關，項羽必引兵南走，王深壁，令滎陽成臯閒且得休。使韓信等輯河北趙地，連燕齊，君王乃復走滎陽，未晚也。如此，則楚所備者多，力分，漢得休，復與之戰，破楚必矣（一）。」漢王從其計，出軍宛葉閒（二），與黥布行收兵。

【註】（一）袁生這個計策，是聲南擊北的辦法，使項羽備多而力分，因之失敗。（二）宛：河南

南陽。葉：河南葉縣。

項羽聞漢王在宛，果引兵南。漢王堅壁不與戰。是時彭越渡睢水，與項聲、薛公戰下邳，彭越大破楚軍。項羽乃引兵東擊彭越。漢王亦引兵北軍成皋。項羽已破走彭越，聞漢王復軍成皋，乃復引兵西，拔滎陽，誅周苛、樅公，而虜韓王信，遂圍成皋。漢王跳（一），獨與滕公共車出成皋玉門，北渡河，馳宿脩武。自稱使者，晨馳入張耳、韓信壁，而奪之軍。乃使張耳北益收兵趙地，使韓信東擊齊。漢王得韓信軍，則復振。引兵臨河，南饗軍小脩武南，欲復戰。郎中鄭忠乃說止漢王，使高壘深塹，勿與戰。漢王聽其計，使盧綰、劉賈將卒二萬人，騎數百，渡白馬津（二），入楚地，與彭越復擊破楚軍燕郭西（三），遂復下梁地十餘城。

【註】（一）跳：係「逃」字之誤。（二）白馬津：即黎陽津，在河南滑縣北。（三）故南燕國也。

淮陰已受命東，未渡平原。漢王使酈生往說齊王田廣，廣叛楚，與漢和，共擊項羽。韓信用蒯通計，遂襲破齊。齊王烹酈生，東走高密。項羽聞韓信已舉河北兵破齊、趙，且欲擊楚，則使龍且、周蘭往擊之。韓信與戰，騎將灌嬰擊，大破楚軍，殺龍且。齊王廣犇彭越。當此時，彭越將兵居梁地，往來苦楚兵，絕其糧食。

四年，項羽乃謂海春侯大司馬曹咎曰：「謹守成皋。若漢挑戰，愼勿與戰，無令得東而已。我十五日必定梁地，復從將軍。」乃行擊陳留、外黃、睢陽，下之。漢果數挑楚軍，楚軍不出，使人辱之五六日，大司馬怒，度兵汜水。士卒半渡，漢擊之，大破楚軍，盡得楚國金玉貨賂。大司馬咎、長史欣皆自剄汜水上。項羽至睢陽，聞海春侯破，乃引兵還。漢軍方圍鍾離眛於滎陽東，項羽至，盡走險阻。

韓信已破齊，使人言曰：「齊邊楚（一），權輕，不爲假王（二），恐不能安齊。」漢王欲攻之。留侯曰：「不如因而立之，使自爲守。」乃遣張良操印綬立韓信爲齊王。

【註】（一）齊邊楚：齊國與楚國是鄰邊。（二）不當假王，恐怕不能安撫齊國。其意欲用大名義以爲鎮撫之便。

項羽聞龍且軍破，則恐，使盱台人武涉往說韓信。韓信不聽。

楚漢久相持未決，丁壯苦軍旅，老弱罷轉饟（一）。漢王項羽相與臨廣武之閒而語。項羽欲與漢王獨身挑戰。漢王數項羽曰：「始與項羽俱受命懷王，曰先入定關中者王之，項羽負約，王我於蜀漢，罪一。項羽矯殺卿子冠軍而自尊，罪二。項羽已救趙，當還報，而擅刧諸侯兵入關，罪三。懷王約入秦無暴掠，項羽燒秦宮室，掘始皇帝冢，私收其財物，罪四。又彊殺秦降王子嬰，罪五。詐阬秦子弟新安二十萬，王其將，罪六。項羽皆王諸將善地，而徙逐故主，令臣下爭叛逆，罪七。項羽出逐義帝彭城，自都之，奪韓王地，幷王梁楚，多自予，罪八。項羽使人陰弒義帝江南，罪九。夫爲人臣而弒其主，殺已降，爲政不平，主約不信，天下所不容，大逆無道，罪十也。吾以義兵從諸侯誅殘賊，使刑餘罪人擊殺項羽，何苦乃與公挑戰！（二）」項羽大怒，伏弩射中漢王。漢王傷匈，乃捫足曰：「虜中吾指（三）！」漢王病創臥，張良彊請漢王起行勞軍，以安士卒，毋令楚乘勝於漢（四）。漢王出行軍，病甚，因馳入成皋。

【註】　項羽聽說龍且的軍隊被打敗了，心生恐懼，於是使盱台人武涉去誘說韓信，韓信不聽。

（一）楚、漢相持不下，久久不能解決，丁壯的人苦於軍旅戰鬪，老弱的人疲於轉運糧食。漢王與項羽彼此在廣武之間交談，項羽提議與漢王兩個人單獨戰鬪，一決雌雄。　（二）漢王就列舉項羽十大罪狀，說道：「以先，我與你同受命於懷王，說是先入定關中者，就封爲關中王，你背叛了誓約，本來是我先入關，而你竟封我於邊遠的蜀漢，這是你第一條的罪狀。你矯詔殺了卿子冠軍而自稱上將軍，這是你第二條的罪狀。你已經救了趙國，應當回到彭城去報告，而你竟然專權的挾持着各國諸侯之兵進入關中，這是你第三條的罪狀。懷王約束諸侯入了秦國的時候，不可暴虐掠奪，你到了咸陽，火燒秦宮室，挖掘始皇的墳墓，吞收其財寶器物，這是你第四條的罪狀。秦王子嬰已經投降服從，饒其不死，你竟然以強力而殺之，這是你第五條的罪狀。秦國士兵二十萬人，在新安投降，你把他們騙到山谷之中，予以全部阬殺，但是你對於領導作惡的秦國敗將，却高封以王位，這是你第六條的罪狀。你對於歸你指揮的諸將封之以肥美的地區，而對於其國家之故主則大肆徙逐，簡直是倡導臣下爭爲叛逆，這是你第七條的罪狀。你把義帝從彭城逐出，而自己置都於此，奪取了韓王的土地，身兼梁、楚之王，厚自封殖，這是你第八條的罪狀。你以陰險的手段，暗殺義帝於江南，這是你第九條的罪狀。爲人臣而弑其主上，敵已降而阬殺其士卒，辦理政治，偏私不平；主持盟約，欺詐不信，大逆而無道，天下所不容，這是你第十條的罪狀。我以正義之師，隨從各國諸侯誅除殘殺，使刑餘罪人就足夠把你擊而殺之，用不着老子對你單獨挑戰！」（三）項羽聽了漢王痛罵的話，大爲光火，就以暗箭射中了漢王，胸部受傷，但是漢王恐怕影響軍心，乃故意摸摸脚說：「這個奴才打中了我的脚指頭」。事實上，漢王是受了重傷，病臥於牀。（四）張良又請漢王勉強起來，到軍中勞軍，以安士卒之心，不能使楚軍乘機攻漢。於是漢王就出行勞軍。但是實在病痛的忍受不住，於是趕快回到成皋。

病愈，西入關，至櫟陽，存問父老，置酒，梟故塞王欣頭櫟陽市（一）。留四日復如軍，軍廣武。關中兵益出。

【註】（一）梟：斬其首以懸於木桿之上也。

當此時，彭越將兵居梁地，往來苦楚兵，絕其糧食。田橫往從之。項羽數擊彭越等，齊王信又進擊楚。項羽恐，乃與漢王約，中分天下，割鴻溝而西者爲漢，鴻溝而東者爲楚（一）。項王歸漢王父母妻子，軍中皆呼萬歲，乃歸而別去。

【註】（一）鴻溝：在河南滎陽縣東南二十里，楚漢分界之處。

項羽解而東歸。漢王欲引而西歸，用留侯、陳平計，乃進兵追項羽，至陽夏南止軍（一），與齊王信、建成侯彭越期會而擊楚軍。至固陵（二），不會。楚擊漢軍，大破之。漢王復入壁，深塹而守之。用張良計，於是韓信、彭越皆往。及劉賈入楚地，圍壽春（三），漢王敗固陵，乃使使者召大司馬周殷舉九江兵而迎武王，行屠城父（四），隨（何）劉賈、齊梁諸侯皆大會垓下（五）。立武王布爲淮南王。

【註】（一）陽夏：河南太康縣。（二）固陵：即河南固始縣。（三）壽春：安徽壽州。（四）城父：在安徽亳州。（五）垓下：安徽靈壁縣東南。

五年，高祖與諸侯兵共擊楚軍，與項羽決勝垓下。淮陰侯將三十萬自當之，孔將軍居左，費將軍居右，皇帝在後，絳侯、柴將軍在皇帝後。項羽之卒可十萬。淮陰先合，不利，却。孔將軍、費將軍縱（一），楚兵不利，淮陰侯復乘之，大敗垓下。項羽卒聞漢軍之楚歌，以爲漢盡得楚地，項羽乃敗而走，是以兵大敗。使騎將灌嬰追殺項羽東城（二），斬首八萬，遂略定楚地。魯爲楚堅守不下。漢王引諸侯兵北，示魯父老項羽頭，魯乃降。遂以魯公號葬項羽穀城。還至定陶，馳入齊王壁，奪其軍。

【註】（一）費將軍縱：縱兵而擊之也。（二）東城：在安徽定遠縣東南。

正月，諸侯及將相相與共請尊漢王爲皇帝。漢王曰：「吾聞帝賢者有也，空言虛語，非所守也，吾不敢當帝位（一）。」群臣皆曰：「大王起微細，誅暴逆，平定四海，有功者輒裂地而封爲王侯。大王不尊號，皆疑不信。臣等以死守之（二）。」漢王三讓，不得已，曰：「諸君必以爲便，便國家。」甲午，乃卽皇帝位氾水之陽（三）。

【註】（一）正月，諸侯及將相共同一致請尊崇漢王爲皇帝。漢王說：「我聽說皇帝之位，是賢者纔能有的，空言虛語，是守不住皇帝之位的，我不敢擔當皇帝之位。」（二）群臣們都說：「大王出身於微細的地位，而能夠誅除暴逆，平定四海，有功者立卽裂地而封爲王侯。大王如果不稱尊號，那麼，大家都互相猜疑而沒有信仰的中心。所以我們以死堅持這種建議。」（三）漢王謙讓了三次，

眞是不得已了，才說：「各位如果以爲這樣作，是便利的話，我們就應當有利於國家。」於是於月之甲午，乃就皇帝位於氾水之陽。（氾水：氾，音泛，其地在山東定陶縣西北。）

皇帝曰：「義帝無後，齊王韓信習楚風俗，徙爲楚王，都下邳。立建成侯彭越爲梁王，都定陶。故韓王信爲韓王，都陽翟。徙衡山王吳芮爲長沙王，都臨湘（一）。番君之將梅鋗有功，從入武關，故德番君。淮南王布、燕王臧荼、趙王敖皆如故。」

【註】（一）臨湘：湖南長沙。

天下大定。高祖都雒陽，諸侯皆臣屬。故臨江王驩爲項羽叛漢，令盧綰、劉賈圍之，不下。數月而降，殺之雒陽。

五月，兵皆罷歸家。諸侯子在關中者復之十二歲（一），其歸者復之六歲，食之一歲（二）。

【註】（一）復之十二歲：免除其傜役十二年。　（二）食：讀寺，養活也。

高祖置酒雒陽南宮。高祖曰：「列侯諸將無敢隱朕，皆言其情。吾所以有天下者何？項氏之所以失天下者何（一）？」高起、王陵對曰：「陛下慢而侮人，項羽仁而愛人。然陛下使人攻城略地，所降下者因以予之，與天下同利也。項羽妒賢嫉能，有功者害之，賢者疑之，戰勝而不予人功，得地而不予人利，此所以失天下也（二）。」高祖曰：「公知其一，未知其二。夫運籌策帷帳之中，決勝於千里之外，吾不如子房。鎮國家，撫百姓，給餽饟，不絕糧道，吾不如蕭何。連百萬之軍，戰必勝，攻必取，吾不如韓信。此三者，皆人傑也，吾能用之，此吾所以取天下也。項羽有一范增而不能用，此其所以爲我擒也（三）。」

【註】（一）高祖擺設酒席於雒陽之南宮，高祖說：「各位諸侯，各位將領，請你們不要隱瞞我，都要坦坦白白的講說實在的情形，究竟我所以得天下者是什麼道理？項羽之所以失天下者又是什麼道理？」（二）高起，王陵就答覆說：「陛下傲慢而輕侮人，項羽仁慈而愛人，然而陛下使人攻城略地，所降服的地方，就分封給他，與天下之人同享其利益。項羽不然，他妒賢而嫉能，傷害有功之人，懷疑賢良之士，打了勝仗而不賞人之功，得了土地而不予人以利，這就是他所以失天下的原因。」（三）高祖就說：「你這話，只是知其一而不知其二。運用謀略於帳幕之內，而能夠決定勝利於千里之外，我不如子房；鎮定國家，安撫百姓，供給軍餉，不絕糧道，我不如蕭何；連合百萬的大軍，戰必能勝，攻必能取，我不如韓信。這三個人，都是人中之傑，我能信用他們，這就是我所以得天下的原因。項羽只有一個范增是眞正的人才，而他不能信用，這就是他所以被我擒拿的原因。」

高祖欲長都雒陽，齊人劉敬說，及留侯勸上入都關中，高祖是日駕，入都關中。六月，大赦天下。

十月，燕王臧荼反，攻下代地。高祖自將擊之，得燕王臧荼。卽立太尉盧綰爲燕王。使丞相噲將兵攻代。

其秋，利幾反，高祖自將兵擊之，利幾走。利幾者，項氏之將。項氏敗，利幾爲陳公，不隨項羽，亡降高祖，高祖侯之潁川。高祖至雒陽，舉通侯籍召之（一），而利幾恐，故反。

【註】（一）得在通侯之籍。

六年，高祖五日一朝太公，如家人父子禮。太公家令說太公曰：「天無二日，土無二王。今高祖雖子，人主也；太公雖父，人臣也。奈何令人主拜人臣！如此，則威重不行。」後高祖朝，太公擁篲（一），迎門却行。高祖大驚，下扶太公。太公曰：「帝，人主也，奈何以我亂天下法！」於是高祖乃尊太公爲太上皇。心善家令言（二），賜金五百斤。

【註】（一）擁篲：擁，持也。篲，掃地之帚也。卽手持掃地之篲。（二）心善家令言：心中以家

令之言為善。

十二月，人有上變事告楚王信謀反，上問左右，左右爭欲擊之。用陳平計，乃僞遊雲夢，會諸侯於陳，楚王信迎，卽因執之。是日，大赦天下（一）。田肯賀，因說高祖曰：「陛下得韓信，又治秦中。秦，形勝之國，帶河山之險，縣隔千里，持戟百萬，秦得百二焉。地埶便利，其以下兵於諸侯，譬猶居高屋之上建瓴水也。夫齊，東有琅邪、卽墨之饒，南有泰山之固，西有濁河之限，北有勃海之利。地方二千里，持戟百萬，縣隔千里之外，齊得十二焉。故此東西秦也。非親子弟，莫可使王齊矣（二）。」高祖曰：「善。」賜黃金五百斤。

【註】（一）十二月，有人上書報告急危事件，說楚王韓信圖謀造反。高祖就問左右之人，左右爭着要去攻打韓信。最後，還是採用陳平之計，乃假裝着去雲夢（雲夢澤名，幅員八九百里，湖北華容以北，安陸以南，枝江以東，皆其地。）遊歷，順便會諸侯於陳州。這個時候，韓信去迎接，趁着這個機會，就把他捕執起來。這一天，大赦天下。（二）田肯來賀，因而勸說高祖道：「陛下拿獲韓信，又都秦中，這是兩大喜事。秦國，是一個形勢強勝的國家，四面都有山河的險要，縣隔（卽懸隔，與外國隔絕，不容易遭受干擾）於千里之外，執戟能戰的武士有百萬之衆，秦國得有百分之二十。以這樣便利的地勢，來加兵於諸侯，就如同居於高屋之上倒瓶水一樣的容易。至於齊國，東邊有琅邪、

卽墨之富饒，南邊有泰山的堅固，西邊有濁河（黃河）的限阻，北邊有渤海的財利，地方兩千里，持戟能戰者有百萬之衆，懸隔於千里之外，齊國也得了十分之二。所以並稱爲東西兩秦。以後如果不是親近的子弟，就不可以使之爲齊王了。」高祖聽了此言，就說：「很對」！於是賞之以黃金五百斤。（按原文，講的是秦、齊兩國，地勢之險，人口之衆，戰士之多，物產之富，都是相等的強大。但是，說秦國得了百分之二，而齊國得了十分之二，豈不是勢力懸殊嗎？所以敢判定其必有錯字或遺漏，錯在秦得百分之二，下面必遺漏了一個「十」字，有了這個「十」字，就成爲秦得百分之二十，與齊國得十分之二，正好相等。如此，方與原義相合。）

後十餘日，封韓信爲淮陰侯，分其地爲二國。高祖曰將軍劉賈數有功，以爲荊王，王淮東。弟交爲楚王，王淮西。子肥爲齊王，王七十餘城，民能齊言者皆屬齊（一）。乃論功，與諸侯剖符行封。徙韓王信太原。

【註】（一）凡是能說齊國的語言之人民，都劃屬於齊國，因其爲親生之子，故擴張其土地與人民也。

七年，匈奴攻韓王信馬邑（一），信因與謀反太原。白土（二）曼丘臣、王黃立故趙將趙利爲王以反，高祖自往擊之。會天寒，士卒墮指者什二三，遂至平城（三）。匈奴圍我平城，七日而後罷去。令樊噲止定代地。立兄劉仲爲代王。

【註】（一）七年，匈奴攻擊韓王信於馬邑（山西朔縣），信因與匈奴相勾結，謀反於太原。（二）白土（地名，在上郡）之曼丘臣（人名），王黃（人名）擁立以前的趙將名趙利者爲王，亦反叛。（三）高祖親自往擊之。遭逢天氣嚴寒，士卒們的手指頭凍掉者，有十分之二三，遂卽到了平城（今綏遠省歸綏縣，本爲漢之平城縣，縣東北三十里有白登山，山上有台，名曰白登台。）。匈奴就把平城包圍起來，爲時七日之久，而後罷兵離去。高祖命令樊噲停軍於此，以平定代地，立兄劉仲爲代王。

二月，高祖自平城過趙、雒陽，至長安。長樂宮成，丞相已下徙治長安（一）。

【註】（一）三輔舊事謂：「扶風渭城，本咸陽地，高帝爲新城，七年屬長安」。徙治長安：搬到長安去辦公。

八年，高祖東擊韓王信餘反寇於東垣（一）。

【註】（一）高祖向東攻擊韓王信之殘餘的反叛之寇於東垣（在河北正定縣南）。

蕭丞相營作未央宮，立東闕、北闕、前殿、武庫、太倉。高祖還，見宮闕壯甚，怒，謂蕭何曰：「天下匈匈苦戰數歲，成敗未可知，是何治宮室過度也？（一）」蕭何曰：「天下方未定，故可因遂就宮室。且夫天子以四海爲家，非壯麗無以重威，且無令後世有以加也。」高祖乃說（二）。

【註】（一）蕭丞相營造未央宮（在長安縣西北十里。），建置東闕、北闕、前殿、武庫、太倉。高祖自前線回京，看見宮闕的壯麗，大爲震怒，告訴蕭何說：「天下洶洶不安，爲戰爭所苦害者，已經幾年了，將來的成敗，尚不可知，爲什麼建造宮室這樣的過度？」（二）蕭何就回答說：「正是因爲天下還沒有平定，所以要造宮室。天子以四海爲家，如果不壯麗的話，就無以表現威風，並且要叫後世永遠不能超過於此。」這樣一解釋，高祖才喜歡了。（說，同悅字。）

高祖之東垣（一），過柏人（二），趙相貫高等謀弒高祖，高祖心動，因不留。代王劉仲弃國亡，自歸雒陽，廢以爲合陽侯（三）。

【註】（一）高祖之東垣：高祖往東垣去。之，往也。（二）柏人：在今河北唐山縣西。（三）合陽：即郃陽，在陝西省。因其在郃水之陽而得名。

九年，趙相貫高等事發覺，夷三族。廢趙王敖爲宣平侯。是歲，徙貴族楚昭、屈、景、懷、齊田氏關中。

未央宮成。高祖大朝諸侯群臣，置酒未央前殿。高祖奉玉卮，起爲太上皇壽，曰：「始大人常以臣無賴，不能治產業，不如仲力。今某之業所就孰與仲多（一）？」殿上群臣皆呼萬歲，大笑爲樂（二）。

【註】（一）未央宮建造完成了，高祖大規模的朝會諸侯群臣，擺設酒席於未央前殿。高祖捧着玉巵，起立爲其老太爺祝壽，說：「以前的時候，大人常以我爲不務正業，無所依恃，不能經營產業，不如我二哥出力苦幹。現在我所成就的產業和二哥比較起來，有沒有他的多？」（二）這幾句有趣的話，引得群下高呼萬歲，大笑大樂。

十年十月，淮南王黥布、梁王彭越、燕王盧綰、荊王劉賈、楚王劉交、齊王劉肥、長沙王吳芮皆來朝長樂宮。春夏無事。

七月，太上皇崩櫟陽宮。楚王、梁王皆來送葬。赦櫟陽囚。更命酈邑曰新豐。

八月，趙相國陳豨（一）反代地。上曰：「豨嘗爲吾使，甚有信。代地吾所急也，故封豨爲列侯（二），以相國守代，今乃與王黃等刼掠代地！代地吏民非有罪也，其赦代吏民。」九月，上自東往擊之。至邯鄲，上喜曰：「豨不南據邯鄲而阻漳水，吾知其無能爲也。」聞豨將皆故賈人也（三），上曰：「吾知所以與之。」乃多以金啗豨將，豨將多降者。

【註】（一）東海人名豬曰豨。（二）陳豨平定臧荼有功，封陽夏侯。（三）賈人：做買賣的商人。

十一年，高祖在邯鄲誅豨等未畢，豨將侯敞將萬餘人游行（一），王黃軍曲逆（二），張春渡河擊聊城（三）。漢使將軍郭蒙與齊將擊，大破之。太尉周勃道太原人，定代地。至馬邑，馬邑不下，卽攻殘之。

【註】（一）游行：游擊戰的行動。（二）曲逆：縣名，故城在河北省完縣東南。（三）聊城：故城在今山東聊城縣西北。

豨將趙利守東垣，高祖攻之，不下。月餘，卒罵高祖，高祖怒。城降，令出罵者斬之，不罵者原之。於是乃分趙山北，立子恒以爲代王（一），都晉陽。

【註】（一）恒：卽日後的漢文帝。

春，淮陰侯韓信謀反關中，夷三族（一）。

夏，梁王彭越謀反，廢遷蜀；復欲反，遂夷三族。立子恢爲梁王，子友爲淮陽王。

秋七月，淮南王黥布反，東幷荆王劉賈地，北渡淮，楚王交走入薛。高祖自往擊之。立子長爲淮南王。

【註】（一）夷三族：誅滅其三族。

十二年，十月，高祖已擊布軍會甀（一），布走，令別將追之。

【註】（一）會甀，地名，在蘄縣西。甀：音垂（ㄔㄨㄟˊ）

高祖還歸，過沛，留。置酒沛宮，悉召故人父老子弟縱酒，發沛中兒得百二十人，教之歌。酒酣，高祖擊筑，自爲歌詩曰：「大風起兮雲飛揚，威加海內兮歸故鄉，安得猛士兮守四方！」令兒皆和習之。高祖乃起舞，慷慨傷懷，泣數行下（一）。謂沛父兄曰：「游子悲故鄉。吾雖都關中，萬歲後吾魂魄猶樂思沛。且朕自沛公以誅暴逆，遂有天下，其以沛爲朕湯沐邑，復其民，世世無有所與（二）。」沛父兄諸母故人日樂飲極驩，道舊故爲笑樂。十餘日，高祖欲去，沛父兄固請留高祖。高祖曰：「吾人衆多，父兄不能給。」乃去（三）。沛中空縣皆之邑西獻。高祖復留止，張飲三日（四）。沛父兄皆頓首曰：「沛幸得復，豐未復，唯陛下哀憐之（五）。」高祖曰：「豐吾所生長，極不忘耳，吾特爲其以雍齒故反我爲魏。」沛父兄固請，乃并復豐，比沛（六）。於是拜沛侯劉濞爲吳王。

【註】（一）高祖從前方回來，過沛縣，就留住下來，擺設酒宴於沛宮，全體召集過去所熟識的老朋友和父老子弟，縱酒暢飲，揀選了沛中的兒童一百二十人，教他們唱歌。酒喝到最痛快的時候，高祖

就擊起筑（音竹，樂器名，形似瑟而小，頭置弦，以竹擊之。）來，親自作詩爲歌曰：「大風起兮雲飛揚，威加海內兮歸故鄉，安得猛士兮守四方」！使兒童們都跟着唱而學習之。高祖於是起而舞蹈，心裏邊感傷萬千，慷慨激動，熱情之淚不由得涔涔落下。（二）對沛中父老說：「游子悲念故鄉，我雖然建都於關中，但是萬歲之後，我的靈魂還是想念沛地。並且我自從封爲沛公，以誅除暴逆，纔能得有天下！現在就決定以沛地爲我的湯浴之邑（齋戒潔清之地，以備回到故鄉時之居留。與後世諸侯所受於天子之湯沐邑稍異。），免除沛地人民的一切傜役負擔，世世都不出租賦」。（三）沛中父老兄弟，婆婆媽媽，親戚故舊，大家天天鬧酒歡樂，談敍昔日的故事，狂歡大笑。過了十幾天，高祖想要離去，沛中父老再三堅持請高祖再留住幾天。高祖說：「我帶領的人馬衆多，父兄們破費太甚，供給不起」。於是離去。（四）沛中之人都到了縣城以西奉獻牛酒爲高祖送別，城爲之空。高祖實在覺得鄉情溫暖，於是又留住，張起帳幕，大酒三日。（五）沛中父兄皆叩頭說：「沛縣蒙福，幸得免除一切傜役負擔，只是豐縣未得免除，敬請陛下可憐可憐他們。」（六）高祖就說：「豐縣是我出生長大之地，我絕對不會忘記，但是因爲他們跟着雍齒反叛我而向魏國，使我痛心之至！」沛中父兄再三爲豐縣請命，所以最後也把豐縣的一切負擔免除了，與沛縣相同。於是封沛侯劉濞爲吳王。

漢將別擊布軍洮水南北（一），皆大破之，追得斬布鄱陽。

【註】（一）洮，音桃（ㄊㄠ），在江淮間。

樊噲別將兵定代，斬陳豨當城（一）。

【註】（一）斬陳豨於當城：當城在令河北蔚縣北。

十一月，高祖自布軍至長安。十二月，高祖曰：「秦始皇帝、楚隱王、陳涉、魏安釐王、齊緡王、趙悼襄王皆絕無後，予守冢各十家，秦皇帝二十家，魏公子無忌五家。」赦代地吏民為陳豨、趙利所劫掠者，皆赦之。陳豨降將言豨反時，燕王盧綰使人之豨所，與陰謀。上使辟陽侯迎綰（一），綰稱病。辟陽侯歸，具言綰反有端矣。二月，使樊噲、周勃將兵擊燕王綰。赦燕吏民與反者。立皇子建為燕王。

【註】（一）辟陽故城在河北信都縣西三十五里。辟陽侯即審食其也。

高祖擊布時，為流矢所中，行道病。病甚，呂后迎良醫。醫入見，高祖問醫。醫曰：「病可治。」於是高祖嫚罵之曰：「吾以布衣提三尺劍取天下，此非天命乎？命乃在天，雖扁鵲何益！（一）」遂不使治病，賜金五十斤罷之（二）。已而呂后問：「陛下百歲後，蕭相國即死（三），令誰代之？」上曰：「曹參可。」問其次，上曰：「王陵可。然陵少戇（四），陳平可以助之。陳平智有餘，然難以獨任。周勃重厚少文（五）

，然安劉氏者必勃也，可令爲太尉。」呂后復問其次，上曰：「此後亦非而所知也（六）」。

【註】（一）扁鵲：戰國時之名醫，受禁方於長桑君，因以醫名世。（二）罷之：遣其去也。（三）卽死：如果死了。（四）少憨：稍微的有點愚癡。（五）重厚少文：穩重渾厚而缺乏學識。（六）非而所知：而，卽爾，你，汝，卽非你所知道的。

盧綰與數千騎居塞下候伺，幸上病愈自入謝。

四月甲辰，高祖崩長樂宮（一）。四日不發喪。呂后與審食其謀曰：「諸將與帝爲編戶民，今北面爲臣，此常怏怏（二），今乃事少主，非盡族是，天下不安（三）。」人或聞之，語酈將軍。酈將軍往見審食其，曰：「吾聞帝已崩，四日不發喪，欲誅諸將。誠如此（四），天下危矣。陳平、灌嬰將十萬守滎陽，樊噲、周勃將二十萬定燕、代，此聞帝崩（五），諸將皆誅，必連兵還鄉以攻關中。大臣內叛，諸侯外反，亡可翹足而待也（六）。」審食其入言之，乃以丁未發喪，大赦天下。

【註】（一）高祖生於秦昭王五十一年，至漢十二年死，得年六十二歲。（二）各位將領和高帝都是平民出身，現在北面而爲臣屬，所以他們心中常常怏怏不快。（三）今日又叫他們事奉年少的君主，更是靠不住，所以如果不把他們家滅九族，天下決不會平安的。（四）誠如此：假定是這樣的

話。（五）此聞帝崩：「此」字係「比」字之誤。比聞帝崩：卽等到他們聽說皇帝死了。（六）翹足而待：卽可立而待，言其爲時甚短也。

盧綰聞高祖崩，遂亡入匈奴。

丙寅，葬。己巳，立太子，至太上皇廟（一）。群臣皆曰：「高祖起微細，撥亂世反之正（二），平定天下，爲漢太祖，功最高。」上尊號爲高皇帝。太子襲號爲皇帝，孝惠帝也。令郡國諸侯各立高祖廟，以歲時祠。

【註】（一）漢太上皇廟在長安縣西北長安故城中酒池之北。（二）把亂世扭轉過來，使之成爲治平。「撥亂反正」一術語，卽出於此。

及孝惠五年，思高祖之悲樂沛（一），以沛宮爲高祖原廟。高祖所教歌兒百二十人，皆令爲吹樂，後有缺，輒補之。

【註】（一）高祖之悲樂沛：高祖留住沛中時，慷慨悲歌而以爲樂。

高帝八男：長庶齊悼惠王肥；次孝惠，呂后子；次戚夫人子趙隱王如意；次代王恒，已立爲孝文帝，薄太后子；次梁王恢，呂太后時徙爲趙共王；次淮陽王友，呂太后時徙爲趙幽王；次淮南厲王長；次燕王建。

太史公曰：「夏之政忠。忠之敝，小人以野，故殷人承之以敬（一）。敬之敝，小人以鬼，故周人承之以文（二）。文之敝，小人以僿，故救僿莫若以忠（三）。三王之道若循環，終而復始（四）。周秦之閒，可謂文敝矣。秦政不改，反酷刑法，豈不繆乎（五）？故漢興，承敝易變，使人不倦，得天統矣。」（六）

【註】（一）太史公說：「夏朝的政治風氣，偏於忠厚，因而其流弊是人民們粗野無禮。所以到了殷朝承繼政權，其政治風氣是提倡敬祖。（二）敬祖的流弊是人民迷信鬼神，所以到了周朝承繼政權，其政治風氣是提倡文明。（三）文明的流弊是人民們虛僞而薄情（僿，虛僞而不誠實。音司。），所以挽救虛薄，再沒有比恢復忠厚之道更好的了。（四）三王之道，好像是循環一般，終而復始。（五）周朝末年到了秦朝之間可以說是虛僞文巧的流弊，已經到了極點，而秦始皇不改其弊，反而酷用刑法，豈不是大大的荒謬嗎？（六）所以漢家政權代興之後，改變其流弊，使人民們不至於倦怠偏僻，眞算是得到了天然法則的體統了。」

朝以十月。車服黃屋左纛，葬長陵（一）。

【註】（一）長陵在陝西咸陽縣東三十里。

史記卷九　呂后本紀第九

呂太后者，高祖微時妃也，生孝惠帝、女魯元太后。及高祖爲漢王，得定陶戚姬，愛幸，生趙隱王如意。孝惠爲人仁弱，高祖以爲不類我（一），常欲廢太子，立戚姬子如意，如意類我。戚姬幸，常從上之關東，日夜啼泣，欲立其子代太子。呂后年長，常留守，希見上，益疏。如意立爲趙王後，幾代太子數矣（二），賴大臣爭之，及留侯策，太子得毋廢（三）。

【註】（一）不類我：不像我。（二）幾乎代替太子而立爲太子者，有好幾次了。（三）太子纔得以沒有被廢立。

呂后爲人剛毅，佐高祖定天下，所誅大臣多呂后力（一）。呂后兄二人，皆爲將。長兄周呂侯死事，封其子呂臺爲酈侯，子產爲交侯；次兄呂釋之爲建成侯。

【註】（一）高祖誅殺大臣都是由於呂后的主使。

高祖十二年四月甲辰，崩長樂宮，太子襲號爲帝。是時高祖八子：長男肥，孝惠兄也，異母，肥爲齊王；餘皆孝惠弟，戚姬子如意爲趙王，薄夫人子恆爲代王，諸姬子子恢爲梁王，子友爲淮陽王，子長爲淮南王，子建爲燕王。高祖弟交爲楚王，兄子濞爲吳王。非劉氏功臣番君吳芮子臣爲長沙王。

呂后最怨戚夫人及其子趙王，迺令永巷（一），囚戚夫人，而召趙王。使者三反，趙相建平侯周昌謂使者曰：「高帝屬臣趙王，趙王年少。竊聞太后怨戚夫人，欲召趙王并誅之，臣不敢遣王。王且亦病，不能奉詔。」呂后大怒，迺使人召趙相。趙相徵至長安，迺使人復召趙王。王來，未到。孝惠帝慈仁，知太后怒，自迎趙王霸上，與入宮，自挾與趙王起居飲食。太后欲殺之，不得閒（二）。孝惠元年十二月，帝晨出射。趙王少，不能蚤起。太后聞其獨居，使人持酖飲之（三）。犂明（四），孝惠還，趙王已死。於是迺徙淮陽王友爲趙王。夏，詔賜酈侯父追謚爲令武侯。太后遂斷戚夫人手足，去眼，煇耳（五），飲瘖藥（六），使居廁中，命曰「人彘」。居數日，迺召孝惠帝觀人彘。孝惠見，問，迺知其戚夫人，迺大哭，因病，歲餘不能起。使人請太后曰：「此非人所爲。臣爲太后子，終不能治天下。」孝惠以此日飲爲淫樂，不聽政，故有病也。

【註】（一）永巷：宮中之長巷，用以幽閉宮女之有罪者。漢時改爲掖庭獄。（二）不得間：得不到合適的機會。（三）酖：音枕。酖鳥食蝮，以其羽畫酒中，飲之立死。（四）黎明：即黎明，天將明的時候。（五）煇耳：火燒其耳。（六）飲瘖藥：飲之以使人成爲不能說話之啞巴的藥。瘖，音因。

二年，楚元王、齊悼惠王皆來朝。十月，孝惠與齊王燕飲太后前，孝惠以爲齊王兄，置上坐，如家人之禮。太呂怒，迺令酌兩卮酖，置前，令齊王起爲壽。齊王起，孝惠亦起，取卮欲俱爲壽。太后迺恐，自起泛孝惠卮。齊王怪之，因不敢飲，詳醉去（一）。問，知其酖，齊王恐，自以爲不得脫長安，憂。齊內史士說王曰：「太后獨有孝惠與魯元公主。今王有七十餘城，而公主迺食數城。王誠以一郡上太后，爲公主湯沐邑，太后必喜，王必無憂。」於是齊王迺上城陽之郡（二），尊公主爲王太后。呂后喜，許之。迺置酒齊邸（三），樂飲，罷，歸齊王。三年，方築長安城，四年就半，五年六年城就。諸侯來會。十月朝賀。

【註】（一）詳醉去：即佯醉去，假裝酒醉而去。（二）城陽：在山東雷澤縣東北。（三）齊邸：齊王之官舍。漢法，諸侯各起邸第於京師。

七年秋八月戊寅，孝惠帝崩（一）。發喪，太后哭，泣不下。留侯子張辟彊為侍中（二），年十五，謂丞相曰：「太后獨有孝惠，今崩，哭不悲，君知其解乎（三）？」丞相曰：「何解？」辟彊曰：「帝毋壯子（四），太后畏君等。君今請拜呂臺、呂產、呂祿為將，將兵居南北軍，及諸呂皆入宮，居中用事，如此則太后心安，君等幸得脫禍矣。」丞相迺如辟彊計。太后說，其哭迺哀。呂氏權由此起。迺大赦天下。九月辛丑，葬。太子卽位為帝，謁高廟。元年，號令一出太后。

【註】（一）惠帝二十三歲而死。（二）入侍天子，故曰侍中。（三）你知道其中的原因嗎？（四）毋，卽「無」字。

太后稱制，議欲立諸呂為王，問右丞相王陵。王陵曰：「高帝刑白馬盟曰『非劉氏而王，天下共擊之』。今王呂氏，非約也。」太后不說（一）。問左丞相陳平、絳侯周勃。勃等對曰：「高帝定天下，王子弟，今太后稱制，王昆弟諸呂，無所不可。」太后喜，罷朝。王陵讓（二）陳平、絳侯曰：「始與高帝啑血盟（三），諸君不在邪？今高帝崩，太后女主，欲王呂氏，諸君從欲阿意背約，何面目見高帝地下？」陳平、絳侯曰：「於今面折廷爭，臣不如君，夫全社稷、定劉氏之後，君亦不如臣。」王陵無以應之。十一月，太后欲廢王陵，乃拜爲帝太傅，奪之相權。王陵遂病免歸。迺以左丞相平爲右丞相，以辟陽侯審食其爲左丞相。左丞相不治事，令監宮中，如郎中令。食其故得幸太后，常用事，公卿皆因而決事。迺追尊酈侯父爲悼武王，欲以王諸呂爲漸（六）。

【註】（一）不說：即不悅。（二）讓：音攘，責備。（三）啑血盟：即喢血爲盟。（四）從欲阿意：順從呂后的欲望，曲從呂后的意志。（五）面折廷爭：當面打擊其企圖，當廷爭論其是非。（六）欲以王諸呂爲漸：想着以此事爲封諸呂爲王之慢慢的開頭。

四月，太后欲侯諸呂，迺先封高祖之功臣郎中令無擇爲博城侯（一）。魯元公主薨，賜謚爲魯元太后。子偃爲魯王。魯王父，宣平侯張敖也。封齊悼惠王子章爲朱虛侯（二），以呂祿女妻之。齊丞相壽爲平定侯。少府延爲梧侯。乃封呂種爲沛侯，呂平爲扶侯（三），張買爲南宮侯。

【註】（一）博城：故城在今山東泰安縣東南。（二）朱虛：故城在今山東臨朐縣東六十里。（三）扶柳：在河北信都縣。

太后欲王呂氏，先立孝惠後宮子彊爲淮陽王，子不疑爲常山王，子山爲襄城侯（一），子朝爲軹侯（二），子武爲壺關侯（三）。太后風大臣（四），大臣請立酈侯呂臺爲呂王，太后許之。建成康侯釋之卒，嗣子有罪，廢，立其弟呂祿爲胡陵侯，續康侯後。二年，常山王薨，以其弟襄城侯山爲常山王，更名義。十一月，呂王臺薨，謚爲肅王，太子嘉代立爲王。三年，無事。四年，封呂嬃爲臨光侯，呂他爲俞侯，呂更始爲贅其侯，呂忿爲呂城侯，及諸侯丞相五人。

【註】（一）河南襄城縣。（二）故軹城在河南濟源縣東南十三里。（三）壺關故城在山西長治縣東。（四）太后風大臣：太后暗示大臣。

宣平侯女爲孝惠皇后時，無子，詳爲有身，取美人子名之（一），殺其母，立所名子爲太子。孝惠崩，太子立爲帝。帝壯，或聞其母死，非眞皇后子，迺出言曰：「后安能殺吾母而名我？我未壯，壯卽爲變（二）。」太后聞而患之，恐其爲亂，迺幽之永巷中，言帝病甚，左右莫得見。太后曰：「凡有天下治爲萬民命者，蓋之如天，容之如地，上有歡心以安百姓，百姓欣然以事其上，歡欣交通而天下治。今皇帝病久不已，迺失惑惛亂，不能繼嗣奉宗廟祭祀，不可屬天下，其代之（三）。」羣臣皆頓首言：「皇太后爲天下齊民計所以安宗廟社稷甚深，羣臣頓首奉詔（四）。」帝廢位，太后幽殺之。五月丙辰，立常山王義爲帝，更名曰弘。不稱元年者，以太后制天下事也（五）。以軹侯朝爲常山王。置太尉官，絳侯勃爲太尉。五年八月，淮陽王薨，以弟壺關侯武爲淮陽王。六年十月，太后曰呂王嘉居處驕恣，廢之，以肅王臺弟呂產爲呂王。夏，赦天下。封齊悼惠王子興居爲東牟侯。

【註】（一）宣平侯的女兒當孝惠帝的皇后時，沒有生子，乃假裝爲懷孕，取美人的兒子叫做是她自己所生的兒子，把美人殺了。（二）孝惠帝既死，就把這個兒子立爲皇帝。他稍微大了，聽說他不是眞皇后親生的兒子，某美人才是他親生的母親，但被眞皇后所殺了。於是他便忿怒的說：「皇后怎麼可以殺我親生的母親而叫我是她的兒子？我現在還沒有長成人，到了我長成人的時候，非要報復變亂不可。」（三）呂太后聽到這些話，深以爲患，怕的他長大了會發生變亂，乃把他幽囚於永巷之中。對外說他是害了重病，左右之人都不能和他見面。呂太后又告訴羣臣們說：「凡是治理天下爲萬民立命的人，必須他具有像上天那樣的覆蓋萬物，像大地那樣的容載萬物的條件，爲君上者有歡愉的心情以安撫其百姓，爲百姓者有喜樂的心情以事奉其君上，然後上下之間，才能夠歡欣交通而天下太平。現在皇帝害病的時間已經很久，治療無效，竟至於嚴重得神經失常，昏惑迷亂，不能夠繼續奉承宗廟祭祀，不可付託以天下之重，要想法換人接替。」（四）羣臣們都知道呂后的險惡陰謀，只有順從她的意志，於是都叩首道：「皇太后爲天下萬民打算所以安定宗廟社稷的計劃，的確是費盡苦心，我們大家願意遵奉意旨行事」。（五）於是小皇帝就被廢除，而且呂太后又把他暗地殺掉了。五月丙辰，立常山王義爲帝，改名曰「弘」。新皇帝即位之後，所以不稱元年者，因爲是呂太后一手包攬天下事，用不着再改什麼元年了。以軹侯朝爲常山王。設置太尉之官，以絳侯周勃爲太尉。

五年八月，淮陽王死，以其弟壺關侯武爲淮陽王。六年十月，太后說呂王嘉生活驕傲縱恣，就把他廢除了。以肅王臺之弟呂產爲呂王。夏天，大赦天下。封齊悼惠王子興居爲東牟侯。

七年正月，太后召趙王友。友以諸呂女爲后，弗愛，愛他姬，諸呂女妒，怒去，讒之於太后，誣以罪過，曰「呂氏安得王！太后百歲後，吾必擊之（一）。」太后怒，以故召趙王。趙王至，置邸不見，令衞圍守之，弗與食。其羣臣或竊饋，輒捕論之（二）。趙王餓，乃歌曰：「諸呂用事兮劉氏危，迫脅王侯兮彊授我妃。我妃既妒兮誣我以惡，讒女亂國兮上曾不寤。我無忠臣兮何故弃國？自決中野兮蒼天舉直！于嗟不可悔兮寧蚤自財。爲王而餓死兮誰者憐之！呂氏絕理兮託天報仇。」丁丑，趙王幽死，以民禮葬之長安民冢次。

【註】（一）七年正月，太后召趙王友回京。友以呂家之女爲后，心中並不愛后，而愛其他的姬妾。呂家之女妒火中燒，怒氣之下，讒害趙王友於呂太后之前，誣之以罪過，說趙王友曾有言曰：「呂氏怎可以爲王？等到太后死了之後，我一定要擊滅他們（二）。」太后一聽此言，大爲震怒，因此之故，就下召趙王友回京，趙王到京之後，禁閉於其官邸之內，不准見面，派衞兵看守，不給他吃飯，趙王友之部下有偸偸的爲之送飯者，立即拘捕論罪。（三）趙王餓的太很了，乃作歌曰：「諸呂當權兮劉氏危，迫脅王侯兮強授我以妃。我妃既妒兮，誣我以罪惡，讒女亂國兮，上不覺悟。我無忠臣兮

，何故失國？自決於中野兮，蒼天同情我的正直！吁嗟後悔不及兮，寧願早日而自裁（自殺）！爲王而餓死兮，誰個可憐我！呂氏傷天害理兮，拜託上天報我仇」！丁丑之日，趙王死於幽囚，以普通平民之禮葬之於長安民冢的亂雜墳中。

己丑，日食，晝晦。太后惡之，心不樂，乃謂左右曰：「此爲我也。」

二月，徙梁王恢爲趙王。呂王產徙爲梁王，梁王不之國，爲帝太傅。立皇子平昌侯太爲呂王。更名梁曰呂，呂曰濟川。太后女弟呂嬃有女爲營陵侯劉澤妻，澤爲大將軍。太后王諸呂，恐卽崩後劉將軍爲害，迺以劉澤爲琅邪王，以慰其心。

梁王恢之徙王趙，心懷不樂。太后以呂產女爲趙王后。王后從官皆諸呂，擅權，微伺趙王，趙王不得自恣。王有所愛姬，王后使人酖殺之。王乃爲歌詩四章，令樂人歌之。王悲，六月卽自殺。太后聞之，以爲王用婦人弃宗廟禮，廢其嗣。

宣平侯張敖卒，以子偃爲魯王，敖賜謚爲魯元王。

秋，太后使使告代王，欲徙王趙。代王謝，願守代邊。

太傅產、丞相平等言，武信侯呂祿上侯，位次第一，請立爲趙王。太后許之，追尊祿父康侯爲趙昭王。九月，燕靈王建薨，有美人子，太后使人殺之，無後，國除。八年十月，立呂肅王子東平侯呂通爲燕王，封通弟呂莊爲東平侯。

三月中，呂后祓（一），還過軹道，見物如蒼犬，據高后掖，忽弗復見。卜之，云趙王如意爲祟（三）。高后遂病掖傷。

【註】（一）祓：祭名，濯於水邊以除不祥。音拂。（二）據：搏擊也。掖：同腋，臂下也。據高后掖！即搏擊高后之臂下。（三）爲祟：作禍。祟，音遂。

高后爲外孫魯元王偃年少，蚤失父母，孤弱，迺封張敖前姬兩子，侈爲新都侯，壽爲樂昌侯，以輔魯元王偃。及封中大謁者張釋爲建陵侯，呂榮爲祝茲侯。諸中宦者令丞皆爲關內侯，食邑五百戶。

七月中，高后病甚，迺令趙王呂祿爲上將軍，軍北軍；呂王產居南軍。呂太后誡產、祿曰：「高帝已定天下，與大臣約，曰『非劉氏王者，天下共擊之』。今呂氏王，大臣弗平。我卽崩，帝年少，大臣恐爲變。必據兵衞宮，愼毋送喪，毋爲人所制。」辛巳，高后崩，遺詔賜諸侯王各千金，將相列侯郎吏皆以秩賜金。大赦天下。以呂王產爲相國，以呂祿女爲帝后。

高后已葬，以左丞相審食其爲帝太傅。

朱虛侯劉章有氣力，東牟興居其弟也，皆齊哀王弟，居長安。當是時，諸呂用事擅權，欲爲亂，畏高帝故大臣絳、灌等，未敢發。朱虛侯婦，呂祿女，陰知其謀。恐見誅，迺陰令人告其兄齊王，欲令發兵西，誅諸呂而立。朱虛侯欲從中與大臣爲應。齊王欲發兵，其相弗聽。八月丙午，齊王欲使人誅相，相召平迺反，舉兵欲圍王，王因殺其相，遂發兵東，詐奪琅邪王兵，并將之而西。語在齊王語中。

齊王迺遺諸侯王書曰：「高帝平定天下，王諸子弟，悼惠王王齊。悼惠王薨，孝惠帝使留侯良立臣爲齊王。孝惠崩，高后用事，春秋高，聽諸呂，擅廢帝更立，又比殺三趙王（一），滅梁、趙、燕以王諸呂，分齊爲四。忠臣進諫，上惑亂弗聽。今高后崩，而帝春秋富，未能治天下，固恃大臣諸侯。而諸呂又擅自尊官，聚兵嚴威，劫列侯忠臣，矯制以令天下，宗廟所以危。寡人率兵入誅不當爲王者。」漢聞之，相國呂產等迺遣潁陰侯灌嬰將兵擊之。灌嬰至滎陽，迺謀曰：「諸呂權兵關中，欲危劉氏而自立。今我破齊還報，此益呂氏之資也（二）。」迺留屯滎陽，使使諭齊王及諸侯，與連和，以待呂氏變，共誅之。齊王聞之，迺還兵西界待約。

【註】（一）比：連接也。比殺三趙王，即連接的殺死了三個趙王。趙王如意，趙王友，趙王恢。

（二）此益呂氏之資：這是增加呂家的勢力。

呂祿、呂產欲發亂關中，內憚絳侯、朱虛等，外畏齊、楚兵，又恐灌嬰畔之，欲待灌嬰兵與齊合而發，猶豫未決（一）。當是時，濟川王太、淮陽王武、常山王朝名爲少帝弟，及魯元王呂后外孫，皆年少未之國，居長安。趙王祿、梁王產各將兵居南北軍，皆呂氏之人，列侯羣臣莫自堅其命（二）。

【註】（一）猶豫：猶，獸類，性多疑，常居山中，忽聞有聲，卽恐有人來害之，每豫先登樹，久之無人，然後敢下，須刻又登樹上，如此不一，故不決者，稱爲猶豫。（二）列侯羣臣們都不能自己堅確保持其生命。

太尉絳侯勃不得入軍中主兵（一）。曲周侯酈商老病，其子寄與呂祿善。絳侯迺與丞相陳平謀，使人劫酈商，令其子寄往紿說呂祿曰：「高帝與呂后共定天下，劉氏所立九王（二），呂氏所立三王（三），皆大臣之議，事已布告諸侯，諸侯皆以爲宜。今太后崩，帝少，而足下佩趙王印，不急之國守藩，迺爲上將，將兵留此，爲大臣諸侯所疑。足下何不歸將印，以兵屬太尉？請梁王歸相國印，與大臣盟而之國，齊兵必罷，大臣得安，足下高枕而王千里，此萬世之利也。」呂祿信然其計，欲歸將印，以兵屬太尉。

使人報呂產及諸呂老人，或以爲便，或曰不便，計猶豫未有所決。呂祿信酈寄，時與出游獵。過其姑呂嬃，嬃大怒，曰：「若爲將而弃軍，呂氏今無處矣（四）。」迺悉出珠玉寶器散堂下，曰：「毋爲他人守也（五）。」

【註】（一）主兵：主持軍事。（二）劉氏九王：吳、楚、齊、淮南、琅邪、代、常山、淮陽、濟川是也。（三）呂氏三王：梁、趙、燕，是也。（四）你爲將軍而放棄軍隊，呂家今後恐怕沒有生存的空間了。（五）於是拿出珠玉寶器，都散擲於堂下，說道：「不必替他人保存這些東西了」。

左丞相食其免。

八月庚申旦，平陽侯窋行御史大夫事（一），見相國產計事。郎中令賈壽使從齊來，因數產曰：「王不蚤之國（二），今雖欲行，尚可得邪（三）？」具以灌嬰與齊楚合從，欲誅諸呂告產，迺趣產急入宮（四）。平陽侯頗聞其語，迺馳告丞相、太尉。太尉欲入北軍，不得入。襄平侯通尙符節（五），迺令持節矯內太尉北軍。太尉復令酈寄與典客劉揭先說呂祿曰：「帝使太尉守北軍，欲足下之國，急歸將印辭去，不然，禍且起。」呂祿以爲酈兄不欺己，遂解印屬典客（六），而以兵授太尉。太尉將之入軍門，行令軍中曰：「爲呂氏右襢，爲劉氏左襢（七）。」軍中皆左襢爲劉氏。太尉行至，將軍呂祿亦已解上將印去，太尉遂將北軍。

【註】（一）窋：音絀。（二）王不早往就國。（三）還能夠來得及嗎？（四）趣：讀促，催促也。（五）尚符節：掌管符節。尚，主管也。（六）典客：秦官名，掌諸侯，歸義蠻夷也。（七）向呂氏者捲袖袒露右臂，爲劉氏者捲袖袒露左臂。襢，同袒字。

然尚有南軍。平陽侯聞之，以呂產謀告丞相平，丞相平迺召朱虛侯佐太尉，太尉令朱虛侯監軍門。令平陽侯告衞尉：「毋入相國產殿門。」呂產不知呂祿已去北軍，迺入未央宮，欲爲亂，殿門弗得入，裵回往來（一）。平陽侯恐弗勝，馳語太尉。太尉尚恐不勝諸呂，未敢訟言誅之（二），迺遣朱虛侯謂曰：「急入宮衞帝。」朱虛侯請卒，太尉予卒千餘人。入未央宮門，遂見產廷中。日餔時（三），遂擊產。產走。天風大起，以故其從官亂，莫敢鬭。逐產，殺之郎中府吏厠中（四）。

【註】（一）裵回往來：即徘徊往來，流連往返，走回來走回去，沉思不進的樣子。（二）未敢訟言誅之：訟言，即公言，公開言之，尚不敢公開的說殺掉了他。（三）餔時：下午三時至五時之食時。（四）郎中令掌宮殿門戶，故其府在宮中，即殺呂產於宮中府吏們的厠所之中。

朱虛侯已殺產，帝命謁者持節勞朱虛侯。朱虛侯欲奪節信，謁者不肯，朱虛侯則從與載，因節信馳走，斬長樂衞尉呂更始。還，馳入北軍，報太尉。太尉起，拜賀朱虛侯曰：「所患獨呂產，今已誅，天下定矣。」遂遣人分部悉捕諸呂男女，無少長皆斬之。辛酉，捕斬呂祿，而笞殺呂嬃。使人誅燕王呂通，而廢魯王偃。壬戌，以帝太傅食其復爲左丞相。戊辰，徙濟川王王梁，立趙幽王子遂爲趙王。遣朱虛侯章以誅諸呂氏事告齊王，令罷兵。灌嬰兵亦罷滎陽而歸。

諸大臣相與陰謀曰：「少帝及梁、淮陽、常山王，皆非眞孝惠子也。呂后以計詐名他人子，殺其母，養後宮，令孝惠子之，立以爲後，及諸王，以彊呂氏。今皆已夷滅諸呂，而置所立，卽長用事，吾屬無類矣。不如視諸王最賢者立之（一）。」或言「齊悼惠王高帝長子，今其適子爲齊王，推本言之，高帝適長孫，可立也」。大臣皆曰：「呂氏以外家惡而幾危宗廟，亂功臣。今齊王母家駟（鈞），駟鈞，惡人也，卽立齊王，則復爲呂氏。」欲立淮南王，以爲少，母家又惡。迺曰：「代王方今高帝見子，最長，仁孝寬厚。太后家薄氏謹良。且立長故順，以仁孝聞於天下，便。」迺相與共陰使人召代王（二）。代王使人辭謝。再反，然後乘六乘傳。後九月晦日己酉，至長安，舍代邸。大臣皆往謁，奉天子璽上代王，共尊立爲天子。代王數讓，羣臣固請，然後聽（三）。

【註】㈠諸位大臣在一塊秘密的商量着說：「少帝及梁、淮陽、常山王，都不是孝惠帝眞正的兒子，是呂后以詭計叫他人的兒子冒充進宮，殺了他的親生母親，而把兒子養之於後宮，就叫孝惠帝作爲自己的兒子，立以爲繼承人，或者封爲諸王，以強大呂家的勢力。現在我們已經把諸呂都滅絕了，而仍然把呂后所立的人當作君上，如果等到他長大當權了，那麼我們這羣人一個就不能活着了，不如趁現在觀察諸王之中那一位是最賢者，我們就立之爲帝」。㈡有人就說：「齊悼惠王是高帝的長子，今其嫡子爲齊王，推究根本來說，高帝的嫡長孫，可以立爲帝」。大臣們都說：「呂氏因爲是外戚家惡，幾乎危亡宗廟，禍殃功臣，現在齊王的母家，也是惡人，如果立齊王，不久的將來又成爲呂氏」。有的人主張立淮南王，但是因爲他年少，且其母家也是惡人，所以大家也不同意。最後乃說：「代王是高帝現存的兒子中最爲年長，慈善孝順，寬大忠厚；太后家薄氏又是謹愼善良。而且立長是順乎道理的，又以仁孝聞名於天下。立他最爲妥當」。於是大臣們一致同意暗地派人請代王來京。㈢代王派人辭謝。再度派人又去請，然後代王就坐着六輛馬車速馳入京。於後九月晦日己酉之時，到了長安，住於其代王官邸。大臣們都往拜謁，捧着天子玉璽上呈代王，共同擁護他爲天子。代王數次的謙讓，羣臣們堅決的請求，然後才俯應羣臣之意。

東牟侯興居曰：「誅呂氏吾無功，請得除宮。」迺與太僕汝陰侯滕公入宮，前謂少帝曰：「足下非劉氏，不當立。」乃顧麾左右執戟者掊兵罷去。有數人不肯去兵，宦者令張澤諭告，亦去兵（一）。滕公迺召乘輿車載少帝出。少帝曰：「欲將我安之乎？」滕公曰

：「出就舍。」舍少府（二）。迺奉天子法駕，迎代王於邸。報曰：「宮謹除。」代王卽夕入未央宮（三）。有謁者十人持戟衞端門，曰：「天子在也，足下何爲者而入？」代王迺謂太尉。太尉往諭，謁者十人皆掊兵而去。代王遂入而聽政（四）夜，有司分部誅滅梁、淮陽、常山王及少帝於邸（五）。

【註】東牟侯興居說：「這一次誅滅諸呂，我沒有什麼功勞，現在請准我進宮清除宮殿」。於是他就和太僕汝陰侯滕公入宮，到了少帝之前告訴少帝說：「你不是劉家眞正的後代，不當立爲天子」。乃指揮少帝左右執戟之士放下武器（掊兵）離開。有幾個人不肯放下武器，宦者令張澤把他們教訓一番，他們也就放下武器了。滕公乃叫乘輿車把少帝載出宮門，少帝說：「要叫我到甚麼地方去呢？」滕公說：「出外去住」。把少帝安置在少府住下。於是恭奉天子法駕（曰金根車，駕六馬）到代邸以迎接代王，報告着說：「皇宮已經清除乾淨」。代王於當天夜間進入未央宮，有傳令者十人持武器保衞端門，見代王前來，就問道：「天子在此，足下爲何事而入」？代王乃示意太尉，太尉去訓教他們，他們都放下武器而去。代王遂卽入宮而裁決政務。當天夜間，各負責機構分別誅滅梁王，淮陽王，常山王及少帝於其住宅。

代王位爲天子。二十三年崩，謚爲孝文皇帝。

太史公曰：孝惠皇帝、高后之時，黎民得離戰國之苦，君臣俱欲休息乎無爲，故惠帝垂拱，高后女主稱制，政不出房戶，天下晏然。刑罰罕用，罪人是希（一）。民務稼穡，衣食滋殖（二）。

【註】（一）太史公說：「孝惠皇帝、高后的時候，人民得以脫離戰國的苦痛，君臣上下都想着休養生息，不要多所興作。所以惠帝拱手而治，高后女主稱制，政令不出於房戶，而天下平安無事，刑罰輕一不用，犯罪的人也就稀少了。（二）人民們都專心務農，勤於稼穡，所以生產增加，衣食豐足。」

史記卷十　孝文本紀第十

孝文皇帝（一），高祖中子也。高祖十一年春，已破陳豨軍，定代地，立爲代王，都中都（二）。太后薄氏子。即位十七年，高后八年七月，高后崩。九月，諸呂呂產等欲爲亂，以危劉氏，大臣共誅之，謀召立代王，事在呂后語中。

【註】（一）文帝名恒。（二）中都故城在山西汾州平遙縣西南十二里，秦屬太原郡。

丞相陳平、太尉周勃等使人迎代王。代王問左右郎中令張武等。張武等議曰：「漢大臣皆故高帝時大將，習兵，多謀詐，此其屬意非止此也，特畏高帝、呂太后威耳。今已誅諸呂，新啑血京師，此以迎大王爲名，實不可信。願大王稱疾毋往，以觀其變」（一）。中尉宋昌進曰：「羣臣之議皆非也。夫秦失其政，諸侯豪桀並起，人人自以爲得之者以萬數，然卒踐天子之位者，劉氏也，天下絕望，一矣。高帝封王子弟，地犬牙相制，此所謂盤石之宗也，天下服其彊，二矣。漢興，除秦苛政，約法令，施德惠，人人自安，難動搖，三矣。夫以呂太后之嚴，立諸呂爲三王，擅權專制，然而太尉以一節入北軍，一呼士皆左袒，爲劉氏，叛諸呂，卒以滅之。此乃天授，非人力也。今大臣雖欲爲變，百姓弗爲使，其黨寧能專一邪？方今內有朱虛、東牟之親，外畏吳、楚、淮南、琅邪、齊、代之彊。方今高帝子獨淮南王與大王，大王又長，賢聖仁孝，聞於天下，故大臣因天下之心而欲迎立大王，大王勿疑也（二）。」代王報太后計之，猶與未定。卜之龜，卦兆得大橫。占曰：「大橫庚庚，余爲天王，夏啓以光。」代王曰：「寡人固已爲王矣，又何王？」卜人曰：「所謂天王者乃天子（三）。」於是代王乃遣太后弟薄昭往見絳侯，絳侯等具爲昭言所以迎立王意。薄昭還報曰：「信矣，毋可疑者。」代王乃笑謂宋昌曰：「果如公言。」乃命宋昌參乘，張武等六人乘傳詣長安。至高陵休止，而使宋昌先馳之長安觀變（四）。

【註】（一）丞相陳平、大尉周勃等派人去迎接代王，代王問左右郎中令張武等，張武等建議說：「漢大臣都是高帝舊日的大將，熟習軍事，多計謀而且權詐百出，他們野心很大，其意思並不僅僅於此，不過是畏懾於高帝和呂太后的威嚴罷了。現在他們已經把諸呂都誅滅完了，剛剛血濺京都（啑血，即喋血）而以迎接大王爲名，其實不可相信，希望大王就說身體有病，不能前往，以觀察情勢的變化」。（二）中尉宋昌的看法不然，根據他的分析，他說：「大家的議論，都不正確。」由於秦朝失政

，諸侯豪傑紛紛起事，人人自以爲可以得天下者，不下萬人之數，但是，最後取得天下者，是劉家，天下豪傑之士，都已經斷念息心了，這是第一點。高帝大封子弟，分王天下，各國土地都是犬牙交錯，互相控制（犬牙相制，無懈可擊），這種形勢，就是所謂磐石之固，天下之人都已經降服於此種強大勢力之下。這是第二點。漢朝政權建立之後，馬上就廢除秦朝的苛政，約定法令，推行德惠，人人都是自安其生活，難於動搖。這是第三點。以呂太后的嚴謹，立諸呂爲三王，擅權專制，然而太尉以一支符節，進入北軍，一聲大呼，兵士們都奮臂左袒，擁護劉氏，反叛諸呂，終於把牠滅掉。這就證明劉氏乃上天所授，不是人力所能強爭的。現今大臣即使有心作亂，百姓們都不爲其所用，其黨徒怎肯專心一意去跟隨他們呢？當今內部有朱虛、東牟之親系，外邊又畏於吳、楚、淮南、琅邪、齊、代之強大，而且高帝之子只有淮南王與大王，大王年歲又長，賢德聖行，仁慈孝順，聞名於天下，所以大臣們順應天下之人心而想着迎立大王，請大王不必多所疑慮。」（三）代王報告於太后，商量此事，猶與未定，於是就卜之於龜，卦兆得大橫（以荊灼龜，文正橫），上面的占辭這樣的說：「大橫庚庚（庚庚：即耿耿，光明也。有解爲「更更」，更改其地位，由諸侯而爲天子也。），我爲天王，與夏啓同樣的光明」。代王就說：「寡人本來就是王了，再王個什麼」？占卜的人就說：「所謂「天王」者，乃是天子」。（四）於是代王乃派遣太后之弟薄昭去見絳侯，絳侯等把他們所以迎接代王的意思完完全全的告訴於昭。薄昭就回去報告說：「完全可以相信，不必多所猜疑了」。代王就笑着對宋昌說：「果然如你所說的」。乃命令宋昌陪乘（參乘，陪着代王同坐一車），和張武等六人乘傳（馳驛也）往長安，到了高帝之陵墓（高陵故城在陝西高陵縣西南一里，本名橫橋，架渭水上。）停下休息。而派遣宋昌先騎馬到了長安以觀察事變。

昌至渭橋（一），丞相以下皆迎。宋昌還報。代王馳至渭橋，羣臣拜謁稱臣，代王下車拜。太尉勃進曰：「願請閒言（二）。」宋昌曰：「所言公，公言之。所言私，王者不受私。」太尉乃跪上天子璽符。代王謝曰：「至代邸而議之。」遂馳入代邸。羣臣從至。丞相陳平、太尉周勃、大將軍陳武、御史大夫張蒼、宗正劉郢、朱虛侯劉章、東牟劉興居、典客劉揭皆再拜言曰：「子弘等皆非孝惠帝子，不當奉宗廟。臣謹請（與）陰安侯列侯頃王后與琅邪王、宗室、大臣、列侯、吏二千石議曰：『大王高帝長子，宜爲高帝嗣。』願大王卽天子位。」代王曰：「奉高帝宗廟，重事也。寡人不佞（三），不足以稱宗廟。願請楚王計宜者（四），寡人不敢當。」羣臣皆伏固請。代王西鄉讓者三（五），南鄉讓者再。丞相平等皆曰：「臣伏計之，大王奉高帝宗廟最宜稱，雖天下諸侯萬民以爲宜。臣等爲宗廟社稷計，不敢忽。願大王幸聽臣等。臣謹奉天子璽符再拜上。」代王曰：「宗室將相王列侯以爲莫宜寡人，寡人不敢辭。」遂卽天子位。

【註】（一）渭橋在長安北三里。（二）閒言：私下談話，屏絕他人而秘密談話。（三）不佞：不才。（四）楚王名交，高帝之弟，輩份最尊，故代王言更請楚王計議，言請示於長輩也。（五）

西鄉：即西向。

羣臣以禮次侍。乃使太僕嬰與東牟侯興居清宮（一），奉天子法駕（二），迎于代邸。皇帝即日夕入未央宮。乃夜拜宋昌爲衞將軍，鎮撫南北軍。以張武爲郎中令，行殿中。還坐前殿。於是夜下詔書曰：「閒者諸呂用事擅權，謀爲大逆，欲以危劉氏宗廟，賴將相列侯宗室大臣誅之，皆伏其辜（三）。朕初即位，其赦天下，賜民爵一級，女子百戶牛酒（四），酺五日（五）。」

【註】（一）清宮：清查宮殿，有無凶徒暴客，以保護天子的安全。（二）天子鹵簿有大駕、法駕。大駕公卿引奉，大將軍參乘，屬車八十一乘。法駕，公卿不在鹵簿中，惟京兆尹，執金吾，長安令奉引，侍中參乘，屬車三十六乘也。（三）伏辜：服其應得之罪刑。（四）女子賜牛酒，百戶牛一頭，酒十石。（五）酺五日：漢律三人以上無故飲酒，罰金四兩，今詔令得會聚飲酒五日。

孝文皇帝元年十月庚戌，徙立故琅邪王澤爲燕王。

辛亥，皇帝即阼，謁高廟。右丞相平徙爲左丞相，太尉勃爲右丞相，大將軍灌嬰爲太尉。諸呂所奪齊楚故地，皆復與之。

壬子，遣車騎將軍薄昭迎皇太后于代。皇帝曰：「呂產自置爲相國，呂祿爲上將軍，擅矯遣灌將軍嬰將兵擊齊，欲代劉氏，嬰留滎陽弗擊，與諸侯合謀以誅呂氏。呂產欲爲不善，丞相陳平與太尉周勃謀奪呂產等軍。朱虛侯劉章首先捕呂產等。太尉身率襄平侯通持節承詔入北軍。典客劉揭身奪趙王呂祿印。益封太尉勃萬戶，賜金五千斤。丞相陳平、灌將軍嬰邑各三千戶，金二千斤。朱虛侯劉章、襄平侯通、東牟侯劉興居邑各二千戶，金千斤。封典客揭爲陽信侯（一），賜金千斤。」

【註】（一）陽信故城在滄州無棣縣東南三十里。

十二月，上曰：「法者，治之正也，所以禁暴而率善人也。今犯法已論，而使毋罪之父母妻子同產坐之，及爲收帑，朕甚不取。其議之（一）。」有司皆曰：「民不能自治，故爲法以禁之。相坐坐收，所以累其心，使重犯法，所從來遠矣。如故便（二）。」上曰：「朕聞法正則民慤，罪當則民從。且夫牧民而導之善者，吏也。其既不能導，又以不正之法罪之，是反害於民爲暴者也。何以禁之？朕未見其便，其孰計之（三）。」有司皆曰：「陛下加大惠，德甚盛，非臣等所及也。請奉詔書，除收帑諸相坐律令」（四）。

【註】（一）十二月，文帝說：「法律者，治民的正道，所以禁止惡暴而倡導善人也。現今犯法者

已經論罪，而使無罪之父母妻子與同產之人（兄弟姊妹皆同一母體所生），也一併受刑，並且其兒子有罪，就一併坐罪其室家（收帑，同收孥）。我很不贊成這種辦法，你們大家要細心商議」。（二）主持法律的人都說：「人民不能自治，所以為法律以禁制之。犯罪者其家人也得受刑，及為「收帑」之律令，所以加重其畏懼之心，使他們以犯法為嚴重。這種辦法，所從來已經很久遠了，還是以照舊行事為便利」。（三）文帝說：「我聽古人所說：法律公正則人民純厚，處罪得當則人心服從。並且管理人民而引導之使其同善者，乃是政府官吏的天職；如其既不能教導，而又以不正當的法律加之以罪，那簡直是反而苦害於民之暴蠻行為，怎麼樣能夠禁止人民之為暴？我看不到有任何便利！希望你們細心考慮一下」。（四）於是各官員們都說：「陛下加大惠於人民，恩德大極了，不是臣等所能趕得上的。我們願意遵奉詔書，廢除「收帑」及各種連坐的律令」。

正月，有司言曰：「蚤建太子，所以尊宗廟。請立太子（一）。」上曰：「朕既不德，上帝神明未歆享，天下人民未有嗛志。今縱不能博求天下賢聖有德之人而禪天下焉，而曰豫建太子，是重吾不德也。謂天下何？其安之（二）。」有司曰：「豫建太子，所以重宗廟社稷，不忘天下也（三）。」上曰：「楚王，季父也，春秋高，閱天下之義理多矣，明於國家之大體。吳王於朕，兄也，惠仁以好德。淮南王，弟也，秉德以陪朕。豈為不豫哉！諸侯王宗室昆弟有功臣，多賢及有德義者，若舉有德以陪朕之不能終，是社稷之靈，天下之福也。今不選舉焉，而曰必子，人其以朕為忘賢有德者而專於子，非所以憂天下也。朕甚不取也（三）。」有司皆固請曰：「古者殷周有國，治安皆千餘歲，古之有天下者莫長焉，用此道也。立嗣必子，所從來遠矣。高帝親率士大夫，始平天下，建諸侯，為帝者太祖。諸侯王及列侯始受國者皆亦為其國祖。子孫繼嗣，世世弗絕，天下之大義也，故高帝設之以撫海內。今釋宜建而更選於諸侯及宗室，非高帝之志也。更議不宜。子某最長，純厚慈仁，請建以為太子（四）。」上乃許之。因賜天下民當代父後者爵各一級。封將軍薄昭為軹侯（五）。

【註】（一）正月，有關單位的官員建議說：「早日建立太子，所以尊敬宗廟。請建立太子」。（二）皇上說：「我既然沒有良善的德行，上天和各位神明還沒有欣然享受我的供獻，天下人民也沒有安足的心思（嗛志，漢書作「慊志」，安樂而滿足也。嗛，音銜。），現今即使不能廣泛的徵求天下賢聖有德之人而讓天下，也不該豫先建立太子。豫先建立太子，就是加倍了我的失德，何以對天下人說話？希望安心不要提此問題」。（三）有關的官員又說：「豫先建立太子，所以尊重宗廟社稷，不忘天下也」。（四）皇上就說：「楚王是我的季父，年高德劭，閱歷天下之義理很多，明於國家政治之大體。吳王是我的兄長，惠慈仁愛，喜好美德。淮南王是我的弟弟，秉持善德以輔助我，怎能說是不豫先建立呢？諸侯王，宗室昆弟及有功之臣，大多都是些賢良而有德義之人，如果推舉有德之人以輔助我（陪，輔佐）有始有終，這就是社稷之靈，天下之福。現今如果不選舉有德之人，而說

必定建立自己的兒子，人們就會以為我是忘記了賢而有德之人而專一偏向於自己的兒子，這就不是憂天下的道理了。我非常之不贊成這種辦法」。（五）有關的官員們都堅持的請求，說：「古來的時候，殷朝，周朝建立國家，長治久安都有千餘年之久，古代之有天下者都沒有他們享國之長久，都是採用這種方法。建立繼承人必須是自己的兒子，是從來行之已久的事情了。高帝親身領導士大夫，纔把天下平定，建立諸侯，為帝者是太祖，而諸侯王及列侯初始受國者，也都是其本國之祖，子孫繼承，世世不絕，這是天下之大義。所以高帝建立子嗣以安撫海內。現在如果放棄（釋）應該建立的而另外從諸侯及宗室中來選舉，那就不是高帝的本意了。所以更改辦法是不適宜的。兒子某最長，純厚慈仁，請建立以為太子」。於是皇上纔勉強答應了。因此之故，乃賞賜天下之民應當代替父親之後嗣者，爵各一級。封將軍薄昭為軹侯。

三月，有司請立皇后。薄太后曰：「諸侯皆同姓，立太子母為皇后。」皇后姓竇氏。上為立后故，賜天下鰥寡孤獨窮困及年八十已上孤兒九歲已下布帛米肉各有數。上從代來，初即位，施德惠天下，塡撫諸侯四夷皆洽驩（一），乃循從代來功臣（二）。上曰：「方大臣之誅諸呂迎朕，朕狐疑（三），皆止朕，唯中尉宋昌勸朕，朕以得保奉宗廟。已尊昌為衞將軍，其封昌為壯武侯（四）。諸從朕六人，官皆至九卿（五）。」

【註】（一）塡撫：即鎮撫。塡，即鎮字。（二）循：慰勞。（三）狐疑：狐性多疑，故曰狐疑

。（四）壯武故城在萊州卽墨縣西六十里。（五）漢置九卿，一曰太常，二曰光祿，三曰衞尉，四曰太僕，五曰廷尉，六曰大鴻臚，七曰宗正，八曰大司農，九曰少府。

上曰：「列侯從高帝入蜀、漢中者六十八人皆益封各三百戶，故吏二千石以上從高帝潁川守尊等十人食邑六百戶，淮陽守申徒嘉等十人五百戶，衞尉定等十人四百戶。封淮南王舅父趙兼爲周陽侯（一），齊王舅父駟鈞爲清郭侯（二）。」秋，封故常山丞相蔡兼爲樊侯（三）。

【註】（一）周陽故城在山西絳州聞喜縣東二十九里。（二）清郭，邑名，六國時齊有清郭君。（三）樊縣城在山東兗州瑕丘西南二十五里。

人或說右丞相曰：「君本誅諸呂，迎代王，今又矜其功（一），受上賞，處尊位，禍且及身。」右丞相勃乃謝病免罷，左丞相平專爲丞相。

【註】（一）矜功：誇稱自己的功勞。

二年十月，丞相平卒，復以絳侯勃爲丞相。上曰：「朕聞古者諸侯建國千餘（歲），各守其地，以時入貢（一），民不勞苦，上下驩欣，靡有遺德（二）。今列侯多居長安，邑遠，吏卒給輸費苦，而列侯亦無由教馴其民（三）。其令列侯之國（四），爲吏及詔所止者，遣太子（五）。」

【註】（一）以時入貢：按照規定的時間入貢。（二）靡有遺德：沒有失德之事。（三）教馴：即教訓。馴，古「訓」字。（四）其令列侯之國：命令列侯各自到他們的封國去。（五）爲吏，列侯在京都兼有官職者。詔所止者：奉皇帝的詔令叫他停留在京都者。遣太子：派遣他的太子到封國去。

十一月晦，日有食之。十二月望，日又食。上曰：「朕聞之，天生蒸民，爲之置君以養治之。人主不德，布政不均，則天示之以菑，以誡不治。乃十一月晦，日有食之，適見于天，菑孰大焉！朕獲保宗廟，以微眇之身託于兆民君王之上，天下治亂，在朕一人，唯二三執政猶吾股肱也。朕下不能理育羣生，上以累三光之明，其不德大矣。令至，其悉思朕之過失，及知見思之所不及，匄以告朕。及擧賢良方正能直言極諫者，以匡朕之不逮。因各飭其任職，務省繇費以便民。朕既不能遠德，故憪然念外人之有非，是以設備未息。今縱不能罷邊屯戍，而又飭兵厚衞，其罷衞將軍軍。太僕見馬遺財足，餘皆以給傳置（一）。」

【註】（一）十一月晦，有日食之異，十二月望，日又食。皇上說：「我聽古人說，天生衆民（蒸民），爲他們設立君上以養育與管理他們。如果人主沒有德行，施行政治不公平，那麼，上天就降下災異（菑，災異）以警告他，以懲戒他的政治不良。現在十一月晦，乃有日食之異，譴責（適，音擇，同「謫」字）表現於上天，這該是多麼大的災異啊！我能夠得以保有宗廟，以渺小之身寄託於兆民君王之上，天下之安定與敗亂，都在我一人的身上。你們二三執政，就好像我的臂膀大腿一樣。我下不能管理與養育衆生，上有累於三光（日、月、星）的明亮，我的失德眞是太大了。命令到了之後，希望你們盡心的檢討我的過失，和我的知識，觀察、與思考之所不及的地方，乞求（匄，音蓋，乞求也）你們告訴我說；並且要推擧賢良方正能夠直言極諫之人，以匡救我所不及的地方。希望你們各自整飭其任務與職責，務必節省勞役與費用以便利於人民。我既不能以文德感化遠方，所以常常提心吊膽（忄尤然，寢視不安的樣子）憂慮着外人（夷狄，匈奴）有侵略的企圖（有非，即有非分之想），因而對於國防工事（設備）不能停止。今天卽使不能罷去邊疆的屯戍，也不必再增加兵力，厚植防衞。可以罷去衞將軍之軍力；太僕（掌馬政者）現有的馬匹，僅以剛剛夠用（財足，卽纔足，剛剛夠用）爲原則，其餘一律撥給驛遞（給傳置）之用。」

正月，上曰：「農，天下之本，其開籍田（一），朕親率耕，以給宗廟粢盛（二）。」

【註】（一）籍田：天子親自蹈籍而耕之田。天子親耕，表示提倡農業之意。籍者，蹈籍也。（二）

以供給宗廟粢盛之用。黍稷曰粢，盛者，置粢粟於器中也。

三月，有司請立皇子爲諸侯王。上曰：「趙幽王幽死，朕甚憐之，已立其長子遂爲趙王。遂弟辟彊及齊悼惠王子朱虛侯章、東牟侯興居有功，可王。」乃立趙幽王少子辟彊爲河閒王，以齊劇郡立朱虛侯爲城陽王（一），立東牟侯爲濟北王，皇子武爲代王，子參爲太原王，子揖爲梁王。

【註】（一）劇郡：繁盛之郡地。

上曰：「古之治天下，朝有進善之旌，誹謗之木，所以通治道而來諫者。今法有誹謗妖言之罪，是使衆臣不敢盡情，而上無由聞過失也。將何以來遠方之賢良？其除之。民或祝詛上以相約結而後相謾，吏以爲大逆，其有他言，而吏又以爲誹謗。此細民之愚無知抵死，朕甚不取。自今以來，有犯此者勿聽治（一）。」

【註】（一）皇上說：「古代的明君聖王，他們治天下的時候，在辦公（朝）的地方，有進獻善言的旗子（旌），凡是有善言要貢獻意見者，都可以在此旗下發表；還置有誹謗之木版，凡是指責政治上之毛病者，也都可以寫出意見於木版之上，這種辦法，就爲的是要通達政治意見而招來直言極諫的人，使政府與人民的意見相溝通，沒有一點壅塞。現今的法令，規定有誹謗之罪，妖言之罪，不准人民

批評政治，這簡直就是叫羣臣們不敢發表他們內心的眞實意見，而使在上者也就沒有方法聽到自己的過失了，那怎麼樣能夠招致遠方的賢良之士呢？這種法令，一定要廢除。老百姓們有的怨恨君上，以爲纔上來與大家約的好好的，以後都成爲欺騙（謾，音瞞，欺騙也），於是就說些詛咒之言，要神靈降禍於君上。官吏們聽到這些詛咒之言，就以爲是大逆不道。對於批評政治的話，就以爲是誹謗。其實，這都是老百姓們愚昧，沒有知識，而竟然把他們處之以死刑。這種殘酷的法令，我非常之不贊成。從今以後，有犯此種行爲者，不准治罪」。

九月，初與郡國守相爲銅虎符、竹使符（一）。

【註】（一）銅虎符第一至第五，國家當發兵，遣使者至郡合符，符合，乃聽受之。竹使符皆以竹箭五枚，長五寸，鐫刻篆書，第一至第五，以作出入徵發之用。

三年十月丁酉晦，日有食之。十一月，上曰：「前日（計）〔詔〕遣列侯之國，或辭未行。丞相朕之所重，其爲朕率列侯之國。」絳侯勃免丞相就國，以太尉潁陰侯嬰爲丞相。罷太尉官，屬丞相。四月，城陽王章薨。淮南王長與從者魏敬殺辟陽侯審食其。五月，匈奴入北地（一），居河南爲寇（二）。帝初幸甘泉（三）。六月，帝曰：「漢與匈奴約爲昆弟，毋使害邊境，所以輸遺匈奴甚厚（四）。今右賢王離其國，將衆居河南降地，非常故（五），往來近塞，捕殺吏卒，驅保塞蠻夷（六），令不得居其故（七），陵轢邊吏（八），入盜，甚敖無道（九），非約也（一〇）。其發邊吏騎八萬五千詣高奴（一一），遣丞相潁陰侯灌嬰擊匈奴。」匈奴去，發中尉（一二）材官（一三）屬衞將軍軍長安。

【註】（一）北地：統甘肅舊寧夏、慶陽二府之地。（二）河南：在甘肅寧夏黃河以南之地。（三）甘泉：水名，在雲陽。（四）輸遺：贈送。（五）非常故：不是平常的事件。（六）驅逐爲我們保護邊塞的蠻夷。（七）使他們不得以居其故地。（八）陵轢：欺壓。轢：音歷。（九）敖，同傲，傲慢。（一〇）非約也：破壞了友善條約。（一一）高奴：地名，在陝西膚施縣東。（一二）中尉：武官名，掌管巡邏京師，確保首都安全之事。（一三）有幹力有專長武藝者，曰材官。

辛卯，帝自甘泉之高奴，因幸太原，見故羣臣，皆賜之。舉功行賞，諸民里賜牛酒。復（一）晉陽（二）中都民三歲。留游太原十餘日。

【註】（一）復：免除也，免除其徭役租賦也。（二）晉陽：在山西汾州平遙縣西南十三里。

濟北王興居聞帝之代，欲往擊胡，乃反，發兵欲襲滎陽。於是詔罷丞相兵，遣棘蒲侯陳武爲大將軍，將十萬往擊之。祁侯賀爲將軍，軍滎陽。七月辛亥，帝自太原至長安。迺詔有司曰：「濟北王背德反上，詿誤吏民（一），爲大逆。濟北吏民兵未至先自定，及以軍地邑降者，皆赦之，復官爵。與王興居去來，亦赦之（二）。」八月，破濟北軍，虜其王。赦濟北諸吏民與王反者。

【註】（一）詿誤：被人所欺騙或威脅而誤入於罪過。（二）與王興居有來往者。

六年，有司言淮南王長廢先帝法，不聽天子詔，居處毋度（一），出入擬於天子（二），擅爲法令，與棘蒲侯太子奇謀反，遣人使閩越及匈奴，發其兵，欲以危宗廟社稷。羣臣議，皆曰「長當弃市」（三）。帝不忍致法於王，赦其罪，廢勿王（四）。羣臣請處王蜀嚴道、邛都（五），帝許之。長未到處所，行病死，上憐之。後十六年，追尊淮南王長謚爲厲王，立其子三人爲淮南王、衡山王、廬江王。

【註】（一）居處毋度：生活起居沒有法度，規律。（二）出入的儀式與天子相比。（三）棄市：刀斬之刑。（四）廢勿王：廢立，不以爲王。（五）邛都：括地志云：「嚴道，今爲縣，即邛州所理縣也。縣有蠻夷，曰道，故曰嚴道。邛都縣本邛都國，漢爲縣，今嶲州也」。邛，音窮，在今四川西昌縣東南。

十三年夏：「蓋聞天道禍自怨起而福繇德興。百官之非，宜由朕躬。今秘祝之官移過于下，以彰吾之不德，朕甚不取。其除之（一）。」

【註】（一）十三年夏，皇上說：「我聽古人說，上天之道是：『禍從怨恨而起，福由善德而興』。所以百官們的錯誤，都應該由我一身擔當。現今秘祝之官（爲皇帝秘密祝福之官），爲我祝福，而把罪過推移於臣下，這更其是表現我的闕德。這種事情，我非常之不贊成，希望趕快取消。」

五月，齊太倉令淳于公有罪當刑，詔獄逮徙繫長安。太倉公無男，有女五人。太倉公將行會逮，罵其女曰：「生子不生男，有緩急非有益也！」其少女緹縈自傷泣，乃隨其父至長安，上書曰：「妾父爲吏，齊中皆稱其廉平，今坐法當刑。妾傷夫死者不可復生，刑者不可復屬，雖復欲改過自新，其道無由也。妾願沒入爲官婢，贖父刑罪，使得自新（一）。」書奏天子，天子憐悲其意，乃下詔曰：「蓋聞有虞氏之時，畫衣冠異章服以爲僇，而民不犯。何則？至治也。今法有肉刑三，而姦不止，其咎安在？非乃朕德薄而教不明歟？吾甚自愧。故夫馴道不純而愚民陷焉。詩曰『愷悌君子，民之父母』。今人有過，教未施而刑加焉，或欲改行爲善而道毋由也。朕甚憐之。夫刑至斷支體，刻肌膚，終身不息，何其楚痛而不德也，豈稱爲民父母之意哉！其除肉刑（二）。」

【註】（一）五月的時候，齊國的太倉令（管理倉庫的官員）淳于公（名意），犯了罪，當受肉刑（割去身體之一部分），詔令把他逮捕，從山東押解到長安來受刑。太倉公沒有男兒，有五個女兒。太倉公將要會逮起行，罵他的女兒們道：「生孩子不生男孩，一旦有了什麼緊急事情，連一點用處都沒有」！他的小女兒名叫緹縈，一聽到她父親這番話，不由的傷心流淚。於是決心跟隨她的父親到了長安。到了長安之後，她就上書於皇帝，說道：「我的父親作官，齊國的人都稱道他守身廉潔而行事公正，現在犯了法要受刑罰，我實在傷心，一個人死了是再也不能復活的了，一個人被割斷了肢體，是再也連接不上的了，日後即使想着改過自新，是再也沒有機會的了！因此，我甘心情願犧牲我自己，被收沒爲官家的奴婢，來代贖我父親的刑罪，使他還能夠得到自新的機會」。（二）這一篇字字血淚的呈文，奏呈皇上，皇上看了之後，無限悲傷，很是可憐她！於是就下了詔令，說道：「我聽說虞舜皇帝的時候，犯罪的人，只消把他的衣服或帽子上畫個記號，或者叫他穿着特別的服裝，就算是他已經受刑的表示。這種辦法實行的結果，人民們反而沒有犯法的，爲什麼呢？因爲他的政治實在做的太理想了。現今我們有三種很慘苦的肉刑之法（黥刑，劓刑，左右趾刑），而作姦犯法的人，並沒有消滅。其罪咎在甚麼地方呢？莫非是我的德行淺薄而敎導不明嗎？我眞是慚愧極了！由於敎導方法的不夠純良，所以愚民無知纔陷於罪過。詩經上說：「慈祥的君子，才是人民的父母」。現今人民稍有過失，敎導還沒有進行，而刑罰就先加在他們的身上了，將來即使他們想着改行爲善，但是，他們已經沒有可走的路了。這種情形，實在使我憐惜的很！用刑法竟至於斷人民之肢體，刻人民之皮肉，使他們終身苦痛不止，這是何等的傷心而不道德啊！這能算是爲民父母的心腸嗎？因此，要把肉刑趕快廢

除」！

上曰：「農，天下之本，務莫大焉。今勤身從事而有租稅之賦，是爲本末者毋以異，其於勸農之道未備。其除田之租稅（一）。」

【註】（一）皇上說：「農業，是天下生活根本，任何事業都沒有務農重大。現今農民們勤苦勞作，而還要完納租稅，這顯然是對於務本（農）的人與對於務末（商）的人沒有差別了，這就是我們勸農之道的不完備。所以要廢除田地的租稅」。（古代是重農輕商時代，所以有此詔令）

十四年冬，匈奴謀入邊爲寇，攻朝那塞，殺北地都尉卬（一）。上乃遣三將軍軍隴西、北地、上郡，中尉周舍爲衞將軍，郎中令張武爲車騎將軍，軍渭北，車千乘，騎卒十萬。帝親自勞軍，勒兵申敎令，賜軍吏卒。帝欲自將擊匈奴，羣臣諫，皆不聽。皇太后固要帝（二），帝乃止。於是以東陽侯張相如爲大將軍，成侯赤爲內史，欒布爲將軍，擊匈奴。匈奴遁走。

【註】（一）都尉，郡將，爲各郡都尉及屬國都尉皆是。但其他文官亦有稱爲都尉者，如侍從官之奉車都尉，駙馬都尉，職事官之搜粟都尉，水衡都尉。　（二）固要帝：堅決約束帝絕對不得親征。

春，上曰：「朕獲執犧牲珪幣以事上帝宗廟，十四年于今，歷日（縣）〔緜〕長，以不敏不明而久撫臨天下，朕甚自愧。其廣增諸祀墠場珪幣。昔先王遠施不求其報，望祀不祈其福，右賢左戚，先民後己，至明之極也。今吾聞祠官祝釐，皆歸福朕躬，不爲百姓，朕甚愧之。夫以朕不德，而躬享獨美其福，百姓不與焉，是重吾不德。其令祠官致敬，毋有所祈（一）。」

【註】（一）春天的時候，皇上說：「我得以捧執犧牲珪幣以事奉上帝宗廟，十四年於今日了，經歷的時間很長久了，以我這樣不敏捷不聰明的人，而長久的撫臨天下，我很是自覺慚愧。關於各祭祀壇（墠）場，要廣泛的增加珪幣。昔日的先王們有遠大的施予，但不企求對於自身的報答；望祀天地鬼神，但不祈禱對於自身的降福，尊崇賢良而委屈近戚（右賢，以賢爲上。左戚，以戚爲下），先爲人民而後於爲己，這種作風，可以說是高明到極點了。現今我聽說祠官祝福（釐：福，喜，吉利），都把福利歸於我自己，不替百姓祝福利，我很覺慚愧！以我這樣無德之人，而自身獨享其美福，百姓們一點都沒有霑到，這乃是加重了我的沒有德行。希望命令各位祠官，以後只是向天地鬼神致敬，而不必替我個人求福」。

是時北平侯張蒼爲丞相，方明律曆。魯人公孫臣上書陳終始傳五德事（一），言方今土德時，土德應黃龍見，當改正朔服色制度。天子下其事與丞相議。丞相推以爲今水德，始明正十月上黑事，以爲其言非是，請罷之（二）。

【註】（一）五行之德，帝王相繼轉易，終而復始，故曰：「終始傳五德之事」。傳，即轉也。
（二）以爲公孫臣之言是不對的，所以請罷棄之。

十五年，黃龍見成紀（一），天子乃復召魯公孫臣，以爲博士，申明土德事。於是上乃下詔曰：「有異物之神見于成紀，無害於民，歲以有年。朕親郊祀上帝諸神。禮官議，毋諱以勞朕（二）。」有司禮官皆曰：「古者天子夏躬親禮祀上帝於郊，故曰郊。」於是天子始幸雍，郊見五帝，以孟夏四月答禮焉。趙人新垣平以望氣見（三），因說上設立渭陽五廟。欲出周鼎，當有玉英見（四）。

【註】（一）成紀縣屬甘肅天水郡。（二）毋諱以勞朕：不要怕我受勞而有所隱諱。（三）望氣：望雲氣以知徵兆。（四）玉英：五常並修則出見。

十六年，上親郊見渭陽五帝廟，亦以夏答禮而尚赤。

十七年，得玉杯（一），刻曰「人主延壽」，於是天子始更爲元年，令天下大酺。其歲，新垣平事覺，夷三族。

【註】（一）玉杯是新垣平僞造，使他人獻之。以後發覺眞相，故誅滅新垣平三族。

後二年，上曰：「朕既不明，不能遠德，是以使方外之國或不寧息。夫四荒之外不安其生，封畿之內勤勞不處，二者之咎，皆自於朕之德薄而不能遠達也（一）。閒者累年，匈奴並暴邊境，多殺吏民，邊臣兵吏又不能諭吾內志，以重吾不德也。夫久結難連兵，中外之國將何以自寧？今朕夙興夜寐，勤勞天下，憂苦萬民，爲之怛惕不安，未嘗一日忘於心，故遣使者冠蓋相望，結軼於道，以諭朕意於單于。今單于反古之道，計社稷之安，便萬民之利，親與朕俱弃細過，偕之大道，結兄弟之義，以全天下元元之民。和親已定，始于今年（二）。」

【註】（一）後二年，皇上說：「我旣不明智，不能推廣德化於遠方，所以使方外之國或來擾亂。因而邊區之人民（四荒，卽四方邊區之地）不得安定其生活；封畿之內的人民，也是勤苦勞動，不能安居樂業，這兩種罪過，都是由於我的德化薄弱不能夠推達於遠方的緣故。（二）連年以來，匈奴侵暴邊境，殺害我們很多的吏民；而邊疆之守臣與兵吏，又不能了解我內心的志意，這就加重了我的沒有德行。若是長期的兵連禍結，不論是我國或敵國將何以安寧下去？現在我早起晚寢，勤勞天下，憂苦萬民，爲之恐懼不安，沒有一天忘記於心，所以派遣使臣，往來不絕，車跡連道（冠蓋相望，結軼於道），以表達我的意思於匈奴之君主（單于）。現在匈奴之君主已經覺悟，恢復於古人親善之道，計議國家的安定，便宜萬民的利益，親自與我都捐棄細小的誤會，大家携手共進於和平的正路，結成兄弟般的友誼，以保全天下善良無辜的人民。和平親善的局勢已定，開始於今年」。

後六年冬，匈奴三萬人入上郡（一），三萬人入雲中（二）。以中大夫令勉爲車騎將軍，軍飛狐（三）；故楚相蘇意爲將軍，軍句注（四）；將軍張武屯北地；河內守周亞夫爲將軍，居細柳（五）；宗正劉禮爲將軍，居霸上；祝茲侯軍棘門（六），以備胡。數月，胡人云，亦罷。

【註】（一）上郡：今陝西榆林道及內蒙古鄂爾多斯左翼之地，治膚施，在今陝西綏德縣。（二）雲中：郡名，統陰山以南，今自山西之懷仁，左雲，右玉以北綏遠道各縣，蒙古鄂爾多斯左翼、喀爾喀右翼、四子部落各旗，皆其地。漢分秦雲中郡之東北部，置定襄郡。西南部仍爲雲中郡，治雲中縣，即今托克托縣，亦即趙故城也。（三）飛狐：在河北淶源縣北。（四）句注：山險之名，在山西鴈門陰館。（五）細柳：在長安之西。（六）棘門：在長安之北。

天下旱，蝗。帝加惠：令諸侯毋入貢，弛山澤（一），減諸服御狗馬（二），損郎吏員（三），發倉庾（四）以振貧民，民得賣爵（五）。

【註】（一）毋入貢：不入貢。弛山澤：廢除山澤之禁，使人民可以從山澤中覓求食物。（二）減少宮中服御狗馬之費。（三）裁汰政府的冗餘官員。（四）打開倉庾（庾，無屋之倉也）的存糧以救濟（振）貧民。（五）富民得以入粟於官以買官爵。

孝文帝從代來，即位二十三年，宮室苑囿狗馬服御無所增益，有不便，輒弛以利民（一）。嘗欲作露臺，召匠計之，直百金。上曰：「百金，中民十家之產，吾奉先帝宮室，常恐羞之，何以臺爲（二）！」上常衣綈衣，所幸愼夫人，令衣不得曳地，幃帳不得文繡，以示敦朴，爲天下先（三）。治霸陵皆以瓦器，不得以金銀銅錫爲飾，不治墳，欲爲省，毋煩民（四）。南越王尉佗自立爲武帝，然上召貴尉佗兄弟，以德報之，佗遂去帝稱臣（五）。與匈奴和親，匈奴背約入盜，然令邊備守，不發兵深入，惡煩苦百姓（六）。吳王詐病不朝，就賜几杖。羣臣如袁盎等稱說雖切，常假借用之（七）。羣臣如張武等受賂遺金錢，覺，上乃發御府金錢賜之，以愧其心，弗下吏（八）。專務以德化民，是以海內殷富，興於禮義（九）。

【註】（一）孝文帝從代郡來京，就皇帝之位二十三年，宮室、苑囿、狗馬、服御，一點沒有增添，有不便的時候，便立即開放以利人民。（二）曾經想建造露臺，召工匠來計算其費用，約須百金之值，文帝就說：「百金，是中等人家十家的產業，我享受先帝宮室之奉，常常自覺羞愧！何必建造此臺」！（三）文帝常常穿着粗繒之衣服。他命令他所親幸的愼夫人，衣服不得拖於地，幃帳不得用文繡，以表示樸實，爲天下之倡導。（四）治霸陵都使用瓦器，不得以金銀銅錫爲裝飾。不治墳墓。專務儉省，不煩擾人民。（五）南越王尉佗自立爲武帝，但是，文帝召尉佗兄弟封以貴官，以德報

之，不用討伐而尉佗自動的取消帝號，仍舊稱臣。（六）對匈奴採取一種和親政策，匈奴背約入寇，文帝只令邊郡加緊守備，不發兵深入，爲的是不願煩苦百姓。（七）吳王假裝有病，不來朝拜，就賜之以几杖。羣臣如袁盎等雖然勸說文帝削奪大國之權勢，但是文帝還是常常原諒他們而用之（常假借用之）。（八）羣臣如張武等，貪納別人的賄賂與金錢，事情發覺，文帝不暴露其罪，反而以御府（皇帝私人費用之府庫）之金錢賞賜之，以使他心中自覺慚愧，不把他交之於獄吏判刑。（九）以上各種事實，都說明了文帝是專務以道德感化人民，所以四海之內，衣食殷富，人人自愛，而崇禮好義的社會風氣，普遍興起。

後七年六月己亥，帝崩於未央宮（一）。遺詔曰：「朕聞蓋天下萬物之萌生，靡不有死。死者天地之理，物之自然者，奚可甚哀。當今之時，世咸嘉生而惡死，厚葬以破業，重服以傷生，吾甚不取。且朕既不德，無以佐百姓；今崩，又使重服久臨，以離寒暑之數，哀人之父子，傷長幼之志，損其飲食，絕鬼神之祭祀，以重吾不德也，謂天下何！朕獲保宗廟，以眇眇之身託于天下君王之上，二十有餘年矣。賴天地之靈，社稷之福，方內安寧，靡有兵革。朕既不敏，常畏過行，以羞先帝之遺德；維年之久長，懼于不終。今乃幸以天年，得復供養于高廟，朕之不明與嘉之，其奚哀悲之有！其令天下吏民，令到出臨三日，皆釋服。毋禁取婦嫁女祠祀飲酒食肉者。自當給喪事服臨者，皆無踐。經帶無過三寸，毋布車及兵器，毋發民男女哭臨宮殿。宮殿中當臨者，皆以旦夕各十五舉聲，禮畢罷。非旦夕臨時，禁毋得擅哭。已下，服大紅十五日，小紅十四日，纖七日，釋服。佗不在令中者，皆以此令比率從事。布告天下，使明知朕意。霸陵山川因其故，毋有所改。歸夫人以下至少使。令中尉亞夫為車騎將軍，屬國悍為將屯將軍，郎中令武為復土將軍，發近縣見卒萬六千人，發內史卒萬五千人，藏郭穿復土屬將軍武」（二）。

【註】（一）後七年六月己亥，帝死於未央宮（四十七歲而死）。（二）遺留的詔令上說：「我聽古人所說：天下萬物的出生，到最後沒有不死亡的。可見死亡乃是天地必然的道理，是物理自然的轉化，豈可以過分的悲哀？當今之時，世人都是以生為可嘉而以死為可惡，死了之後，又厚葬以破敗產業，重服（長時間的服喪）以傷害生理，我非常之不贊成。並且我既沒有良好的德行以幫助百姓，現在死了，又使他們長期服喪，日久哭泣（衆哭，曰臨），以錯亂（離）寒暑的季節（數），悲愴人民的父子，傷耗長幼的志氣，損減飲食的定量，斷絕鬼神的祭祀，這正是加重了我的失德之行，我何以對得起天下之人？我能夠得以保有宗廟，以渺小之身，寄託於天下君王之上，已經有二十多年了，靠着天地之靈，社稷之福，四方安寧，沒有戰爭。我既沒有才幹（不敏），常常耽心着有什麼錯誤的行為，以有辱於先帝之遺德。至於年歲之久長，怕的是不能善終，現在很僥幸的以天然之年，得以復供養於高廟，以我這樣不聰明的人，還以為是美事，有什麼悲哀之必要呢？希望命令天下吏民，令到之

日，民衆臨哭，過了三天，都要脫去喪服。不得禁止娶婦、嫁女，祭祀之飲酒食肉。凡是辦理喪事之人員及民衆之服臨者，都不可斬衰（皆無踐，踐，剪也，斬衰也。斬衰：喪服之最重者，以粗麻布爲之，不縫下邊。）。喪服之絰帶，不得超過乎三寸；不得以布衣車及兵器，（卽不施輕車介士也）。不得調發民間的男女哭臨於宮殿。在宮殿中之哭臨者，皆以早晚各哭十五聲爲限，禮畢卽可罷退。不是早晚哭臨，禁止不得擅自哭泣。棺柩下土之後，服大紅（大功）十五日，小紅（小功）十四日，服細布七日，之後，就要脫去喪服。其他事宜不在此令之中者，皆依照此令之意比率從事。把這種辦法，公佈於天下，使人民都能明白知道我的意思。霸陵山川，皆因其故，不得有所改變。宮中婦女自夫人以下，所有美人，良人，八子，七子，長使，少使，皆遣送她們歸還其家，以重人道。命令中尉亞夫爲車騎將軍，屬國悍爲將屯將軍，郎中令武爲復土將軍。調發近京之縣現有兵卒一萬六千人，調發內史（京兆尹）之卒一萬五千人，辦理埋藏棺槨及穿復土事宜，屬於將軍武指揮。」

乙巳，羣臣皆頓首上尊號曰孝文皇帝（一）。

【註】（一）文帝葬於霸陵，去長安西七十里。

太子卽位于高廟。丁未，襲號曰皇帝。

孝景皇帝元年十月，制詔御史：「蓋聞古者祖有功而宗有德（一），制禮樂各有由。聞歌者，所以發德也；舞者，所以明功也。高廟酎（二），奏武德、文始、五行之舞

（三）。孝惠廟酎，奏文始、五行之舞。孝文皇帝臨天下，通關梁，不異遠方（四）。除誹謗，去肉刑，賞賜長老，收恤孤獨，以育羣生。減嗜欲，不受獻，不私其利也。罪人不帑（五），不誅無罪。除（肉）〔宮〕刑，出美人，重絕人之世（六）。朕既不敏，不能識。此皆上古之所不及，而孝文皇帝親行之。德厚侔天地（七），利澤施四海，靡不獲福焉。明象乎日月，而廟樂不稱，朕甚懼焉。其爲孝文皇帝廟爲昭德之舞（八），以明休德。然后祖宗之功德著於竹帛，施于萬世，永永無窮，朕甚嘉之。其與丞相、列侯、中二千石、禮官具爲禮儀奏（九）。」丞相臣嘉等言：「陛下永思孝道，立昭德之舞以明孝文皇帝之盛德，皆臣嘉等愚所不及。臣謹議：世功莫大於高皇帝，德莫盛於孝文皇帝，高皇廟宜爲帝者太祖之廟，孝文皇帝廟宜爲帝者太宗之廟。天子宜世世獻祖宗之廟。郡國諸侯宜各爲孝文皇帝立太宗之廟。諸侯王列侯使者侍祠天子，歲獻祖宗之廟（一〇）。請著之竹帛，宣布天下。」制曰：「可。」

【註】（一）祖有功以得天下，宗有德以安天下。（二）酎：正月旦作酒，八月成，名曰酎。酎之言純也。至武帝時，因八月嘗酎酒諸侯於廟中，出金助祭，所謂「酎金」也。酎，音冑，醇酒也，重釀之酒，俗謂之「雙套酒」。（三）武德，高祖所作也。文始，舜舞也。五行，周舞也。武德者，其舞人執干戚。文始舞執羽籥。五行舞寇冕，衣服法五行色。（四）孝文帝十二年，除關，不用傳

令，遠近若一。（五）罪人不帑：有罪者，只其本人受刑，不及其妻孥也。（六）重絕人之世：以絕人之世爲嚴重事件，不敢輕易用也。（七）德厚侔天地：其恩德之厚，與天地相比。（八）景帝採高祖武德舞作昭德舞，舞之於文帝廟。（九）禮官具爲禮儀，再上奏以聞。（一〇）王及列侯歲時遣使詣京師，侍祠助祭也。不使侯王祭者，諸侯不得祖天子也。凡臨祭祀宗廟，皆爲侍祭。

太史公曰：孔子言「必世然後仁」。「善人之治國百年，亦可以勝殘去殺」。誠哉是言（一）！漢興，至孝文四十有餘載，德至盛也。廩廩鄉改正服封禪矣，謙讓未成於今。嗚乎，豈不仁哉（二）！

【註】（一）太史公說：「孔子說：『必須經過一世（三十年爲一世）的政治實施，然後纔能表現出仁政的成效』。又說：『善人治國百年，也就可以戰勝殘暴而廢除刑殺』，這話實在是對極了。（二）漢朝之興起，到了文帝有四十多年之久，德敎可以說是極盛了，那種風采煥然的樣子（廩廩乎），已經走向於改正朔，易服色，行封禪的境界了（鄉：向也。改正服，即改正朔，易服色。漢書郊祀志謂：「是後，文帝怠於改正服鬼神之事」，所謂「正服」即正朔與服色也。所謂「鬼神之事」，即封禪也。」由此可知太史公所謂之「改正服封禪」，即是改正朔，易服色，行封禪。文帝時未行，至武帝時而行之。），但是，文帝謙讓，以至於今而未完成。唉呀，像文帝者，豈不是仁聖之主嗎？

史記卷十一　孝景本紀第十一

孝景皇帝者（一），孝文之中子也。母竇太后。孝文在代時，前后有三男，及竇太后得幸，前后死，及三子更死，故孝景得立。

【註】（一）帝名啓。

元年四月乙卯，赦天下。乙巳，賜民爵一級。五月，除田半租。爲孝文立太宗廟。令羣臣無朝賀。匈奴入代，與約和親。

二年春，封故相國蕭何孫係爲武陵侯。男子二十而得傅（一）。四月壬午，孝文太后崩。廣川、長沙王皆之國。丞相申屠嘉卒。八月，以御史大夫開封侯陶青爲丞相。彗星出東北。秋，衡山雨雹，大者五寸，深者二尺。熒惑逆行，守北辰。月出北辰閒。歲星逆行天廷中。置南陵及內史、祋祤爲縣（二）。

【註】（一）傳：正卒也，舊法二十三而傅，今改爲二十而傅。（二）祋祤：縣名，在陝西馮翊。祋，音亦。祤，音羽。

三年正月乙巳，赦天下。長星出西方。天火燔雒陽東宮大殿城室。吳王濞（一），楚王戊（二），趙王遂（三），膠西王卬（四），濟南王辟光、菑川王賢、膠東王雄渠反，發兵西鄉（五）。天子爲誅鼂錯，遣袁盎諭告，不止，遂西圍梁（六）。上乃遣大將軍竇嬰、太尉周亞夫將兵誅之。六月乙亥，赦亡軍及楚元王子蓺等與謀反者。封大將軍竇嬰爲魏其侯（七）。立楚元王子平陸侯禮爲楚王。立皇子端爲膠西王，子勝爲中山王。徙濟北王志爲菑川王，淮陽王餘爲魯王，汝南王非爲江都王。齊王將廬、燕王嘉皆薨。

【註】（一）吳王濞，高祖兄之仲子，高祖十二年封，都於江蘇江都。（二）高祖弟楚王交之孫，都江蘇彭城。（三）趙王遂：趙王友之子，都河北邯鄲。（四）膠西王卬：齊悼惠王之子，都山東密州高密縣。（五）西鄉：即西向，向西進兵。（六）梁：都睢陽。（七）魏其：屬山東琅邪。

四年夏，立太子。立皇子徹爲膠東王。六月甲戌，赦天下。後九月，更以（弋）〔

易〕陽爲陽陵。復置津關，用傳出入。冬，以趙國爲邯鄲郡。

五年三月，作陽陵、渭橋。五月，募徙陽陵，予錢二十萬。江都大暴風從西方來，壞城十二丈。丁卯，封長公主子蟜爲隆慮侯。徙廣川王爲趙王。

六年春，封中尉（趙）綰爲建陵侯，江都丞相嘉爲建平侯，隴西太守渾邪爲平曲侯，趙丞相嘉爲江陵侯，故將軍布爲鄃侯。梁楚二王皆薨。後九月，伐馳道樹，殖蘭池（一）。

【註】（一）「殖」係「填」字之誤，蘭池爲秦始皇所築，景帝令填之。

七年冬，廢栗太子爲臨江王。十（二）〔一〕月晦，日有食之。春，免徒隸作陽陵者。丞相青免。二月乙巳，以太尉條侯周亞夫爲丞相。四月乙巳，立膠東王太后爲皇后。丁巳，立膠東王爲太子。名徹。

中元年，封故御史大夫周苛孫平爲繩侯，故御史大夫周昌（子）〔孫〕左車爲安陽侯。四月乙巳，赦天下，賜爵一級。除禁錮（一）。地動。衡山、原都雨雹，大者尺八寸。

【註】（一）除禁錮：禁止錮閉，使不得仕宦，即永不錄用也。景帝廢除此項法令。

中二年二月，匈奴入燕，遂不和親。三月，召臨江王來，即死中尉府中。夏，立皇子越爲廣川王，子寄爲膠東王。封四侯（一）。九月甲戌，日食。

【註】（一）楚相張尚，太傅趙夷吾，趙相建德，內史王悍，此四人各諫其王勿反，不聽，皆殺之，故封其四人之子爲侯。

中三年冬，罷諸侯御史中丞。春，匈奴王二人率其徒來降，皆封爲列侯。立皇子方乘爲清河王。三月，彗星出西北。丞相周亞夫（死）〔免〕，以御史大夫桃侯劉舍爲丞相。四月，地動。九月戊戌晦，日食，軍東都門外。

中四年三月，置德陽宮（一）。大蝗。秋，赦徒作陽陵者。

【註】（一）即景帝廟也，帝自作之，諱不言廟而曰宮。

中五年夏，立皇子舜爲常山王。封十侯。六月丁巳，赦天下，賜爵一級。天下大潦。更命諸侯丞相曰相。秋，地動。

中六年二月己卯，行幸雍，郊見五帝。三月，雨雹。梁孝王、城陽共王、汝南王皆薨。立梁孝王子明爲濟川王，子彭離爲濟東王，子定爲山陽王，子不識爲濟陰王。梁分爲五。封四侯。更命廷尉爲大理，將作少府爲將作大匠，主爵中尉爲都尉，長信詹事爲長信少府，將行爲大長秋，大行爲行人，奉常爲太常，典客爲大行，治粟內史爲大農。以大內爲二千石，置左右內官，屬大內。七月辛亥，日食。八月，匈奴入上郡。

後元年冬，更命中大夫令爲衞尉。三月丁酉，赦天下，賜爵一級，中二千石、諸侯相爵右庶長。四月，大酺。五月丙戌，地動，其蚤食時復動。上庸地動二十二日，壞城垣。七月乙巳，日食。丞相劉舍免。八月壬辰，以御史大夫綰爲丞相，封爲建陵侯。

後二年正月，地一日三動。郅將軍擊匈奴。酺五日。令內史郡不得食馬粟，沒入縣官。令徒隸衣七緵布（一）。止馬春（二）。爲歲不登，禁天下食不造歲（三）。省列侯遣之國。三月，匈奴入鴈門。十月，租長陵田。大旱。衡山國、河東、雲中郡民疫。

【註】（一）七緵布：卽七升布，言其粗，故令衣之也。（二）止馬春：禁止人爲馬春粟，爲歲不登故也。（三）禁天下食不造歲：節約天下食糧，怕的是不能至於來歲收成之時。

後三年十月，日月皆（食）赤五日。十二月晦，雷（一）。日如紫。五星逆行守太微。月貫天廷中（二）。正月甲寅，皇太子冠。甲子，孝景皇帝崩。遺詔賜諸侯王以下至民爲父後爵一級，天下戶百錢。出宮人歸其家，復無所與。太子卽位，是爲孝武皇帝。三月，封皇太后弟蚡爲武安侯，弟勝爲周陽侯。置陽陵。

【註】（一）靁：古「雷」字。（二）龍星在左角，曰天田。在右角曰天庭。

太史公曰：漢興，孝文施大德，天下懷安。至孝景，不復憂異姓，而晁錯刻削諸侯，遂使七國俱起，合從而西鄉，以諸侯太盛，而錯爲之不以漸也（一）。及主父偃言之，而諸侯以弱，卒以安。安危之機，豈不以謀哉（二）？

【註】（一）太史公說：「漢朝之興，孝文佈施大德，天下懷之而安。到了孝景，不再憂心於異姓之野心反叛，但以晁錯刻削諸侯，遂逼成七國之亂，共同起兵，聯合而西向。這是由於諸侯之權勢太盛，而晁錯操之過急，不知道慢慢的設法，所以激成禍亂。（二）以後，聽了主父偃的建議，而諸侯之勢力遂弱，終於天下安定。由此看來，天下安定或危亡的轉移，豈不在於謀略的高下嗎？

史記卷十二　孝武本紀第十二

（孝武本紀有一部分是褚少孫所補作。褚少孫在漢宣帝時爲博士，潁川人。）

孝武皇帝者（一），孝景中子也。母曰王太后。孝景四年，以皇子爲膠東王。孝景七年，栗太子廢爲臨江王，以膠東王爲太子。孝景十六年崩，太子即位，爲孝武皇帝。孝武皇帝初即位，尤敬鬼神之祀。

【註】（一）武帝名徹，十六歲爲皇帝。

元年，漢興已六十餘歲矣，天下乂安（一），薦紳（二）之屬（三）皆望天子封禪改正度也（四）。而上鄉儒術（五），招賢良，趙綰、王臧等以文學爲公卿，欲議古立明堂城南（六），以朝諸侯。草巡狩封禪改曆服色事未就（七）。會竇太后治黃老言，不好儒術，使人微得趙綰等姦利事，召案綰、臧，綰、臧自殺，諸所興爲者皆廢（八）

。

【註】（一）乂安：治安也。（二）薦紳：卽縉紳，「薦」字係假借字，古時常以同音之字爲同義之字，故字雖不同而往往是音同義亦同，此我國文字之必須靈心運用也。（三）屬：一類的人。（四）改正度：改正朔與改法度。（五）鄉儒術：鄉，向也，傾向儒者之學術。（六）立明堂於南城門之外。（七）草巡狩、封禪、改曆、服色事：草擬巡狩、封禪、改曆法、改服色，等事的辦法。其實，這些玩意都不是儒者學術的要點，不過是一般迂濶之知識份子在假借儒術以獻媚於好奇心之小皇帝而已。（八）恰好碰到竇老太后（武帝的祖母）喜歡研究黃老之道，不喜歡儒術。於是御史大夫趙綰等就勸武帝無論什麼事情不要叫老奶奶知道。老奶奶聽說趙綰等此項言語，大爲發怒，就派人暗地偵察趙綰等的毛病，說他們有貪汚犯法的行爲，召趙綰、王臧來審問。於是綰、臧皆自殺，因而所謂封禪、巡狩、改曆法、改服色等等計劃，都流產了。

後六年，竇太后崩。其明年，上徵文學之士公孫弘等。

明年，上初至雍，郊見五時（一）。後常三歲一郊。是時上求神君（二），舍之上林中蹏氏觀（三）。神君者，長陵女子，以子死悲哀，故見神於先後宛若。宛若祠之其室，民多往祠。平原君往祠（四），其後子孫以尊顯。及武帝卽位，則厚禮置祠之內中，聞其言，不見其人云。

【註】（一）五畤：秦文公作鄜畤，祭白帝；秦宣公作密畤，祭青帝；秦靈公作吳陽上畤、下畤，祭赤帝、黃帝；漢高祖作北畤，祭黑帝，此之謂五畤。畤者，神所止也。（二）神君：長陵女子，先時嫁爲人妻，生一男，數歲死，女子哭之痛，悲極而死。以後顯現神靈於其妯娌宛若，宛若立祠敬她爲神靈，常有些善男信女去求福，偶亦有靈驗。（三）武帝把她請來，住之於上林苑中之蹏氏觀。蹏氏，觀名。蹏，音蹄。（四）平原君往祠：平原君者，武帝之外祖母也，外老太太也信這一套，於是逗著小外孫也跟著邪魔外道起來。可見漢武帝從小就沒有把心理狀態弄正確。於是好神仙，求長生。

是時而李少君亦以祠竈（一）、穀道（二）、卻見老方見上（三），上尊之。少君者，故深澤侯入以主方（四）。匿其年及所生長，常自謂七十，能使物，卻老。其游以方徧諸侯。無妻子。人聞其能使物及不死，更饋遺之，常餘金錢帛衣食。人皆以爲不治產業而饒給，又不知其何所人，愈信，爭事之。少君資好方（五），善爲巧發奇中（六）。嘗從武安侯飲，坐中有年九十餘老人，少君乃言與其大父游射處，老人爲兒時從其大父行，識其處，一坐盡驚。少君見上，上有故銅器，問少君。少君曰：「此器齊桓公十年陳於柏寢（七）。」已而案其刻，果齊桓公器。一宮盡駭（八），以少君爲神，數百歲人也。

【註】（一）祠竈可以致福。說文周禮以祝融爲竈神。淮南子以炎帝爲竈神，其說不一。（二）穀道：避穀不食之道。或曰食穀導引。（三）卻老方：卻老之方術，卽言有術可以使人不老。（四）入以主方：進納於天子而使之主持方藥。（五）資好方：憑藉好的方術。資，憑藉也。（六）巧發奇中：善於發言而能猜中，使人驚奇。（七）柏寢：臺名。（八）已而案其刻：已而，卽既而。案，審查。既而審查銅器上所刻之字，果然不錯，全宮之人，爲之大吃驚。

少君言於上曰：「祠竈則致物（一），致物而丹沙可化爲黃金，黃金成以爲飲食器則益壽，益壽而海中蓬萊僊者可見，見之以封禪則不死，黃帝是也。臣嘗游海上，見安期生（二），食臣棗，大如瓜。安期生僊者，通蓬萊中，合則見人，不合則隱。」於是天子始親祠竈，而遣方士入海求蓬萊安期生之屬，而事化丹沙諸藥齊爲黃金矣（三）。

【註】（一）致物：招致奇異之物。（二）安期生，琅邪人，賣藥東海邊，時人皆言其年千歲。（三）藥齊：卽藥劑。

居久之，李少君病死（一）。天子以爲化去不死也，而使黃錘、史寬舒受其方。求蓬萊安期生莫能得，而海上燕齊怪迂之方士多相效，更言神事矣。

【註】（一）漢書起居云：「李少君將去，武帝夢與共登嵩高山，半道，有使乘龍時從雲中云：『太一請少君。』帝謂左右：『將舍我去矣！』數月，而少君病死，又發棺看，唯衣冠在也。」

亳人薄誘忌奏祠泰一方，曰：「天神貴者泰一，泰一佐曰五帝（一）。古者天子以春秋祭泰一東南郊，用太牢具，七日，爲壇開八通之鬼道。」於是天子令太祝立其祠長安東南郊，常奉祠如忌方。其後人有上書，言「古者天子三年一用太牢具祠神三一：天一，地一，泰一」。天子許之，令太祝領祠之忌泰一壇上，如其方。後人復有上書，言「古者天子常以春秋解祠，祠黃帝用一梟破鏡（二）；冥羊用羊（三）；祠馬行用一青牡馬（四）；泰一、皐山山君、地長（五）用牛；武夷君（六）用乾魚；陰陽使者（七）以一牛。」令祠官領之如其方，而祠於忌泰一壇旁。

【註】（一）五帝：蒼帝名靈威仰，赤帝名文祖，黃帝名神斗，白帝名顯紀，黑帝名玄炫。佐：配祭也。（二）梟：鳥名，食母。破鏡，獸名，食父。黃帝欲絕其類，使百物祠皆用之。（三）冥羊：神名。（四）馬行：神名。（五）泰一、皐山山君、地長，皆神名。（六）武一君，神名。（七）陰陽使者：陰陽之神。

其後，天子苑有白鹿，以其皮爲幣（一），以發瑞應，造白金焉（二）。

【註】（一）食貨志：「皮幣以白鹿皮方尺，緣以繢，以薦璧，得以黃金一斤代之。又漢律：皮幣率鹿皮方尺，值黃金一斤。（二）平準書云：「造銀錫爲白金，以爲天用莫如龍，地用莫如馬，人用莫如龜，故曰白金三品。其一，曰重八兩，圓之，其文龍，名曰白選，值三千。二曰，重差小，方之

，其文馬，値五百。三曰，復小，橢之，其文龜，値三百。」

其明年，郊雍，獲一角獸，若麃然（一）。有司曰：「陛下肅祇郊祀，上帝報享（二），錫一角獸，蓋麟云。」於是以薦五畤（三），畤加一牛以燎（四）。賜諸侯白金，以風符應合于天地（五）。

【註】（一）麃：音標，大鹿也，牛尾，一角。（二）上帝報享：上天接受你的祭祀而報之以麟。（三）薦五畤：祭五畤也。（四）燎：焚也。（五）風示諸侯要大家慶賀得瑞之喜。

於是濟北王以爲天子且封禪（一），乃上書獻泰山及其旁邑。天子受之，更以他縣償之。常山王有辠，遷，天子封其弟於眞定，以續先王祀，而以常山爲郡。然后五嶽皆在天子之郡（二）。

【註】（一）且封禪：將要封禪。（二）五嶽皆在天子之郡：五嶽皆在中央直接統治勢力範圍之內。

其明年，齊人少翁（一）以鬼神方見上。上有所幸王夫人（二），夫人卒，少翁以方術蓋夜致王夫人及竈鬼之貌云（三），天子自帷中望見焉。於是乃拜少翁爲文成將軍，賞賜甚多，以客禮禮之（四）。文成言曰：「上卽欲與神通（五），宮室被服不象神，神物不至。」乃作畫雲氣車，及各以勝日（六）駕車辟惡鬼。又作甘泉宮，中爲臺室，畫天、地、泰一諸神，而置祭具以致天神。居歲餘，其方益衰，神不至。乃爲帛書以飯牛（七），詳弗知也（八），言此牛腹中有奇。殺而視之，得書，書言甚怪，天子疑之。有識其手書（九）。問之人，果（爲）（僞）書。於是誅文成將軍而隱之（一〇）。

【註】（一）漢武故事云：「少翁年二百歲，色如童子。」（二）王夫人窈窕好容，質性嫚佞。（三）夜間招來王夫人及竈神之像貌。（四）以客禮待之。（五）即欲：如欲。（六）如火勝金，用丙與丁日，不用庚辛。（七）在絹帛上寫些神奇鬼怪的話，使牛吞而食之。（八）詳弗知也：佯爲不知，假裝不知道。（九）有人認識是他自己的親筆字。（一〇）隱藏其事，不使人知。

其後則又作栢梁（一）、銅柱、承露僊人掌（二）之屬矣（三）。

【註】（一）三輔故事云：「栢梁臺高二十丈，用香栢爲殿，香聞十里。」（二）三輔故事云：「建章宮承露盤高三十丈，大七圍，以銅爲之，上有仙人掌承露，和玉屑飲之。」（三）之屬：之類，等類的事。

文成死明年，天子病鼎湖（一）甚，巫醫無所不致，（至）不愈。游水發根（二）

乃言曰：「上郡有巫，病而鬼下之。」上召置祠之甘泉。及病，使人問神君（三），神君言曰：「天子毋憂病。病少愈，強與我會甘泉。」於是病愈，遂幸甘泉，病良已（四）。大赦天下，置壽宮神君。神君最貴者（大夫）（太一），其佐曰大禁、司命之屬，皆從之。非可得見，聞其音，與人言等。時去時來，來則風肅然也。居室帷中。時晝言，然常以夜。天子祓，然后入（五）。因巫爲主人，關飲食。所欲者言行下（六）。又置壽宮、北宮，張羽旗，設供具，以禮神君。神君所言，上使人受書其言，命之曰「畫法」（七）。其所語，世俗之所知也，毋絕殊者，而天子獨喜。其事祕，世莫知也。

【註】（一）鼎湖：地名，在河南閿鄉縣南三十五里。昔黃帝採首陽山銅鑄鼎於湖，曰鼎湖，卽湖城縣也。（二）游水，地名。發根，人名。（三）神君：卽病巫之神。（四）病良已：病果然止住了。（五）祓：音拂，清潔除穢也。（六）神所欲言，上輒爲下之。（七）畫法：記錄其法術。

其後三年，有司言：元宜以天瑞命，不宜以一二數（一）。一元曰建元，二元以長星曰元光，三元以郊得一角獸曰元狩云。

【註】（一）建元應當以得到上天所賜之祥瑞起名，不應當以一二等數目字爲名。

其明年冬，天子郊雍，議曰：「今上帝朕親郊，而后土毋祀，則禮不答也。」有司與太史公、祠官舒寬等議：「天地牲角繭栗（一）。今陛下親祀后土，后土宜於澤中圜丘爲五壇，壇一黃犢太牢具，已祠盡瘞（二），而從祠衣上黃。」於是天子遂東，始立后土祠汾陰脽上（三），如寬舒等議。上親望拜（四），如上帝禮。禮畢，天子遂至滎陽而還。過雒陽，下詔曰：「三代邈絕，遠矣難存。其以三十里地封周後爲周子南君，以奉先王祀焉。」是歲，天子始巡郡縣，侵尋於泰山矣（五）。

【註】（一）天地牲角繭栗：祭天地之牛角繭栗，言角之小如繭及栗之形也。古賓祭之禮，用牛以小爲貴，角如繭栗，謂其角初生，牛尚幼稚也。（二）瘞：音異（一），埋藏也。（三）脽丘：地名，漢武帝立后土祠於汾陽脽上，即脽丘也。在山西榮河縣北，以其形高起如人尻脽，故名。又曰魏脽，以汾陽本魏地也。（四）由遠望之而拜，非親蒞其地也。（五）侵尋於泰山：漸近於泰山了，意即言武帝將有赴泰山之行。

其春，樂成侯（一）上書言欒大。欒大，膠東宮人（二），故嘗與文成將軍同師，已而爲膠東王尚方（三）。而樂成侯姊爲康王后，毋子（五）。康王死，他姬子立爲王。而康后有淫行，與王不相中（得），相危以法。康后聞文成已死，而欲自媚於上，乃遣欒大因樂成侯求見言方。天子既誅文成，後悔恨其早死，惜其方不盡，及見欒大，大悅。大爲人長美，言多方略，而敢爲大言，處之不疑（六）。大言曰：「臣嘗往來海中，見安期、羨門之屬（七）。顧以爲臣賤，不信臣。又以爲康王諸侯耳，不足予方（八）。臣數言康王，康王又不用臣。臣之師曰：『黃金可成，而河決可塞，不死之藥可得，僊人可致也。』臣恐效文成，則方士皆掩口，惡敢言方哉！」上曰：「文成食馬肝死耳。子誠能脩其方，我何愛乎（九）！」大曰：「臣師非有求人，人者求之。陛下必欲致之，則貴其使者，令有親屬，以客禮待之，勿卑，使各佩其信印，乃可使通言於神人。神人尚肯邪不邪（一〇）。致尊其使，然後可致也。」於是上使先驗小方，鬪旗（一一），旗自相觸擊。

【註】　（一）樂成侯：郊祀志謂樂成侯登。而徐廣謂姓丁名義，後與欒大俱誅。（二）膠東王之家人。（三）尚方：主持方藥。（四）膠東王后也。（五）毋子：即無子。（六）處之不疑：說謊言而態度如眞的一樣。（七）皆仙人。（八）地位低，沒有資格可以把方術告訴他。（九）假定你能夠修明其方術，我何惜於官爵呢！（一〇）神人究竟是肯給呢？或是不肯給呢？邪，即「耶」字，疑問口氣。（一一）旗：即棋也。高誘注淮南子云：「取雞血與針磨擣之，以和磁石，以塗於棋頭上而曝乾，置棋盤上，即相拒不止也。」

是時上方憂河決，而黃金不就（一），乃拜大爲五利將軍。居月餘，得四金印，佩天士將軍、地士將軍、大通將軍、天道將軍印。制詔御史：「昔禹疏九江，決四瀆。閒者河溢皋陸（二），隄繇不息（三）。朕臨天下二十有八年，天若遺朕士而大通焉（四）。乾稱『蜚龍』，『鴻漸于般』（五），意庶幾與焉。其以二千戶封地士將軍大爲樂通侯（六）。」賜列侯甲第（七），僮千人。乘輿斥車馬帷帳器物以充其家（八）。又以衞長公主妻之（九），齎金萬斤（一〇），更名其邑曰當利公主。天子親如五利之第（一一）。使者存問所給，連屬於道（一二）。自大主（一三）將相以下，皆置酒其家，獻遺之。於是天子又刻玉印「天道將軍」，使使衣羽衣，夜立白茅上，五利將軍亦衣羽衣，立白茅上受印，以示弗臣也。而佩「天道」者，且爲天子道天神也（一四）。於是五利常夜祠其家，欲以下神。神未至而百鬼集矣，然頗能使之。其後治裝行，東入海，求其師云。大見數月，佩六印，貴振天下，而海上燕齊之閒，莫不搤捥（一五）而自言有禁方，能神僊矣。

【註】（一）鍊丹砂、鉛錫爲黃金，不成功。（二）皋陸：皋：河岸也。皋陸，河岸之陸地也。（三）爲築防隄工事而動員之勞役。（四）欒大通曉天意。（五）武帝稱讚欒大如飛龍在天，如

鴻鳥之漸於阜堆，一舉千里。（般，水岸土堆也）。（六）樂通：臨淮高平也。（七）甲第：第一流的官舍。（八）皇帝剩餘之車馬、帷帳、器物，都送到他家裏，裝得滿滿的。（九）帝女曰公主，儀比諸侯，姊妹曰長公主，儀比諸侯王。孟康曰：公主，衞太子之妹也。如淳曰：衞太子之姊也。未知其詳。（一〇）贈送他以萬斤金子。（一一）天子親往五利之家。（一二）遣派人去慰問他，送物給他，連接於道路不斷。（一三）大主：竇太后之女，武帝之姑也。（一四）引導天神。道，導也。（一五）握持其腕，表示自報奮勇之意。自報奮勇，自謂其有秘方，能招來神仙。

其夏六月中，汾陰巫錦（一）爲民祠魏脽后土營旁，見地如鉤狀，掊視得鼎（二）。鼎大異於衆鼎，文鏤毋款識（三），怪之，言吏。吏告河東太守勝，勝以聞。天子使使驗問巫錦得鼎無姦詐，乃以禮祠，迎鼎至甘泉，從行，上薦之（四）。至中山（五），晏溫（六），有黃雲蓋焉。有麃過，上自射之，因以祭云。至長安，公卿大夫皆議請尊寶鼎。天子曰：「閒者河溢（七），歲數不登，故巡祭后土，祈爲百姓育穀。今年豐廡未有報（八），鼎曷爲出哉？」有司皆曰：「聞昔大帝興神鼎一，一者一統，天地萬物所繫終也。黃帝作寶鼎三，象天地人也。禹收九牧之金，鑄九鼎，皆嘗鬺亨上帝鬼神

（九）。遭聖則興，遷于夏商。周德衰，宋之社亡，鼎乃淪伏而不見。頌云『自堂徂基，自羊徂牛；鼐鼎及鼒，不虞不驁，胡考之休（一〇）』。今鼎至甘泉，光潤龍變（一一），承休無疆（一二）。合茲中山，有黃白雲降蓋，若獸爲符（一三），路弓乘矢（一四），集獲壇下，報祠大饗（一五）。惟受命而帝者心知其意而合德焉。鼎宜見於祖禰（一六），藏於帝廷，以合明應。」制曰：「可。」

【註】（一）錦：巫婆之名。（二）掊：音剖，掘也，以手把土也。（三）沒有刻記表誌。識，表誌也。（四）薦之於天。（五）河渠書：「鑿涇水自中山西。此山在陝西馮翊谷口縣西。（六）三輔俗謂日出清濟爲晏，晏而溫，故曰晏溫。（七）閒者：近年以來。（八）豐廡未有報：今年並沒有得到豐收而繁盛。（九）亨，羹也。鬺，音觴，羹也，皆嘗以亨牲而祭祀上帝鬼神。（一〇）周頌云：「自堂徂基：從內往外，從堂內至於門塾（基，門內塾也），從小羊至於大牛，然後再看大鼎小鼎，是否乾淨，告潔已畢，然後奉神致敬，大家歡樂一堂，不喧嘩，不傲慢，所以才能得到壽考的福氣」。鼐：大鼎也。音乃。鼒，圜弇上謂之鼒，音才。不虞，不喧嘩。不驁：不傲慢。胡考：壽考也。（一一）言鼎之光美而且神奇偉大。（一二）承受無窮無盡的休美。（一三）雲若獸，在車蓋，乃是祥瑞之符。（一四）路弓：大弓也。乘矢：四矢爲乘。（一五）大報享祀。（一六）祖禰：祖考之廟。

入海求蓬萊者（一），言蓬萊不遠，而不能至者，殆不見其氣（二）。上乃遣望氣佐候其氣云（三）。

【註】（一）蓬萊、方丈、瀛州，乃渤海中之三神山也。（二）是由於不能看見其氣。（三）上乃派遣望氣的官員去等候其氣。

其秋，上幸雍，且郊。或曰「五帝，泰一之佐也，宜立泰一而上親郊之」。上疑未定。齊人公孫卿曰：「今年得寶鼎，其冬辛巳朔旦冬至，與黃帝時等。」卿有札書曰：「黃帝得寶鼎宛（侯）（朐），問於鬼臾區（一）。區對曰：『（黃）帝得寶鼎神筴，是歲己酉朔旦冬至，得天之紀（二），終而復始。』於是黃帝迎日推筴（三），後率二十歲得朔旦冬至，凡二十推，三百八十年，黃帝僊登于天。」卿因所忠欲奏之。所忠視其書不經，疑其妄書，謝曰：「寶鼎事已決矣，尙何以爲！」卿因嬖人奏之。上大說，召問卿。對曰：「受此書申功（四），申功已死。」上曰：「申功何人也？」卿曰：「申功，齊人也。與安期生通，受黃帝言，無書，獨有此鼎書。曰『漢興復當黃帝之時。漢之聖者在高祖之孫且曾孫也（五）。寶鼎出而與神通，封禪。封禪七十二王，唯黃帝得上泰山封』。申功曰：『漢主亦當上封，上封則能僊登天矣。黃帝時萬諸侯，而神靈之封居七千。天下名山八，而三在蠻夷，五在中國。中國華山、首山、太室、泰山、東萊，此五山黃帝之所常遊，與神會。黃帝且戰且學僊。患百姓非其道（六），乃斷斬非鬼神者。百餘歲然後得與神通。黃帝郊雍上帝，宿三月。鬼臾區號大鴻，死葬雍，故鴻冢是也。其後黃帝接萬靈明廷。明廷者，甘泉也。所謂寒門者（七），谷口也（八）。黃帝采首山銅，鑄鼎於荆山下。鼎既成，有龍垂胡髯（九），下迎黃帝。黃帝上騎，群臣後宮從上龍七十餘人，龍乃上去。餘小臣不得上，乃悉持龍髯，龍髯拔，墮黃帝之弓（一〇）。百姓仰望黃帝既上天，乃抱其弓與龍胡髯號（一一），故後世因名其處曰鼎湖（一二），其弓曰烏號。』」於是天子曰：「嗟乎！吾誠得如黃帝，吾視去妻子如脫躧耳（一三）。」乃拜卿為郎，東使候神於太室。

【註】（一）鬼臾區，黃帝時人。（二）得天之紀：得了天道之系統。（三）策：蓍也，占筮用之草也。（四）申功：即申公。（五）高祖之孫或其曾孫。且，或也。（六）非：反對，不贊成。（七）寒門：一作塞門。（八）谷，中山之谷口，漢時為縣，後呼為冶谷，去甘泉八十里。故曰寒門谷口也。（九）胡：龍之項下垂肉也。髯：即鬚也。（一〇）龍鬚掉下了幾根，於是黃帝之弓，也落下來了。（一一）百姓們看著黃帝上天了，於是抱著黃帝之弓與龍的胡鬚，大聲喊呼（號，呼叫也）。（一二）湖水原出虢州湖城縣南三十五里夸父山，北流入河，即鼎湖也。（一

三）嗟乎！假定我能得像黃帝那樣，我便視離開妻子如棄去破草鞋那樣的不值得留戀了。蹝：音席，同「屣」，草鞋。

上遂郊雍，至隴西，西登空桐（一），幸甘泉。令祠官寬舒等具泰一祠壇，壇放薄忌泰一壇（二），壇三垓（三）。五帝壇環居其下，各如其方，黃帝西南，除八通鬼道（四）。泰一所用，如雍一時物，而加醴棗脯之屬，殺一犛牛以爲俎豆牢具。而五帝獨有俎豆（五）醴進（六）。其下四方地，爲餟食（七）群神從者及北斗云。已祠，胙餘皆燎之。其牛色白，鹿居其中，彘在鹿中，水而洎之（八）。祭日以牛，祭月以羊彘特（九）。泰一祝宰則衣紫及繡。五帝各如其色，日赤，月白。

【註】（一）空桐：在甘肅平涼縣西。（二）放：倣也，其構造形式倣照薄忌泰一壇。（三）垓：重也，言壇階三重。（四）坤位在未，黃帝從土位。（五）無犛牛、醴之類。（六）具俎豆酒醴而進之。一曰進謂雜物之類，所以加禮也。（七）餟食：繞壇設諸神祭座相連綴也。凡聯續而祭之，曰餟。音輟。（八）以鹿納牛中，以彘納鹿中，而以水泡之。洎，潤也。（九）特：一牲也，言若牛、若羊、若彘，止一特也。

十一月辛巳朔旦冬至，昧爽（一），天子始郊拜泰一。朝朝日，夕夕月（二），則揖；而見泰一如雍禮。其贊饗曰：「天始以寶鼎神筴授皇帝，朔而又朔，終而復始，皇帝敬拜見焉。」而衣上黃。其祠列火滿壇，壇旁烹炊具。有司云「祠上有光焉」。公卿言「皇帝始郊見泰一雲陽（三），有司奉瑄玉（四）嘉牲薦饗（五）。是夜有美光，及晝，黃氣上屬天（六）。」太史公、祠官寬舒等曰：「神靈之休，祐福兆祥，宜因此地光域（七）立泰畤壇以明應。令太祝領，（祀）（秋）及臘閒祠。三歲天子一郊見。」

【註】（一）昧爽：天將明未明之時。（二）天子春朝日，秋夕月，拜日東門之外，朝日以朝，夕月以夕。漢儀郊泰一時，皇帝平旦出竹宮，東向揖日，其夕西向揖月。使用郊日，不用春秋也。（三）雲陽宮在陝西淳化縣西北。其地有通天臺，卽黃帝以來祭天圜丘之處。武帝以五月避暑，八月乃還。（四）璧大六寸謂之瑄。音宣。（五）祭天養牛五歲至二千斤。（六）上屬天：上連於天。（七）光域：有美光之處。

其秋（一），爲伐南越，告禱泰一，以牡荆畫幡（二）日月北斗登龍，以象天一三星，爲泰一鋒（三），名曰「靈旗」。爲兵禱，則太史奉以指所伐國。而五利將軍使不敢入海，之泰山祠。上使人微隨驗（四），實無所見。五利妄言見其師，其方盡，多不讎（五）。上乃誅五利（六）。

【註】（一）此為元鼎五年（西曆紀元前一一二年）之秋。（二）牡荆：落葉灌木，夏季開淡紫色小花，幹勁，故以為旗桿。畫日、月、北斗登龍等形於旗上。以此旗立於泰一壇上，名曰靈旗。（三）畫一星在後，三星在前，為太一鋒。（四）微服跟隨於其後以考驗之。（五）多不讎，即多不售，多不應驗。（六）東方朔言欒大無狀，上發怒，乃斬大。

其冬，公孫卿候神河南，見僊人跡緱氏城上（一），有物若雉，往來城上。天子親幸緱氏城視跡。問卿：「得毋效文成、五利乎？」卿曰：「僊者非有求人主，人主求之。其道非少寬假（二），神不來。言神事，事如迂誕，積以歲乃可致。」於是郡國各除道（三），繕治宮觀名山神祠所，以望幸矣。

【註】（一）緱氏：故城在河南偃師縣南。（二）假以時日，延長一段時間。（三）除道：開治道路，清掃道路。

其年，既滅南越，上有嬖臣李延年以好音見（一）。上善之，下公卿議，曰：「民閒祠尚有鼓舞之樂，今郊祠而無樂，豈稱乎？（二）」公卿曰：「古者祀天地皆有樂，而神祇可得而禮。」或曰：「泰帝使素女鼓五十弦瑟，悲，帝禁不止，故破其瑟為二十五弦。」於是塞南越，禱祠泰一、后土，始用樂舞，益召歌兒，作二十五弦及箜篌瑟

（三）自此起。

【註】（一）嬖臣：幸愛之臣。（二）豈稱乎：豈是合宜嗎？（三）箜篌：樂器名，舊說謂似瑟而小，用木撥彈之，其聲坎坎然。

其來年冬，上議曰：「古者先振兵澤旅（一），然後封禪。」乃遂北巡朔方，勒兵十餘萬，還祭黃帝冢橋山，澤兵須如（二）。上曰：「吾聞黃帝不死，今有冢，何也？」或對曰：「黃帝已僊上天，群臣葬其衣冠。」既至甘泉，爲且用事泰山（三），先類祠泰一（四）。

【註】（一）振兵澤旅：「澤」字係「釋」字，即振兵釋旅，收回軍隊，解散軍隊，表示不用武，天下太平之意。（二）澤兵須如：即釋兵於須如之地。須如，地名。（三）爲且用事泰山：爲的將要行事於泰山。（四）類祠：祭名，以相同之事類祭之，故曰類祭。

自得寶鼎，上與公卿諸生議封禪（一）。封禪用希曠絕（二），莫知其儀禮，而群儒采封禪尚書、周官、王制之望祀射牛事（三）。齊人丁公年九十餘，曰：「封者，合不死之名也。秦皇帝不得上封。陛下必欲上，稍上即無風雨，遂上封矣。」上於是乃令諸儒習射牛，草封禪儀（四）。數年，至且行。天子既聞公孫卿及方士之言，黃帝以上封禪，皆致怪物與神通，欲放黃帝以嘗接神僊人蓬萊士（五），高世比恴於九皇（六），而頗采儒術以文之。群儒既以不能辯明封禪事，又牽拘於詩書古文而不敢騁（七）。上爲封祠器示群儒，群儒或曰「不與古同」，徐偃又曰「太常諸生行禮不如魯善」，周霸屬圖封事（八），於是上絀偃、霸，盡罷諸儒弗用。

【註】（一）封禪：白虎通云：「王者易姓而起，天下太平，功成封禪，以告太平。禪梁父之趾，廣厚也。刻石紀號，著己之功績。天以高爲尊，地以原爲德，故增泰山之高以報德，禪梁父之趾以報地。封者附廣之，禪者，將以功相傳授之。」（二）封禪用希曠絕：封禪之事，很少舉行，一切禮制都廢棄滅絕，所以人們都不知道其儀禮。（三）而一群儒生就從尙書、周官、王制等書中，搜集一點參加資料，於是就有「望祀」，「射牛」等動議。「望」，祭名，對於九州名山大川五嶽四瀆之類，皆一時遠望而祭之，並不身蒞其地也。射牛：天子射牛，表示親祭之意。（四）草封禪儀：起稿封禪的禮節儀式。（五）欲放黃帝：放，乃「倣」字，倣效黃帝之所爲。（六）九皇，三皇之前，有人皇者九人。（七）而不敢騁：不敢自由發表自己的見解。（八）屬：會也。言周霸正在會集諸儒商談封禪之事。

三月，遂東幸緱氏（一），禮登中嶽太室（二）。從官在山下聞若有言「萬歲」云。問上，上不言；問下，下不言。於是以三百戶封太室奉祠，命曰崇高邑。東上泰山，山之草木葉未生，乃令人上石立之泰山顚（三）。

【註】（一）緱氏：河南偃師縣。（二）中嶽嵩山，在河南登封縣境內。嵩高山有太室、少室之山，山有石室，故以名之。（三）巔：最高峯。

上遂東巡海上，行禮祠八神（一）。齊人之上疏言神怪奇方者以萬數，然無驗者。乃益發船，令言海中神山者數千人求蓬萊神人。公孫卿持節常先行候名山，至東萊，言夜見一人，長數丈，就之則不見，見其跡甚大，類禽獸云。群臣有言見一老父牽狗，言「吾欲見巨公」（二），已忽不見（三）。上既見大跡，未信，及群臣有言老父，則大以爲僊人也。宿留海上（四），與方士傳車及閒使求僊人以千數（五）。

【註】（一）郊祀志曰：「一曰天主，祠天齊；二曰地主，祠泰山，梁父；三曰兵主，祠蚩尤；四曰陰主，祠三山；五曰陽主，祠之罘；六曰月主，祠東萊山；七曰日主，祠盛山；八曰四時主，祠琅邪也。或曰祭八方之神也。（二）巨公：意指武帝而言。（三）已忽不見：既而忽然不見。（四）宿留：遲待之意，即留滯海上，留住海上。（五）與方士傳車：發給方術之士以傳驛之車輛。間使：分別派人使之分途求仙人。

四月，還至奉高。上念諸儒及方士言封禪人人殊，不經，難施行（一）。天子至梁父，禮祠地主。乙卯，令侍中儒者皮弁薦紳（二），射牛行事。封泰山下東方，如郊祠泰一之禮。封廣丈二尺，高九尺，其下則有玉牒書，書祕（三）。禮畢，天子獨與侍中奉車子侯上泰山（四），亦有封。其事皆禁（五）。明日，下陰道。丙辰，禪泰山下阯東北肅然山（六），如祭后土禮。天子皆親拜見，衣上黃而盡用樂焉。江淮閒一茅三脊爲神藉（七），五色土益雜封。縱遠方奇獸蜚禽及白雉諸物，頗以加祠。兕旄牛犀象之屬弗用。皆至泰山然后去。封禪祠，其夜若有光，晝有白雲起封中。

【註】（一）上以爲諸儒生及方士所言封禪之事，各個不同，不合乎常理，難於實行。（二）皮弁：古冠名，以白鹿皮爲之，視朝之常服也，其縫合處，曰會，會有結飾，以五采玉綴之，謂之綦，天子十二會，則十二綦，以次遞減，爲貴賤之等，其施笄設紘，並與冕同，其頂謂之邸，以象骨爲之。隋唐至六品以上官，皆服皮弁。薦紳：卽搢紳，謂插笏帶間也，古之仕者，垂紳搢笏，故稱宦族曰縉紳。（三）玉牒：古封禪之文，用玉牒書，藏方石內。玉牒通意於天，故保守秘密，不使人知。（四）奉車都尉掌乘輿車（天子之用車）。子侯，霍去病之子也。（五）其事情皆禁止外洩。（六）肅然：山名，在梁父。（七）以一茅三脊的靈茅爲神的席墊子。

天子從封禪還，坐明堂（一），群臣更上壽（二）。於是制詔御史：「朕以眇眇之身承至尊，兢兢焉懼弗任。維德菲薄，不明于禮樂。修祀泰一，若有象景光，屑如有望

（三），依依震於怪物，欲止不敢，遂登封泰山，至於梁父，而后禪肅然。自新，嘉與士大夫更始，賜民百戶牛一酒十石，加年八十孤寡布帛二匹。復博、奉高、蛇丘、歷城，毋出今年租稅。其赦天下，如乙卯赦令。行所過毋有復作（四）。事在二年前，皆勿聽治（五）。」又下詔曰：「古者天子五載一巡狩，用事泰山，諸侯有朝宿地（六）。其令諸侯各治邸泰山下（七）。」

【註】（一）在泰山下，即古帝王東巡狩朝諸侯之所。（二）群臣上壽：上酒曰稱壽。（三）若有象景光屑，如有望：好像是望見了什麼形象影子光屑一樣。光屑：一閃一閃的發光的碎星。（四）凡是所走過的地方不要再有什麼徵發工作。（五）事在二年前者都不再過問。（六）有朝見與住宿之地。（七）下令各國諸侯在泰山之下，都要自行建造邸舍，作爲在此朝拜天子時下榻之用。

天子既已封禪泰山，無風雨菑（一），而方士更言蓬萊諸神山若將可得，於是上欣然庶幾遇之（二），乃復東至海上望，冀遇蓬萊焉。奉車子侯暴病，一日死。上乃遂去，並海上（三），北至碣石，巡自遼西，歷北邊至九原。五月，返至甘泉。有司言寶鼎出爲元鼎，以今年爲元封元年。

【註】（一）沒有風雨之災。（二）庶幾遇之：希望萬一能夠碰到。（三）並海上：並者，沿也

，沿海而北上。

其秋，有星茀于東井（一）。後十餘日，有星茀于三能（二）。望氣王朔言：「候獨見其星出如瓠，食頃復入焉（三）。」有司言曰：「陛下建漢家封禪，天其報德星云（四）。」

【註】（一）有星混亂於東井之區。茀，音弗，混亂也。東井，秦國之分野也。後有衞太子之亂。（二）有星混亂於三能之區。三能，三公也，後連坐誅之。（三）見有星，大如瓠，一飯之頃，而又進去了。食頃：一食之頃，短短的吃頓飯的時間，言其爲時甚短也。（四）天意是要報之以福德云。

其來年冬，郊雍五帝，還，拜祝祠泰一。贊饗（一）曰：「德星昭衍，厥維休祥。壽星仍出，淵耀光明。信星昭見，皇帝敬拜泰祝之饗。」

【註】（一）贊饗：在進獻泰一酒食之時，又爲詩以稱頌天空諸星，說道：「德星光明普遍（衍），眞是福休而吉祥；壽星（南極老人星也，壽星出現，則天下平安）也出來了，淵耀而光明；信星也昭然出現了。因此，皇帝恭敬的請求泰一尊神之飽餐一頓。信星：鎭星也，信屬土，土星，曰鎭星。

其春，公孫卿言見神人東萊山，若云「見天子」（一）。天子於是幸緱氏城，拜卿為中大夫。遂至東萊，宿留之數日，毋所見，見大人跡。復遣方士求神怪采芝藥以千數。是歲旱。於是天子既出毋名（二），乃禱萬里沙（三），過祠泰山。還至瓠子（四），自臨塞決河（五），留二日，沈祠而去（六）。使二卿將卒塞決河，河徙二渠，復禹之故跡焉。

【註】（一）好像是聽到神人說：「要進見天子。」（二）天子出京沒有正大的理由。（三）萬里沙，神祠也，在東萊曲城。（四）瓠子：決口之河名，在甄城南，濮陽北。（五）武帝親自臨蒞河決之處，將軍以下皆負薪，領導堵塞決口工作。（六）沉白馬以祭河。

是時既滅南越，越人勇之（一）乃言「越人俗信鬼，而其祠皆見鬼，數有效。昔東甌王敬鬼，壽至百六十歲。後世謾怠，故衰耗。乃令越巫立越祝祠，安臺無壇，亦祠天神上帝百鬼，而以雞卜（二）。」上信之，越祠雞卜始用焉。

【註】（一）勇之：越人之名。（二）雞卜法，用雞一，狗一，生（活的），祝願已畢，卽殺雞狗養熟之，又祭，獨取雞兩眼，骨上自有空裂，似人物之形，則吉，不似則凶。

公孫卿曰：「僊人可見，而上往常遽，以故不見。今陛下可為觀，如緱氏城，置脯棗，神人宜可致。且僊人好樓居（一）。」於是上令長安則作蜚廉桂觀（二），甘泉則作益延壽觀，使卿持節設具而候神人。乃作通天臺（三），置祠具其下，將招來神僊之屬。於是甘泉更置前殿，始廣諸宮室。夏，有芝生殿防內中（四）。天子爲塞河，興通天臺，若有光云，乃下詔曰：「甘泉防生芝九莖，赦天下，毋有復作。」

【註】（一）仙人本來可以見到，但是由於皇帝去的時候常常突促，所以見不到。現在陛下可以多造些宮觀（音貫），以候神人。比照（如）緱氏城的設備，擺設些乾肉棗果之類，這樣子，神人就可以請來了。並且神仙都喜棲住在樓上。（二）飛廉神禽，能致風氣。（三）作通天臺於甘泉宮，高三十丈，離長安二百里，可以望見長安城。（四）殿防內中：即殿房之中。

其明年，伐朝鮮。夏，旱。公孫卿曰：「黃帝時封則天旱，乾封三年（一）。」上乃下詔曰：「天旱，意乾封乎？其令天下尊祠靈星焉（二）。」

【註】（一）天旱欲使封土乾燥也。乾，音干。（二）靈星：即龍星也。

其明年，上郊雍，通回中道，巡之。春，至鳴澤，從西河歸。

【註】（一）回中：在甘肅固原縣境。（二）鳴澤：澤名，在河北涿縣西。（三）陝西舊榆林府爲漢之西河郡地。

其明年冬，上巡南郡（一），至江陵而東。登禮灊之天柱山，號曰南嶽（二）。浮江，自尋陽出樅陽（三），過彭蠡，祀其名山川。北至琅邪，並海上（四）。四月中，至奉高脩封焉（五）。

【註】（一）南郡：湖北之安陸、漢陽、武昌、黃州、德安、施南諸府及襄陽府之南境，皆其地。治郢，故楚都也。（二）灊縣，屬廬江。南嶽，霍山也。（三）樅陽：廬江有樅陽縣。（四）並海：沿海也。（五）奉高：在山東泰安縣東北十七里。

初，天子封泰山，泰山東北阯古時有明堂處，處險不敞（一）。上欲治明堂奉高旁，未曉其制度。濟南人公玉帶（二）上黃帝時明堂圖。明堂圖中有一殿，四面無壁，以茅蓋，通水，圜宮垣爲複道，上有樓，從西南入，命曰昆侖（三），天子從之入，以拜祠上帝焉。於是上令奉高作明堂汶上，如帶圖。及五年脩封，則祠泰一、五帝於明堂上坐，令高皇帝祠坐對之。祠后土於下房，以二十太牢。天子從昆侖道入，始拜明堂如郊禮。禮畢，燎堂下。而上又上泰山，有祕祠其顚（四）。而泰山下祠五帝，各如其方，黃帝并赤帝，而有司侍祠焉。泰山上舉火，下悉應之。

【註】（一）險窄不開朗。（二）公玉帶：人名，姓公玉，名帶。（三）明堂圖中爲複道，有樓

從西南入，名其道曰崑崙，言其似崑崙山之五城十二樓也。（四）在其最高峯舉行秘密的祭祀。

其後二歲，十一月甲子朔旦冬至，推曆者以本統。天子親至泰山，以十一月甲子朔旦冬至日祠上帝明堂（一），每脩封禪。其贊饗曰：「天增授皇帝泰元神筴，周而復始。皇帝敬拜泰一。」東至海上，考入海及方士求神者，莫驗，然益遣，冀遇之。

【註】（一）每五年一修封禪，今只有二年，故但祀明堂。

十一月乙酉，柏梁烖（一）。十二月甲午朔，上親禪高里（二），祠后土。臨渤海，將以望祠蓬萊之屬，冀至殊庭焉（三）。

【註】（一）栢梁臺有火災。（二）高里：山名，在泰山下。（三）希望能到了仙人所處之地。殊庭：特別的地方，即仙人之仙居也。

上還，以柏梁烖故，朝受計甘泉（一）。公孫卿曰：「黃帝就青靈臺，十二日燒，黃帝乃治明庭。明庭，甘泉也。」方士多言古帝王有都甘泉者。其後天子又朝諸侯甘泉，甘泉作諸侯邸。勇之乃曰：「越俗有火烖，復起屋必以大，用勝服之。」於是作建章宮（二），度為千門萬戶。前殿度高未央。其東則鳳闕，高二十餘丈（三）。其西則唐中（四），數十里虎圈（五）。其北治大池，漸臺高二十餘丈（六），名曰泰液池，中有蓬萊、方丈、瀛洲、壺梁，象海中神山龜魚之屬（七）。其南有玉堂（八）、璧門、大鳥之屬。乃立神明臺（九）、井幹樓（一〇），度五十餘丈，輦道相屬焉。

【註】（一）因爲栢梁臺被火燒，武帝欲再大建之，故受建造預算（計）於甘泉。（二）建章宮在長安縣西二十里。（三）三輔皇圖云：「武帝營建章，起鳳闕，高三十五丈。」（四）西京賦云：前開唐中，彌望廣象。」（五）括地志云：「虎圈今在長安城中西偏。」（六）漸臺：臺在池中，爲水所浸。漸，浸也。（七）三輔故事云：「殿北海池北岸有石魚，長二丈，廣五尺；西岸有石龜二枚，各長六尺。（八）其南則玉堂：漢武故事云：「玉堂基與未央前殿等，去地十二丈。（九）神明臺高五十丈，上有九宮，常置九天道士百人。（一〇）井幹樓：關中記云：「宮北有井幹臺，高五十丈，積木爲樓。」

夏，漢改曆，以正月爲歲首，而色上黃，官名更印章以五字（一），因爲太初元年。是歲，西伐大宛。蝗大起。丁夫人、雒陽虞初等以方祠詛匈奴、大宛焉。

【註】（一）官名更印章以五字：漢據土德，土數五，故用五爲印文也。若丞相，曰：「丞相之印章」，諸卿及守相印文不足五字者，以「之」字補充。」

其明年，有司言雍五時無牢熟具，芬芳不備。乃命祠官進時犢牢具，五色食所勝（一），而以木偶馬代駒焉（二）。獨五帝用駒，行親郊用駒。及諸名山川用駒者，悉以木偶馬代。行過，乃用駒。他禮如故。

【註】（一）五色食所勝：孟康曰：「若火勝金，則祠赤帝以白牡。」（二）木偶馬：以木製成馬形之馬。

其明年，東巡海上，考神僊之屬，未有驗者。方士有言「黃帝時為五城十二樓（一），以候神人於執期（二），命曰迎年（三）。」上許作之如方，名曰明年。上親禮祠上帝，衣上黃焉。

【註】（一）應劭曰：「崑崙玄圃五城十二樓，此仙人之所常居也。」（二）執期：地名。（三）顏師古曰：「迎年」，若言「祈年」。

公玉帶曰：「黃帝時雖封泰山，然風后、封鉅（一）、岐伯（二），令黃帝封東泰山（三），禪凡山合符（四），然後不死焉。」天子既令設祠具，至東泰山，東泰山卑小，不稱其聲，乃令祠官禮之，而不封禪焉。其後令帶奉祠候神物。夏，遂還泰山，脩五年之禮如前，而加禪祠石閭。石閭者，在泰山下阯南方，方士多言此僊人之閭也，故上親禪焉。

【註】（一）封鉅：黃帝師。（二）岐伯：黃帝太醫。（三）在琅邪朱虛縣，汶水所出。（四）凡山：亦在朱虛。

其後五年，復至泰山脩封，還過祭常山。

今天子所興祠，泰一、后土，三年親郊祠，建漢家封禪，五年一脩封。薄忌泰一及三一、冥羊、馬行、赤星，五，寬舒之祠官（一），以歲時致禮。凡六祠（二），皆太祝領之。至如八神諸神，明年、凡山他名祠，行過則祀，去則已（三）。方士所興祠，各自主，其人終則已，祠官弗主。他祠皆如其故。今上封禪，其後十二歲而還，徧於五嶽、四瀆矣。而方士之候祠神人，入海求蓬萊，終無有驗。而公孫卿之候神者，猶以大人跡爲解，無其效。天子益怠厭方士之怪迂語矣，然終羈縻弗絕，冀遇其眞（四）。自此之後，方士言祠神者彌衆，然其效可睹矣（五）。

【註】（一）薄忌泰一、三一、冥羊、馬行、赤星、五者由祠官寬舒致祭。（二）五者之外有正太一后土祠，故爲六也。（三）經過的時候就祭祀，走了之後就停止祭祀。（四）繼續籠絡而不斷

絕關係，總希望能碰到眞神。（五）其效驗可見，即謂可見其效驗是等於零了。

太史公曰（一）：余從巡祭天地諸神名山川而封禪焉。入壽宮侍祠神語，究觀方士祠官之言，於是退而論次自古以來用事於鬼神者，具見其表裏。後有君子，得以覽焉（二）。至若俎豆珪幣之詳，獻酬之禮，則有司存焉。

【譯】（一）太史公說：「我隨從皇帝巡行天下祭祀天地諸神以及名山大川而封禪了。入壽宮陪祭而求神語，徹底觀察方士與祠官之言論，於是退而敘述自古以來祭祀鬼神者，都記載其表裏，後世有識之君子，可以考覽一番了。（二）至於俎豆珪幣的細節，奉獻酬酢的禮制，有關單位的主官們都保存著的。

史記卷十三　三代世表第一

（五帝之時，距離漢代已極古遠，雖有若干歷史資料傳流下來，但已無明確之時間可考，故司馬遷作表，只能從三代叙起，但三代均系出於五帝，既叙三代，自不能不溯源於五帝。所以叙三代之前身，不能不先列五帝之本原，惟五帝無年月可考，故據實論史，不能不標題爲三代世表云。）

太史公曰：五帝、三代之記，（一）尚矣。（二）自殷以前諸侯不可得而譜，（三）周以來乃頗可著。（四）孔子因史文次春秋，紀元年，正時日月，蓋其詳哉。（五）至於序尚書則略無年月；或頗有，然多闕，不可錄。故疑則傳疑，蓋其愼也。（六）

【註】（一）太史公說：「五帝三代的歷史（記）」。（二）離現在太古遠了。（三）從殷代以前，諸侯（大小部落組織）紛立，沒有方法可以據實登記（譜）他們的事情。（四）到了周代以來，提供我們很多資料，乃有許多事實可以列表登記。（五）孔子根據（因）歷史文獻（史之），叙列春秋時代的歷史，紀其元年，正其時月日，可以說是很詳悉的了。（六）至於孔子序尚書，則簡

略而無年月，或者卽使有，也常常是殘缺不全，不可以登記（錄）。所以有疑者則仍然傳之以疑，那是孔子治史態度的謹愼啊！

余讀諜（一）記，黃帝以來皆有年數。稽其歷譜諜終始五德之傳（二），古文咸不同，乖異（三）。夫子之弗論次其年月，豈虛哉（四）！於是以五帝繫諜、尙書（三）集世紀黃帝以來訖共和爲世表（五）。

【譯】（一）我讀譜諜記載（諜，卽牒字，記系謚之書），黃帝以來的事情，都有年數。（二）但是考察（稽）歷代的譜諜與終始五德（謂帝王更迭，以金木水火土之五德爲傳授之次序，終而復始，故云終始五德之傳）之傳。（三）古文所記者彼此不同，互相矛盾。（四）孔子所以對於五帝時代不論次其年月，實在是很有道理啊！（五）於是我就以五帝繫諜與尙書爲根據，搜集資料以記錄黃帝以來，至於周代之共和，作爲世表。

帝王世國號	黃帝號有熊。		帝顓頊，黃帝孫。起黃帝，陽氏。
顓頊屬	黃帝生昌意。		昌意生顓頊。為高
佶屬	黃帝生玄囂。	索隱案：宋衷曰：「太史公書玄囂青陽是為少昊，繼黃帝立者。蓋少昊金德王，非五運之次，故敘五帝不數之耳。」	玄囂生蟜極。
堯屬	黃帝生玄囂。		玄囂生蟜極。
舜屬	黃帝生昌意。		昌意生顓頊。顓頊生窮蟬。
夏屬	黃帝生昌意。		昌意生顓頊。
殷屬	黃帝生玄囂。		玄囂生蟜極。蟜極生高辛。
周屬	黃帝生玄囂。		玄囂生蟜極。蟜極生高辛。

至顓頊三世，（號高陽）。				索隱 系本作「窮係」。宋衷云：「一云窮係，謚也。」			
帝俈，黃帝曾孫。起黃帝，至帝俈四世。號高辛。		蟜極生高辛，為帝俈。索隱 黃帝曾孫。	蟜極生高辛。高辛生放勛。	窮蟬生敬康。敬康生句望。		高辛生卨。	高辛生后稷，為周祖。
帝堯。起黃帝，至俈子五世。號唐。			放勛為堯。	句望生蟜牛。蟜牛生瞽叟。		卨為殷祖。	后稷生不窋。
帝舜，黃				瞽叟生重	顓頊生鯀	卨生昭明	不窋生鞠

帝玄孫之玄孫，號虞。				華，是爲帝舜。	。鯀生文命。索隱 案：漢書律曆志顓頊五代而生鯀，此及帝系皆云顓頊生鯀，是古史闕其代系也。		
帝禹，黃帝耳孫，號夏。					文命，是爲禹。	昭明生相土。	鞠生公劉。
帝啓，伐有扈，作甘誓。						相土生昌若。	公劉生慶節。
帝太康						昌若生曹	慶節生皇

	帝仲康，太康弟。	帝相	帝少康	帝予 索隱音直呂反，亦作「宁」。正義相爲過澆所滅，
圉。曹圉生冥。	冥生振。	振生微。微生報丁。	報丁生報乙。報乙生報丙。	報丙生主壬。主壬生主癸。
僕。皇僕生差弗。	差弗生毀渝。毀渝生公非。	公非生高圉。高圉生亞圉。	亞圉生公祖類。	公祖類生太王亶父。

后緡歸有仍，生少康。其子予復禹績。	帝槐 索隱 音回，一音懷。系本作「芬」也。	帝芒 索隱 音亡，一作「荒」。	帝泄 索隱 音薛也。	帝不降	帝扃 索隱
	主癸生天乙，是爲殷湯。				
	亶父生季歷。季歷生文王昌。益易卦。	文王昌生武王發。			

古熒切。不降弟。	帝廑 索隱 其靳反，又音勤。	帝孔甲，不降子。好鬼神，淫亂不好德，二龍去。	帝皋 索隱 宋衷云：「墓在崤南陵。」	帝發 索隱 帝皋子也。系本云：「

帝皋生發及履癸。履癸一名桀。」

帝履癸，是爲桀。從禹至桀十七世。從黃帝至桀二十世。

殷湯代夏氏。從黃帝至湯十七世。

帝外丙，湯太子。太丁蚤卒

，故立次弟外丙。	帝仲壬，外丙弟。	帝太甲，故太子太丁子。淫，伊尹放之桐宮。三年，悔過自責，伊尹乃迎之復位。	帝沃丁。伊尹卒。

帝太庚，沃丁弟。

帝小甲，太庚弟。索隱 案：殷本紀及系本皆云小甲，太庚子。殷道衰，諸侯或不至。

帝雍己，小甲弟。

帝太戊，雍己弟。以桑穀生

，稱中宗。	帝中丁	帝外壬，中丁弟。	帝河亶甲，外壬弟。	帝祖乙	帝祖辛	帝沃甲，【索隱】系本云開甲。祖辛弟。	帝祖丁，祖辛子。

帝南庚,沃甲子。						
帝陽甲,祖丁子。						
帝盤庚,陽甲弟。徙河南。						
帝小辛,盤庚弟。						
帝小乙,小辛弟。						
帝武丁。雉升鼎耳雊。得傅說。稱高						

宗。

帝祖庚

帝甲，祖庚弟。淫。集解徐廣曰：「一云『淫德，殷衰』。」

帝廩辛 索隱或作「馮辛」。系本作「祖辛」，誤也。案：上祖乙已生祖辛，故知非也。

帝庚丁，廩辛弟。殷徙河北。							
帝武乙。慢神震死。							
帝太丁							
帝乙。殷益衰。							
帝辛，是爲紂。弑。從湯至紂二十九世。從黃帝至紂四							

十六世。	周武王代殷。從黃帝至武王十九世。

成王誦 索隱或作「庸」非。	康王釗 索隱古堯反，又
魯周公旦，武王弟。初封。	魯公伯禽
齊太公尚，文王、武王師。初封。	丁公呂伋
晉唐叔虞，武王子。初封。	晉侯燮
秦惡來，助紂。父飛廉，有力。	女防
楚熊繹。繹父鬻熊，事文王。初封。	熊乂
宋微子啓，紂庶兄。初封。	微仲，啓
衞康叔武王弟。初封。	康伯 索隱
陳胡公滿，舜之後。初封。	申公
蔡叔度，武王弟。初封。	蔡仲
曹叔振鐸，武王弟。初封。	
燕召公奭，周同姓。初封。	九世至惠

音招。刑錯四十餘年。	昭王瑕 索隱 音遐。宋衷云：「昭王南伐楚，辛由靡為右，涉漢中流而隕，由靡承王，遂卒不復。周乃侯其後于西翟也。」南巡不返。不赴，諱之。	穆王滿。作甫刑。荒服不至。
	考公	煬公，考公弟。
	乙公	癸公
	武侯	成侯
	旁皋	大几
	熊黮 索隱 吐感反，又徒感反，又杜減反。鄒氏又作點音。	熊勝
弟。	宋公	丁公
康叔子，王孫牟父也。	孝伯	嗣伯
	相公	孝公
	蔡伯	宮侯
	太伯	仲君
侯。		

恭王伊扈	懿王堅。周道衰，詩人作刺。	孝王方，懿王弟。	夷王燮，懿王子。
幽公	魏公 索隱系本作「微公」，名弗其。	厲公	獻公，厲公弟。
哀公	胡公	獻公 弒胡公。	武公
厲侯	靖侯		
大駱	非子	秦侯	公伯
熊煬	熊渠	熊無康	熊鷙紅
滑公，丁公弟。	煬公，滑公弟。	厲公	釐公
疌伯 索隱音捷。	靖伯	貞伯	頃侯
慎公	幽公	釐公	
厲侯	武侯		
宮伯	孝伯	夷伯	

厲王胡。以惡聞（遇）〔過〕亂，出奔，遂死于彘。	眞公			秦仲	熊延，紅弟。		釐侯				
共和，索隱周召二公共相王室，故曰共和。皇甫謐云「共伯和干王位，」以共國，伯爵，和其名也。干王位，言篡也。與史遷之說不同，蓋異說耳。二伯行政。	武公，眞公弟。				熊勇						

（本表後，有褚少孫加進去的一段話，非司馬遷史記之本文，無錄讀之任何價值，故刪之，以免混亂正史。）

史記今註／馬持盈註. --初版. --臺北市：
臺灣商務，1979［民68］
冊； 公分. --（古籍今註今譯）
ISBN 957-05-0932-5（第一冊：平裝）

1. 史記－註釋

610.11 83005085

史記今註 第一冊

定價新臺幣四〇〇元

主編者 中華文化復興運動總會
國立編譯館中華叢書編審委員會

註者 馬持盈

出版者
印刷所 臺灣商務印書館股份有限公司
臺北市重慶南路一段三十七號
電話：（〇二）二三一一六一一八
傳真：（〇二）二三七一〇二七四
郵政劃撥：〇〇〇〇一六五－一號
出版事業登記證：局版北市業字第九九三號

• 一九七九年七月初版第一次印刷
• 一九九九年五月初版第六次印刷

ISBN 957-05-0932-5（平裝） 50800001

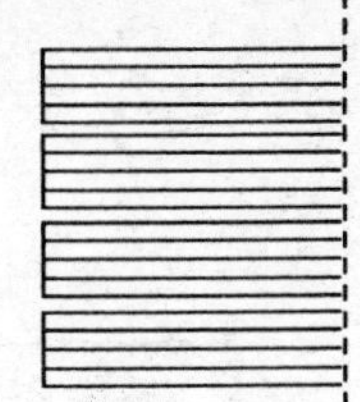

讀者回函卡

感謝您對本館的支持，為加強對您的服務，請填妥此卡，免付郵資寄回，可隨時收到本館最新出版訊息，及享受各種優惠。

姓名：＿＿＿＿＿＿＿＿＿＿＿＿＿＿＿＿＿＿＿＿　　性別：□男 □女

出生日期：＿＿＿年＿＿＿月＿＿＿日

職業：□學生 □公務（含軍警） □家管 □服務 □金融 □製造
□資訊 □大眾傳播 □自由業 □農漁牧 □退休 □其他

學歷：□高中以下（含高中） □大專 □研究所（含以上）

地址：□□□＿＿＿＿＿＿＿＿＿＿＿＿＿＿＿＿＿＿＿＿＿＿＿＿

＿＿＿＿＿＿＿＿＿＿＿＿＿＿＿＿＿＿＿＿＿＿＿＿＿＿＿＿

電話：（H）＿＿＿＿＿＿＿＿＿＿＿＿（O）＿＿＿＿＿＿＿＿＿＿＿＿

購買書名：＿＿＿＿＿＿＿＿＿＿＿＿＿＿＿＿＿＿＿＿＿＿＿＿

您從何處得知本書？

□書店 □報紙廣告 □報紙專欄 □雜誌廣告 □DM廣告
□傳單 □親友介紹 □電視廣播 □其他

您對本書的意見？（A/滿意 B/尚可 C/需改進）

內容＿＿＿＿ 編輯＿＿＿＿ 校對＿＿＿＿ 翻譯＿＿＿＿
封面設計＿＿＿＿ 價格＿＿＿＿ 其他＿＿＿＿＿＿＿＿

您的建議：＿＿＿＿＿＿＿＿＿＿＿＿＿＿＿＿＿＿＿＿＿＿＿＿

＿＿＿＿＿＿＿＿＿＿＿＿＿＿＿＿＿＿＿＿＿＿＿＿＿＿＿＿

＿＿＿＿＿＿＿＿＿＿＿＿＿＿＿＿＿＿＿＿＿＿＿＿＿＿＿＿

臺灣商務印書館

台北市重慶南路一段三十七號　電話：（02）23116118・23115538

讀者服務專線：080056196　傳真：（02）23710274

郵撥：0000165-1號　E-mail：cptw@ms12.hinet.net